소설교육의 맥락

김동환

도서출판 월인

본 연구는 한성대학교 교내학술연구비 지원과제임.

서문

문학 연구와 문학 교육이라는, 가깝고도 먼 영역을 오가며 글을 써 온 지 30여 년이 넘었지만 글쓰기의 어려움은 여전하기만 하다. 책보다는 논문 쓰기에 의미를 두는 터이기도 하고 책을 내는 일에 익숙하지 않은 탓에 세 번째 책도 어렵게 꾸리게 되었다. 처음 낸 『한국 소설의 내적 형식』이 문학 연구의 장에 놓여 있었다면, 두 번째 책인 『문학 연구와 문학 교육』은 문학 연구의 장에서 문학 교육의 장으로 옮겨 가는 과정에 놓여 있었다. 이 세 번째 책은 문학 교육의 장에 놓이게 되는 셈이다.

이런 저런 고민 끝에 책 제목을 '소설교육의 맥락'이라 정하고 보니 맥락이라는 용어가 마음에 걸린다. 교육과정에서 쓰인 것과는 다른 용법을 택했기 때문이다. 교육적 접근을 시도한 글들을 모아 엮은 것이기에 교육과정과의 거리를 의식하지 않을 수 없다. 엄밀하게 말하면 맥락의 맥락을 달리 설정한 것이기에 더욱 그러하다. 그럼에도 불구하고 맥락을 끌어 들인 것은 용어가 지닌 풍부한 함의 때문이다.

그간 써온 글들을 두 권의 책으로 엮다 보니 이 책에서 설정한 맥락의 양상이 빈약해 보인다. 같이 펴낼 『소설교육의 방법적 모색』에 넣은 글들 중에도 맥락이라는 범주에 포함될 수 있는 글들이 많기에 그러하다. 그래서 세 가지 범주로 나눠보게 되었다.

'사적 맥락'에서는 문학사와 관련된 논의들이 포함된다. 소설사적인 접근에 해당하는 글들과 국어교육사적 접근으로 성격지을 수 있는 글들이다. 통사로서의 문학사나 분류사로서의 소설사의 필요성에 대해서는 상당한 공감대가 형성되어 있지만 구체적인 논의들은 그리 많지 않다. 소설사 교육을 위한 가설부터 시작해서 서술 방법, 소설사 교육의 구체적인 사례들을 모색해 본 글들이다. 『문장』지를 국어교육사의 측면에서 접근해 본 글도 여기에 포함했다.

'간 영역적 맥락'은 그 용어의 타당성 때문에 상당한 고민이 필요했다. 체계성도 부족하고 구체적인 접근 사례도 소략하다. 그렇지만 문학과 직간접적으로 연관되는 분야와의 접목이라는 측면에서 교육적 접근을 시도해 본 데 의미를 두었다. 국어교육, 매체교육, 언어 문화, 법 등의 영역과의 접점을 나름대로 설정해 보았다. 전향 소설의 경우 교육과의 접맥이 구체적으로 제시되지는 않았지만 소설 교육의 전제로서의 해석적 접근이라는 점에서 여기에 넣어 보았다.

'제도적 맥락'은 교과서, 정전, 교육과정, 평가 등의 문제를 다룬 글들을 묶으면서 그 공분모를 찾는 과정에서 설정해 낸 것이다. 그간 문학교육과 소설교육에 대해 고민해 오는 과정에서 교육의 내적 요소에 강력한 힘을 미치는 제도적 장치에 자연스럽게 관심을 갖게 된 데 따른 설정이다. 그 중에서 대학의 교양국어 교재가 문학 교육 정전에 미친 영향을 탐색해 본 글은 그 과정의 어려움과 투자한 시간과 노력의 양 때문에 특히 기억에 남는다. 그간 정전 논의 과정에서 한 번도 다루어지지 않은 터라 더욱 그렇다. 앞으로의 정전 논의과정에서 참고가 되었으면 하는 기대를 가져 본다.

교육과정이 바뀔 때마다 교과서 편찬 작업에 참여하면서 늘 품게 되는 아쉬움은 문학 연구와 문학 교육의 상호작용이 잘 이루어지지 않는 데서 비롯된다. 문학 현상에 대한 충분한 논의가 뒷받침될 때 그 교육적 접근도 그에 기대어 풍부해질 수 있다는 점을 절감하기 때문이다. 맥락이라는 용어를 주저하면서도 끌어들인 것도 그 때문이다. 두 영역의 접점은 문학 현상과 관련된 다양한 맥락을 통해 형성될 여지가 크기 때문이다. 그에 대한 기대를 품으면서 이 책을 내놓는다.

오래 전에 설계해 본 내용이라 시의성이 떨어지는 글도 있지만 그간의 사고과정을 점검해 본다는 측면에서 엮어 보았다.

2018년 봄 낙산 기슭에서
저자 씀

차례

‖ 간(間) 영역적 맥락 ‖

문학교육과 객관식 평가의 문제

심화과목으로서의 문학교육의 미래

사(史)적 맥락

소설사 교육을 위한 가설
- 서사성과 지식의 상관성을 중심으로

1. 교과서 내 문학사 기술의 문제

7차 교육과정에 따라 국정 '국어' 교과서가 사라지고 전면적인 검인정 체제가 도입된다는 점은 외형적인 변화에 그치지 않고 내적으로 심도 있는 변화로 이어질 것으로 판단된다. 그동안 국정교과서는 '모든 학생들이 배우게 된다'는 사실 때문에 강력한 힘을 가진 교육매체이기도 하면서 집중적인 견제의 대상이 되기도 했다. 교과서 편찬 과정에 미치는 다양한 존재들의 작용은 국정교과서 편찬의 걸림돌이 되었을 것임을 짐작하기는 어렵지 않다.[1] 이들 작용은 문학에 대한 관점은 물론, 제재 하나 하나의 선정 원칙 등에도 미쳤을 것이다.

검인정 교과서는 이러한 작용들로부터 자유로울 수 있다는 점에서 교과서 내용 체계의 새로운 변화가 초래될 것이다. 편찬자들의 시각과 제재 선택의 폭이 보다 넓어질 수 있기에 그럴 것이라 판단된다.

---

1 6차 고등학교 국어교과서에 실렸다가 1년 후 '동백꽃'으로 교체된 '바비도' 사건은 이러한 맥락을 전형적으로 보여주는 사례가 될 것이다.

물론 그만큼 편찬자들의 책임감과 능력도 필요로 하게 될 것이다. 그런데 그간의 검인정 교과서들을 볼 때 무엇보다도 편찬자들에게 요구되는 것은 교과서 기술과 관련된 '감각'과 '논리'라고 판단된다. 이는 다른 말로 '교과서적인 감각과 논리'라고 표현할 수 있을 것이다.

교과서적인 감각과 논리라는 말은 자칫 거부감과 오해를 불러일으킬 수 있을 것이다. 특히 국어교육 연구자가 아닌 국어국문학 연구자로서 교과서 편찬에 참여하게 될 연구자들로서는 '교과서적'이라는 용어가 부정적인 뜻으로 받아들여질 수도 있을 것이다. 그러나 국어국문학의 연구 내용을 서술 수준만 바꿔 싣는다면 교과서의 내용으로는 부적절하다는 점에는 동의할 수 있을 것이다. 논문을 전재하는 맥락의 교과서 내용 기술은 '많이 알기만 하면 잘 가르칠 수 있다'[2]는 교육적 관점이 지닌 문제점과도 상통하기 때문이다.

'교과서적'이라는 용어를 통해 기존의 교과서 내용을 바라볼 때 가장 전형적인 문제점을 보여주는 범주로 '문학사' 서술을 들 수 있다. 거의 모든 검인정 교과서가 문학사를 다루고 있지만 그 기술 내용은 '교과서적'이라고 보기에는 어려움이 많다. 기존의 문학사 연구물의 내용을 압축하거나 재구성한 상태에 머물러 있다. '무엇을, 어떻게 가르칠 것인가'라는 문제에서는 벗어나 있는, '단편적 사실 기술'의 전형적인 모습을 보여주고 있다. 문학사가 지닌 속성으로만 보기에는 지나치게 안일한 대목이 아닐 수 없다. 본격적으로 한국문학을 가르치기 위한 심화과목인 〈문학〉 교과서의 경우에는 더욱 그러하다.

검인정 〈문학〉 교과서들이 문학사를 다루는 양상은 상당히 관습적으로, 유사하게 이루어져 왔다. 7차의 경우를 예로 든다면 검인정 〈문

2 1980년대까지만 해도 사범대학의 교과과정에서도 이런 관점이 두드러지게 나타난다고 할 수 있다. 대부분의 교과과정이 '지식' 교과로 채워져 있었다.

학〉 교과서들은 상·하 두 권으로 편제되어 있는데, 대체로 한 권은 문학 이론을 중심으로, 다른 한 권은 문학사를 중심으로 이루어져 있다. 물론 이론과 문학사가 융합된 경우도 있지만 문학사가 서술의 틀로 작용하고 있다는 점에서는 크게 다르지 않다. 그만큼 문학사는 〈문학〉 교과서의 근간을 이루고 있는 셈이다.

〈문학〉 교과서에서 문학사가 차지하는 비중은 매우 크다. 그러나 그 서술 체계는 매우 허술하게 느껴진다. 대부분의 서술 내용은 주요 작가나 작품을 간명하게 제시하는 것으로 이루어지고 있다. '문학사란 무엇인가'에 대한 편찬자들의 교육적 관점이나 시각은 나타나지 않고, 구성 요소에 가까운 '사실'들을 나열하는 경우가 대부분이다. 잠시 그 예를 들어 보기로 한다.

> 소설은 사회적 삶에 대한 인식과 사실적 묘사를 통하여 다양한 인간의 모습을 조명하였다. 유진오는 「김 강사와 T교수」에서 무력한 지식인의 삶을 묘사하였으며, 이효석은 「장미 병들다」에서 도시적 삶의 병리를 그렸고, 채만식은 「레디메이드 인생」, 「태평천하」등에서 일제 강점하의 사회적 부조리를 풍자적으로 다루었다. 또 이상은 「날개」에서 자아 분열적 인간을 통하여 지식인의 좌절 의식을 그렸다.
>
> 1930년대 후반의 농촌 소설도 이 시기 소설의 중요한 한 흐름을 차지한다. 브나로드(Vnarod)운동에 영향 받아 농촌 계몽을 문제 삼은 작품으로는 이광수의 「흙」과 심훈의 「상록수」가 있다. 이무영의 「제 1과 제 1장」, 박영준의 「모범 경작생」, 박화성의 「한귀」, 김정한의 「사하촌」 등은 농촌의 궁핍한 삶을 주제로 한 작품들이며, 이효석의 「산」, 「메밀꽃 필 무렵」과 김유정의 「동백꽃」 등은 농촌을 배경으로 토속적 삶을 그린 작품들이다. 특히 김유정은 짙은 향토적 색채를 특유의 해학적 필치로 그려 냈다.

이 시기 신인 작가로는 김동리가 주목된다. 그는 「무녀도」, 「바위」, 「황토기」 등에서 토속적 샤머니즘을 바탕으로 한 독특한 삶을 그렸다. 가족사 소설인 염상섭의 「삼대」, 삶의 단면을 묘사한 계용묵의 「백치 아다다」, 정비석의 「성황당」등도 이 시기의 주목되는 작품들이다.[3]

1930년대에 들어와 일본의 제국주의는 만주사변 등을 비롯하여 대륙과 동남아시아 국가들을 침략하기 시작하였다. 뿐만 아니라, 일본 사회의 내부 결속을 다진다는 명분 하에 사상 통제를 강화하여 나갔다. 이 같은 정치·사회의 억압 체제는 우리 문학에 대한 사상적 탄압으로 이어지면서 많은 변화를 가져왔다. 우선 조선 프롤레타리아 예술가 동맹이 일제의 강압으로 해산됨으로써 목적의식을 앞세운 이념 문학이 쇠퇴하게 되고, 대신 모더니즘 문학이 활발하게 전개되었다. 이 시기의 모더니즘 문학은 김기림, 박태원, 이상, 정지용 등이 중심이 된 '구인회'에 의하여 주도되었다. 시의 경우, 김기림, 김광균, 정지용 등은 도시적인 감각과 이미지 중심의 회화성이 강한 주지주의적인 작품들을 발표하였고, 이상은 내면 심리를 새로운 기법으로 그린 실험적인 작품들을 써서 주목을 받았다. 한편, 박태원은 세태 소설인 '천변풍경'을, 이태준, 이효석, 김유정은 서정성 높은 뛰어난 단편 소설을 내놓았다. 또, 이 시기에는 농민 소설과 역사 소설 등으로 소설의 영역이 확대되기도 하였다. 이광수의 '흙', 심훈의 '상록수', 이무영의 '제1장 제1과' 등은 농민 소설을 대표하는 작품들이며, 현진건의 '무영탑', 김동인의 '대수양', 박종화의 '금삼의 피' 등은 역사 소설로 널리 알려진 작품들이다. 그런가 하면 일제 식민지하 민족의 힘겨운 삶을 총체적으로 그린 장편 소설들이 많이 발표되었는데, 염상섭의 '삼대', 채만식의 '탁류', 이기영의 '고향' 등이 대표적

---

3 박경신 외, 『문학』, 금성출판사, 2002.

인 작품들이다.[4]

이같은 서술 내용은 고등학교 학생들이 소화하기에는 너무 어려운 정보들로 구성되어 있다. 너무 압축적일뿐더러 거의 암기의 대상에 가까운 사실들을 나열하고 있기 때문이다. 여기에 거론된 작품들을 학생들이 찾아 읽는다고 보기에는 현실적으로 불가능하기에 그야말로 보여주는데 만족할 수밖에 없는 내용이다. 물론 그 중 한 두 작품을 선택하여 제재로 제시하고 그에 따른 학습활동을 통해 구체적인 접근이 이루어지기는 하지만 실질적으로는 해당 제재에 대한 수업이지 문학사 수업이 되기는 어렵다고 본다.

교과서를 편찬하는 일에는 많은 노력과 시간이 투자되어야 한다. 특히 교과서 서술을 위한 내용 생성에 더욱 집중되어야 할 것이다. 문학사를 예로 든다면 연구물로서의 문학사가 아닌 '교과서용 문학사'를 다시 집필할 수 있을 정도의 접근이 필요하다고 본다. 그리고 보다 분명한 '문학사에 대한 시각'도 드러날 수 있어야 한다.[5] 7차에 이르기까지 교육과정이 변모해 왔지만 한국 문학과 관련된 영역에서는 언제나 '한국인으로서 한국문학에 대한 전반적인 이해'를 주된 목표로 설정해 왔다. 그만큼 한국문학사는 중요한 교육 대상이 되어야하는 셈이다.

그런데 그같은 중요성에도 불구하고 중등교육을 마친 학생들의 한국문학사에 대한 이해력은 매우 낮은 편이라 할 수 있다. 대학에서 교양교육을 통해 다양한 방식으로 점검해 보지만 매우 기본적인 문학

4 홍신선 외, 『문학』, 천재교육, 2002.

5 교과서 서술용임을 고려하여 문학사를 새롭게 바라보려한 시도가 있기는 하다. '삶과 언어와 문학'이라는 항목을 문학사 기술의 전제로 삼은 경우이다. 김대행 외, 『문학』, 교학사, 2002.

사적 현상에 대한 시각과 이해도에 문제가 많다. 이 점은 교육대학원에서 만나게 되는 현장 교사들의 진술을 통해서도 확인할 수 있다. 교과 시간 편제나 교과서 내용 체계 상 제대로 된 문학사 교육은 이루어지기 어렵다는 것이다. 그리고 그 많은 책임이 교과서에 있다고 말하고 있다. 교사나 학생들이 접근할 통로가 막힌 채 굳건한 지식의 성벽으로 이루어진 것이 교과서의 문학사 단원이기 때문이라고 한다.[6]

물론 교과서 편찬자들이 문제의식이 없어 그러한 결과들을 내보인 것은 아닐 것이다. 1~2년 정도의 기간에 교과서를 만들어내야 하는 현실적·제도적인 문제 때문에 한 영역에 대해 충분하고도 집중적인 노력을 할 수 있는 여지가 없다는 이유도 있다. 교과서를 위해 다시 써야 한다는 점은 알지만 전력투구할 수는 없다는 난관을 만나게 되는 셈이다. 문학교육을 위한 문학사 서술을 위한 모색의 일차적인 필요성은 여기에 있다.

이 글은 그러한 맥락을 고려하여 새로운 교육과정에 따른 교과서 편찬 과정에서 또다시 맞닥뜨리게 될 난관을 헤쳐 갈 방법을 모색해 보는데 기본적인 목적을 두고 있다. 일종의 방법적 제안인 셈인데, 제안의 대상은 소설사에 국한하기로 한다. 물론 문학사 교육이 분류사를 중심으로 이루어져야 한다는 것은 아니지만 방대한 양의 문학사를 교과서 내로 편입시키는 데는, 지금까지도 그리해왔지만 분류사적 기술이 가장 적절할 것이라 판단되기 때문이다.

6 전국국어교사모임에서 발행하고 있는 '함께하는 국어교육'에 실린 글들을 통해서도 문학사 교육에 대한 비판적 시각들을 확인할 수 있다.

2. 방법적 개념으로서의 '서사성'

1) 교과서 소설사 서술의 방향

교과서들에서 한국의 근대 소설사를 다루는 방식은 매우 유사하기도 하면서 다채롭다. 작가와 작품에 대한 단편적 정보를 나열하는 맥락은 유사하지만 그 정보의 내용은 매우 다채롭다. 내용의 다채로움은 작품 해석의 속성이나 교과서들이 지녀야할 정체성의 측면에서 본다면 바람직할 수도 있다. 그러나 소설사 교육의 맥락에서 본다면 좀 더 다른 판단이 가능하다. 다채로움이 소설사 교육에 대한 시각의 부재를 의미할 수도 있기 때문이다. '소설사 교육 - 무엇을, 어떻게 가르칠 것인가'에 대한 문제가 충분히 해결되지 않은 채 이루어지는 것일 가능성이 있기에 그렇다. 다음 예를 보기로 하자.

[가]

1930년대 한국 장편 소설의 성과로는 염상섭의「삼대」(1931)와 채만식의「태평천하」(1938)를 들 수 있다. 전자는 보수주의적 입장에서, 후자는 진보주의적 입장에서 3대에 걸치는 한국의 계층 구조와 그 갈등 관계를 소설 고유의 방법으로 형상화한 것이다.

둘째는「광장」(1960)의 최인훈과 이호철, 선우휘 등에 의해 분단 문제에 대한 인식이 심화되었다는 것이다.[7]

[나]

소설의 경우, 1930년대 전반에 염상섭의 '삼대'와 이기영이 '고향'이

7 김윤식 외,『문학』, 디딤돌, 2002.

창작되어 리얼리즘 문학이 절정을 맞았으나, 카프가 해체된 후로는 모더니즘 중심의 소설들이 주류를 이루었다.

첫째, 전쟁으로 인한 비참한 삶과 민족의 비극을 조명한 것으로, 황순원의 '나무들 비탈에 서다', 최인훈의 '광장', '회색인' 등이 있다. 특히, '광장'은 분단과 이념의 문제를 다룬 기념비적인 작품으로 평가된다.[8]

[다]

1930년대의 우리 소설은 장편 소설의 활발한 창작과 소설적 탐구의 다양화를 특징으로 지적할 수 있다. 염상섭은 장편 '삼대'에서 여러 세대의 삶을 하나의 작품 속에 포괄하는 가족사 소설의 가능성을 개척했다.

그리고 전후의 혼란으로 인한 방황이나 현실과의 갈등을 다룬 작품들을 둘째 유형으로 구분할 수 있다. 이범선의 '오발탄', 손창섭의 '비오는 날', 장용학의 '요한 시집', 그리고 최인훈의 '광장'이 대표적인 작품들이다.[9]

[라]

또 1930년을 전후하여 최서해, 조명희, 이기영 등의 프로 소설과 염상섭의 '삼대', 채만식의 '탁류' 같은 사실주의 소설이 나오게 된다.

1950년대 말 자유당 정권의 독재와 부정부패에 대한 항거의 정신을 갖게 된 새로운 세대들은 전쟁의 상흔으로부터 어느 정도의 시간적 거리를 둘 수 있었고, 4 · 19 혁명을 통해 자유의 소중함을 체험할 수 있었으며, 이러한 경험은 문학 작품의 주제를 넓히는 데 크게 기여했다. 예컨대 최인훈의 '광장'은 남과 북의 현실을 '밀실'과 '광장'의 비유를 통해 날카롭게 비판함으로써 그동안 지나치게 경색된 이념에 매달렸던 경향에

8 한철우 외, 『문학』, 문원각, 2002.

9 구인환 외, 『문학』, 교학사, 2002.

서 벗어나는 기폭제로 작용했다.[10]

위에 인용한 내용들은 각각 [삼대]와 [광장]에 대한 기술 내용을 추려낸 것이다. 거의 대부분의 교과서가 두 작품을 한국 현대소설사의 대표작으로 인정하고 기술하고 있기에 기술상의 특징이나 차별성을 살피는데 적절할 것이다. 이 내용들은 두 가지 측면에서 접근 가능할 것이다. 하나는 한 교과서 내에서 작품을 설명하는 방식의 일관성 여부이고, 다른 하나는 교과서들 간의 접근 방향의 차이이다. 전자의 경우 적어도 한 교과서 내에서는 그 설명방식에 일관성이 있어야 할 터인데 그렇지 못함을 확인할 수 있다. 앞에서는 사조적인 측면에, 뒤에서는 주제의 측면에 중점을 두고 설명하고 있다. 후자의 경우에도 교과서마다의 특징으로 보기에는 접근 방식이 너무 상이하다. 같은 시기에 문학 수업을 받은 학생들이라면 최소한의 공감대를 형성할 수 있는 '공통의 경험'이 가능하도록, 교과서의 소설사 서술 내용은 공분모를 가져야할 것이다.

작품에 대한 기술에서 확인할 수 있듯이 교과서의 소설사적 접근은 주로 주제와 사조를 중심으로 설정되고 있다. 주제는 작품 이해의 기본적인 맥락이라는 점에서, 사조는 학생들에게 줄 수 있는 인상을 고려한 것으로 볼 수 있다. '－주의' 작품과 같은 정보는 작품을 간단하게 규정하기에 적절하며 학생들이 기억하기에도 편리하기 때문에 선호하고 있는 것으로 판단된다.

이러한 기술 방식이 반드시 문제가 되는 것은 아니다. 짧은 분량으로 방대한 양을 기술해 나가야 하는 제한 요소 때문에 불가피한 현상으로 보이기도 한다. 한 두 문장이나 어절로 한 작품을 설명해 낼 수

10 김병국 외, 『문학』, 한국교육미디어, 2002.

있다면 표현의 극치라고 평가할 수도 있다. 그러나 그 짧은 말로 한 작품을 설명해 내는 것은 부작용이 더 클 것이다. 위에 든 예들만 보더라도 같은 작품에 대한 정보가 상당히 다르다. 어떤 각도에서 접근해 가느냐에 따라 학생들에게 심어 줄 인식과 인상은 상당히 달라질 것이다.

교과서 내의 작품 설명도 일종의 비평이다. 편찬자는 비평가의 입장과 마찬가지로 독자인 학습자에게 자신의 시각과 관점에 따라 작품에 이르는 길을 제시하는 것이다. 그러나 '교과서 비평'[11]이 지녀야 할 요건이 존재한다. 학습자는 일반적인 독자와 달리 형성 중에 있다. 교과서에서 얻은 경험을 바탕으로 문학능력을 키워나가야 한다는 점에서 일반적인 비평과 달리 '교과서 비평'은 원리를 중심으로, 일관성을 유지해야 한다는 요건을 필요로 한다.

교과서가 원리를 중심으로 작품을 다루어야 한다는 것은 곧 학생들이 그 수업 내용을 바탕으로 또 다른 작품이나 현상을 주체적으로 수용해 갈 수 있도록 유도해야 한다는 말이다. 그러기 위해서는 작품의 개별성만이 아니라 작품의 양식성도 접근 맥락으로 삼는 것이 유용할 것이다. 즉 작품들을 개별적인 것으로 놓고 보고 주제나 경향 등을 주로 설명할 것이 아니라 소설이면 소설 양식의 일반적 속성과 원리에서부터 접근해가는 방식을 취하는 것이 바람직하다고 본다. 예를 들어 소설은 어떤 방식으로 구성되고, 인물이 형상화되며 주제가 구

11 필자는 문학교육의 궁극적인 목적을 '이상적인 독자의 양성'에 두어야 한다고 주장해 왔다. 중·고등학교까지 정상적인 문학교육을 받은 학생들이라면 언제 어디서 어떤 텍스트가 주어지더라도 수용할 수 있는 능력을 지닌 독자를 만들어 낼 수 있어야 한다는 생각이다. 따라서 교과서에서 이루어지는 작품에 대한 설명은 지식이 아닌 방법이 될 수 있도록, 독자를 안내하는 '비평'과 같은 역할을 할 수 있어야 한다. 이런 의미에서 '교과서 비평'이라는 말을 사용할 수 있을 것이다. 졸저, 『문학연구와 문학교육』, 한성대학교 출판부, 2003.

현되는지 그 원리를 학습의 주요 범주로 삼는 것이 필요하다고 본다.

일관성이란 같은 교과서 내에서 동일한 양식의 작품을 다루는 시각이나 통로가 일정해야 함을 의미한다. 한 두 작품을 통해 시나 소설에 대해 온전히 이해할 수 없음은 당연한 일이기에 동일한 방식으로 원리를 학습할 수 있도록 고려해야 할 것이다. 현재의 교과서들 대부분에서 드러나는 바와 같이 작품 개개의 특징적인 면모만을 애써 이끌어내어 제시한다면 학생들은 소설을, 매우 독립적으로 존재하는 현상의 하나로 여길 개연성이 크다. 수많은 작품들 사실에 존재하는 공통적인 요인들에 대한 이해가 이루어지지 않을 때 학생들이 소설에 대해 가지게 될 인식은 '매우 특수한 것, 그래서 내가 쉽게 다가갈 수 없는 것'으로 인식하게 될 것이다.[12]

위 두 가지 요건은 소설사에서도 당연히 적용된다. 소설사 교육은 지식교육이 아닌 원리 교육에 초점을 두어야하며, 소설사적 현상에 대해 일관된 방식으로 접근해 갈 수 있어야 한다. 학습의 대상이 되는 소설사 전반에 걸쳐 일정한 방식으로 통해 소설의 원리를 이끌어내어 제시할 수 있어야 할 것이다.

2) 소설사 서술 초점으로서의 '서사성'

소설사를 원리 중심으로 일관되게 서술하는 일은 작품의 창조주체를 무엇으로 보느냐 하는 문제와도 직결된다. 한 작품의 창조주체를

12 교육대학원 수업을 통해 확인할 수 있는 현장 교사들의 의견이다. 작품들이 지닌 특징적인 면모에 초점을 맞춘 교과서 등의 학습자료를 통해 수업을 하게 될 때 학생들은 문학작품을 특별한 능력을 가진 개인의 창조물이라고 보게 됨으로써 자신의 눈으로 수용하거나 손으로 창작하는 것은 매우 어렵다고 생각하는 경우가 많다고 한다.

작가 일개인으로 파악하는 입장에서는 대부분의 작품은 우연적인 것으로 남게 되고 어느 정도 기발하면서도 재능있는 코멘트 이상의 차원을 넘어서기 힘들다는 지적은 주목을 끄는 견해이다.[13] 그렇기 때문에 어떤 작품의 객관적 의미를 추출하기 위해서는 작가가 속한 사회집단의 총체적 의식과 작품을 결부시켜서 고찰해야 한다. 여기에서 사회집단의 총체적 의식 즉 집단의식은 한 시대의 구성원들의 감정, 동경, 사고 등에 나타나는 공통된 경향을 가리킨다.

일반적으로 이를 그 집단의 세계관이라 부르거니와 세계관은 특별한 사회적 · 경제적 상황으로부터 출발하여 발전해 간다. 이때 우리가 주의할 것은 집단의식과 작품과의 관계가 단지 내용적인 측면에서만 이루어지지 않는다는 사실이다. 한 작품에 나타난 집단의식의 내용이나 작가를 단순히 둘러싼 사회현실에 대한 직접적 경험의 내용들은 단지 그 작품의 일부분일 따름이다. 그동안 우리 교과서가 보여준 주제나 사조 중심의 소설사 서술도 바로 이러한 맥락에 속할 것이다. 따라서 문학작품의 진정한 평가는 내용분석의 측면에서가 아닌, 창조적 집단이 자기가 속한 사회 및 사회구성원들과 맺는 관계에서 배태된 문제에 일관된 반응을 보이려는 경향의 구조화과정을 분석하는 측면에서 이루어져야 한다.[14]

앞에서 '교과서 비평'이라는 용어를 사용한 바 있다. 이 비평적 개념의 정체성은 소설사 교육의 측면에서 보다 분명하게 드러날 수 있다고 본다. 소설사란 작품의 개별적 평가와 어떤 범주화된 작품들의 집합적 평가가 체계적이고 구조적으로 종합된 결과물로 규정할 수 있을 것이기 때문이다. 그리고 그 작품들에 대한 두 차원의 평가는 앞에서

13 루시엥 골드만, 조경숙 역, 『소설사회학을 위하여』, 청하, 1982, 24쪽.
14 루시엥 골드만, 정과리 · 송기형 역, 『숨은 신』, 인동, 1980, 23~24쪽.

살핀 바와 같이 내용 분석과 구조화과정의 분석이 동시에 이루어져야 할 것이다.

소설의 구조화과정에 대한 분석은 여러 측면에서 이루어질 수 있겠지만, 교육이라는 요인을 감안한다면 '서사성'을 중심으로 이루어지는 것이 가장 유용하리라 본다. 서사성은 서사양식의 가장 기본적인 원리에 해당한다고 보기 때문이다.

서사성은 서사를 서사이게 하는 요소들이 지니고 있는 속성들이다. 그동안 범박하게 '이야기'라고 부르는 양식을 통해 서사를 설명해 왔다. 그러나 학습자들의 서사에 대한 이해는 상당히 낮은 수준이라고 생각해 왔다. 그 원인을 분석해 보면 두 가지 양태로 나타나는데, 하나는 소설에 대한 이해 부족이고 다른 하나는 한국소설에 대한 이해 부족이다. 이 두 가지 양태는 분리될 수 없는 상관성을 지니는데, '서사성'에 대한 접근을 통해 해결할 수 있을 것이라 본다. 서사성은 개별 작품을 구성해 나가는 원리이자 한 나라의 소설사에서 특징적으로 발현되는 자질이기도 하기 때문이다.

서사성에 대해 이러한 의미를 부여할 수 있는 근거는 서사에 대한 간단한 논의를 통해 확인할 수 있을 것이다. 서사에 대한 정의는 무수히 많고 굳이 그 정의들을 정리하거나 범주화할 필요는 없을 것이다. 서사란 '연속성을 지닌 사건과 행위자로 구성되는 언어적 구조물' 정도로 정의해도 논의를 이어가는데 문제는 없을 것이다. 이러한 정의 가운데 이 연구가 관심을 갖는 개념은 '사건'이다. 그리고 사건에 대한 가장 교육적인 개념은 '행위자에 의해 야기되거나 경험되는, 한 상태로부터 다른 상태로의 전이(transition)'라 보고자 한다.[15]

15 프로프나 톰슨, 바르트 등의 논의를 바탕으로 이끌어낼 수 있는 정의로, 미케발의 다음 저서에서 가장 밀도 있게 사용하고 있다.

이 글에서는 이 '전이'라는 개념을 서사성의 핵심으로 삼고자 한다. 전이 속에는 한 인물의 역정뿐만 아니라 현실의 법칙까지도 고스란히 내재되기 때문이다. 예를 들어 한국 전통 서사양식에서 비중 높은 서사적 주제를 이루었던 '권선징악'도 본질적으로는 이러한 '전이'의 한 발현양태이다. 이 주제는 "착하면 '불행(또는 비불행)에서 행복으로의 전이'가 이루어질 수 있으며, 악하면 '행복(또는 비행복)에서 불행으로의 전이'가 이루어질 수 있다"는 메시지를 담고 있기 때문이다. 아리스토텔레스의 시학에서 이끌어낼 수 있는 다음과 같은 도식은 교육적으로 수월성을 지닌, 보편적이고 기본적인 전이 양상을 보여 준다.

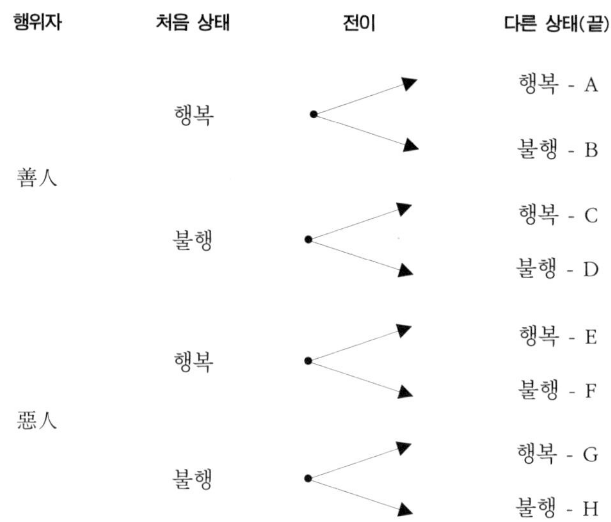

위와 같은 전이 양상은 하나의 예에 불과하지만 전이 양상과 그것을 바탕으로 한 서사성을 설명하는 데는 매우 유용할 것이다. B 유형

미케발, 한용환 외 역, 『서사란 무엇인가?』, 문예출판사, 1999, 31~52쪽 참조.

은 전형적인 '비극적 서사'에 해당할 것이며, G 유형은 '아이러니한 서사'로 볼 수 있을 것이다. 그러나 A 유형이나 H 유형은 기본적으로 이야기 거리가 되기에는 부족하다고 판단될 것이다. '착한 사람이 행복하게 살다가 행복한 상태로 죽는다'는 설정이나 '악한 사람이 불행하게 살다가 불행한 상태로 죽는다'는 설정은 이야깃거리로는 흡인력이 떨어질 것이기 때문이다. 그렇다면 A-H로 나뉘는 전이 유형은 '서사성'의 정도에 따라 구별하거나 평가하는 일이 가능할 것이다.[16]

전이를 살피는 과정에서 고려하게 되는 가장 중요한 요인은 전이의 동인(動因)이다. 왜 그러한 전이가 이루어지게 되는가 하는 점이다. 이 도식의 경우 '착한 사람'이나 '악한 사람'과 같은 행위자의 기본 속성이 일차적으로 작용할 수 있을 것이다. 그러나 이 기본 속성은 말 그대로 일차적인 요인이지 본질적인 것은 아니다. '성격'이라 부를 수 있는 요인이 보다 본질적이다. 예를 들어 '자라 난 환경 때문에 포악해진 사람이 중죄를 지었다.' 는 서사에서는 그 동인이 '환경'으로 나타난다. 시학에서 논의한 바를 예로 들자면 외디푸스의 '호기심'이 그를 파멸로 몰았다면, 호기심이 바로 전이의 동인 즉 서사성의 중심이 되는 것이다.

이러한 전이는 보편적인 성격을 띠고 나타나기도 하고 특수한 성격을 띠고 나타날 수도 있다. 예를 들어 어떤 개인이나 집단 간의 싸움을 다룬 두 개의 소설이 있다고 하자. 한 소설은 싸움의 이유가 '명예를 훼손하는 한마디 말'이었고, 다른 한 소설에서는 생존에 관련된 문제였다고 할 때, 갈등의 존재는 보편적이지만 그 갈등의 원인은 특수한 것이라 할 수 있다. 물론 한 나라의 소설사에서 자주 등장하는 유형의 싸움을 다루고 있다는 점을 전제로 한다. 보편적인 자질과 특수

---

16 아리스토텔레스, 손명현 역, 『시학』, 삼성출판사, 1998.

한 자질을 모두 발현하게 되는 전이를 소설사 기술의 한 전거로 활용할 수 있을 것이라는 판단은 이러한 맥락들에서 비롯되었다.

이 글은 소설사 교육을 위한 한국 소설사를 기술하는데 활용할 수 있는 원리를 모색하는데 일차적인 목적을 두었음을 밝혔다. 그러나 그 작업은 상당한 노력과 과정을 필요로 할 것이다. 그래서 우선적으로 한 가지 가능성을 탐색해 보고자 한다. 구체적으로는 그동안의 소설사 연구를 바탕으로 한국 소설사에서는 서사성의 핵심인 '전이'의 동인으로 무엇을 설정할 수 있을까를 탐색해보고자 한다.

한국 근대 소설을 일별하면서 떠올릴 수 있는 전이의 동인으로는 '시간적 공간적 배경' '권력 언어'[17] '지식' 등을 우선적으로 들 수 있다. 이러한 방법적 개념들은 아직은 가설에 속하는 것들이지만 지속적인 연구를 통해 일정한 성과를 얻을 수 있을 것으로 생각한다. 물론 이 개념들이 소설사 전체를 아우를 수는 없다. 때로는 단계별로, 때로는 시기별로 차별적인 개념이 설정될 수 있을 것이다.

이같은 접근은 기존 소설사들과는 상당히 다른 접근양상일 수밖에 없는데 그것은 이 작업 자체가 특수한 목적을 가지고 있기 때문이다. 즉 교과서를 편찬할 때마다 황망히 기존의 소설사나 소설 연구를 살펴 형해에 가까운 내용을 조직해 낼 것이 아니라, 소설사 교육에 대한 연구에 이루어져야 한다는 생각을 지니고 있기에 이러한 시도를 하게 되는 것이다.[18]

---

17 권력 언어는 필자가 구안해 본 개념으로 '권력 관계에 기반을 둔 언어(현상)'을 의미한다. 문학작품에서 드러나는 이 양상은 문학교육의 측면에서 매우 유용한 것이라 판단되어 연구를 진행하고 있다.

18 이와 관련하여 드물게 문학사(소설사) 교육에 대해 논하고 있는 임경순과 김성진의 글을 주목할 수 있다. 임경순은 '자아정체성 형성'이라는 개념을 중심으로, 김성진은 '지혜 혹은 실천적 지식'이라는 개념을 앞세워 논의를 진행하고 있다. 그런데 전자는 효용성이 높아 보이는 개념을 세우고도 개별 작가의 작품에 국한

이 글에서는 이런 방법적 개념들 중 '지식'의 문제를 중심으로 그 설정 가능성을 검증해 보고자 한다. 즉 '지식'이라는 요인을 중심으로 소설사의 어떤 흐름을 잡아낼 수 있겠는가 하는 점을 살펴보고자 한다. '지식'을 먼저 선택한 이유는 우리의 '근대'가 '지식의 유입'과 밀접한 관련을 지니고 있다고 보기 때문이다. 우리 근대사의 특수성이라고도 할 수 있을 터인데, 특히 개화기를 염두에 둔다면 그 맥락을 쉽게 이해할 수 있을 것이다.

지식이라는 개념은 매우 추상적이고 광범위한 것이어서 어떻게 정의를 내리든 논란의 여지를 안고 있다. 그러나 한국의 근대사를 놓고 볼 때는 구체적인 의미규정이 가능하게 된다. 한국의 근대가 개화라는 정치 · 문화적 상황과 밀접하게 맞물려 진행되었기 때문이다. 한국의 전근대 사회를 지탱하고 유지시켜왔던 제도나 의식을 단 시일 내에 변화시켜 나가는 데 '새로운 문물과 제도, 의식' 등이 결정적으로 영향을 미쳤던 바, 그것들은 '배워 옴'이나 '가르침' '보여 줌' 등의 방식으로 유입되었다. 이 여러 가지 방식으로 유입된 제도나 의식 등을 '지식'이라 부를 수 있을 것이다. 그리고 이러한 지식들은 사회 내에 자리 잡게 되는 과정에서 필연적으로 사회적이고 개인적인 갈등을 유발하는 속성을 지니고 있다는 점에서 '이야기'의 요건을 내포하게 된다.

다음 장에서는 이런 측면에서 '지식'의 요소를 중심으로 서사성을 분석해 내는데 중점을 두게 될 것이다. 소설사 교육과의 연계는 그

시켜 논의를 진행하고 있다는 아쉬움을 준다. 후자는 개념은 유용하지만 특정한 문학 현상에 대한 접근에 머물고 있다는 점에서 후속 연구를 기대하게 된다. 임경순, 「자아정체성 형성으로서의 문학사교육」, 『문학의 해석과 문학교육』, 역락, 2003.
김성진, 「문학사교육과 소설교육」, 『문학교육론의 쟁점과 전망』, 삼지원, 2004.

분석 내용이 타당성과 설득력을 갖추고 있다고 판단된 연후에 이루어질 수 있을 것이기 때문이다.

3. 근대 소설에 나타난 서사성과 지식의 상관성

1) 갈등의 형성과 해소의 기제로서의 지식

이 유형에 속하는 작품으로는 「혈의 누」와 「무정」을 들 수 있다. 이들 작품에서는 지식이 서사양식의 핵심이 되는 갈등구조와 밀접한 연관을 맺고 있다. 구체적으로는 갈등의 형성과 해소에 직접적으로 관여하고 있는 것이다. 일단 한 인물이 지식을 지니고 있다는 사실은 다른 인물들과의 관계에서 우위를 점하는 기제가 된다. 여기에서 당대의 상황이 고려 요소가 되는데 근대 초기에서 새로운 지식의 소유 여부가 사회적 지위를 결정짓는 핵심적인 요소였음을 감안할 때 서사양식의 현실반영이라는 본질적 속성을 다시 확인할 수 있다.

다음으로는 지식을 소유한 인물로 인해 갈등구조가 해소되는 맥락이다. 근대적인 사회가 형성되는 초기 단계에서는 필연적으로 신구 가치관의 갈등이 나타나기 마련인데, 그 갈등을 지식을 소유함으로써 정신적, 사회적 우위를 점한 인물이 해결하거나 조정하는 역할을 수행한다. 그 구체적인 내용을 살펴보기로 하자.

「혈의 누」 상권의 사건은 조선과 외국(일본, 미국)이라는 이원적 공간을 통해 진행되고 있다. 주인공들은 조선－일본－미국으로 공간이 이동함에 따라 그 의식이 성장해 가는 양상을 보여 준다. 그리고 그 성장의 단적인 근거는 '지식의 습득'에 있다.

"너는 나더러 종시 해라 소리를 아니하니 나도 마주 하오를 할 일이로구, 허허허. 그러나 말대답은 아니하고 딴소리만 하여서 대단히 실례하였다. 내가 우리나라에 있을 때에 우리 부모가 내 나이 열두서너 살부터 장가를 들이려 하는 것을 내가 마다하였다. 우리나라 사람들이 조혼하는 것이 옳은 일이 아니라. 나는 언제든지 공부하여 학문 지식이 넉넉한 후에 아내도 학문 있는 사람을 구하여 장가 들겠다, 학문도 없고 지식도 없고 입에서 젖내가 모랑모랑 나는 것을 장가 들이면 짐승의 자웅같이 아무것도 모르고 음양배합의 낙만 알 것이라. 그런고로 우리나라 사람들이 짐승같이 제 몸이나 알고 제 계집 제 새끼나 알고 나라를 위하기는 고사하고 나라 재물을 도둑질하여 먹으려고 눈이 벌겋게 뒤집혀서 돌아다니는 것이 다 어려서 학문을 배우지 못한 연고라. 우리가 이 같은 문명한 세상에 나서 나라에 유익하고 사회에 명예 있는 큰 사업을 하자 하는 목적으로 만리타국에 와서 쇠공이를 갈아 바늘 만드는 성력(誠力)을 가지고 공부하여 남과 같은 학문과 남과 같은 지식이 나날이 달라가는 이때에 장가를 들어서 색계상에 정신을 허비하면 유지한 대장부가 아니라. 이애 옥련아, 그렇지 아니하냐."[19]

서술자나 화자를 통해 전달되는 작가의 의식 자체가 조선이라는 공간을 떠나서야 그 실상을 나름대로 파악할 수 있는 상태에 있었던 것은 아닌가 하는 판단을 하게 된다. 옥련과 구완서가 미국에서 옥련 아버지를 만나 조선에 관한 이야기를 하는 과정에서 주고받는 내용이나 그 방식은 조선에서라면 생각하기 어려운 것이라는 점을 상기하면 좀더 쉽게 이해할 수 있을 것이다. 옥련이 조선–일본–미국으로 이동하는 과정은 새로운 지식을 습득하는 과정과 밀접하게 연관되며 그

19 이인직, 『혈의 누』, 동아출판사, 1995, 53~54쪽.

지식을 동력으로 해서 다음 사건들이 진행된다는 점에서 지식과 서사성의 상관성을 엿볼 수 있다.

「무정」은 보다 강도 높게 지식의 작용태가 드러난다. 주인공들의 주된 갈등의 형성과 해소에 직접적으로 작용하고 있다.

> 그러나 영채가 만일 지금껏 아무것도 배운 것이 없으면 어쩌나. 내 마음과 내 사상을 알아주리만한 공부가 없으면 어쩌나. 어려서 글을 좀 읽었건마는 그 동안 칠팔 년간이나 공부를 아니 하였으면 모두 다 잊어버렸으렷다. 아아, 만일 영채가 이렇게 무식하면 어쩌는가. 그렇게 무식한 영채와 행복된 가정을 이룰 수가 있을까. 아아, 영채가 무식하면 어쩌나. 이렇게 생각하매 지금까지 생각하던 것이 다 쓸데없는 듯하여 어째 서어한 마음이 생긴다. 그래서 형식은 영채의 얼굴을 다시금 보았다. 그 몸가짐과 얼굴이(얼굴의) 표정이 아무리 하여도 교육 없는 여자는 아니로다. 더구나 그 손과 옷을 보매, 지금껏 괴로운 일로 고생은 아니한 듯하다. 아무리 보아도 영채는 고등한 가정에서, 고등한 교육을 받은 사람인 듯하다. 그렇지 아니하면 저렇게 몸가짐에 자리가 잡히고, 말하는 것이 저렇게 얌전하고 익숙지 못하리라 하였다. 더구나 그 말에 문학적 색채가 있는 것을 보니 아무리 하여도 고등한 교육을 받았구나 하였다.
>
> 혹 내가 남의 도움을 받아 이만큼이라도 출세를 하게 된 모양으로 그도 누구의 도움을 받아 편안히 지내면서 어느 학교를 졸업하지 아니하였는가. 마치 김장로의 집에 있는 윤순애 모양으로 어느 귀족의 집이나, 문명한 신사의 집에서 여태까지 공부를 하지나 아니하였는가. 혹 금년쯤 어느 고등여학교를 졸업하지나 아니하였는가. 그렇기만 하면 오죽 좋으랴. 옳다, 그렇다 하고 형식은 혼자 믿고 좋아하였다. 그러고 형식은 어서 영채의 그 후에 지낸 내력을 듣고 싶었다. 영채의 하는 말은 꼭 자기의 생각한 바와 같으려니 하였다.[20]

영채와 순애를 놓고 고뇌를 해야 하는 단계에서 드러나는 이러한 생각을 통해, 지식이 이후 형식의 행위를 결정하는 요소로 작용할 것이며, 영채의 지식 소유 여부에 따라 두 사람의 관계가 설정될 것임을 암시받게 된다.

연재 122회분을 전후로 하는 대목도 마찬가지이다. 주요 인물들의 막연하고도 개별적이었던 의식들은 삼랑진 수해 장면을 계기로 집단적인 민족의식으로 변화하게 되는데 이는 외국 유학이라는 요소가 개재되어 있었기에 가능한 것이다. 즉 "저들에게 힘을 쥬어야 ᄒᆞ겟다. 지식을 주어야 ᄒᆞ겟다."[21]라는 일행의 생각이자 작가의 의식은 유학 후의 주요 인물들의 변화된 모습을 전제한 것이다. 특히 그동안의 갈등이 순간적으로 해소되는 계기가 지식을 무장한 형식에 대한 경외감, 즉 지식에 대한 경외감이라는 점에서 지식이 서사성애 미치는 압도적인 영향력을 확인할 수 있다.

2) 인물 형상화의 지표로서의 지식의 존재방식

서사의 기본 요소인 인물의 형상화 과정에 지식이 깊숙하게 관여함으로써 서사성과 관련성을 맺고 있는 경우로 「국경의 밤」과 「고향」을 들 수 있다.

「국경의 밤」에는 흥미 있는 서사시적 모티프가 나타나는데 그 중에 주목되는 것이 바로 '지식의 유혹(Temptation of Knowledge)'이라는 모티프이다. 이는 호머의 「오디세이」에 나오는 '사이렌(Sirens) 신화'에서 찾을 수 있다. 사이렌들은 사이렌의 외형은 인간의 머리를 지니

20 이광수, 『무정』, 동아출판사, 1995, 44~45쪽.

21 위의 책, 123회.

고 있는 거대한 새(鳥)다. 그들은 마적인 파괴력을 지닌 아름다운 노래기술과 지식을 통해 인간과 신들을 유혹하게 된다. 유혹하는 기제로서의 '지식'의 원형을 보여주는데, 이 모티프는 다양한 신화와 민담에서 재생되고 있다.[22]

「국경의 밤」에서 주인공인 순이와 비극적인 상황을 연출하는 남성은 '지식(언문(諺文)아는 선비)'을 내세워 순이를 유혹한 것으로 설정되고 있다. 순이가 선비와의 혼담이 깨지고 재가승에게 시집을 감으로써 야기된 비극적 상황을 다루고 있는 것이 「국경의 밤」의 주된 서사구조이고, 제2부의 내용은 선비와의 일이 주된 내용이라는 점에서 '선비'의 형상은 서사시 전체에서 매우 중요하다. 그리고 그 형상의 핵심이 '지식'이라는 점에 착안하면 '서사성'과 '지식'의 관련성을 논의하는 일이 어떤 의미를 지닐 수 있는지 판단할 수 있을 것이다.

「고향」에서 김희준과 대응을 이루면서 서사구조를 형성하는데 중요한 역할을 담당하고 있는 마름 안승학은 그 형상화 측면에서 주목을 끈다. 안승학은 인생의 여러 굴절과정을 거치면서 마름으로 자리잡게 되는데 그가 마을 사람들을 상대로 마름 노릇을 할 수 있는 근저에는 마을 사람들과 차별되는 속성을 지니고 있기 때문이다. 그런데 그 차별성은 안승학이 새로운 '지식'을 갖추고 있는데서 비롯된다. 우체통의 위력을 보여준다든지 하는 실용적인 '지식'을 과시함으로써 김희준과 당당히 맞서 자신의 위상을 유지하고 있는 것이다.

---

22 이와 관련해서는 다음 참조.
G. Gabriel Germain, 'The Sirens and the temptation of knowledge', ed. by G. Steiner & R. Fagles, Hpmer, Prentice Hall, Inc. 1982
한석종, 「프란츠 카프카의 단편 '사이렌의 침묵'에 나타난 신화적 요소」, 『독일어문학』 11집.

안승학이 마을 사람들에게서 전혀 인정을 받지 못하는 존재라면 「고향」의 갈등 자체가 무화된다는 점에서 안승학의 위상을 지탱해주는 '지식'의 역할은 매우 중요하다. 여기에서도 '서사성'과 '지식'의 상관성에 대한 탐색의 의미를 찾을 수 있을 것이다. 논의를 위해 그 구체적인 부분들을 적시하면 다음과 같다.

> "그런데 그 무렵이 마침 경부선이 개통한 직후이다. 이 근처 사람들은 생전 처음 보는 기차와 정거장과 전봇대를 보고 경이의 눈을 크게 떴다. 안승학은 지금도 그때 목판차를 맨 처음으로 먼저 타고 서울을 가보았다는 것을 자랑삼아 말하였다. 그때 그는 어떤 친구의 심부름으로 혼수 흥정을 하러 따라간 것이었다. 그의 자만은 그것뿐만 아니었다. 그는 경기도 출생이라고 이 지방에서는 제일 똑똑한 체를 하였다.
>
> 우편소가 새로 생긴 것을 보고 이웃 사람들은 그게 무엇인지 몰라서 겁을 잔뜩 집어먹고 있었다. 장승같이 늘어선 전봇대에는 노상 잉— 하는 소리가 들리었다. 그것은 전신줄을 감은 사기 안에다 귀신을 잡아 넣어서 그런 소리가 무시로 난다는 것이다. 그리고 우편소 안에는 무슨 이상한 기계를 해 앉히고 거기서는 무시로 괴상한 소리가 들리었다. 그래서 이웃 사람들은 그것도 무슨 귀신을 잡아 넣어서 그런 소리가 들리는 것이라고 하였다.
>
> 그럴 때에 안승학은 마술사처럼 이 귀신을 부리는 재주를 그들 앞에서 시험해 보였다. 그는 엽서 한 장을 사서 자기 집 통호수와 자기 이름을 쓰고 편지 사연을 써서 우편통 안으로 집어넣었다. 그리고 그들에게 장담하기를 이것이 오늘 해전 안에 우리집으로 들어갈 터이니 가보자는 것이었다. 과연 그날 저녁때였다. 지옥사자 같은 누렁옷을 입은 사람은 안승학의 집에 엽서 한 장을 던지고 갔다. 그것은 아까 써넣던 그 엽서였다.

"참, 조홧속이다!"

하고 그들은 일시에 소리를 질렀다.

비행기가 잠자리처럼 날고 인조인간이 발명된 지금 세상에서 이런 소리를 들으면 누구나 코웃음을 치리라마는 그때 시절에는 사실로 그러하였다. 말하자면 그때 무렵에 안승학은 이 고을에서 우편으로 보내는 편지를 제일 먼저 써본 이 중에 한 사람이었던 위대한 선각자였다.

그러므로 그는 이듬해 봄에 새로 설립된 사립학교에도 자기가 선등으로 입학을 하였다. 말로는 학생이라 하지마는 춘추가 근 사십이나 되는 아들 손자를 거느린 사람도 있었고 쇠뿔관을 점잖게 쓰고 온 사람도 있었고 초립동이 상투 꼬부랑이 또는 머리를 따늘인 총각대봉도 있었다.

그때 안승학은 모친의 상중이라 북포 망건에 방립을 쓰고 다녔다.

이러한 십인십색의 학생들이 쭉 둘러앉아서,

"아나타와 도나타데스카(당신은 뉘 댁이십니까)?"

"와타쿠시와 리쇼보데스(나는 이서방이올시다)."

하는 일본 내지말을 한문서당에서 논어 맹자 읽듯 하고 있었다.

안승학은 이태 만에 이 학교를 졸업하고 나서 그는 바로 군청으로 들어갔다.

그는 물론 일본말을 잘할 뿐 아니라 생활에 막다른 사정이 다만 한푼 벌이라도 하지 않으면 안 되기 때문에 남들이 손가락질하는 고원이라도 들어갈 수밖에 없었던 것이다.

그는 이렇게 남 먼저 개화를 하였다. 말하자면 이것이 그의 출세에 대한 첫걸음이다."[23]

사실 안승학이 「고향」에서 김희준과 대등한 위상을 가질 수 있었던

23 이기영, 『고향』, 동아출판사, 1995, 95~96쪽.

것은 그가 현실적인 잇속이 밝고 권모술수가 능한 탓도 있지만 기본적으로는 이렇듯 남들과는 다른 차별성을 지니고 있기 때문인데, 그 핵심적인 인자가 바로 '지식'이다.

이 지식의 요소는 안승학과 대립구조를 이루는 측인 김희준을 비롯한 마을사람들에게서도 분명하게 드러나고 있다.

> "그러면 마을 사람들은 어느 말을 정말로 믿어야 옳을지 몰라서 멀거니 두 사람의 입을 쳐다보고만 있었다. 그들에게는 이편 저편 말이 모두 옳은 것 같기 때문에! 조첨지와 김선달은 희준이가 나오기 전까지는 이 마을에서 제일 유식쟁이 노릇을 했다. 하긴 그전 마름과 지금의 안승학이가 있었지만 자기네와 생활이 격리된 그들에게는 그들의 말까지도 신임을 하지 않았다. 그래서 조첨지와 김선달은 만날 때마다 이야기의 적수였다. 어떤 때는 서로 얼굴을 붉히고 담뱃대로 상앗대질을 하면서 격론도 하였다. 왜 그러냐 하면 조첨지는 예전 시대로 돌아가려는 보수적인데, 김선달은 막연하나마 이 세상을 옹호하려는 신식이기 때문이었다. 그들은 김선달의 말을 한편으로 비양을 하면서도 다른 한편으로는 그의 말을 그럴 상싶게도 듣고 있었다. 그러나 희준이가 나온 뒤로부터는 그들은 차차 희준이에게 묻게 되었다. 그럴 때마다 희준이는 마치 재판관같이 그들의 말을 듣고 있었다. 그는 언제나 그들에게 미소를 머금고 대하였다."[24]

김희준 쪽으로 수렴되기는 하지만 김희준 이전에도 안승학과 최소한의 대립구조를 유지할 수 있었던 데는 조첨지나 김선달이 지니고 있던 지식이었다는 점에서 '고향'의 서사성은 지식과 불가분의 관련을

24 위의 책, 162.

맺고 있다.

3) 서술자의 면모와 지식의 결합

서사를 이루는 또 다른 요소인 서술자의 존재나 역할이 두드러지게 나타나는 소설들에서 확인할 수 있는 서술자와 지식의 결합 양상이 여기에 속한다. 「날개」, 「소설가 구보씨의 일일」, 「태평천하」 등이 그 예가 될 것이다.

「날개」는 수많은 논의들을 통해 이 작품에 대한 분석이 다양하고도 심층적으로 진행되었고 그로 인해 오히려 소설사에서 그 위상을 정립하기가 어려운 문제작이지만, 당대적 자아와 삶의 형상화한 작품이라고 보는 데는 별다른 어려움이 없을 것이다. 물론 그 형상화 방식이 매우 추상화된 것이기에 논란의 여지가 있겠으나 추상화 방식 역시 삶, 현실과의 밀접한 관련 하에서 이루어 질 수 있다는 점을 인정한다면 별반 무리는 없을 듯 싶다.[25] 오히려 중요한 것은 직접적으로 소설사와 관련된 것이기는 하지만 이전 시기나 이후 시기의 작품들과의 연결 고리일 것이다. 여기서는 그것을 지식의 문제로 풀어 보고자 하였다.

> 내가 잠을 깨었을 때는 날이 환—히 밝은 뒤다. 나는 거기서 일주야를 잔 것이다. 풍경이 그냥 노—랗게 보인다. 그 속에서도 나는 번개처럼 아스피린과 아달린이 생각났다.

---

25 추상화 방식에 대해서는 다음 참조.
졸고, 「전후소설에 나타난 현실의 추상화 방법」, 『한국소설의 내적 형식』, 태학사, 1996.

아스피린, 아달린, 아스피린, 아달린, 맑스,16) 말사스,17) 마도로스, 아스피린, 아달린.18)

아내는 한 달 동안 아달린을 아스피린이라고 속이고 내게 먹였다. 그것은 아내 방에서 이 아달린 갑이 발견된 것으로 미루어 증거가 너무나 확실하다.

무슨 목적으로 아내는 나를 밤이나 낮이나 재웠어야 됐나?

나를 밤이나 낮이나 재워 놓고 그리고 아내는 내가 자는 동안에 무슨 짓을 했나?

나를 조금씩 조금씩 죽이려던 것일까?

그러나 또 생각하여 보면, 내가 한 달을 두고 먹어 온 것은 아스피린이었는지도 모른다. 아내는 무슨 근심되는 일이 있어서 밤이면 잠이 잘 오지 않아서 정작 아내가 아달린을 사용한 것이나 아닌지, 그렇다면 나는 참 미안하다. 나는 아내에게 이렇게 큰 의혹을 가졌다는 것이 참 안됐다.[26]

「날개」의 주제 의식을 어떤 맥락에서 규정하든 그것이 '방'이라는 공간에서 벗어나고자 하는 의식의 구체화임은 부정하기 어렵다. 「날개」의 주인공이 자신의 존재를 구속하고 규정하는 공간에서 벗어나고자 했을 때 그의 삶이 비로소 의미를 가진다는 것을 깨닫게 되기 때문이다. 그런데 그 깨달음의 원천이 지식의 문제와 연관되어 있다. 소설 본문에서야 아주 단편적으로 언급되고 있기는 하지만 실상은 그 단편적인 면모를 넘어서고 있다. 당대의 상황은 그것들이 가장 민감하고 첨예한 개념들이었음을 말해주기 때문이다.

아스피란과 아달린 사이에 놓인 '맑스'와 '말사스'는 행위자이자 서

---

26 이상, 『날개』, 동아출판사, 1995, 77쪽.

술자의 지적인 면모와 의식의 날카로움을 보여주는 개념들이다. 정신병적인 것을 연상시키는 사이에 시대의 첨예함을 배열함으로써 서술자의 내면세계의 중핵을 보여주는 셈이다. 그런 첨예함을 인식하는 사람이 지식인과는 전혀 다른 행동과 의식을 보여준다는 설정 자체가 지식의 허구성이나 자폐성을 드러내 준다. 그럼으로써 이 작품의 서사성은 지식과 밀접하게 연관되고 있다.

「소설가 구보씨의 일일」은 작가성이라는 문제로부터 풀어나갈 수 있을 것이다. 먼저 작품의 일부분을 살펴보도록 한다.

> 일갓집 대청에가 주인 아낙네와 마주앉아, 갓난애같이 어머니는 치마 자랑할 기회를 엿본다. 주인 마누라가, 선불리, 참 치마 좋은 거 해입으셨구먼, 이라고나 한다면, 어머니는 서슴지 않고,
>
> "이거 내 둘째아이가 해준 거죠. 제 아주멈해하구, 이거하구……."
>
> 이렇게 묻지도 않은 말을 하였다. 어머니는 그것이 아들의 훌륭한 자랑거리라 생각하였다.
>
> 자식을 자랑할 때, 어머니는 얼마든지 뻔뻔스러울 수 있다.
>
> 그러나 그런 일은 늘 있을 수 없다. 어머니는 역시, 글을 쓰는 것보다는 월급쟁이가 몇 갑절 낫다고 생각하고, 그리고 그렇게 재주 있는 내 아들은 무엇을 하든 잘하리라고 혼자 작정해 버린다. 아들은 지금 세상에서 월급 자리 얻기가 얼마나 힘드는 것인가를 말한다. 하지만, 보통학교만 졸업하고도, 고등학교만 나오고도, 회사에서 관청에서 일들만 잘하고 있는 것을 알고 있는 어머니는, 고등학교를 졸업하고도, 또 동경엘 건너가 공부하고 온 내 아들이, 구하여도 일자리가 없다는 것이 도무지 믿어지지가 않았다.[27]

구보는 담배에 불을 붙이며 자기가 원하는 최대의 욕망은 대체 무엇일꾸, 하였다. 이시카와 다쿠보쿠(石川啄木)는, 화롯가에 앉아 곰방대를 닦으며, 참말로 자기가 원하는 것이 무엇일꾸, 생각하였다. 그러나 그것은 있을 듯하면서도 없었다. 혹은, 그럴 게다. 그러나 구태여 말하여, 말할 수 없을 것도 없을 게다. '願車馬衣輕裘 與朋友共 敝之而無憾(원거마의경구 여붕우공 폐지이무감)'은 자로(子路)의 뜻이요 '座上客常滿 樽中酒不空(좌상객상만 준중주불공)'은 공융(孔融)의 원하는 바였다. 구보는, 저도 역시, 좋은 벗들과 더불어 그 즐거움을 함께 하였으면 한다.

갑자기 구보는 벗이 그리워진다. 이 자리에 앉아 한잔의 차를 나누며, 또 같은 생각 속에 있고 싶다 생각한다…….[28]

문학의 역사 이래 작가들은 주술성, 직업적 전문성, 희귀성, 지적 우월성, 천재성 등으로 설명되는 작가성의 바탕 위에서 그 독특한 지위를 유지해 왔다. 따라서 독자들은 언제나 그 작가들에 대해 열등감에 가까운 심리적 거리감을 느껴 왔으며 물리적으로도 일정한 단절감을 느끼고 있었다. 독자와 작가 사이에 동등한 대화가 이루어진다는 것은 매우 어려운 일이거나 애초에 불가능한 일로 여겨지기도 했었던 것도 사실이다.[29] 이러한 작가성이 시대적, 문화적 상황에 따라 경직되어 나타날 때 문학작품이 난해해지고 독자의 이반 현상이 초래된다. 우리 문단의 경우 구인회의 멤버들에서 이러한 면모들을 확인할 수 있다. 그들은 소설자가 되어 작품에 침투하면서 작가성을 충분하게 발휘하고 있다.

---

27 박태원, 『소설가 구보씨의 일일』, 동아출판사, 1995, 160쪽.

28 위의 책, 172쪽.

29 Alberto Manguel, *A History of Reading*, Viking, 1996.

작가성의 가장 빈번한 표현 양상은 지식의 노출이다. 이럴 때 지식은 내적 형식이 되는데 내적 형식은 작가의 몫이 상당히 제약받는 정신활동의 산물로 사회의 구성원으로서의 작가가 그 사회의 문화적 관습과 정서를 일정한 과정을 통해 습득한 결과 얻게 되는 것이다. 다시 말하면 사회의 구성원으로서 사회화의 과정을 밟게 될 때 제도적 경험을 통해 얻게 되는 지적 결과물에 작가 자신의 독특한 색채를 덧붙여 구상화한 것이 내적 형식이기 때문이다. 공동체와 분리된 개인은 아니지만 그렇다고 그 안에 완전히 파묻힌 개인도 아닌 작가의 독특한 위상을 어떻게 유지시킬 것인가 하는 고민의 소산이라고도 할 수 있다. 지식이 서사성과 결합할 수 있는 또 하나의 고리가 여기에 있다.

우리가 흔히 교과서적인 맥락에서 사용하는 '구인회 멤버'라는 설명은 다양한 맥락에서 평가가 하겠지만 그 자체로 소설사 교육의 내용을 삼는다면 그것은 바람직한 것으로 보기 어렵다. 그 사실 자체로는 설명해 줄 수 있는 여지가 별로 없기 때문이다. 그렇지만 구인회 작가들이 지니는 특성 요소인 작가성의 문제를 통해 접근해 간다면 효용성 있는 논의가 가능할 것이다.

「태평천하」는 독특한 소통구조를 지니고 있으며 그 소통구조가 작품의 서사성의 중핵을 이루고 있다. 그리고 그 소통구조의 독특함은 서술자의 면면에서 비롯되고 있다. 익히 알려진 대로 「태평천하」의 서술자는 판소리 광대와 그 성격을 같이 하는데, 다양한 지식의 구사를 정체성으로 삼고 있다.

> 그러니 결국 그것은 늙은이한테는 생물적 필연이라는 관용도 안 될 말이요, 타고난 선천이니 체질이니 하는 것도 다 여벌이고, 주장은 한갓 팔자(시체말로는 환경) 그놈이 모두 농간을 부리는 놈입니다.

소작인이 바빠 벼가 만 석이 그득 쌓이기 때문에, 그의 생리와 건강과 행동과 이 모든 것이 화합되어(혼합이 아니라 화합이 되어) 오늘날의 싱싱한 윤직원 영감을 창조한 것이니라…… 이런 해석도 그러므로 고집은 해볼 만합니다.

춘심이는 윤직원 영감이 예순다섯 살이란 말에, 계집애가 까부느라고 아이구! 예순다섯 살이라니, 퍽도 많이 자시기는 했네! 그러면 가만있자, 나보다 몇 살 더한고? 응, 가만있자, 예순다섯이라, 열다섯을 빼면 응…… 쉰, 아이구 어쩌나! 쉰 살이나 더 잡수셨구려! 이러고 허겁떨이를 해쌉니다.

윤직원 영감은, 제가 하는 대로 빙그레 웃으면서 보고만 있습니다. 춘심이야 아무 생각 없이 그저 제 나이와 빗대 보던 것인데, 윤직원 영감은 그게 무슨 뜻을 두기는 두었던 표적이려니 하고 혼자 느긋해하는 판입니다.

뜻은 있는데, 나이 하도 많으니까 놀라는 것이고, 그러나 뜻이 있었던 것만은 불행 중 다행인즉, 옳지 그렇다면 어디 좀…… 이런 요량짱입니다.

연애는 환장이니라(Love is Blind)란다더니 옛말이 미상불 옳아, 이다지도 야속스레 윤직원 영감 같은 노인에게까지 들어맞기를 하는군요. 그나마 골고루 골고루…….[30]

이런 부분들에서 확인할 수 있듯이 주인공인 윤직원 영감의 무식과 대비되면서, 그리고 냉소와 여유로움을 동시에 보이면서 사건을 이끌어가고 있는 서술자의 지식은 매우 적절하게 작품 속에 녹아들면서 흥미로운 서사를 이뤄내고 있다.

30 채만식, 『태평천하』, 동아출판사, 1995, 135쪽.

또한 이 작품에서 흥미로운 것은 지식의 여러 양상이 매우 효과적으로 공존하고 있다는 점이다. 동경 유학 도중 앎을 실천하고자 사회주의 운동에 가담하여 윤직원에게 패가의 아픔을 안겨 주는 종학의 '이상적 지식'과, 그저 동경 유학 쯤으로 경찰서장이나 군수가 될 수 있다고 믿는 윤직원의 '왜곡된 지식', 그 가운데에서 균형을 잡고 있는 서술자의 '생활적 지식' 등이 그것이다. 물론 이 지식의 분류는 지의적이기는 하지만 그 속성을 드러내기에는 어려움이 없을 것이다. 이를 통해 전체적인 서사구조에서 '지식'이 차지하는 역할과 의미를 가늠할 수 있을 것이다. 그렇지만 서술자의 면모를 결정짓는 지식과 서사성의 결합이 중요한 의미를 지닌다.

문학교육을 위한 소설사 서술방법

1. 문제제기

'인문학이 무엇을 해야 하는가' 라는 물음에 대한 답은 인문학 연구자의 수만큼 존재할 것이다. 그리고 이 시대에 인문학이 필요한가라는 질문에도 별다른 이견은 없을 것이다. 그러나 과연 인문학이 그 역할을 다하고 있는가라는 질문에는 답변이 어려운 경우가 많을 것이다. 아마도 인문학이 문제적 상황에 빠져 있지만 그 문제적 상황이 무엇인지에 대한 탐색이 아직 제대로 이루어지지 않은 탓일 것이다. 이 논의는 일차적으로 인문학 연구자가 지금 이 시점에서 해야 하고 할 수 있는 일이 무엇인가라는 물음에 대한 답을 구하는 단계에서 출발하고 있다.

인문학의 대상으로서의 문학의 위상은 굳이 논할 바는 아닐 것이다. 그러나 문학의 현실적 위상을 고찰하고 거기에 내재된 문제적 현상을 해결하기 위한 보다 실천적인 접근 방법에 대한 논의는 절실하게 필요하다고 본다. 우선적으로는 문학의 위기라는 현상에 대해 논란과 논의들이 있었지만 정작 문학의 향유자들이 필요로 하거나 그들에게 제공해야 할 콘텐츠에 대한 연구가 생산적이지 못했다는 반성적 태도가 필요하다고 본다. 향유자라는 인적 요소가 배제된 인문학 연구는 그 의미가 반감될 수밖에 없기 때문이다.

문학교육에서 문학사 또는 분류사는 인식론과 실천론의 측면에서 중요한 의미를 가진다. 문학의 역사와 그 기술체가 단순히 작품의 집합이 아니라 작품에 담긴 개인과 집단의 인식의 변화 및 발전의 총화라 볼 때 인간의 성장이라는 교육적 지향성과 밀접한 연관성을 가지게 될 것이다. 또한 문학사 또는 분류사는 본질적으로 '평가'의 결과물이라는 점에서 학습자가 이해와 감상을 넘어 평가에 이르는 길을 제공하는 역할도 할 수 있을 것이다. 문학사와 분류사에 대한 안목은 어떤 사물과 현상을 평가할 수 있는 능력과 태도를 길러줄 수 있다는 점에서 실천적인 것이라 본다. 특히 소설사는 분류사 중에서 위의 두 효용성을 가장 잘 확보해 주리라 보는 것이 이 논의의 출발점이다.

다음 자료는 이 논의가 성립되는데 중대한 근거는 될 수 없겠지만, 이 시대 문학의 향유자들이 놓여있는 지점을 확인해 봄으로써 논의에 필요한 최소한의 논거가 될 수 있으리라 생각하여 제시해 본다. 이 자료는 2007년 1학기부터 2009년 2학기까지 필자가 재직하고 있는 대학에서 이루어진 '한국 소설 읽기'라는 목표로 연관되는 교양 강좌들의 수강생을 대상으로 실시한 설문조사 결과이다.

[표 1] # 고급 독자로서의 대학생의 문학능력 자기 진단 - 소설의 경우[1]

설 문 내 용	응 답 (단위 %)			비 고
	그렇다	그런 편이다	아니다	
A. 소설 작품을 찾아 읽는 편인가	10	21	69	한 달에 한편 이상 - 그렇다
B. 나름대로 기준으로 소설을 선택할 수 있는가	16	48	36	찾아 읽는 경우 작가 선호도 제외
C. 영화나 드라마에 비해 소설이 더 쉽게 이해되는가	6	19	75	흥행 작 기준 최근 소설 기준
D. 어떤 (최근) 소설이 주어지더라도 읽어낼 수 있는가	19	15	66	스토리 라인, 성격 등의 파악
E. (최근) 소설에 대한 수용 능력이 충분하다고 보는가	15	16	69	주제, 작가의식 등의 판단
F. 주위 사람에게 내가 읽은 (최근) 소설에 대해 비평해 줄 수 있는가	11	12	77	

[표 2] # 문제적 진단의 분석을 위한 2차 설문[2]

응답 내용(범주화화여 정리)			응답 - b, c, d는 중복(단위 %)	
			항목별	전체
a. 관심이나 적성과 거리가 멀기 때문이다			12	
b. 그런 능력을 갖출 기회가 없었다	b-1 제대로 된 교육을 받지 못했다	교과서의 한계	34	b / 71 b-1 / 64
		수업내용의 부실	45	
		교육환경의 문제	21	
c. 그런 능력을 필요로 하지 않았다	c-1 사회적 환경 때문이다	대중매체의 우세	72	c / 58 c-1 / 34
		풍토 조성 안됨	16	
		여건(서점 등) 부족	12	

1 설문 내용 중 이 연구와 관련되는 항목만 선별해서 제시하는데, 설문의 결과는 어느 계열 학생들이 주를 이루는 강좌냐에 따라 상당한 차이가 드러났다. 강좌의 수강생은 계열 상관없이 1~2학년들로 구성된다. 설문에 참여한 연인원은 학기당 50명 내외로 300여명이다.

2 [표 1]의 D/E/F 항의 '아니다' 응답자들을 대상으로 한 설문으로, '아니다'라고 판단한 이유에 대해 간단하게 서술하는 방식을 취했다.

d. 능력을 키우고 싶지만 도움을 받을 여건이 마련되어 있지 않다	너무 어렵다(비평 등)	71	d / 57
	독자에 무관심(홍보)	19	
	소통장치가 없다	10	

[표 3] 문제적 진단자들의 요망사항[3]

필요한 범주	기대하는 바	대 책 (빈도수 상위)	응답자(중복) (단위 %)
소설 교육	책을 찾아 스스로 읽을 수 있다 깊이 있게 읽을 수 있다	소설의 이론이나 읽기 방법에 대한 심화 교육 필요	75
	풍요롭게 읽을 수 있다 넓고 깊게 읽을 수 있다	한국 소설의 양상이나 특징에 대한 체계적이고 쉬운 지식	86
	문학의 필요성을 인식하게 된다 더 많은 감동과 교훈을 얻는다	다양한 소설을 많이 접할 수 있는 기회 마련	89
사회적 여건	소설을 좀더 쉽게 여기게 된다 중도에 포기하지 않게 된다	대중들을 위한 연구물이나 비평 필요	68
	대중매체에 대응할 수 있다 접근이 용이하다	전자책 등의 보급 필요	52

이 자료의 단계별 차별성을 고려할 때 가장 주목되는 부분은 소설사 교육에 대한 요구이다. 이 점은 특히 [표 3]에서 잘 드러나는데 '한국 소설의 양상이나 특징에 대한 체계적이고 쉬운 지식이 향유자로서의 능력에 중요한 영향을 미친다고 보고 있다. 또한 다양한 소설을 많이 접할 수 있는 기회의 필요성도 소설사 교육에 대한 요구로 볼 수 있는데 응답의 세부 내용을 볼 때 구체적인 작품을 많이 접하는 것도 중요하지만 소설사에서 중요한 작품들에 어떤 것들이 있으며,

3 [표 2]의 b, d항의 응답자들이 제시한 요망사항으로 필요한 범주는 필자가 나눈 개념이며 '기대하는 바'는 수강생들이 문학향유자로서 갖추고 싶은 능력을 말한다. 대책 역시 수강생들이 간단한 서술식으로 제시한 내용으로 필자가 항목화하였다.

그 작품들이 대체적으로 어떤 면모를 지니고 있는가에 대한 지식이 자신이 읽고 있는 텍스트의 이해에 도움이 된다고 생각하고 있다는 점에서 그러하다.

이 응답에 대해 필자가 관심을 갖는 것은 소설의 이론이나 읽기 방법에 대한 교육에 대한 요구는 문학교육 관련자들이 기왕에도 인식하고 있는 문제이지만 소설사교육에 대한 요구에 대해서는 충분하게 인식해 오지 않았던 것이기 때문이다.[4] 이러한 응답은 개별 텍스트 중심의 교육 내용에 대한 향유자들의 실천적 요구로 보아도 무방할 것이다.

대중적인 비평이나 연구물에 대한 요구 또한 문학 연구자들과 문학교육 연구자들이 공동으로 해결해야 할 과제에 해당할 것이다. 두 가지 응답을 연결해 본다면 보다 쉽게 접근해 갈 수 있는 소설사 기술이 필요하다는 요구로 받아들일 수 있을 것이다.

물론 이 자료의 원천인 대학생들이 향유자로서의 대표성을 지니고 있는가에 대해서는 논란의 여지가 있을 수 있다. 그리고 고등학교 수준의 학습자와의 차별성에 대해서도 논란의 여지가 있을 것이다. 그러나 필자가 판단하는 한 대학 1~2학년이라면 우리 사회에서는 가장 보편적인 문화향유자라고 할 수 있으며, 현상적으로만 놓고 볼 때는 '소설의 고급 독자'로 보는데 무리가 없을 것이다. 또한 우리 사회에서는 필수에 가까운 공교육이 고등학교를 끝으로 마무리된다는 점에서 대학생들의 문학능력은 그동안의 문학교육의 결과를 가늠해 볼 수 있

---

4 소설사 또는 문학사 교육과 관련된 본격적인 논의가 거의 이루어지지 않고 있는 연구 동향을 보더라도 짐작할 수 있다. 이와 관련된 중요한 성과로는 다음을 들 수 있다.
노진한, 「문학사의 문학교육적 의의 연구」, 『국어교육』 97, 1998.
임경순, 「자아정체성 형성으로서의 문학사교육」, 『문학의 해석과 문학교육』, 역락, 2003.
김성진, 「문학사교육과 소설교육」, 『문학교육론의 쟁점과 전망』, 삼지원, 2004.

는 척도가 될 수 있을 것이다. 그리고 응답자들의 전공이 인문학, 사회학, 공학 계열을 망라하고 있다는 점에서도 학습 내용 설계를 위한 정보 제공자로서 의미를 가진다고 할 수 있다. 앞선 설문 응답자들의 이러한 위상을 고려할 때 그들이 제기한 내용들은 진지하게 검토해야 할 문제라고 판단된다.

향유자로서의 대학생들은 소설을 좀 더 깊이 있고 폭넓게 수용할 수 있으려면 한국 소설에 대한 전반적인 이해가 필요하다고 생각하고 있다. 이 점은 굳이 설문조사 결과를 바탕으로 하지 않아도 가늠할 수 있는 문제이다. 한 작품에 대해 접근할 때 소설사적인 안목과 감각을 수반한다면 작품의 면모가 보다 확대되고 그에 따라 그 함의도 보다 풍부하게 드러날 것이기 때문이다. 그렇지만 현재의 독자 대부분은 소설사에 대한 안목과 감각이 매우 부족하다고 느끼고 있다.[5]

인문학, 문학, 소설의 발전적 위상을 위한 연구자들의 노력은 향유자들의 지속적인 존재성과 발전성을 위한 실천적 과제로 이어져야 한다고 보는 것이 이 논의의 출발점이다. 그리고 그 과제의 하나로 소설사 교육과 방안에 대해 논해보고자 하는 것이 이 논의의 도달점이다. 이 논의의 토대에 대해서는 교육과정도 동의하고 있는 것으로 판단된다. '문학을 통하여 인간과 세계를 총체적으로 이해'할 수 있으며, '문학의 가치와 아름다움의 향유'를 통해 '공동체의 문화 발전에 적극적으로 참여'[6]할 수 있을 것으로 보는 시각에는 문학사의 의미가 매우 공고하게 자리잡고 있음을 확인할 수 있다.

---

5 이러한 독자들의 인식은 현재적인 것만은 아니며 지속적인 상태였다고 할 수 있다. 이는 그간 소설사의 서술시각에도 반영되어 나타난다. 예를 들어 다음 소설사는 독자에 대한 고려를 중요한 서술계기로 삼고 있다.
이재선, 『한국현대소설사』, 홍성사, 1979.

6 한국교육과정평가원, 『2009교육과정 고등학교 문학 I』, 50쪽.

2. 소설사 교육 내용의 검토와 방향성 탐색

소설사 교육의 방안을 마련하기 위한 기초 작업으로 교육과정의 관련 내용 요소와 교과서의 기술 내용에 대해 간단히 검토해 보기로 한다. 교육현장에서 소설사 교육이 충실하게 이루어지려면 그 교육내용을 제어하는 두 기제가 그에 대한 밑그림을 그려주어야 하기 때문이다.

1) 교육과정의 '문학사' 요소

국어과 교육과정에서 문학사에 대한 언급은 그 정도와 범위에서는 다르지만 군정기 교수요목기에서부터 지속적으로 이루어지고 있다. 그 대체적인 내용을 살펴보기로 한다.

(1) 군정기 교수요목기

군정기의 교수요목 중 국어과의 '국민학교 교수 방침'과 '중학교 교수방침'에는 다음과 같은 기술이 등장한다.

"(ㄷ) 역사적으로 우리 국문화의 이어 옴과 닦아 옴과 쌓아 놓음을 잘 알리어, 여기에서 기쁨과 고마움을 깨닫게 하고, 앞으로 우리가 이것을 더 닦으며 또 새로 뚫어내어, 우리 국문화를 한층 더 빛나게 하고, 또 나아가 이를 펼쳐서 세계문화에 큰 받침이 되게 하겠다는 굳은 마음을 가지도록 가르칠 것이다." (국민학교)

"(ㄴ) 국어 국문의 전통과 그 표현을 이해하게 하고, 국어 국문의 사적(史的) 발달을 구명하여, 종래의 사상 문화의 연원과 발달을 자세히 알려, 국민정신을 기르고, 우리 문화를 창조 확충하게 하는 신념을 배양

함.” (중학교)

이 기술에서는 국어과 교수학습의 주요 내용요소로 ‘문학’을 설정하고 있으며 구체적인 교육 내용으로는 ‘문학사’를 제시하고 있다. 시수 편성에서도 아예 문학사라는 영역을 두어 상당량을 배분하고 있다. 이는 초기 교수요목 작성자들의 성향과 무관하지 않을 터인데,[7] 이같은 문학사에 대한 관심은 2009년까지 제정된 교육과정 전체를 통틀어 가장 높은 정도의 것으로 판단된다. 그러나 실제 교과서에서는 구체적인 모습으로 자리잡지는 못했는데, 조윤제의 ‘국문학의 고전’ 정도가 최소한의 연관성을 지닌 제재라 할 수 있다.[8] 이같은 현상은 문학사의 당위성에 대한 인식은 있었으나 당시 교과서 편찬과 관련된 여러 정황을 살피건대 문학사를 제대로 기술할만한 시간적 물리적 여지가 없었기 때문으로 판단된다.

가장 큰 어려움은 교과서 제재의 대부분이 아주 짧은 단문 중심으로 이루질 수밖에 없었고, 그것도 필자에 대한 소개조차 없이 실을 수밖에 없었던 상황인지라 상당한 분량을 요하는 문학사 관련 내용이 교과서에 자리잡기는 어려웠을 것으로 보인다. 또한 이 교수요목이 만들어지기 이전에 나온 문학사류가 있기는 하지만 필자들의 성향이나 저작들의 관점 등에서 교과서에 반영할만한 성질의 것들이 아니라고 판단했을 개연성도 크다고 할 수 있다.[9]

---

7 이와 관련해서는 다음 참조.
정재찬, 『문학교육의 사회학을 위하여』, 역락, 2003.
강진호 외, 『국어교과서와 국가 이데올로기』, 글누림, 2007.
졸고, 「〈문장〉지와 국어교육」, 『한국근대문학연구』 20집, 2009.

8 ‘교수사항 6 국문학사’이라는 항목에서 ‘국문학의 사적 발달의 대요를 가르쳐, 국민의 특성과, 고유문화의 유래를 밝혀, 문화사상에의 우리 고전(古典)의 지위와 가치를 알림.’이라고 되어 있는데 고전 중심의 문학사 인식을 확인할 수 있다.

그런데도 당시 시수 편성을 보면 중학교 고급 3학년의 총 시수 111시간을 '읽기 74시간' '문학사 37시간'으로 배분하고 있어 교과서의 내용을 떠나 문학사에 대한 수업이 어떻게 이루어졌을지 의문시되기도 한다.

(2) 1차 교육과정(1955)[10]

1차 교육과정에서는 국어과에서의 '문학'영역에 대한 관점이 중학교와 고등학교에서 상당한 차이를 노정한 채 제시되어 있으며, 문학사에 대한 관심은 교수요목기에 비해 상당히 퇴색되고 있다.

'문학'영역에 대한 관점의 차이란 다음 내용을 통해 분명하게 드러난다.

> "종래의 국어 교육의 형태를 보면, 국어 교육을 주로 문자로써 표현된 문장을 대상으로 하는 것 인양 생각하여 왔고, 따라서 문예 중심의 교육으로 흐르는 경향이 있었음을 부인할 수 없다. 그러한 종래의 폐단을 시정 (…중략…) 물론 고전을 읽는 것도 좋고, 문학 작품을 바르게 이해

---

9 당시 잡지들을 통해 확인할 수 있는, 당시에 관심을 가졌던 문학사류로는 다음을 들 수 있다.
· 교수요목기 이전에 간행되거나 발표된 류
안자산, 『조선문학사』, 한일서점, 1922.
김태준, 『조선소설사』, 청진서관, 1933.
임화, 「조선신문학사」, 『조선일보』 1939.11-12, 『인문평론』 1940.11-1941.4.
· 교수요목기 직후에 발간된 류.
우리어문학회, 『국문학사』, 신흥문화사, 1948.
이명선, 『조선문학사』, 조선문학사, 1948.
이런 정도의 저술 양상이라면 교과서에 구체적으로 그 내용을 기술하기는 어려웠을 것이다.

10 이하 교육과정기에 대한 차수 명명 및 년도 제시는 한국교육과정평가원 홈페이지 내 '교육과정 자료실'에 게시된 내용에 따르기로 한다.

하도록 하는 것도 필요한 일이나, 종래에는 너무나 지나치게 그러한 학습에 중점을 두어 왔기 때문에, 그것이 국어 학습의 본연의 자태에서 벗어난 것이 되고 말았다."(중학교 국어과 '목적')

"문학을 바르게 이해하고 감상한다는 것은 그것이 특히 고등학교 국어과 학습에서 중요하게 다루어 질 성질의 것이기 때문에, 철저한 지도가 있어야 할 것이다. (…중략…) 어느 정도의 기초적인 이해와 감상의 태도 및 능력이 모든 학생에게 갖추어 져야 할 것이다. 문학을 모르는 메마른 심정에서 아름답고 거룩한 인간성을 찾아볼 수 없다고 하면, 중견 국민으로서의 교양을 위한 문학 지도는 상당히 중시되어야 할 것이다."(고등학교 국어과 '목적')

이같은 견해의 차이가 공존한 채 교육과정이 제시된 데는 일차적으로 급별 입안자들이 다르기 때문이었던 것으로 판단된다. 특히 중학교의 경우 교수요목기의 교육과정을 주도한 인사들 및 필진들의 6·25전쟁기의 행적에 대한 부정적 인식도 크게 작용했을 것으로 판단된다. 월북 및 납북 인사들의 문학적 유산 중심의 교과서를 잉태한 군정기 교수요목에 대한 일종의 반작용일 개연성으로 보는 셈이다. 이 차이는 교육과정의 내용을 구상하는 과정에서 문학 영역 관련 내용의 위축을 가져왔을 개연성이 크며 당연히 문학사에 대한 관심의 축소도 초래했을 것으로 보인다.

그러나 이러한 '교육목적'에 따른 견해 차이는 구체적인 내용 제시 과정에서는 상당히 희석되고 있다. 특히 문학사와 연관된 항목에서는 거의 차이가 드러나지 않으며 오히려 그 입장이 반대로 나타나기까지 한다. 예를 들어 중학교에서는 지도내용으로 '우리나라 현대 문학의 대표적인 작가 및 그의 작품에 대하여 연구한다.'를 제시하고 있고,

고등학교에서는 '고전을 시대적으로 구분하고, 작가별로 연구하여 그 특질을 이해한다.' '현대 문학에 계승될 고전 문학의 전통을 연구하고 이해한다.'를 제시하고 있다. 그런데 중학교에서 설정된 '목적'에 충실하려 했다면 현대문학에 대한 관심이 덜해야 할 터인데, 고전문학에 국한해서 문학사적 관심을 내보인 고등학교에 비해 오히려 관심이 더한 인상을 준다.

어쨌든 1차 교육과정에서는 앞 시기에 비해 국어교육에서의 문학에 대한 인식의 변화와 함께 문학사에 대한 표면적 관심도 줄어든 것으로 판단된다.

(3) 2차 교육과정(1963) 및 3차 교육과정(1974)

2차 교육과정에서는 1차와 달리 중학교 과정에서는 특정한 맥락에서 문학사 관련 내용에 대해 언급하고 있지 않다. '현대문학의 대표적인 작가와 작품에 대해 안다'정도에서 문학사의 편린을 볼 수는 있으나 실제 교과서에서 확인할 수 있듯이 이를 문학사로 연관짓기에는 어려움이 따른다.[11]

2차 교육과정의 고등학교 과정에서는 '한국 문학의 발전의 대강과 저명한 작가 및 작품에 대하여 알도록 한다.'는 항목을 두어 문학사에 대한 구체적인 관심을 다시 내보이고 있다. 이는 교육내용 중 '문학학습의 목표' 의 하위에 24개 항목을 둔 점과 맞물리면서 문학의 위상의 변화를 엿볼 수 있는 대목으로 해석된다. 그런데 국어 II에 '고전'을 편성한 탓인지 대체로 '국어'에서는 현대문학에 중점을 두게 되고 그러다보니 '문학사'의 의미망이 '작품의 해석'과 거의 동일한 수준으로

11 2차 이후 중학교 교육과정에서는 문학사 관련 내용이 거의 드러나지 않는다. 하여 이후 교육과정의 검토에서는 고등학교 과정만 다루기로 한다.

내려앉는 결과로 나타났다고 판단된다.

3차 교육과정에서는 '문학사'라는 용어가 최초로 공식적으로 사용된 경우에 해당한다. 고등학교 '국어 I'의 내용 중 '제재 선정의 기준 (3) 문학에 관한 내용'에서 '(나) 국문학사의 개요'라고 기술하여 그 최초의 사용례를 보인다. 이 용어의 사용은 단지 용어의 도입에 머물지 않고 교과서에도 그대로 이어져 〈고등 국어 1-3〉에 '국문학의 발달 (1)-(3)'이 연속적으로 실리게 된다. 필자는 조윤제[(1)과 (2)]와 조연현([3])이다. 설명문의 방식으로 '문학사'가 교과서의 한 제재로 자리잡게 되었다는 점에서 가장 구체적으로 '문학사의 구현'이 이루어진 셈이다.[12]

그런데 이 글들은 철저하게 작자, 작품, 문예지, 사조, 경향성 등을 나열식으로 기술함으로써 문학사가 결국 '암기의 대상'으로 되는데 중대한 역할을 한 것으로 판단된다. 이러한 기술방식은 객관식 평가가 주를 이루던 평가 체계에 의해 유지되던 학력고사 및 예비고사 등의

---

12 이 교과서가 나오기 전까지 '교육용 문학사'는 거의 전무한 형편이었다. 필자가 1950년대부터 70년대 초반까지 간행된 대학 교양국어 교재들을 살펴보았지만 거기에도 본격적으로 '국문학사'를 다루는 제재를 발견하기는 어려웠다. 가장 근접한 것으로는 1965년에 건국대학교에서 편찬한 『대학국어』에 실린 '한국의 현대시 약사'와 1967년에 서울대학교에서 편찬한 『대학국어』에 실린 '한국현대문학의 특질'(백철)정도를 들 수 있다.
그런데 국어교과서와 대학교재에 앞서 본격적으로 '문학사'를 다룬 것은 '참고서'였다. 1966년에 진학사에서 간행된 『새고등국어』(책임감수: 정병욱, 전광용, 장덕순, 이응백 등)에서는 한 장을 할애하여 '국문학사의 연구방법/국문학사의 시대구분/각 시대 문학의 특색/신문학사' 등의 내용을 다루고 있다. 문학사 방법론에 대한 실천적인 모색의 결과물들인 김윤식·김현의 『한국문학사』(1973)나 장덕순의 『한국문학사』(1975)가 나오기 전의 출판물로 대중적 자료로서 주목된다. 이와같은 맥락에서 국어교육에서 참고서의 역할에 대해 탐색한 것으로 는 다음 참조.
졸고, 「소설교육에서의 '시점' 개념에 대한 반성적 고찰」, 『문학교육학』 30, 문학교육학회, 2009.

대학입시에서 매우 수월한 출제 대상으로 부상하는 계기가 된 것으로 볼 수 있다. 이런 현상들을 통해 문학사는 실체적인 문학현상들의 집합 정도로 인식되는 결과를 낳기도 한 것으로 보인다.

(4) 4차 교육과정(1981) 및 5차 교육과정(1988)

4차 교육과정은 문학사와 관련해서 특징적인 면모를 발견하기는 어렵다. 앞 시기의 교육과정과 대동소이하게 '한국 문학의 발달 과정에 대한 이해'를 '국어 I'의 내용 중 하나로 설정하고 있으며 '국어 II'에서 '한국 현대 문학의 성립과 그 발달 과정을 개괄적으로 이해한다'를 설정하여 문학사에 대한 기본적인 배려를 하고 있다. 다만 국어II에서 그동안 고전문학 중심으로 설정되었던 내용에 현대문학이라는 독립된 항목이 설정되면서 그 외연이 확대되었음에 주목할 수 있을 것이다. '문학 작품의 해석'이라는 제한적인 의미망에서 벗어나 문학사의 본래적 의미망이 형성될 수 있는 여지를 엿볼 수 있어서이다. 그러나 국어 교과서에서 문학사의 구체적인 모습은 확인하기 어렵다.

5차 교육과정의 경우 국어과가 국어(10) 문학(8) 작문(6) 문법(4)의 4과목 체계로 정립된 점에 우선 주목할 수 있다. 그동안 국어I, 국어II로 나뉘되 국어II가 대체로 '고전'이라는 개념으로 묶어 고전문학을 위주로 편성되었던 데에 비해 문학사가 보다 유연하게 자리잡을 수 있는 여지가 마련되었다고 보기 때문이다. 구체적으로 보자면 '국어'에서는 '문학의 본질과 한국 문학의 특질을 파악한다.'는 범박한 내용 체계가 주어지고 '문학'에서는 보다 상세화하여 '문학의 본질과 특성을 이해한다.' '문학의 유형과 장르 체계를 안다.' '한국 문학의 역사적 전개 과정을 안다.' '한국 문학의 특질을 이해한다.' 등으로 내용이 설정되면서 두 과목 간의 역할 분담이 유기적으로 이루어지고 있는 것으로 판단할 수 있다. 그래서 '한국 문학의 역사적 전개 과정'이라는 요소를 통해 구체적이고 실제적인 문학사적 접근이 가능하게 되었다.

(5) 6차 이후 교육과정(1992/1997/2007/2009)

5차 교육과정 이후 유기적 역할 분담을 이룬 국어와 문학 과목을 통해 문학사는 보다 공고하게 자리를 잡게 된다. '국어' 과목에서는 문학 작품의 이해·감상 또는 수용에 중점을 두는 접근을 추구했다면, '문학' 과목에서는 '한국 문학의 흐름과 성격(특질)'이라는 측면에 중점을 두는 양상이 나타나면서 문학사적 접근은 하나의 필수적인 요소로 자리잡게 된 것이다. 그리고 6차에서 처음으로 제시했던 '작품 선정 기준'으로서의 '문학사적 평가'가 이후에도 여전히 유효하게 작용하고 있음도 문학사의 체계 내 위상을 확인할 수 있는 대목이다.

그런데 7차에 이어진 7차 개정 교육과정(2007)은 이전과는 상당히 다른 시각에서 문학사에 대한 접근을 시도하고 있어 주목을 끈다. 그것은 2007교육과정의 중핵이라 할 수 있는 지식과 맥락의 도입이 문학사와 관련된 측면에서는 다른 어떤 요소보다도 큰 폭의 변화를 보이며 적용되고 있다.

국어 과목의 문학 영역에서 '한국 문학의 역사'를 지식으로, '문학사적 맥락'을 맥락으로 명시적으로 제시한 교육내용 체계는 4차 이후 지식을 표면적으로 내세우지 않던 교육과정의 기조에서 벗어나 다시 표나게 지식을 내세운 기조 변화의 상징적 양상으로 까지 해석할 수 있을 것이다. 7차 교육과정에서는 '문학의 본질'이라는 항목의 하위 요소 중의 하나로 '한국 문학의 사적 전개'를 설정하고 있기 때문이다. 이어 '문학' 과목에서 '한국 문학의 범위와 역사'라는 '위상'을 설정하고 '역사'를 항목화한 것에 대해서도 같은 판단을 할 수 있을 것이다.

논의의 성격상 개략적으로 살펴본 것이기는 하지만 그동안 문학사는 교육과정의 기조에 따라 상당한 편차를 두며 그 비중이 다르게 설정되어 왔음을 확인할 수 있다. 그러나 대체적으로 이 문학사라는 내용 요소는 그 비중의 편차에도 불구하고 지속적으로 '문학' 관련 교과서 영역에서 불가결한 요소로 자리잡고 있었던 것으로 판단할 수 있다.[13]

문제는 교육과정의 '문학사'에 대한 인식과 제시 수준이 매우 범박하다는 것이다. '흐름'이나 '전개 양상' '역사' 등의 용어를 쓰고 있지만 그 내포적인 의미를 어떻게 규정하고 있는지는 파악하기 어렵다. 교과서 편찬자들은 대체로 기존의 문학사에서 기술 내용을 추출하여 적절하게 재기술하는 양상으로 구현하고 있지만, 그럼으로써 문학사 기술 내용은 매우 건조하거나 고착된 결과로 나타나 학습활동에서 활성화될 수 있는 여지는 매우 제한적이었던 것으로 판단하게 된다. 여기에는 몇 가지 요인들이 작용하고 있겠지만 필자가 판단하는 한 가장 큰 요인은 국어과 교육론에서 지속적으로 쟁점으로 존재해 왔던 문학과 비문학 텍스트의 경쟁 관계와 위상 설정의 문제라고 할 수 있다.[14] 국어과 교육에서 문학의 효용성과 기능에 대한 논쟁이 여전히 유효한 상황에서 이해와 감상의 차원을 넘어서는 범주로 인식되는 문학사에 대한 교육이 본격적으로 정착되기가 어려웠기 때문일 것이다. 또한 지식이라는 요소에 대한 방법론적 배척의 경향도 일조를 했을 것으로 판단된다. 주입식 배제가 단선적으로는 지식의 배척으로 나타났고 문학사 기술은 그 지식의 전형적인 모습으로 인식되었기 때문일 것으로 보는 것이다.

---

13 논의과정에서 문학교육과정에 대한 연구물로 다음을 참조하였다.
박인기, 『문학교육과정의 구조와 이론』, 서울대학교 출판부, 1996.
우한용, 『한국근대문학교육사연구』, 서울대출판부, 2009.

14 이 양상에 대해서는 다음 참조.
김대행, 『국어교과학의 지평』, 서울대출판부, 1995.

그런 의미에서 2007년 교육과정은 새로운 과제를 던져 주고 있다. 지식과 맥락의 도입은 그 요체이다. 이제 새로운 '문학' 교과서는 문학사를 어떻게 제시하여 생산적이고 효과적인 내용 체계로 작용할 것인지를 우선적으로 해결해야 할 것이다. 물론 개정 교육과정이 제시한 '문학사' 관련 내용요소가 매우 타당하고 설득력 있는 것인지에 대해서는 논란의 여지가 많다, 그러나 이 교육과정의 효력이 현실적으로 발생된 연후이기에 교육과정이 내포하고 있는 가능성을 최대치로 이끌어내어 서론에서 제기한 바 있는 문학 향유자를 위한 문학교육의 설계를 도모해야 할 필요가 있다.

2) '문학' 교과서의 문학사

앞서 살펴 본 바와 같이 교육과정에 제시된 '문학사' 관련 담론들이 매우 범박하거나 구체적이지 않았던 결과는 고스란히 문학 교과서에 기술된 문학사의 내용으로 이어져 편찬자들의 문제의식에도 불구하고 문학 향유자들은 매우 부정적인 판단을 하고 있다. 앞서 살핀 설문조사의 응답자들은 대부분 현행 문학 교과서의 문학사 단원 내용들이 자신들에게 도움을 줄 여지가 그리 많지 않다고 평가하고 있다.

여기서는 한 사례를 통해 앞선 설문의 응답자들이 자신들이 배운 교과서의 문학사 기술 내용이 어떤 점에서 문제를 안고 있다고 판단하고 있는지 살펴보고자 한다. 응답자의 의견은 실제 자신이 배운 교과서의 내용 중 한 대목을 선택하여 단락별 또는 항목별 의견을 서술하는 방식으로 이루어졌다.[15]

---

15 이 사례는 특정이 교과서에 대한 것이라기보다는 대부분의 교과서들에 대한 응답자들의 반응 중 전형적인 양상이라고 판단되는 것을 선택했음을 밝혀둔다.

〈교과서 기술 내용〉

1950년 6・25 전쟁은 민족적 비극으로 막대한 물질적 피해와 정신적 충격을 던져 주었다. 동족상잔의 참혹성으로 인한 이념에 대한 비판적 시각, 인간 존재에 대한 회의, 삶의 무기력과 실향민 문제 등 이는 1950년대 문학에 큰 영향을 끼쳤다.

전후 소설은 분단 현실을 조명하거나 인간의 존재 의미를 탐구한 작품, 심화된 이념의 갈등을 제시하거나 전후의 폐허 속에 살아남은 사람들의 아픔을 그린 작품으로 나누어 살펴볼 수 있다.

우선, 분단 현실의 비극을 드러낸 작품들이다. 전쟁이 끝난 후에도 아물지 않은 상처와 남북으로 나뉜 뼈아픈 현실을 형상화하였다. 황순원의 '카인의 후예', 하근찬의 '수난 이대', 선우휘의 '테러리스트' 등이 그 예이다. 그리고 인간 본질의 탐구와 인간에 대한 불신, 전후의 혼란으로 인한 방황이나 도덕적 타락과 인간 파탄에 대해 다루고 있는 작품으로는 손창섭의 '비오는 날', '잉여 인간', 박경리의 '불신 시대', 이범선의 '오발탄', 송병수의 '쑈리킴', 서기원의 '암사 지도' 등을 들 수 있다. 또한 전쟁의 참혹함과 갈등을 극복하려는 모습을 보이는 소설로는 장용학의 '요한 시집', 최인훈의 '그레이 구락부 전말기', 오상원의 '유예' 등이 대표적인 작품이다.

〈응답자의 의견 – 문맥 소통 상 가필〉

우선 전후소설의 개념을 잘 모르는 상태에서 두 번째 단락이 전후소설들을 몇 가지 정도로 나누고 있는지 알기 어렵다. 대부분 이런 글에서

따라서 해당 교과서를 구체적으로 밝히지 않기로 한다. 교과서의 선택은 응답자의 자의적 선택이 아니라 주어진 것이기 때문이며 다음에서 살펴보겠지만 교과서마다 매우 유사한 양상으로 기술하고 있기에 특정 교과서에 대한 폄하로 이해될 여지는 차단되어야 하기 때문이다.

어떤 시대의 소설들을 세 가지 또는 네 가지 유형으로 나누는 경우가 많은데 그런 경우에도 각 유형들간의 차이점을 알기 어려운데 여기서는 아예 어떻게 나누어 보아야 하는지 알기 어렵다. 아는 것이 부족해서 그런지는 몰라도 '분단 현실을 조명하거나 인간의 존재 의미를 탐구한 작품'은 분명 두 가지 경향(분단 현실을 조명 + 인간의 존재 의미 탐구)을 말하는 것으로 보인다. 그런데 그 두 가지가 분리될 수 있는지도 애매하다. 후자가 당연히 전자에 포함되거나 전자가 후자의 배경이 되는 것은 아닌지 라는 생각이 든다.

또한 다음 단락에서 '분단 현실의 비극을 드러낸 작품'으로 '수난이대'를, 인간 존재와 관련된 작품으로 '오발탄'을 들고 있는데 내가 작품에 대해 이해를 한 바를 바탕으로 한다면 '수난이대'는 분단 현실이 아닌 전쟁의 비극으로 읽히며 '오발탄'은 분단 현실의 비극(어머니의 외침 등)을 더 잘 드러내주는 작품이라 판단된다. 그러다 보니 거의 매 시기에 소설들을 몇 가지로 유형화하여 설명하는 일은 오히려 작품의 이해에 방해가 되기도 한다. 유형을 만들어야 하고 그 유형에 속하는 작품들을 배치해야 하다보니 어쩔 수 없이 생기는 일 같기도 하다. 차라리 그런 시기에 나타날 수 있는 경향들을 크게 제시하고(겹쳐서 나타날 수 있음을 밝혀주고) 작품들은 구체적으로 배치하지 않는 것이 오히려 나을 것이라고 본다. 선생님께서도 작품들을 교과서에서 말한 유형과 특징에 맞춰 설명하시느라 진땀을 흘리시는 것을 자주 볼 수 있었다.

한 가지 사례만 들었지만 응답자들이 제출한 교과서는 매우 다양했고 전체적으로 15종 정도로 나타났다. 그리고 응답자들이 제출한 부분들과 나머지 기술 내용들을 견주어 보는 작업을 통해 이 의견이 제시한 바가 대체로 적용되고 있음도 확인할 수 있었다. 필자도 교과서 저자로 참여한 바 있지만 막상 학습자로부터 지적을 받은 문제에서 전혀 자유로울 수 없었다. 교과서들은 대체로 어떤 시기에 대해 가능한 경향성들을 최대한 제시하고 있었으며 경향성에 따른 작품 분류는 교과서마다 차이가 나거나 배치되기도 했으며, 활동 부분과 어긋나는 경우도 상당수 있었다. 설명적 개념들과 작품명의 나열과 함께 제시된 내용들에서 소설사가 원칙적으로 담당해야 할 기능을 수행할 수 있을 것이라는 판단을 하게 해주는 차별적이고 긍정적인 요소는 찾기 어렵다는 판단이 들었다. 무엇보다도 소설사가 지녀야 할 최소한의 요건이 무엇인지 가늠하기도 어려운 형편이라는 생각도 들었다.

이러한 양상을 보이는 이유로는 교과서 편찬 시일이 매우 촉박하다는 점, 기존의 소설사를 그대로 가져와 활용하기에는 독자층이 학생들인 점을 감안할 때 수준과 양이 부적절하다는 점, 편찬자들의 전공이 소설사를 기술하기에 어려움이 있다는 점 등을 들 수 있다. 교과서를 편찬하는 시간과 인력이 충분하다면 교과서에 싣기에 적절한 수준과 내용을 지닌 소설사를 새로이 서술할 수도 있겠지만 객관적 상황은 그렇지 못하다. 이는 비단 소설사 부분에서만이 아니라 개별적인 작품에 대한 접근에서 나타나는 양상을 통해서도 확인할 수 있다.[16]

무엇보다도 문제가 되는 점은 앞의 사례들에서 볼 수 있듯이, 독자층에 걸맞은 서술 시각이나 체계가 마련되어 있지 않다는 것이다. 유감스럽게도 그동안 이 문제에 대한 공적이고 심도있는 논의가 없이 교과서가 편찬되어 온 저간의 사정이 고스란히 드러나고 있다.

---

16 문학 교과서에서 나타나는 개별 작품에 대한 해석적 접근에 따른 기술 내용이 지닌 문제점에 대해서는 다음 참조.
졸고, 「문학교육의 관점에서 본 소설 읽기 방법의 재검토 - 〈메밀꽃 필무렵〉을 중심으로」, 『문학교육학』 22호, 2007. 2.

3. 방안 모색을 위한 방향성

1) '교과서적 비평'의 추구

이 논의의 진전을 위한 방향성 설정에서 일차적으로 고려하고자 한 것은 소설사 교육의 내용 설정이 '교과서적 비평'이라는 성격을 지녀야 한다는 점이다. '교과서적 비평'이라는 개념은 필자가 고안해 본 것으로 교과서 내의 여러 층위의 기술 내용이나 학습 활동 내용도 일종의 비평으로 보고자 하는 시각이다.[17] 비평적 입장에 따라 수많은 문학사와 소설사가 존재하는 것처럼 소설사 교육에서도 다양성과 차별성이 존재해야 하는 것이다.

여기에서 제시하는 교과서적 비평은 두 가지 내포적인 의미를 지닌다. 하나는 교과서 내에서 이루어지는 비평이라는 의미이고 다른 하나는 교과서의 속성에 걸맞은 비평이라는 의미이다.

교과서 내에서 이루어지는 비평이라는 뜻은 편찬자와 학습자가 일종의 비평가의 역할을 수행하는 것을 의미한다. 먼저 편찬자는 작품과 독자 사이에 존재하는 비평가로서 기능할 수 있어야 한다. 편찬자는 교과서 밖에 존재하는 독립된 존재가 아니라 학습자라는 독자와 작품 사이에 개입하여 수용 활동에 도움을 주는 기능을 담당하는 것이 바람직하다고 본다. 앞서 살펴 본 사례들에서는 편찬자들의 목소리나 태도가 잘 드러나지 않는다. 작품 또는 문학사적 현상과 독자 사이의 공간이 아닌 곳에서 편집자적인 면모를 유지하고 있다. 따라서 제공하는 정보는 활성적인 것이 아니라 고형적인 것으로 다가오게 된다. 적어도 편찬자는 독자에게 개성적인 목소리와 논리적 태도를

17 '교과서적 비평'이라는 개념에 대해서는 앞 장 22쪽 참조.

통해 접근하면서 안내자의 역할을 할 수 있을 때 그 역할에 충실할 수 있을 것이다.

학습자 또한 비평가로서의 역할을 수행할 수 있다는 생각을 가질 수 있도록 설계하는 일이 필요하다. 최근 비평 교육에 대한 관심이 높아지고 있지만 정작 비평 교육의 구체적인 양상에 대해서는 깊이있는 논의가 잘 이루어지지 않고 있다. 비평적 활동을 할 수 있도록 교육을 설계해야 한다는 당위적 제안은 있지만 그것이 실제적으로 이루어지는 방법에 대한 제시는 아직 미흡한 편이다. 필자는 그 한 방법이 학습자의 소통구조상에서의 위치 이동이라고 생각하고 있다. 작품이 지닌 성격과 활동의 양상에 따라 완연한 비평가의 입장에 서야할 경우도 있고 순연히 독자의 입장에 서야할 필요도 있다. 독자에서 비평가로의 이동 선상에서 다양한 위치를 경험해볼 수 있도록 보아야 비평적 능력이 향상되는 교육이 가능해질 것이다. 이는 다음과 같은 도식으로 설명이 가능할 것이다.[18]

18 학습자가 독자로서 당연히 비평활동을 해야 한다고 보는 입장에서는 독자와 비평가의 분리에 대해 부정적인 견해를 가질 수 있다. 그러나 학습자가 조건없이 비평적인 활동을 할 수 있어야 한다고 하는 것은 비평을 지나치게 단순화할 수 있다는 점에서 문제가 된다고 본다. 비평은 현실적으로 존재하는 양태이기 때문이다. 이 논의에서는 비평을 현재의 문학 소통구조 속에 놓인 실체로 규정하고 사용하고자 한다. 이와 관련하여 2007 개정 교육과정에서도 『10-문학-(4)』에서 '문학 작품에 대한 비평적 안목을 갖춘다'로 설정하여 본격적인 비평과의 구분을 하고 있음을 엿볼 수 있다.

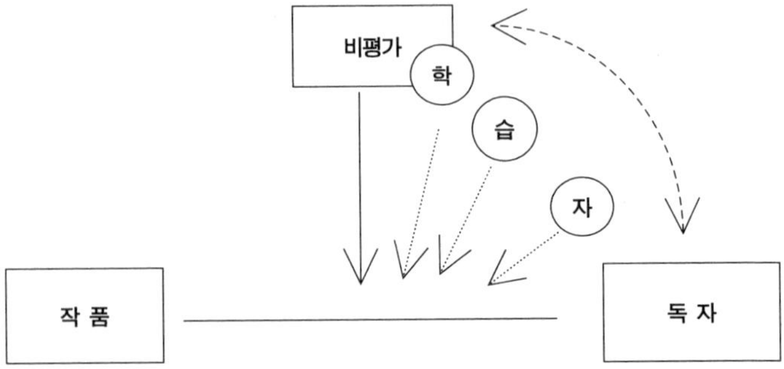

이 도식을 원용하여 설명한다면 그동안 학습자는 독자의 입장에 충실해 왔다. 그러나 그 작품이 생산되던 시대와 현재 학습자가 놓여 있는 시대와의 거리감에도 불구하고 학습자가 마냥 당대 독자와 같은 위치에 서게 된다면 작품의 수용은 불충분하게 이루어질 수밖에 없다. 이는 생산과 수용의 시간적 거리감만의 문제도 아니다. 당대적인 작품이라 할지라도 작품의 성격과 수준에 따라 학습자가 독자의 입장에 머물 수도 비평가의 위치로 나아갈 수도 있을 것이다. 문학 교과서에 실리게 되는 작품들의 상당수는 사실 학습자의 수준에서 이해와 감상하기에 벅찬 것들도 많이 있다. 이 작품들에 대해서도 비평적인 활동을 해야 한다고 하는 것은 학습자에 대한 지나친 기대감이라고 할 수 있으며 그 기대효과는 반대로 나타날 수도 있을 것이라고 본다.

학습자가 비평가와 독자 사이에서 위치 이동을 하며 활동을 수행할 수 있으려면 정보들이 필요하다. 이 논의는 '소설사'가 그 정보의 대표적인 양상이라 생각하고 있다. 다음 장에서 지식과 맥락으로서의 소설사를 언급하게 되는 이유가 여기에 있다.

교과서의 속성에 걸맞은 비평이라는 뜻은 교과서라는 매개체로서의 성격에 주목한다는 것을 의미한다. 앞선 설문 자료에서 교과서 서술 내용에 대한 의견을 제시한 응답자가 지적한 바와 같이 현재의 교과서들에 기술된 소설사의 내용은 그 수준과 내용 함량이 학습자들이 수용하기에는 벅찬 것들이 많다. 이는 학습자를 고려한 기술이라기 보기에는 어려움이 많다. 학습자들이 이미 학습했거나 스스로의 힘으로도 파악 가능한 개념이나 어휘들, 인식과 판단이 가능한 표현들을 통해 기술 내용이 이루어져야 한다고 본다. 이는 지극히 당연한 말이지만 그동안 문학 교과서의 소설사 기술 내용들은 대체로 그러하지 못했음을 향유자들의 반응을 통해 확인할 수 있었다.

따라서 소설사 기술 내용은 편찬자들에 의해, 학습자를 고려해 재기술되어야 할 것이다. 기존의 문학사나 소설사의 내용을 압축적으로 요약하여 제시하거나 실체[19]만을 적출하여 나열하는 방식에서 탈피하여 해당 교과서의 지향점가지 고려하여 학습자의 언어와 사고에 걸맞게 재 기술하는 것이 바람직하다고 본다.

2) 문학관으로의 초점화

현행 문학교과서의 소설사 기술 내용들이 지닌 문제점을 살피면서 떠올릴 수 있는 또 하나의 문제점은 소설사 기술이라는 텍스트가 지녀야 할 한 요건으로서의 기술방법론이 잘 드러나지 않는다는 점이다. 기술방법론 중 시대 구분의 문제는 시급한 성격의 것은 아니라고 본다.[20] 시급한 문제는 대체적으로 기술 내용이 초점화되지 않고 있다는

19 교과서 소설사가 실체 중심으로 기술되고 있다는 말은 다음 논의에서 제기한 문학교육에서의 문학관에 대한 문제의식과 상통한다.
김대행 외, 『문학교육원론』, 서울대학교출판부, 2000.

20 이 논의를 위해 18종 문학교과서의 문학사 기술 내용만을 따로 추출하여 시대 구분의 문제를 살펴보았다. 근대문학의 경우 세부적으로 개화기 이후 광복 전에는 10~15년을 단위로, 광복 이후에는 10~20년을 단위로 구분하는, 유사한 양상을 보이고 있다. 다만 각 시기별로 시대적 특성을 부여하느냐의 여부, 어떻게

점이다.

기존의 한국문학사나 소설사를 보면 저자들의 철학과 관점에 따라 상당한 편차가 노정되고 있으며 그 편차가 문학사류로서의 존재의 의미를 확보해 주는 것으로 인식되고 있다. 문학사 서술시각[21]이라고 부르게 되는 이 요소가 현행 교과서의 소설사 기술 내용에서는 잘 드러나지 않는다. 교과서의 기술이 본격적인 것이 아니라 약식에 해당한다고 생각하는 것이 관례여서인지는 모르지만 대체로 서술시각의 문제는 배제되어 있는 것으로 판단된다. 이는 일차적으로 앞서 살펴본 바와 같이 교육과정의 제시 내용이 한정적이고 비구체적인데서 오는 결과로 볼 수 있다. '한국 문학의 흐름' 역사적 전개과정'이라는 표현 정도를 넘어서지 않는 수준에서 제시되고 있기 때문에 교과서 편찬자의 입장에서는 편찬의 환경 상 구비 요건 정도로 밖에 생각할 수 없었을 개연성이 큰 때문이다.

그럼에도 불구하고 소설사가 학습자의 지속적인 향유자로의 변화와 발전에 중요한 의미를 지닌다는 점을 인정한다면 보다 생산적인 기술 내용이 제시되어야 할 것이라고 본다. 물론 각 교과서마다 다채로운 기술 방식을 보이기도 하고 학습자를 위한 변용을 고려하고 있기는 하지만 소설사 내용 자체에서는 각 교가서 특유의 색채나 서술시각적인 차별성을 갖추고 있다고 보기에 어려움이 많다.

앞에서 살펴 본 사례에서 지적한 바와 같이 문학 교과서들이 한 시기에 대해 서술하는 내용은 너무 압축적이며 유형화에 긴박되고 있어서 정작 학습자들이 소화하기에는 무리가 있다. 이같은 현상은 불가피한 측면이 있다. 그러나 좀더 생각을 달리 한다면 개선의 여지가

부여하느냐 에서는 상당한 편차가 드러난다.

21 김윤식 · 김현, 『한국문학사』, 민음사, 1973 서론 참조.

충분하다고 본다. 특히 유형화의 문제가 보다 유연하게 해결될 수도 있을 것이다. 이 논의에서 제시하고자 하는 한 방법은 문학관에 따른 초점화이다.

문학관에 따른 초점화란 한 교과서의 전체적인 소설사 기술이 어떤 특징적인 관점을 중심으로 이루어지고 다른 관점들에 의한 접근 내용은 관계 짓는 방식으로 제시된다는 점을 의미한다. 어떤 교과서가 특정한 문학관을 중심으로 기술되어야 한다는 주장에 대해서는 부정적인 견해가 더 많을 수 있다. 학습자들은 자신들의 의지와 상관없이 선택된 교과서를 통해 문학에 대해 공부를 하게 되는 상황에서는 학습권의 제한을 가져올 수 있기 때문이라고 볼 수 있기 때문이 것이다. 그러나 한 관점의 선택이 편찬자들의 배타적인 입장에서 이루어지는 것이 아니라 편찬자들의 철학의 반영이자 전략적 선택으로 본다면 문제는 달라질 수 있다. 교과서도 엄연한 연구저작물이며 편찬자들은 그것을 통해 교육적 영향력을 행사하고자 하는 욕망을 지니고 있음을 부인할 수 없다는 점에서도 유의미할 것이라고 본다.[22]

그렇다고 교과서가 선택할 수 있는 관점이 미시적이거나 민감한 것이어야 한다고 생각하지 않는다. 그동안 우리 문학교육에서 암묵적이지만 관습적으로 인정해 온, 반영론 · 표현론 · 효용론 · 존재론 등의 네 가지 관점만으로도 충분하다고 본다. 네 가지 관점 중에서 어느 하나에 초점을 맞추고 나머지 관점에 따른 접근 양상이나 가능성은

---

22 필자가 구해 본 몇몇 외국 교재류들에서는 자신들이 선택한 언어관이나 문학관에 대해 분명하게 제시하고 있다는 점이 인상적이었다. 주로 'skill'이라는 섹션을 통해 제시되는 것으로 파악하였는데 일관적이고 분명한 목소리로 관점을 유지하고 있었다. 필자가 살펴 본 대표적인 교재들은 다음과 같다.
MACMILLAN/McGRAW-HILL, *Language Arts*, 2009.
Harcourt School Publishers, *STORY TOWN*, 2008.

연관지어 제시하면 배타적인 방법이라고 하기 어려울 것이다.

예를 들어 앞에서 사례로 살핀 바 있는 1950년대 전후의 소설사를 기술하는 경우를 본다면 교과서 편찬자들의 입장에서 표현론의 관점을 선택했다고 할 때 그에 따른 기준으로 일차적인 경향성과 흐름이 기술될 수 있을 것이며 반영론적이거나 효용론적인 관점에서의 접근은 그와 연관된 차원에서 이차적으로 기술될 수 있을 것이다. 구체적으로 인간 존재에 대한 작가의 가치관이나 사상을 중심으로 당대의 작품군들을 설명하고 이어 인간 존재가 현실과 무관한 것일 수 없음을 연결고리로 삼아 현실 반영의 양상도 기술해 가는 방식을 취한다면 보다 효과적인 기술이 될 수 있을 것이다.

이러한 방법적 선택은 소설사 기술 내용 서술의 편의성을 확보해 주며, 학습자에게는 일관된 흐름으로 다가갈 수 있다는 점에서 우선적인 효과를 거둘 수 있을 것이다.

4. 소설사 교육의 한 사례 방안 : 지식과 맥락의 재해석과 적용

개정된 7차 교육과정은 국어과 중 '문학'영역의 내용체계를 다음과 같이 제시하고 있다.[23]

작품의 수용과 생산의 실제 - 시(시가) - 소설(이야기) - 극(연극, 영화, 드라마) - 수필 · 비평	
지 식 ○ 문학의 본질과 속성	수용과 생산 ○ 내용 이해

23 교육인적자원부, 7차개정교육과정, 2007. 2.

<table>
<tr><td colspan="2">○ 문학의 양식과 갈래
○ 한국 문학의 역사</td><td colspan="2">○ 감상과 비평
○ 작품의 창조적 재구성
○ 작품 창작</td></tr>
<tr><td colspan="4">맥 락
○ 수용·생산의 주체
○ 사회·문화적 맥락
○ 문학사적 맥락</td></tr>
<tr><td rowspan="2">문학</td><td>문학의 본질
·문학의 특성
·문학의 갈래
·한국 문학의 특질
·한국 문학의
사적 전개</td><td>문학의 수용과 창작
·작품의 미적 구조
·작품의 창조적 재구성
·작품에 반영된
사회·문학의 양상
·문학의 창작</td><td>문학의 대한 태도
·동기
·흥미
·습관
·가치</td></tr>
<tr><td colspan="3">작품의 수용과 창작의 실제
·시(동시) ·소설(동화, 이야기)
·희곡(극본) ·수필</td></tr>
</table>

이 내용을 다음 7차 교육과정의 체계와 비교해 보면 상당한 변화가 보인다.

무엇보다도 지식과 맥락이 분명하게 제시되고 그 지식과 맥락의 주요 항목으로 '문학사'를 설정하고 있다는 점이다. 이 점은 이 논의가 탄력을 받게 된 계기로 작용하기도 했다. 그러나 구체적으로 이 '문학사'의 요소가 어떻게 교육적 방법으로 전화될 수 있는가에 대해서는 잘 드러나지 않는다. 국어의 성취기준 중 이와 가장 밀접하게 연관되는 것은 다음 정도로 판단된다. 다음은 10학년에 배정된 성취기준이다.

(5) 수용과 전승 과정에 유의하여 한국 문학의 전통을 이해한다.	·문학적 전통의 개념과 의미 파악하기 ·과거의 문학적 전통과 오늘날의 문학적 전통 비교하기 ·문학사적 전통을 계승하고 있는 다양한 작품 감상하기

이 성취기준은 문학사적 전통을 계승하고 있는 작품이라는 표현을 통해 그 접근방향을 포괄적으로 제시하고 있다. 그렇다면 전통이라는 요소가 매우 중요한 매개개념이 될 것이다. 그 내용을 교육과정 해설을 통해 구체적으로 살펴보자.

> 이 성취 기준은 한국 문학사의 전통을 이해하고 그 전통을 형성하는 주요 작품을 이해하도록 하기 위하여 설정하였다. 이를 위해서 문학적 전통의 개념과 의미를 파악하고 그 전통을 이루는 주요한 작품을 감상하는 데 지도의 중점을 둔다. 이 성취 기준의 달성을 위해서는 ① 문학적 전통의 개념과 의미 파악하기, ② '갈래, 발상법, 표현 방법, 서사구조, 인물 유형' 등에서 나타나는 전통의 특질을 추출하고 비교·대조하기, 그리고 현재적 의미에서 비판적으로 평가하기, ③ 그 전통을 계승하고 있는 작품을 감상하기 ④ 하나의 전통이 생겨난 맥락 파악하기 등의 활동을 할 수 있다. 그러나 지나치게 학습 내용이 방대해질 수 있다는 점에 유의하여, ②의 활동을 할 때 ' ' 속 주제의 경우에는 두서너 가지만 다루거나 '비판적으로 평가하기' 등은 경우에 따라 생략하는 것이 현실적일 수 있으며, ④ 역시 경우에 따라 생략하는 것이 현실적일 수도 있을 것이다. 한편 세계화 시대라는 특성을 감안할 때, 한국 문학의 단일성이나 유일성 등을 고집하는 폐쇄적 시각이나 우월론적 시각을 지나치게 강조하는 것은 더불어 사는 세계라는 측면에서 보면 위험할 수 있음에도 유의해야 할 것이다. 이런 점에서 전통을 사회·문화적 맥락이라는 차원에서 열린 시각·비판적 시각으로 다루는 태도가 필요하다.

이 해설 내용에는 성취기준을 달성하기 위한 활동을 제시하면서 지식과 맥락의 요소가 스며들어 있기는 하지만 그 구체화된 모습은 찾기 힘들다. 지식으로서의 문학사와 맥락으로서의 문학사가 어떻게 작용하는지에 대한 근거를 찾을 수 없다. 선택과목으로서의 문학에 대한 내용도 마찬가지이다. 다음은 해설서의 해당 부분이다.

> 이 내용은 한국 문학의 역사적 전개 이해하기, 한국 문학의 대표적 작품 읽고 수용하기, 한국 문학사 전개의 내면적 원리 이해하기, 한국 문학의 전통과 특질 이해하기 등으로 세부 내용이 구성될 수 있다. 이들 내용을 학습하기 위해서는 경험의 다양성과 활동의 세밀성을 동시에 추구되어야 좋다. 경험의 다양성이란 문학의 발생기부터 최근의 문학까지 전형적인 작품을 두루 읽어야 한다는 뜻이고, 활동의 세밀성이란 하나의 작품을 치밀하고 민감하게 수용해야 한다는 뜻이다. 이 두 방향은 서로 대립되기는 하지만, 어느 하나 소홀히 할 수 없는 일이다.

개정 교육과정이 설정한 지식과 맥락에 대해 필자는 그동안의 문학 관련 교육과정에 비해 상당히 긍정적인 면모를 갖춘 것이라 평가하고 있다. 그러나 그러한 설정의 긍정적 의미가 구체화되지 않고 있다는 점에서는 아쉬움을 준다. 교과서 편찬자들의 몫으로 남겨둔 것을 미덕으로 볼 수도 있겠으나 심사라는 과정을 거쳐야 하는 입장에서는 난제로 작용할 수밖에 없다. 따라서 교육과정의 내용은 편찬자에 의해 보다 생산적이고 창조적으로 해석되어야 할 것이다.

여기에서는 이제 그동안 살펴 본 교육과정이나 교과서 분석에 기대어 소설사 교육의 한 방안에 대해 그 요체를 제시해 보고자 한다. 그 요체를 핵심적으로 설명하자면 지식과 맥락으로서의 소설사를 제시하고 그것을 활용한 교육 방안이 될 것이다.[24] 그 내용을 설명하기에 필

24 이 논의에서 사용하고자 하는 지식의 개념틀은 다음을 참조하여 설정하였다. Bloom, Benjamin S. et als.(임의도 외 역 1983), *Taxonomy of Educational*

요한 사례 대상으로는 '1930년대 후반'이라는 시기와 '사랑 손님과 어머니'라는 작품을 설정하였다.

지식과 맥락으로서의 소설사를 구상한다는 한다는 것은 소설사의 이원화를 의미한다. 즉 지식으로 제시될 소설사와 맥락으로 제시한 소설사가 구분되는 것이 바람직하다는 판단이다. 여기에는 하나의 전제가 성립하는데 그동안의 교육과정의 구현 양상이나 교과서 편찬의 관례를 고려한다면 문학사 단원에서는 해당 시기를 대표하는 작품들이 장르별로 제시되고 그에 따른 활동을 통해 단원의 목표가 달성되는 쪽으로 이루어져 왔다. 이같은 관례는 여전히 유효할 것으로 판단된다.

해당 시기를 대표하는 작품이 선정되어 있다면 기술될 문학사의 내용도 그와 연관지어 기술되는 것이 필요하다. 앞에서 문학관의 초점

Objectives, 1956.

이 책에서는 지식의 체계를 다음과 같이 제시하고 있는데 여기서는 1.22에 유사한 개념으로 사용하되 1.11에 대한 측면도 가미하여 사용하고자 하였다.

1.10 특수 사상(事象)에 관한 지식(Knowledge of Specifics)
1.11 용어에 관한 지식(Knowledge of Terminology)
1.12 특수 사실에 관한 지식(Knowledge of Specific Facts)
1.20 특수사상을 다루는 방법과 수단에 관한 지식(Knowledge of Ways and Means of Dealing with Specifics)
1.21 관습(형식)에 관한 지식(Knowledge of Conventions)
1.22 경향과 순서에 관한 지식(Knowledge of Trends and Sequences)
- 시간적인 면에서 본 현상의 과정, 방향, 운동에 관한 지식
1.23 분류와 유목(類目)에 관한 지식(Knowledge of Classification and Categories)
1.24 준거에 관한 지식(Knowledge of Criteria)
1.25 방법론에 관한 지식(Knowledge of Methodology)
1.30 보편적 및 추상적 사상에 관한 지식((Knowledge of the Universals and Abstractions in a Field)
1.31 원리와 통칙에 관한 지식(Knowledge of Principles and Generalizations)
1.32 이론과 구조에 관한 지식(Knowledge of Theories and Structures)

화가 필요하다고 했는데 좀더 구체적으로는 선택된 대표 작품과 연관되는 방향에서 초점화가 이루어지는 것이 바람직할 것이다. 작품의 선택 역시 편찬자들의 평가와 안목에 의한다고 본다면 관점의 선택과 어긋날 가능성이 별로 없기 때문이다.

문제는 지식과 맥락으로 나누어 문학사(소설사)를 기술하는 것을 어떻게 구분할 것인가 하는 점이다. 필자는 지식으로서의 소설사가 해당 시기의 문학 현상을 아울러 제시하면서 제시된 작품들에 접근하는 통로를 마련하는 차원이라면 맥락으로서의 소설사는 해당 작품에 직접적으로 연관되어 수용활동에 작용하는 차원이라고 구분하고자 한다.

또한 지식으로서의 소설사는 문학의 소통구조 속에서 주로 생산자의 범주에 관련되는 것, 맥락으로서의 소설사는 수용자의 범주와 관련되는 것을 주된 기술 내용으로 삼을 것으로 구분하고자 하였다.[25]

지식으로서의 소설사는 현재의 문학 교과서들의 단원 편성체제에 따른다면 문학사 단원들의 앞부분에 위치하게 된다. 당연히 문학사 전반적인 접근의 하위 체계로, 즉 분류사로 제시될 것이다. 따라서 해당 단원의 기술 내용은 문학사 전반의 요소들(생산과 소비를 아우르는 요소) - 분류사에 해당하는 요소들로 이루어지게 될 것이다.

문학사 전반의 요소들의 기술 내용은 해당 시기의 삶의 양상 - 언어문화의 양상 - 문학 생산 환경 - 수용의 환경 등을 개괄적으로 기술하

---

25 지식과 맥락을 이렇게 구분하는 것에 대해 이견이 있을 수 있다. 하지만 여기서 지식과 맥락을 이렇게 구분한 것은 교육과정상의 용어를 재해석한 결과이다. 현재의 교육과정 해설을 보면 지식과 맥락의 정체성이 쉽게 잡히지 않는다. 매우 면밀하게 해독해보아도 재해석의 필요성이 크게 다가온다. 여기서 지식을 생산자, 맥락을 수용자의 범주로 밀착시킨 것은 교수학습 이전에 애루어질 대상에 대한 정보 구성이라는 점을 중시한 것이다. 지식과 맥락을 고려하여 작품을 향유하도록 하는 학습이 가능해지려면 그에 대한 정보가 제공되어야 하기 때문이다.

는 것이 바람직하다고 본다. 이어 분류사로의 내용은 관점의 선택과 그에 따른 경향성, 가능한 명료한 작품군(또는 유형화), 작품군의 특성 등이 이어지는 양상이 될 것이다. 이를 간단하게 도식화하면 다음과 같이 될 것이다.

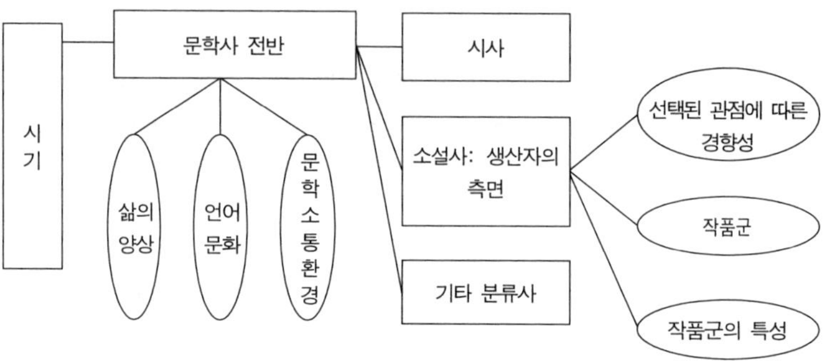

이와 같이 구성될 지식으로서의 소설사는 학습자들이 작품에 처음 접근하는데 매우 유용한 통로를 제공해 줄 것이라 판단한다.

맥락으로서의 소설사는 단원에서 제시한 대표 작품을 제재로 한 활동에 필요한 내용들로 구성되게 된다. 이는 앞서 설명한 바와 같이 수용자의 범주와 관련되는 것들을 중심으로 기술된다. 이는 기존에 작품들에 대한 '이해와 감상의 길잡이'와 같은 성격의 글을 대체하는 것으로 기능하게 된다. 활동의 근거 자료로 제시하는 정보를 해당 작품에 대한 메타적이고 설명적인 정보들로 구성할 것이 아니라 작품에 접근하는 통로를 확보해 주는 정보로 구성하자는 것이다. 이를 소설사의 세분화와 그에 준한 원리화로 부를 수 있을 것이다.

예를 들어 보자. 1930년대 후반을 대상 시기로 삼고 그 대표 작품으로 '사랑손님과 어머니'를 설정했다고 가정하자. 작품의 활동과 관련하여 제시하는 자료가 될 맥락으로서의 소설사는 이렇게 구성될 수 있을 것이다.

> "1930년대 후반에 독자들이 작품을 접하는 주된 창구였던 잡지는 문예지만으로서의 성격이 아닌 종합지로서의 성격을 지니고 있었다. 각 잡지들에 실린 작품들은 잡지들의 지향점과 무관하지 않았다. 각 잡지들은 일제 강점기에서 나름의 역할을 하기위해 다양한 지향점을 내세우고 있었고 독자들은 일반 기사들과 함께 작품을 접하게 된다. '사랑손님과 어머니'는 〈조광〉이라는 잡지의 '창간호'의 제일 첫머리에 실린 작품이다. 당시 〈조광〉은 여성의 사회적 위상과 관련해서 여성들의 이혼이나 재혼과 관련된 문제들을 집중적으로 다루기도 하였다. 물론 당시 우리나라 문맹률은 상당히 높아 통계에 따르면 70%를 넘어서는 것으로 알려졌다. 이런 상황에서는 글을 읽을 줄 아는 독자가 다른 사람에게 구술하는 양상이 나타나게 된다."

이 진술 자체가 그대로 완결된 것이라고는 할 수 없지만 필자가 구상하는 맥락으로서의 소설사의 한 양상을 보여줄 수 있으리라 본다. 여기에는 일단 1930년대 전반적인 삶의 양상이나 문학 현상에 대한 기술은 없다. 이는 앞서 설명한 대로 단원의 앞부분에서 제시될 문학사 일반과 지식으로서의 소설사에서 다룰 것이기 때문이다. 그리고 앞 장에서 제시한 바 있는 문학관으로의 초점화에 해당하는, 효용론의 입장에서 초점화한 것이다. 여기서는 주로 '잡지'라는 매체를 통해 작품이 소통된다는 점, 문맹률이 높아 구술되는 상황이 많다는 점, 잡지들이 지향점을 보이는데 해당 잡지는 '여성 문제'에 대한 관심을 보이고 있다는 점, 이미 이혼이나 재혼이 지식인들을 중심으로 보편화된 담론이었다는 점 등이 제시되고 있다. 이는 소설을 이해하는데 중요한 것으로 효용론적 관점에 기반한 정보들이다.

흔히 '사랑손님과 어머니'에서 어머니가 사회적 분위기 때문에 재혼의 희망을 버린다는 것으로 읽게 되는데 이 정보가 제공된다면 '옥희 어머니의 자기 검열에 따른 희망의 포기에 대한 안타까움 내지 비판적 의식'도 읽어내는데 이를 수 있을 것이다. 그래서 이 작품의 생산적 읽기는 당시 여성 독자들이 이 작품을 통해 스스로의 제어 의식에 대해 각성해 나갈 수 있기를 기대한 측면에서 최대치에 이를 수 있을 것으로 본다. 제공되는 정보를 통해 학습자는 스스로의 접근통로를 찾을 수 있을 것이기 때문이다. 그동안의 평가와 같이 내적인 질서에만 주목해서 접근해 간다면 문제의식이나 비평적 능력의 확장은 제한적으로 이루어질 수밖에 없을 것이다. 필자가 의도하는 맥락으로서의 소설사는 이러한 활동양상을 염두에 둔 것이다.

소설사 교육의 한 양상
- 근대소설로의 이행단계와 기차모티프

1. 소설사 교육의 한 문제

문학연구의 궁극적인 목적의 하나로 문학사서술을 상정하는데 이견은 없을 것이다. 같은 맥락에서 문학교육에서 문학사교육의 중요성도 인정될 수 있을 것이다. 현재도 '문학' 과목의 '한국문학의 흐름' 단원을 중심으로 문학사교육이 이루어지고 있다. 그러나 그 교육내용이 교육적 실효성을 얼마나 확보하고 있는지에 대해서는 냉정한 평가가 필요하다고 본다.

문학사는 단순히 과거의 문학적 집적물에 대한 기록이 아니라 한 나라의 문학적 집적물에 정체성과 의미망을 부여하는 일이기에 문학교육에서도 보다 섬세한 접근이 필요하다. 문학사 서술의 핵심이 무엇인가에 대해서는 다양한 견해가 제시될 수 있지만, 문학사를 '과거의 집적물을 전체로서 파악하고 그 전체를 이루는 부분 부분들을 관계가치로 이해'[1] 해야 한다고 본 입장이 매우 유효하리라 본다. 이 관

---

1 김윤식 · 김현, 『한국문학사』, 민음사, 1994, 11쪽.

계가치라는 개념의 한 양상이 구체적인 서술과정에서 드러나는 요소가 바로 '문학사의 시기구분'이 될 것이다.

그동안 문학사교육에서는 이 시기구분에 대해서 대체로 왕조사나 역사적 전환기를 중심으로 하는 방식을 취해 왔다. 부분적인 차이는 있겠으나 '고려까지의 문학' '조선시대의 문학' '개화기와 일제강점기' '광복 이후' 등으로 구분을 하는 것이 가장 보편적이었다.

이러한 시기구분 자체는 별다른 문제가 되지는 않는다. 문제적이라 판단되는 부분은 구분된 시기 간의 관계에 대한 부분이다. 문학사서술에서 시기 간의 관계에 가치를 부여하는 일이 중요하다는 관점에 기댈 때 문학사교육에서도 해당 시기간의 관계에 의미를 부여하고 제시하는 일이 중요할 터인데 현재의 문학사교육에서는 이러한 맥락이 적절히 구현되지 못하고 있다는 점에서 그러하다. 특히 고전문학과 근·현대문학으로의 이행단계로 보는 조선시대의 문학에서 개화기 및 일제강점기 문학으로 이어지는 시기적 연관성에 대한 교육적 접근이 피상적으로 이루어지고 있다는 점은, 이 시기가 우리 문학사에서 지니는 중요성을 고려할 때 매우 문제적이다.

이 글에서는 그 문제 양상을 소설사를 중심으로 구체적으로 살펴보고 하나의 대안을 제시해보고자 한다. 우선 해당 시기에 대한 교육적 접근 양상을 현행 문학교과서를 통해 분석하고 앞뒤 시기의 연관성을 제시할 수 있는 한 사례를 '기차 모티프'를 근거로 삼아 탐색해보고자 한다.

2. 현행 문학교과서 내의 소설사 기술 양상

현재 학교현장에서 사용하고 있는 문학교과서에서 소설사 기술은 어떻게 이루어지고 있는지를 살펴보기로 한다. 먼저 그 몇 가지 사례를 제시해본다.

〈교과서 A〉[2]

조선시대의 소설은 주로 '화자-청자'의 관계에 바탕을 두고 있었지만, 근대에 들어서면서 소설은 '작가-독자'의 관계를 기반으로 향유되었다. 갑오개혁을 전후하여 전문성을 지닌 작가의 등장과 함께 내용과 형식, 표현 면에서 이전의 소설과 구별되는 신소설이 출현하여 많은 독자의 사랑을 받았다.

이 기술에서 주목할 부분은 '전대 소설과 구별되는 근대적 면모'라는 표현이다. 이러한 표현은 비단 이 교과서 뿐 아니라 그동안 거의 모든 문학 교과서에서 쉽게 발견할 수 있는 것이다. 그런데 '구별되는 면모'에 대한 구체적인 설명은 없다. 이 요소는 원리이자 지식에 해당하는 것으로 학습자들이 문학사를 이해하는 토대가 될 뿐 아니라 문학사적 시각에서 작품을 수용하는 데 실질적인 역할을 할 접근 장치가 될 것이다. 그렇지만 대체적으로 해당 용어만을 제시하는 데 머물고 있다.

또 다른 경우를 보자.

〈교과서 B〉[3]

0 전대의 문학과 새로운 문학 속에서 근대 문학이 전개되다

한국의 근대 문학은 갑오개혁 이후부터 시작되어 일제 강점이 아래에

2 정재찬 외, 『고등학교 문학』, 천재교육, 2013, 191쪽.

3 우한용 외, 『고등학교 문학』, 비상교육, 2013, 217쪽.

서 형성되었다. 이 시기의 우리 문학은 전대의 문학과 연관을 맺으면서도, 새롭게 유입된 서구의 사상이나 근대 문예 사조의 영향을 받으면서 전개되었다.

개화기는 조선 후기의 전통적이 문학 양식을 이어받으면서도 이와는 구별되는 새로운 근대 문학 양식이 공존한 시기였다. 특히 신체시나 신소설과 같은 그대 문학 양식이 등장하여, 고전 문학과 근대 문학을 잇는 징검다리 역할을 하였다.

이 교과서는 '전통적인 문학 양식', '새로운 근대 문학 양식' '고전 문학과 근대 문학을 잇는 징검다리' 등의 표현으로 앞의 〈교과서 A〉보다 더 많은 용어를 제시하고 있지만 그에 대한 구체적인 언급은 역시 이루어지지 않고 있다. 학습자들에게는 오히려 '징검다리' 같은 용어로 인해 혼란을 느낄 염려가 크다.

다음 교과서는 조금은 구체적으로 제시하고 있는 경우에 해당하는데 학습자의 입장에서 작품에 접근하는 방법적 또는 절차적 지식[4]으로 작용하기에 어려움을 주기는 마찬가지이다.

〈교과서 C〉[5]

개화기의 대표적인 서사 문학은 신소설이다. 신소설이라는 이 용어는 조선시대의 소설들과 구별하여 개화기에 새롭게 등장한 소설이라는 의미에서 사용되었다. 신소설의 대표작으로는 이인직의 '혈(血)의 루(淚)', '귀(鬼)의 성(聲)', '은세계(銀世界)', 안국선의 '금수회의록(禽獸會議錄)', 이해

4 이 용어는 다음 책에서 그 요체를 제시한 바 있다.
김대행 외, 『문학교육원론』, 서울대출판부, 2000.

5 한철우 외, 『고등학교 문학』, 비상교육, 2013, 192~193쪽.

조의 '자유종(自由鍾)', 최찬식의 '추월색(秋月色)' 등이 있다. 이들 작품은 대개 봉건 질서의 타파, 개화, 계몽, 자류독립 사상의 내용을 담았다.

1910년대 ~ 1920년대 문학

1910년대 중반을 지나면서 개화기의 문학은 막을 내리고 근대의 모습을 갖춘 문학이 서서히 등장했다. 이 시기에 활동한 시인들로는 김억, 주요한 등이 있다. 김억의 시는 율격 면이나 내용 면에서 개화기 시가에서 벗어나 큰 변화를 보여 주었으며, 그 이후 발표된 주요한의 '불놀이'에 이르러 근대 자유시의 면모가 갖추어졌다고 할 수 있다. 서사 양식에서는 1917년에 발표된 이광수의 '무정(無情)'에 의해 본격적인 근대 소설이 창작되기 시작하였다. 이 작품을 통해 이광수는 자유연애와 점진적 민족주의 사상을 고취하고, 구어체 문장을 확립하고자 하였다.

이 교과서에서는 '내용과 형식 면에서의 모든 차이'라는 과도한 표현을 쓰고 있기는 하지만 그 내용을 범박하기는 하나 구체적인 개념으로 기술하고 있고, '구어체 문장' 등의 가시적인 용어를 사용하고 있다는 점에서는 학습자의 이해를 돕는데 기여할 여지를 지니고 있다. 그러나 학습활동 등을 통해 학습자들이 수용활동의 원리로 활용할 수 있도록 이끌어 나가는 데는 한계를 보인다.

학습활동을 통해 학습자들에게 구체적인 정보를 제공하는 교과서로는 다음을 들 수 있다. 문학사를 중시하는 경향을 보이는 이 교과서는 다음과 같은 방식을 통해 어느 정도의 효용성을 확보하고 있다.

〈교과서 D〉[6]

6 권영민 외, 『고등학교 문학』, 지학사, 2013, 186~187쪽.

2 '소대성전'의 중세에서 근대로의 이행기 소설로서의 특성에 유의하여 다음 활동을 해 보자.

(1) '소대성전'은 영웅 소설로 분류되는 작품이다. 영웅 소설에서는 주인공의 일생을 전형적인 형식으로 그려 내곤 한다. 교과서에 수록된 부분은 영웅의 일생 가운데 어디에 해당하는지 말해 보자.

| 영웅의 일생 |

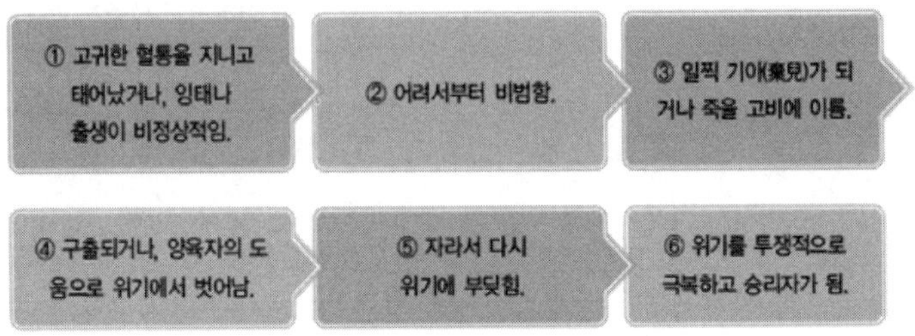

(2) 소대성은 겉으로는 보잘것없지만 실제로는 남다른 능력을 지닌 인물이다. 이와 같은 인물을 등장시킨 이유는 무엇인지 작품이 쓰인 시대적 상황과 연관지어 말해 보자.

이 교과서에 기술된 소설사의 흐름과 관련된 내용도 앞의 교과서들과 별반 차이가 없다. 다만 학습활동을 통해 그 양상을 구체적으로 확인할 수 있도록 설정하고 있다는 점에서 차별성을 지닌다.

그런데 이 활동을 들여다보면 여전히 문제점이 나타난다. 활동의 발문에서 표나게 강조한 '근대로의 이행기 소설로서의 특성'을 찾아내기가 쉽지 않다는 점이다. 하위 활동인 (2)에서 '보잘 것 없지만 실제로는 남다른 능력을 지닌 인물'이라는 성격을 제시하여 이전 소설들과 다른 인물의 등장이라는 실마리를 주기는 하지만 학습자들이 이 정도의 실마리를 통해 '근대 이행기 소설'에 대해 이해하기는 쉽지 않을 것이다.

2번 활동에 이어지는 3번 활동을 "조선 후기에 독자들이 '소대성전'를 수용한 방식에 대한 다음 기록을 읽고 아래 활동을 해보자."로 설정하여 목표에 도달할 수 있도록 의도한 것으로 보이지만 그 실제적 효용성은 역시 기대하기 어려운 것으로 판단된다. 그렇지만 이러한 접근은 다른 교과서와 차별되는 것으로 다음 시기에 대한 접근에서는 보다 유의미한 양상으로 나타난다.[7]

이 작품은 1908년 "제국신문"에 연재된 신소설이다. 악한 마음을 품고 사람들을 속이는 금방울, 악인의 꾐에 쉽게 빠지는 함진해, 선악에 대한 분별력이 있는 함일청 등의 인물을 통해 당대의 사회적 요구와 정신을 잘 표현하고 있다. 또한 인물이나 배경의 묘사에서 과거의 소설과는 달라진 점을 발견할 수 있어 기법의 측면에서도 주목할 만하다.

2 '구마검'을 읽고, 신소설로서의 특성에 주목하여 다음 활동을 해 보자.

(1) 다음은 '구마검'의 서두 부분이다. 이전 소설과 비교하였을 때 이 부분에 나타나는 시·공간적 배경 묘사의 특징을 알아보자.

이 활동은 신소설 〈구마검〉을 제재로 해서 소설사에 대한 이해를 돕고 있다. 제재에 대한 도입부의 설명에서 '과거의 소설과는 다른' 점으로 인물이나 배경의 묘사라는 구체적인 요소를 들고 그 점에 주목하도록 유도하고 있다. 그러나 그것과 직접적으로 연관되는 '활동 2-(1)'에서 더 나아가지 못하고 있다는 점에서 한계를 지닌다. 해당 활동에서는 다음과 같은 장면을 제시하고 있는데 이 부분이 이전 소설과 어떤 점에서 다른지에 대해서 판단할 수 있는 비교 텍스트는 제시되지 않고 있다는 점에서 충분한 활동으로는 보기 어렵다. '묘사의 특징'을 무엇을 기준으로 탐색해야 하는지에 대한 접근통로가 분명하지 않다는 점도 미흡하다는 판단의 근거가 된다.

7 앞의 교과서, 199~200쪽.

> 대안동 네거리에서 남산을 바라보고 한참 내려가면 베전 병문(屛門) 큰길이라. 좌우에 저자 하는 사람들이 조석으로 물을 뿌리고 비질을 하여 인절미를 굴려도 검불 하나 아니 묻을 것 같으나, 그 많은 사람, 그 많은 마소가 밟고 오고 밟고 가면 몇 시 아니 되어 길바닥이 도로 지저분하여져서 바람이 기척만 있어도 행인이 눈을 뜰 수가 없는데…….

위에서 살펴본 것처럼 현재의 문학교육에서 이루어지는 소설사교육은 구체성이 부족하고 학습자들이 접근할 수 있는 통로를 제공할 수 있는 실제적 효용성을 확보하고 있지 못하다는 점에서 아쉬움을 준다.

3. 근대 이행기 소설 속의 '기차 모티프'

본고에서 초점으로 삼아 살피고자 하는 근대 소설로의 이행 단계는 다른 시기에 비해 소설사 서술 단위로서의 중요성이 크기에 보다 구체적이고 실제적인 접근이 이루어져야 할 필요가 있다. 그렇다면 이 시기에 대한 소설사적 접근 방식을 어떻게 설정하는 것이 가장 효율적인 교육적 접근이 될 것 인지를 살펴보고자 한다.

필자는 이 시기에 대한 접근 과정에서 핵심적으로 제시할 용어는 '새로움'과 '극복'이라 판단하고 있다. 현행 문학 교과서를 포함한 이전 문학교과서들이 취하고 있던, 소설사 시기들의 연결고리를 설명하는 방식은 "이 시기의 문학은 전대 문학이 지니고 있던 '한계를 극복'하고 '새로운 문학적 경향'을 보여주고 있다."로 거칠게 요약할 수 있다. 7차 문학교과서에서 가정 전형적으로 보여주고 있는 이러한 맥락은 여전히 유효한 것으로 작용하고 있다.

그러나 이러한 맥락이 구체성을 확보하지 못하고 개념적으로만 주어진다는 데에 문제의 원천이 있다. 학습자들에게는 이러한 맥락들이 구체적인 작품들과 장면들을 통해 '가시적'으로 제시되고 활동을 통해 원리로서 수용되어야 한다. 그렇지만 아직까지 그러한 시도는 이루어지지 않았고 앞에서 살펴본 일부 교과서에서만 단편적으로 시도된 정도에 머물고 있다. 학습자들의 흥미를 쓸면서 해당 문학사적 현상에 본질적으로 다가갈 수 있는 요소는 무엇일까를 탐색하고 제시하는 데 이 논문의 핵심이 놓여 있다.

필자는 그 문제 해결의 방안으로 '기차 모티프'를 제안하고자 한다. '기차'는 우리 역사에서 전근대에서 근대로의 이행기에 근대적인 것을 상징하는 대표적인 문물로 인식되어 왔음은 주지의 사실이다. 필자가 '기차'에 주목하는 것은 이 기차가 앞서 설명한 '극복'과 '새로움'을 확보해 준 소설적 장치라고 보았기 때문이다.[8]

먼저 근대소설로의 이행 단계의 작품군인 신소설의 첫머리에 놓이는 〈혈의 누〉와 최초의 근대적 소설로 평가되는 〈무정〉에 나타나는 주요 장면을 보기로 하자.

〈혈의 누〉는 필자가 살핀 바로는 '기차'가 가장 처음 나타나는 소설이다. 한국에 기차가 처음 나타난 것이 1899년이고 〈혈의 누〉가 발표된 시점이 1906년이니 매우 근접한 거리에 있다. 〈혈의 누〉에 처음으로, 즉 우리 소설에 처음으로 '기차'가 등장하는 장면은 다음 부분이다.

> 옥련의 눈에는 모두 처음 보는 것이라. 항구에는 배 돛대가 삼대 들어서듯 하고, 저자거리에는 이층 삼층집이 구름 속에 들어간 듯하고, 지네

8 근대소설과 기차 모티프를 연관지어 살핀 논의들은 이미 상당한 정도로 이루어졌다. 그러나 대부분의 논의들이 이광수 이후의 소설들을 중심으로 근대 문물의 수용, 소설적 장치의 하나로 다루고 있다. 그러나 본고와 같이 전대 소설과의 연관성에 접근한 경우는 없다.

같이 기어가는 기차는 입으로 연기를 확확 뿜으면서 배는 천동지동하듯 구르며 풍우같이 달아난다. 넓고 곧은 길에 갔다왔다하는 인력거 바퀴 소리에 정신이 없는데, 병정이 인력거 둘을 불러서 저도 타고 옥련이도 태우니 그 인력거들이 살같이 가는지라. 옥련이가 길에서 아장아장 걸을 때에는 인해 중에 넘어질까 조심되어 아무 생각이 없더니, 인력거 위에 올라앉으매 새로이 생각만 난다.[9]

이 장면은 옥련이 구완서를 만나게 되는 상황의 계기에 해당한다. 처음 기차라는 말이 우리 소설에 등장하는 의미있는 장면이다. 그러나 이 장면의 기차의 존재는 미미하다. 기차가 본격적으로 서사구조에 등장하게 되는 것은 다음과 같은 장면들에서이다.

정한 마음 없이 정거장으로 나가니, 그때 일번(一番) 기차에 떠나려 하는 행인들이 정거장으로 모여드는지라. 옥련의 마음에 동경이나 가고 싶으나 동경까지 갈 기차표 살 돈은 없고 다만 이십 전이 있는지라. 옥련이가 대판만 떠나서 어디든지 가면 남의 집에 봉공(奉公)하고 있을 터이라 결심하고 자목 정거장까지 가는 기차표를 사서 일번 기차를 타니, 삼등차에 사람이 너무 많이 들어서 옥련이가 앉을 곳을 얻지 못하고 섰는데 등 뒤에서 웬 서생이 조선말로 혼자 중얼중얼하는 말이,

"웬 계집아이가 남의 앞에 와 섰다."

하는 소리에 옥련이가 돌아다보니 나이 열 칠팔 세 되고 얼굴은 볕에 그을려 익은 복숭아 같고 코는 우뚝 서고 눈은 만판 정신기 있는데, 입기는 양복을 입었으나 양복은 처음 입은 사람같이 서툴러 보이는지

9 이인직, 『혈의 누』, 동아출판사, 1995, 동아출판사, 33쪽. 이하 작품 인용은 이 책이며 해당 쪽수만 표시함.

라.(46쪽)

이 부분은 옥련과 구완서가 만나는 장면이다. 일단 아무데로나 떠나야 하는 옥련과 미국으로 가기 위해 움직여야 하는 구완서가 자연스럽게 만나는 장면이다. 여기서 '자연스럽다'는 것은 당시의 교통수단의 상황을 놓고 볼 때 사람들이 만날 확률이 매우 높다는 점을 의미한다. 당시의 다른 어떤 교통수단에 비해 빨리, 편하게 목적지에 도달할 수 있다는 점에서 이용객이 빠르게 늘어나는 양상을 보여준다.

중요한 것은 이 기차는 아무데서나, 언제나 탈 수 있는 것이라 일정한 시각에 일정한 곳에서 타고 내리도록 되어 있는 수단이라는 점에서 사람들이 만날 확률이 높다는 것이다. 예전처럼 도보나 말등을 통해 이동하게 될 경우 많은 길이 열려있고 떠나는 곳도 정해져 있기 때문에 어떤 사람들이 만나게 될 경우는 매우 우연적이다. 그렇지만 기차는 역이라는 공간과 출발 시간이 한정되어 있기에 어떤 사람들이 만나게 될 경우는 이전 단계에 비해 우연성이 현저히 줄어들게 된다.

> 옥련이가 얼굴빛을 천연히 하고 고쳐 앉더니, 모란봉에서 총 맞고 야전병원으로 가던 일과, 정상 군의의 집에 가던 일과, 대판서 학교에서 졸업하던 일과, 불행한 사기로 대판을 떠나던 일과, 동경 가는 기차를 타고 구완서를 만나서 절처봉생(絶處逢生)하던 일을 낱낱이 말하고, 그 말을 마치더니 다시 얼굴빛이 변하며 눈물이 도니, 그 눈물은 부모의 정에 관계한 눈물도 아니요, 제 신세 생각하는 눈물도 아니요, 구완서의 은혜를 생각하는 눈물이라. (60쪽)

〈혈의 누〉에서 기차가 서사구조 상에서 차지하는 위상은 위 대목에서 여실히 드러난다. '절처봉생'이라는 표현은 기차가 인물들의 인연을 맺어주고 이후의 서사가 가능하게 하는 장치였음을 말해준다. 이렇듯 기차가 처음 등장하는 신소설에서 기차는 단순한 문물의 상징이 아닌 서사구조의 진행에 중요한 역할을 담당하고 있는 장치로 나타난다는 점에서 주목을 요한다.

다음으로는 〈무정〉의 경우를 보기로 하자. 〈무정〉에서는 시간상으로는 영채가 청량리에서 배학감에게 '몹쓸 일'을 당한 후 평양으로 가기 위해 기차를 탄 것이 먼저이나 서술상으로는 그런 영채를 뒤따라 찾아가는 형식이 기차를 타는 장면이 먼저 나온다. 그 두 장면을 보기로 하자.

> (형식은 노파와 함께 남대문역에서 기차를 탔다.) 형식은 어느덧 잠깐 잠이 들었다 번쩍 눈을 뜨니, 승객들은 혹은 창에 기대어, 혹은 팔을 베고, 혹은 고개를 잦기고 곤하게 잠이 들었다. 서넛쯤 저편 걸상에 어떤 인부 패장 같은 사람이 혼자 깨어서 눈을 번뜻번뜻하면서 담배를 피운다. 어느덧 차창에는 새벽빛이 비치었다. 형식은 맞은편 걸상에서 입으로 침을 흘리며 자는 노파를 보았다. 그러고 '더러운 계집' 하고 얼굴을 찡그렸다. 형식은 노파의 일생을 생각하여 보았다.[10]

위 장면은 〈무정〉에서 처음으로 '기차'라는 용어가 등장하는 대목이다. 괄호로 표시한 점이 눈에 띄지만 공간 이동의 시작이고 의식의 흐름을 보여주기 시작하는 대목으로서 주목할 만한 장면이다. 그렇다면 영채가 기차를 타는 장면을 보자.

---

10 이광수, 『무정』, 동아출판사, 1995, 동아출판사, 168쪽. 이하 작품 인용은 이 책이며 해당 쪽수만 표시함.

이때에 누가 영채를 가볍게 흔들며,

"여봅시오. 고개를 드셔요" 한다. 영채는 깜짝 놀라 고개를 들어 겨우 한 눈을 떠서 그 사람을 보았다. 어떤 일복 입은 젊은 부인이 수건을 들고,

"이리 돌아앉으세요. 눈에 석탄 가루가 들어갔어요? 제가 씻어 내 드리지요" 하고 방그레 웃더니 영채의 얼굴에 슬픈 빛이 있는 것을 보고 한번 눈을 치떠서 영채의 얼굴을 본다. 영채는 감사한 듯도 부끄러운 듯도 하면서 그 부인의 말대로 돌아앉으며,

"관계치 않습니다" 하고 고개를 숙였다. 부인은 영채를 안을 듯이 마주앉으며,

"아니야요. 석탄 가루가 눈에 들어가면 잘 나오지를 아니해요" 하고 수건을 손가락 끝에 감아 들고 한편 손으로 영채의 눈을 만지며,

"이 눈이야요? 이 눈이야요?" 하다가 영채의 오른 눈 윗시울을 들고 가만히 들여다보다가 수건으로 살짝 씻어 낸다. 그 하는 모양이 극히 익숙하고 침착하다. 영채는 하는 대로 가만히 앉았다. 그 부인의 피곤한 듯한 따뜻한 입김이 무슨 냄새가 있는 듯하면서도 향기롭게 자기의 입과 코에 닿는 것을 깨달았다. 부인은 좀더 바싹 영채에게 다가앉으며, 눈을 비집고 연해 고개를 기울여 가며 씻어 낸다. 부인은 화가 나는 것같이,

"에그, 남들이 없었으면 혓바닥으로 핥았으면 좋으련만" 하더니, "에라! 나왔어요. 이것 보셔요. 이렇게 큰 게 들어갔으니까" 하고 수건에 묻은 석탄 가루를 영채에게 보인다. 그러나 영채는 눈이 부시고 눈물이 흘러서 그것이 보이지를 아니한다. 부인은 걸상에서 일어나 영채의 겨드랑에 손을 넣어 일으키며,

"자, 세면소에 가서 세수를 하셔요" 하고 앞서 간다. 차가 흔들리건마는 그 부인은 까딱없이 평지로 가는 모양으로 영채를 끌고 차실 저편 끝 세면소로 간다. 가다가 차실 중간쯤 해서 자기와 같이 앉았던 양복

입은 소년에게서 비누와 수건을 받아 들고 간다. 그 맞은편에서 책을 보고 앉았던 어떤 양복 입은 사람이 두 사람의 모양을 우두커니 보고 앉았더니 다시 책을 본다. 영채는 비틀비틀하면서 그 부인의 뒤를 따라 세면소에 갔다.(267쪽)

마치 누에가 고치를 짓고 그 속에 들어 엎디인 모양으로, 영채도 알 수 없는 정절이라는 집을 짓고 그 속을 자기 세상으로 알고 있었다. 그러다가 이번 사건에 그 집이 다 깨어지고 영채는 비로소 넓은 세상에 뛰어나왔다. 더구나 기차 속에서 병욱을 만나며 자기가 지금껏 유일한 세상으로 알아 오던 세상이 기실 보잘것없는 허깨비에 지나지 못하는 것과, 인생에는 자유롭고 즐거운 넓은 세상이 있는 것을 깨닫고, 이에 비로소 영채는 자유로운 사람이 되고, 젊은 사람이 되고, 젊고 어여쁜 여자가 된 것이라. 영채의 가슴에는 이제야 비로소 사람의 피가 끓기 시작하고 사람의 정이 타기를 시작한다. 영채는 자기의 마음이 전혀 변하여진 것을 생각한다. 마치 나서부터 어둡고 좁은 옥 속에서 지내다가 처음 햇빛 있고, 바람 불고, 꽃 피고, 새 우는 세상에 나온 것 같다. 영채는 거문고를 타고 바이올린을 울린다. 그러나 그 소리가 모두 다 새로운 빛을 띤다. 그러고 영채의 눈에는 기쁨과 슬픔이 섞인 듯한 눈물이 핑 돈다. (287쪽)

앞 부분은 영채와 김병욱이 처음 만나게 되는 장면이다. 기차를 탄 후 몸이 불편해진 영채를 눈여겨보고 김병욱이 관심을 갖고 이후 서로 소통하게 되는 계기가 되는 장면이다. 이 장면을 두고 김동인은 '기차상의 기연'으로 규정하고 있고, 최근의 연구자들도 대체로 이에 동의하고 있지만[11] 필자의 생각은 다르다. 당대의 상황을 고려할 때 이를 기이한 인연으로 보는 것은 적절치 않다. 서울에서 평양으로 이동하려는 사람들의 대부분은 이 기차를 이용하게 되고, 기차 시간은 한정되어 있었기 때문에 이전 단계의 소설에서 나타나는 '기연'이나 '우연'과는 본질적으로 다른 '만남'이 되는 셈이다.

이 지점에서 필자의 제안이 비롯된다. 〈혈의 누〉나 〈무정〉에서 나타나는 기차역이나 기차 속에서는 인물들의 만남은 기연이나 우연으로 보기보다는 필연성이 강화된 만남으로 봐야 할 것이라는 점이다.

4. 근대 이행기 소설의 내적 형식으로서의 작용 양상

앞에서 최초의 신소설인 〈혈의 누〉와 최초의 근대적 장편소설인 〈무정〉에 등장하는 기차 장면에 대해 살펴보았다. 여기서 '최초'라는 표현을 굳이 쓴 것은 전대 소설과의 연관성이라는 맥락을 고려한 때문이다.

필자는 전대 소설과 개화기 및 근대초기 소설의 연관성을 두 가지 측면에서 살펴보고자 한다. 하나는 전대 소설의 소설적 결함으로 지적되는 '우연성'의 문제이고 다른 하나는 '묘사와 회상'의 문제이다.

우연성은 서사 구조의 유기적 성격을 논할 때 핵심적인 요소가 된다. 소설사 전체의 흐름으로 볼 때 우연성은 발전적으로 극복될 요소로 보는 것이 일반적이다. 따라서 서사의 진행 과정에서 이루어지는 인물들의 만남이 우연적으로 이루어지는 고전소설은 발전 도상에서 긍정적이지 못한 상태로 인식되고 있다.

---

11 김동인, 『춘원연구』(김동인전집 16), 조선일보사, 1988, 55쪽.
최근의 주목할만한 연구로는 다음 참조.
김미영, 「근대소설에 나타난 '기차 모티프' 연구」, 『한국언어문학』 54집, 235~262쪽.

그런데 〈혈의 누〉나 〈무정〉을 보면 이 우연성이 질적인 해소를 보여준다. 인물의 만남 장면이 장소와 시간의 범위가 제한되는 환경이 조성됨으로 인해서 우연성보다는 필연성이 강화되는 양상을 보인다는 점이다. 즉 고전소설에서는 서사의 전개 상 만나야 할 사람들이 아주 넓은 장소에서 특정되지 않은 시간에 만나게 될 수밖에 없다는 점에서 우연성을 피해갈 수는 없다. 〈사씨남정기〉의 다음 장면에서 그 한 양상을 확인할 수 있다.

(돌아가신 사씨의 모친이 꿈에 등장하여)

ᄉᆞ씨 읍 ᄃᆡ왈,

혈혈ᄒᆞᆫ 녀ᄌᆡ 엇지 칠 년을 유리ᄒᆞ리잇고 젼두길흉을 알고ᄌᆞ ᄒᆞᄂᆞ이다

소ᄉᆡ 왈 이는 텬쉬니 엇지 알니오 다만 ᄒᆞᆫ 말이 잇ᄂᆞ니 이후 육년 ᄉᆞ월 십오일에 ᄇᆡ를 ᄇᆡᆨ빈쥬에 ᄆᆡ엿다가 급ᄒᆞᆫ ᄉᆞᄅᆞᆷ을 구ᄒᆞ라 ᄎᆞ는 명심불망ᄒᆞᆯ지어다

ᄒᆞ고 왈

그ᄃᆡ 이곳에 오ᄉᆞᄅᆡ 머무지 못ᄒᆞᆯ 거시니 ᄲᆞᆯ니 도라가라

ᄉᆞ씨 왈

이졔 존안을 ᄯᅥᄂᆞ오니 어ᄂᆡ ᄂᆞᆯ 다시 뵈오리잇고

인ᄒᆞ야 읍 고하고 늣기니 유모와 ᄎᆞ환이 ᄭᆡ오거ᄂᆞᆯ ᄉᆞ씨 놀나 ᄭᆡ다르니 한 숢이라

〈중략〉

ᄉᆞ시 혜오ᄃᆡ

사ᄅᆞᆷ이 셰상에 나ᄆᆡ 부귀빈쳔이 팔ᄌᆞ에 잇스나 녀ᄌᆞ로셔 허다 누명과 고초를 지ᄂᆞ되 맛ᄎᆞᆷᄂᆡ 이곳에 일으러 의지ᄒᆞᆯ 곳이 어시 되니 죽ᄂᆞᆫ 것이 샹칙이로다

ᄒᆞ더니 홀연 묘문으로셔 두 사ᄅᆞᆷ이 드러와 고왈

부인이 ᄯᅩᄒᆞᆫ 어려움을 맛나 물에 ᄲᅡ지려 ᄒᆞᄂᆞ잇고

부인이 놀나 눈을 드러보니 ᄒᆞ나ᄒᆞᆫ 리괴오 하ᄂᆞᆫᄒᆞᆫ 녀동이라 ᄉᆞᆷ 인이 ᄃᆡ경 문왈

엇지 우리 일을 아ᄂᆞ뇨

리괴 황망이 례ᄒᆞ고 합장 왈

소승은 동졍 군산ᄉᆞ의 잇더니 앗가 비몽간에 관음이 현몽ᄒᆞᄉᆞ 왈 어진 녀ᄌᆡ 환란을 맛나 갈 바를 모르고 장찻 익수코져 ᄒᆞᄂᆞ니 ᄲᅡᆯ니 황능묘로 가 구ᄒᆞ라 ᄒᆞ시ᄆᆡ 급히 ᄉᆞᄇᆡ를 져어 왓더니 과연 부인을 맛ᄂᆞ니 부쳐 녕험ᄒᆞ미 신긔토소이다[12] (68쪽)

그러나 기차의 등장은 이 상황을 바꿔 놓게 된다. 공간의 이동을 필요로 하는 과정에서 특정한 지역(기차역이 있는 곳), 특정한 시간(기차가 도착하고 출발하는 시간)이라는 요건이 작용하다 보니 인물들의 만남은 보다 제한적인 조건에서 만나게 되기 때문에 우연성은 상당한 정도로 해소되게 된다. 당시 사회구성원들이 이동의 수단으로 기차를 생각하는 정도가 커질수록 이 우연성은 더욱 줄어들게 된다.

장소와 시간의 제한과 서사 구조상의 필연성의 강화는 〈무정〉의 다음과 같은 장면에서 보다 분명하게 확인할 수 있다.

실로 현대의 문명은 소리의 문명이라. 서울도 아직 소리가 부족하다. 종로나 남대문통에 서서 서로 말소리가 아니 들리리만큼 문명의 소리가 요란하여야 할 것이다. 그러나 불쌍하다. 서울 장안에 사는 삼십여 만 흰옷 입은 사람들은 이 소리의 뜻을 모른다. 또 이 소리와는 상관이 없다. 그네는 이 소리를 들을 줄을 알고, 듣고 기뻐할 줄을 알고, 마침내

12 신해진 선주, 『조선후기 가정소설선』, 월인, 2000, 55~68쪽.

제 손으로 이 소리를 내도록 되어야 한다. 저 플랫폼에 분주히 왔다갔다 하는 사람들 중에 몇 사람이나 이 분주한 뜻을 아는지, 왜 저 전등이 저렇게 많이 켜지며, 왜 저 전보 기계와 전화 기계가 저렇게 불분주야하고 때각거리며, 왜 저 흉물스러운 기차와 전차가 주야로 달아나는지…… 이 뜻을 아는 사람이 몇몇이나 되는가.

이렇게 북적북적하는 속에 영채는 행여나 누가 자기의 얼굴을 볼까 하여 가만히 고개를 숙이고 앉았다. 병욱은 혹 자기의 동창 친구나 만날까 하고 플랫폼에 내려서 이리저리 거닐다가 아무도 만나지 못하고 도로 차실로 들어오려 할 적에 누가 어깨를 치며,

"병욱 언니 아니야요?" 한다.

병욱은 놀라 돌아서며 자기보다 이태를 떨어졌던 동창생을 보았다.

"에그, 얼마 만이어!"

"그런데 어디로 가오?"

"지금 동경으로 가는 길인데……."

"왜, 어느새에…… 여보, 그런데 좀 만나 보고나 가는 것이 아니라…… 그렇게 무정하오" 하고 썩 돌아서더니, "아무려나 내립시오. 우리집으로 갑시다" 한다.

"아니오. 동행이 있어서…… 그런데 누구 작별 나왔소?"

"응, 아니, 언니 모르셔요?"

"무엇을?"

"에그, 저런! 저 선형이 알지요. 선형이가 오늘 미국 떠난다오."

"선형이가 미국?" 하고 놀란다. 그 여학생은 저편 이등실 앞에 사람들이 모여선 것을 가리키며,

"저기 탔는데…… 이번에 혼인해 가지고 양주가 미국 공부하러 간다오. 잘들 한다. 다 미국을 가느니 일본을 가느니 하는데 나 혼자 이렇게 썩는구먼!"(314쪽)

영채와 선형의 만남이 필연성을 띠게 해주는 장치는 병욱의 매개적 역할이다. 병욱은 영채와 달리 신여성으로 신학문을 배운 인물이고 따라서 선형과의 연결고리는 영채보다 큰 터인데 그러한 매개적 역할이 기차역에서 유기적으로 드러나는 셈이다.

이런 측면에서 근대 소설 일반에서도 여전히 서사적 계기로 남아있는 우연한 만남과는 구별되는 고전소설 서사상의 우연성은 기차라는 모티프에 의해 '극복'된다는 가설은 충분히 설득력이 있으리라 본다.

우연성과는 다른 측면에서 기차 모티프가 근대적 서사의 내적 형식으로 기여하는 바는 〈무정〉의 다음과 같은 장면에서 잘 드러난다.

> 차는 지금 신막 남천역을 지나 경의 철도 중에 제일 산이 많은 옛날 금천 큰고개 근방으로 달아난다. 초생달은 벌써 넘어가고 창 밖은 캄캄하다. 달빛의 없는 것이 도리어 산들의 모양을 보기에는 편하다. 하늘과 산과의 경계는 굵은 붓으로 되는 대로 구불구불하게 그린 곡선(曲線) 모양으로 아주 분명하게 보인다. 왈칵왈칵 하는 찻바퀴 소리 사이로 산 강물이 조약돌 많은 여울로 굴러 내려가는 소리가 들린다. 이따금 기관차 굴뚝으로 나오는 불빛에 조고마한 산골짜기에 초가집 두어 개가 번적 보이고 혹 오랜 가물에 얼마 아니 되는 물이 가기 싫은 듯이 흘러가는 산강의 한 토막도 보인다. 차가 산모퉁이를 돌아설 때에 저편 컴컴한 속에 조고마한 불빛이 반작반작한다. 그 불빛이 차가 달아남을 따라 깜박깜박 있다가 없다가 함은 아마 잎이 무성한 나무에 가리워짐인 늣, 그 불은 꽤 오랫동안 형식의 차창에서 보인다. 형식은 물끄러미 그 불을 본다. 저 불 밑에는 누가 앉아서 무엇을 하는고. 가난한 어머니가 아이들을 잠들여 놓고 혼자 일어나 지아비와 아이들의 누더기를 깁는가. 잘 보이지 아니하는 눈으로 바늘구멍을 찾지 못하여 연방 불을 돋우고 눈을

비비는가. 그러다가 '아아 늙었구나!' 하고 깁던 누더기에 굵은 눈물을 떨구는가. 그때에 아랫목에서 자던 앓는 어린아이가 꿈에 놀라서 우는 것을 껴안고 먹은 것이 없어서 나지도 아니하는 젖을 물리고 있는 것이나 아닌가. 또는 앓는 외아들을 가운데 놓고 늙은 내외가 자리 위에 서서 번갈아 아들의 몸을 만지고 번갈아 울고 위로하면서 마음속으로 '하느님 내려다봅소서' 하는 것이 아닌가. 이에 형식은 십여 년 전에 세상을 떠난 자기 부모를 생각하였다.(204쪽)

차가 개성 터널을 지나서 황해도 산 많은 데로 달아난다. 푸푸 소리를 내며 고개를 올라가다가는 수루루 하고 고개를 내려가며 또 푸푸 하고 비스듬한 산모퉁이를 돌아가서는 수십 길이나 될 듯한 길로 미끄러지는 듯이 내려간다. 좌우에 풀 깊은 산골짝으로 푸푸 하고 올라갈 때에는 그 풀숲에서 단김이 후끈후끈 올라오다가 수루루 내려갈 때에는 서늘한 바람이 지켜 섰던 모양으로 휙 지나간다. 길가에 산 옆에 이물스럽게 생긴 바윗돌들이 내려쪼이는 햇빛에 빠직빠직 하는 소리가 나는 것 같고 여기저기 외롭게 선 나무들도 졸린 듯이 잎새 하나 움직이지 아니하고 가만히 섰다. 이따금 평평하게 뚫린 곳이 있어 거기는 냇가에 누워 자는 소도 보이고 한 뼘이나 넘어 자란 조밭에 김을 매다가 지나가는 (차를) 쳐다보는 모자(母子)도 있다. 그러나 영채는 여전히 꿈을 꾸는 듯이 차창에 턱을 걸고 앉았다.

차가 길게 고동을 울리며 어떤 산굽이를 돌아설 때에 기관차의 석탄 연기가 영채의 앞으로 (휙) 지나가며 영채의 오른편 눈에 석탄 가루를 집어넣었다. 영채는 눈을 감고 얼른 머리를 차 안으로 끌어들였다. 그러고 손에 들었던 명주 수건으로 눈을 씻었다. 그러나 석탄 가루는 나오지 아니하고 눈물만 흐른다. 눈이 몹시 아팠다.(265쪽)

이 장면들을 보면 묘사와 회상이라는 근대 소설적 장치들이 확연하게 드러난다. 이는 고전소설과는 분명하게 구별되는 장치이다. 그런데 묘사와 회상이 '기차'라는 문물에 의해 가능해진다는 점에서 근대소설의 새로움의 근거를 찾을 수 있다.

'묘사'는 '서사'의 중단을 필요로 한다. 서사가 진행되는 동안에는 묘사는 자리잡을 수 없게 되고 서사가 중단될 때 묘사가 비로소 이루어질 수 있다. 기차를 타고 움직이는 상황에서는 서사의 중단이 쉽게 이루어진다. 그리고 이 서사의 중단은 밀도 높은 묘사를 유발한다는 점에서 매우 유의미하다.[13]

기차 같은 매개를 이용한 공간 이동에서는 인물의 움직임을 기차라는 장치가 대신해 주므로 서사의 중단이 이루어진다. 묘사가 개입될 여지가 생기는 셈이다. 고전소설에서 인물이 움직이는 한 계속적으로 서사가 따라야한다는 점은 고전소설 몇 장면만 들춰보아도 쉽게 확인할 수 있다.

그런데 기차를 타고 가는 인물에게는 묘사할 시간이 주어지고 그러다보니 회상과 같은 내부 의식의 흐름이 작동하게 된다. 고전소설에서도 인물이 지나간 시간을 되돌아보는 장면들(예를 들어 길을 가면서 또는 잠자리에 누워 과거의 일을 생각하며 뉘우치거나 하는 장면들)이 있기는 하지만 기차 안의 풍경이나 기차 밖의 풍경을 보면서 어떤 기억들을 이끌어 내거나 떠올리는 것은 묘사와 같이 이루어지는 경우가 많다는 점에서 내적 형식으로서의 비중이나 역할이 다르게 나타난다.

---

13 고전소설에서 인물들이 움직이는 과정은 지속적으로 서사의 대상이 되어야 한다. 물론 정도의 차이는 있어 모든 고전소설에서 서사의 중단이 근대적 소설에 비해 현저히 낮다는 것은 아니다. 그렇지만 기차를 이용하는 경우 그 양상이 사뭇 달라진다는 점에서 이러한 진술이 가능할 것이다.

근대소설에서 묘사의 중요성은 굳이 설명하지 않아도 될 터이다. 그 묘사가 우리 소설사에서는 개화기 소설은 물론 근대 초기 소설에서 분명하게 자리잡고 있다는 점은 우리 근대소설의 대응력을 보여준다는 점에서 일종의 미덕이라 할 수 있을 것이다.

그렇다면 이러한 맥락과 양상은 소설사교육에서 효율적으로 활용할 수 있을 것이다. 이 논문의 전제가 소설사 교육에서 소설사의 가장 중요한 대목인 근대 이행기의 해결점인 '극복'과 '새로움'의 양상을 기차 모티프가 등장하는 소설 작품과 장면을 통해 해결 가능하다고 보기 때문이다. 앞에서 제시한 장면들을 제시하고 우연성의 측면에서 어떻게 달라졌는지, 그 달라지는 과정에 기차가 어떤 역할을 했는지를 구체적으로 생각해보게 한다면 추상적인 개념 제시에 머물러야 했던 '극복'의 맥락을 보다 수월하고 가시적으로 구현할 수 있을 것이다. 묘사와 의식의 흐름 역시 같은 측면에서 효용성을 지닐 것이다. 구체적인 학습활동의 양상은 이 제안을 활용할 교수학습활동 구안자들을 통해 다양하게 구체화될 수 있을 것이다.

공간적 상상력의 사(史)적 유형과 소설교육
- 소설교육의 방향성 탐색을 위한 접근

1. 문제제기

이 글은 문학연구와 문학교육의 상호작용에 대한 재인식과 현재의 문학교육이 지니고 있는 실천적 범주에 대한 반성적 접근이라는 문제의식에서 출발하고 있다. 구체적으로는 '문학의 위기'라든가 '인문학의 위기'라든가 하는 화두가 제기되고 그에 따라 많은 논의가 이루어졌지만 여전히 현실적 상황은 개선되지 않고 있으며, 문학교육을 받은 향유자들의 문학능력에 대한 회의적 평가가 여전히 우세하다는 지적이 이어지고 있다는 맥락에서 출발하고 있다. 이런 문제 상황의 발생과 지속의 근저에는 문학 연구자들이 연구자들 간의 상호소통 담론 속에 머물고 있었으며, 문학교육론자 역시 잠재적이고 지속적인 문학향유자 층을 형성시킨다는 과제에 보다 적극적이지 못했던 요인들이 자리잡고 있다는 판단이 든다. 이런 문제의식은 외면상으로는 매우 추상적인 차원이기는 하지만 좀 더 깊이 파고 들어보면 구체적인 모습을 띠게 나타나게 된다는 점에서 의미 있는 해결과제가 되리라 생각한다.

이 논의에서는 이와 관련해서 다음 두 가지 경험을 바탕으로 문제를 구체화하였다.

첫째, 대학인들의 문학 능력과 관련된 경험.

필자는 대학에서 소설 읽기를 주로 하는 교양 교과목을 몇 년째 운영해 오고 있는데 과정적 회의에 빠지게 되는 경우가 많다. 동시대의 소설 작품을 읽어 가는데 소설의 기본 구성 요소의 속성이나 스토리라인도 제대로 파악하지 못하는 학생들이 많기 때문이다.[1] 즉 순차적으로 사건들을 제시하는 소설들이 아니면 사건의 면모를 파악하지 못한다. 그러다보니 작품의 본질에 접근하기란 기대하기 어려운 일이다. 그 원인에 대해 다각도로 생각해 보면서 학생들과 대화를 나누다 보면 학생들에게서 의외의 답변을 듣게 된다. 소설 읽는 법을 배운 적이 없다는 것이다. 여기에 대부분의 학생들이 동의하고 연구자도 결국 그 점을 인정하게 된다. 초등학교에서 고등학교에 이르기까지 10년이 넘게 소설교육을 받아 온 학생들에게서 소설 읽는 법을 배운 적이 없다는 말은 듣는 것은 당혹스러운 일이었다. 그런 일이 있은 이후 중·고등학교 교과서에 대해 많은 관심을 가지게 되었고, 실제 교과서 제작에도 참여하게 되었다.

그런데 막상 교과서 제작 과정을 경험하다보니 교육 내용 설정 측면에서 많은 어려움을 겪게 되었다. 교과서에 실어 학생들에게 제시할 소설 이론이나 읽기 방법, 수용 사례 등으로 삼을만한 '적절한', 즉 평이하고도 깊이 있는 대중적 연구물들을 발견하기 어려웠기 때문이다. 그렇다고 해서 교과서 집필자들이 단기간에 그것들을 만들어낼

1 이 문제는 교과서에 실린 작품을 어떤 속성을 지닌 것으로 보아야 할 것인가의 문제와 연관된다. 교과서에서 배운 작품이 하나의 사례(case)가 되는 경우와 그렇지 않은 경우에 학생들의 반응은 상당히 다르게 나타난다. 교과서 작품을 자신의 문학적 경험의 최대치로 수용하고 있는 학생들의 경우에서 이런 문제가 더욱 확연히 드러난다.

수도 없는 형편이었다. 다른 교과서 제작팀에서도 마찬가지 어려움을 겪는 것으로 판단되었다. 그렇다보니 연구자들의 눈높이와 별로 다르지 않은 수준의 방법론이나 분석물들이 교과서에 실리게 된다. 당연히 학생들에게는 어렵거나 효용성이 낮은 교육, 즉 원리교육이 아닌 지식교육에 가까운 성격의 교육이 이루어지게 된다. 그런 측면에서 본다면 소설 읽기 방법을 배운 적이 없다는 학생들의 반응은 그리 잘못된 것은 아닐 것이다.

둘째, 고급 독자들의 재교육과 관련된 경험.

필자는 최근 몇 학기 동안 여러 교육대학원에서 강의를 진행해 왔다. 교육대학원의 수강생들은 현직 교사, 교사 지망생, 일반인들로 나뉘는데 이들 수강생들은 대체적으로 이 사회에서 고급 독자에 속한다고 할 수 있다. 그런데 이들 독자들이 문학 작품을 향유하고자 할 때 겪는 가장 큰 어려움은 문학작품을 제대로 향유하는데 필요한 안내자 역할을 수행하는 자료들을 찾아 볼 수가 없다는 것이다. 비평가들의 비평문은 작가나 비평가들 끼리 주고받는 글들로 보일만큼 이해하기 어렵고, 힘들게 찾아 본 연구자들의 논문은 너무 전문적이거나 세부적인 것이어서 실제적인 도움이 되지 않는다는 것이 그 요지이다. 그러다보니 자기 눈높이에서만 작품들을 보게 되고 점차 문학에 대한 흥미를 잃게 된다는 것이었다.[2]

특히 현직 교사들의 경우 자신들은 독자로서만이 아니라 일종의 중개자로서 학생들을 문학의 길로 이끌어야 하는 역할도 하게 되는데, 그 과정에서 필요한 정보들을 얻기가 너무 어렵다고 생각하고 있었다. 어떤 작품을 가르치는데 교과서만으로는 부족한 측면이 많아서 연구

2 다양한 형태로 이루어지고 있는 국어교사들의 연구 모임과 그 자료들에서 이같은 인식이 두드러지게 나타나고 있음을 살필 필요가 있다.

물들을 찾아보게 되지만 자신들이 참조하기에는 역부족이라는 설명이다. 연구물의 특성상 그럴 수밖에 없을 것이라고 인정은 하면서도 학문의 사회적 역할의 측면에서는 문제가 있지 않겠느냐는 반응이었다. 같은 문제를 다루더라도 누구나 쉽게 이해할 수 있으면서도 누구에게나 유용한 글로 만들어 내는 것이야말로 '문학의 위기'를 운운하는 연구자들이 취해야 할 태도가 아니냐는 반문이 강하게 담겨 있었다.

이런 두 가지 경험에 대한 반성적 접근에 따른 맥락과 그동안 한국 현대 소설에 대한 연구를 진행해 오면서 집중적인 검토가 가능한 기회가 오면 접근해보고 싶었던 문제를 해결하고자 하는 맥락이 어우러져 이 논의를 수항하게 되었다. 최근의 연구물들을 살피면 대부분 거대담론의 틀 안에서 이루어지고 있는데, 당연한 결과로 소설에 대한 가장 원초적인 접근통로에 대한 연구 성과는 찾아보기 어렵다. 이제 연구자들이 아닌 일반적인 소설 향유자들과 상당한 거리를 두고 있는 연구 태도에 대한 반성이 필요하다고 본다. 기본적이고 필수적인 구성요소로서의 소설의 공간에 대한 원리적 이해를 위한 연구는 이러한 측면에서 의미를 가질 것이라고 보았다.

2. 현상에 대한 점검과 접근방향 모색

새삼스럽게 문학이란 무엇인가, 문학에서 가장 중요한 요소는 무엇인가라는 질문을 던질 필요는 없을 것이다. 최소한의 문학적 능력을 갖추어야 한다고 여기거나 보다 적극적인 태도로 문학을 향유하고자 하는 대중들에게, 무엇을 가르칠 것인가 보다는 어떻게 가르칠 것인가가 중요한 문제일 터이다. 적어도 앞서 제시한 바 있는 문제적 상황에서 볼 때 그러하다. 한 편의 연구물을 통해 어떤 작품에 대해 아는 일이나, 교과서를 통해 작품을 아는 일이나 그 자체로 만족적인 활동에 그치는 것이 아니라, 그것을 바탕으로 적용과 확장을 함으로써 어떤 텍스트가 주어지더라도 주체적인 수용을 할 수 있는 능력을 기르는 일이 중요한 것이다. 우리 사회에서 주체적인 능력을 지닌 문학향유자의 형성이나 성장이 필요하다고 인정하는 연구자나 교육자의 입장이라면, 문학의 본질적이고 원리적인 속성을 잘 보여주는 요소에 대한 접근 방법에 대한 연구가 우선적으로 필요할 것임에 동의하리라고 본다.

사회 속에 존재할 문학향유자의 문학능력과 관련된 교육적 접근 대상으로 무엇을 설정해야 할 것인가에 대한 답은 매우 다양하게 제기될 수 있다. 문학 및 문학교육에 대한 관점 및 시각에 따라 달라질 수밖에 없을 것이다. 이 논의에서는 원론적인 측면에서는 동의하기 어렵지 않으나 구체적이고 실천적인 모습으로는 잘 나타나지 않았던 원리적 개념을 다루고자 하였으며 구체적으로는 '상상력'을 선택하였다. 그리고 그 작용 양태로는 '소설의 공간적 상상력'으로 설정하였다.

문학이 상상력의 소산이며, 문화로서의 문학의 생산적 효용성이 상상력에 있음을 부인하지는 못할 것이다. 그럼에도 불구하고 그간 문학 연구나 문학교육론에서 상상력에 대한 접근은 활발하게 이루어지지 못했다. '상상력'이라는 개념이 너무 추상적이어서 구체적으로 접근해 가기에 쉽지 않았기 때문이었을 것으로 보인다. 그렇지만 가장 기본적인 원리적 개념에 대한 구체적인 접근은 어떠한 방식으로든 이루어져야 할 것이다. 그래서 이 논의는 그러한 접근 방법에 대한 모색을 일차적인 목표로 삼고 있다.

1) 현상의 검토

현행 7차교육과정 중 국어과 교육과정에서는 '상상력'이라는 개념은 자리를 잡지 못하고 있다. 중학교 교육과정이나 고등학교 교육과정 모두 상상력에 대한 구체적이고 실천적인 언급을 찾아보기 어렵다. 예를 들어 고등학교 교육과정에서 찾을 수 있는 상상력과 관련된 내용은 다음과 같은 정도이다.

> 문학의 수용과 창작 활동을 통하여 문학 능력을 길러, 자아를 실현하고 문학 문화 발전에 능동적으로 참여하는 바람직한 인간을 기른다.
>
> 가. 문학 활동의 기본 원리와 문학에 대한 체계적인 지식을 이해한다.
>
> 나. 작품의 수용과 창작 활동을 함으로써 문학적 감수성과 상상력을 기른다.
>
> 다. 문학을 통하여 자아를 실현하고 세계를 이해하며, 문학의 가치를 자신의 삶으로 통합하려는 태도를 지닌다.
>
> 라. 문학의 가치와 전통을 이해하고 문학 활동에 능동적으로 참여하여 문학 문화 발전에 기여하려는 태도를 지닌다.[3]

> 가. 교사와 학습자의 자율성, 창의성이 최대한 발휘되도록 교수·학습 계획을 수립한다.
>
> 문학 교육의 본질은 학습자의 정서를 자극하여 자유로운 상상력을 촉발하는 데 있다. 이 때 교수와 학습 양면에서 자율성과 창의성이 발휘되지 않으면 문학 교육의 본질을 구현했다고 하기 어렵다.[4]

---

3 교육인적자원부, 『고등학교 교육과정 해설』, 대한교과서, 2000, 306쪽.

4 앞의 책, 325쪽.

이 내용에서 확인할 수 있듯이 교육과정 자체에서 '상상력'이라는 개념에 대한 접근 자체가 제대로 이루어지지 않는 것으로 드러난다. 내용을 구성하는 다른 개념들에 대한 언급들은 정도가 다르기는 하지만 어느 정도의 구체성을 지니고 있는데 반해, 상상력에 대한 언급은 너무 소략하다. 상상력에 대한 접근활동을 이끌어내기가 너무 어렵다는 면이 무엇보다도 크게 작용한 것으로 보이기도 한다. 그런데 우리의 교육적 목표 차원에서 상상력의 중요성이 얼마나 강조되고 있는지를 감안한다면 의아스러운 대목이 아닐 수 없다.

교육과정이 이러할진대 그것을 구체화한 교과서에서 상상력에 대한 접근이 이루어지기를 기대하기란 역시 어렵다. 매우 높은 차원의 추상성을 지닌 개념으로는 나타나지만 그것이 학습자들에게 구체적인 인식과 활동의 대상으로 구현된 경우는 찾아보기 어려웠다.

교육과정이나 교과서의 선행체로서의 성격을 지닌다는 점에서 상상력의 문제를 심도있는 논의의 대상으로 이끌어 내지 않은 문학교육론은 일차적인 반성적 대상이 된다. 문학의 화두로서의 상상력의 존재에 대해서는 인정은 하지만 그것을 실천적이고 실제적인 교육의 대상으로 이끌어내기 위한 노력을 충분히 경주하지 않았기 때문이다.

상상력에 대한 체계적인 접근을 시도한 문학교육론으로는 『문학교육원론』의 입장을 들 수 있다.[5] 『문학교육원론』에서는 사고활동으로서의 문학의 속성을 논하는 부분에서 '형상적 사고'의 한 양상으로 상상력을 다루고 있다. 문학의 속성을 사고활동에서 찾으려는 맥락, 사고 활동을 생성적 사고 - 형상적 사고 - 전이적 사고로 나눈 맥락, 형상적 사고를 다시 형상화 - 비유 - 상상력으로 나누려는 시도는 상상력에 대해 체계적으로 접근해 간 매우 드문 예에 해당한다.

5 김대행 외, 『문학교육원론』, 서울대출판부, 2000.

그러나 각론에 들어가서는 '발견과 창조능력으로서의 상상력' '자유연상과 판단력' 정도로 기술적(記述的)인 차원에서 이루어지는 접근에 머무르고 있다는 점에서 여전히 추상성을 극복하지 못하고 있다. 이는 상상력에 대한 토대적 연구[6]가 없는 상황에서는 상상력의 원리에 대한 교육적 접근이 구체성을 띠기 어렵다는 점을 잘 보여주고 있다.[7] 그럼에도 불구하고 상상력 교육에 대한 접근 방법은 분명하게 모색되어야 할 것이다. 가장 본질적인 속성이라고 하면서 그것을 추상의 차원에 남겨 두는 일은 적절치 않은 태도일 것이다.

2) 방법적 모색

본질적인 것이며 원리에 해당하는 속성에 대한 접근이 추상적인 차원에 머무를 수밖에 없었다면 그 방향을 달리해서 방법을 모색해 볼 필요가 있을 것이다. 이 논의에서는 그 방향을 문학작품을 구성하는 구체적인 요소에 추상적 개념이 어떻게 구현되어 있는가를 분석해 감으로써 필요한 접근통로가 열릴 수 있을 것으로 판단하였다. 그런 측면에서 이끌어내게 된 방법적 개념이 '공간적 상상력'이다.

한 편의 소설에서 공간이라는 요소는 필수적으로 형상화되기 마련인데, 앞에서 밝힌 바와 같이 소설의 향유자들을 고려한 맥락에서 그

---

6 예를 들어 다음과 같은 연구는 토대연구로서의 성격을 지니고 있어 문학교육의 설계과정에 시사하는 바가 크다.
R. L. Brett, 심명호 역, 『공상과 상상력』, 서울대출판부, 1979.

7 상상력이 보다 실천적인 과제가 될 것으로 보이는 시교육론에서도 이 점은 여전히 유효한 문제로 작용해 오고 있다. 시교육론에 대한 체계적인 접근을 시도한 것으로 볼 수 있는 다음 연구물에서도 상상력에 대한 구체적인 교육적 설계는 이루어지지 않고 있음이 그 좋은 예가 될 것이다.
김은전 외, 『현대시 교육론』, 시와시학사, 1996.

에 접근한 연구결과는 찾아보기 어려웠다. 그렇지만 필자는 공간이라는 요소는 일반적인 향유자들이 가장 용이하고 흥미 있게 접근할 수 있는 요소라고 판단하고 있다. 그러하기에 이 개념을 우선적으로 생각하게 되었다.

'공간적 상상력'이라는 개념은 연구자가 그간 현대소설을 연구해오는 과정에서 얻은 성과들을 바탕으로 설정한 것이다. 이 개념은 기본적으로는 '소설 속에서 공간을 형상화하는데 작용한 상상력'으로 정의할 수 있다. 여기에는 신화를 연구할 때 자주 거론되었던 '구성적 상상력',[8] 역사학에서 자주 접할 수 있는 '역사적 상상력' 등의 개념이 원용되었다.

한편 공간적 상상력은 연구자가 그간 소설을 연구하는 과정에서 접해 온 이론들 중 소설의 공간과 관련된 이론들이 지나치게 단순하거나 너무 복잡하다는 판단에 따른 대안의 성격도 지닌다. 앞서 언급한 바 있는 대중화를 위한 연구의 맥락에서 볼 때 기존의 이론들은 그리 적절치 않다고 생각을 하였다. 널리 알려진 이론들 중에서는 공간이라는 요소를 작품의 분석 및 평가의 핵심 요소로 삼는 경우가 매우 드물며, 공간과 관련된 구체적인 분석 틀을 제시하는 이론도 발견하기 어렵다는 점에서도 그러하다. 시간과 관련된 이론들은 매우 다양하고 풍부하다는 점과 비견이 되는 대목이다.

이 같은 현상은 소설에서의 공간이 지니는 의미에 대한 관습적 인식의 결과일 것이다. 예를 들어 "소설은 현실의 반영이자 허구이다."라는 미메시스론에 근거를 둔 이론들에서는 공간을 대체적으로 허구적인 것의 대표적인 경우로 보고 있으며 낭만주의적 인식을 바탕에

---

8 특히 '구성적 상상력'에 대한 다음 저서가 많은 도움이 되었다.
폴 벤느, 김운비 역, 『그리스인들은 신화를 믿었는가』 이학사, 2001.

두고 있는 표현론에 속하는 이론들에서는 공간을 설화적인 요소 정도로 보고자 하는 관점을 보여주고 있다. 그러다보니 공간이라는 요소는 인물이나 플롯, 시간 등의 요소에 밀려 부차적인 요소로 간주되어 왔다.

그러나 '이야기란 무엇인가'라는 질문에 대한 답으로 시작하여, 대중화를 염두에 두고 소설에 대한 접근을 시도할 때 공간이라는 요소는 매우 흥미로운 탐색대상이 된다. 즉 민담이나 전설의 단계에서부터 '어디서'라는 공간적 요소는 흥미를 주는 대상에서 나아가 각 민족문학을 구분해주는 '변별적 자질'로도 작용해 온 것으로 볼 수 있다. 초기 서사물들인 '변형담' '피카레스크 소설' 들 중에서 여행과 모험이 주된 모티프로 작용하는 경우에 거기에 드러나는 공간의 성격이 어떠한 것인가에 따라 수용자들의 반응이 달라진다는 점들은 한 반증이 될 것이다. 그럼에도 그동안 공간의 요소가 소략하게 다루어지게 된 것은 대부분의 서사이론들에 압도적인 영향력을 행사한 프로프 등의 형태론적인 이론이 행위, 행위자 등의 요소에 중점을 두었기 때문으로 보인다. 따라서 서사양식의 발생론적 성격에 초점을 맞추고 소설에 대한 접근을 시도해 볼 필요성이 크다고 판단하였다.

소설의 한 요소로서의 공간에 대해 서사양식의 발생론적 성격에 초점을 맞추며 접근해 가는 일은 소설이라는 양식을 바라보는 관점의 측면에서 논란이 있을 수 있다. 특히 소설을 읽는 일이 어떤 의미를 지니는가를 살피게 될 때, 공간이라는 요소를 중심적이 요소로 설정하고 그에 대한 접근을 요구하게 된다면 자칫 본질을 놓칠 수도 있기 때문이다. 소설을 읽는 일은 궁극적으로 작품이 전달하고자 하는 메시지를 제대로 읽어내는데 그 성패가 달려 있다고 볼 때, 작품 내에 작용하고 있는 공간적 상상력에 대한 탐색이 그에 온전히 대응하는 일이라고 보기는 어렵기 때문이다. 따라서 이 논의는 하나의 과정적 접근이 되어야 하리라 생각하고 있다.

결국 이 논의는 이 '공간적 상상력'이 과정과 단계를 거쳐 이끌어져 나올 수 있다면, 그 결과를 바탕으로 상상력 교육을 설계할 수 있을 것이라는 발상에서 이루어지는 것이며, 따라서 공간적 상상력의 유형화와 범주화를 일차적인 목표로 삼게 된다. 그리고 그 교육적 적용의 구체적인 양상은 논의의 장을 달리하여 제시하고자 한다.

3. 현대소설에 나타나는 공간적 상상력의 유형

1) 유형화를 위한 접근 과정

이 논의는 일차적으로 앞서의 맥락들을 고려하여 한국의 현대소설들을 대상으로 하여 공간적 상상력이 어떻게 드러나고 있는지를 분석해 보았다. 분석에 필요한 내용과 과정은 다음과 같이 설정하였다.[9]

---

9 이 단계에서는 다음 이론서들을 주로 참조하였다.
라이헨바흐, 김성룡 역, 『시간과 공간의 철학』, 서광사, 1996.
로베르, 김치수외 역, 『기원의 소설, 소설의 기원』, 문학과지성사, 1999.
루카치, 반성완 역, 『소설의 이론』, 심설당, 1985.
미케발, 한용환 역, 『서사란 무엇인가』, 문예출판사, 1999.
부르뇌프 김화영 편역, 『현대소설론』, 현대문학, 1997.
와트, 전철민 역, 『소설의 발생,』 열린책들, 1988.
힐레브란트, 박병화 외 역, 『소설의 이론』 예하, 1994.
Ian Reid, *Narrative Exchanges*, Routledge, 1992.
Michael J.Toolan, *Narrative*, Routledge, 1991.
P.Rice P.Waugh, *Modern Literary Theory*, Arnold, London, 1996.
S.Onega & J.A.G. Landa(ed), *Narratology*, Longman, 1986.

가. 작품에 형상화된 공간의 양상 분석

작품 내에 의미 있는 공간이 설정되어 있는가, 구체적인 공간인가 추상적인 공간인가, 그 기본적인 속성(지역적, 사회적, 문화적 등)은 무엇인가 등을 분석하였다.

나. 형상화 이전의 자연·물리적 공간 탐색(유추)

작품 내에 형상화된 공간이 실제로 존재하는 공간인가 아니면 가공된 것인가에 대한 논의와 탐색을 실행하였다. 이 과정에서는 개별 작품들을 집중적으로 논의한 바 있는 연구자들의 도움을 받았다.

다. 자연·물리적 공간의 사회·역사적 의미 탐색

실제 존재하는 곳이라면 그 공간은 어떤 곳이며 본래적 속성은 어떤 것으로 규정할 수 있는가를 탐색하였는데, 이는 이 연구에서 가장 어려움이 많았던 부분이다. 특히 50년대 이전 소설들의 경우 소설적 공간에 대한 현상적 접근이 어려운 경우가 대부분이었기 때문에 그 어려움은 더했다. 동시대적인 소설의 경우 상대적으로 어려움이 적었는데 확인 가능한 공간들을 대상으로 현지 답사를 통해 그 형상화 방식을 유추하여 하나의 모델로 설정하여 다른 작품의 분석이 참조하였다. 여기에는 필자가 근무하는 학과의 학술답사에 참여한 학생들의 생각이 많은 도움이 되었다.

라. 형상화 과정 추론

1)과 2), 3)의 결과 사이에 나타나는 차이를 통해 어떤 방식으로 형상화하였는지를 추론. 이 단계에서 특별하게 고려하고 있는 탐색활동으로 해당 소설들이 드라마나 영화 등으로 영상화된 경우 공간적 요소를 어떻게 처리하였는지를 살펴 견주어 보았다.

마. 공간적 상상력의 속성 규정

이전 단계들의 탐색 결과를 바탕으로 어떤 공간적 상상력이 작용한 것으로 볼 수 있겠는지 작가별, 시대별, 경향별 등으로 나누어 유형화하고 체계화하였다. 이 단계에서는 서사와 관련된 다양한 이론들의 도움을 받아 추상적이 아닌 구체적인 논의 결과가 이루어질 수 있도록 하였다.[10]

2) 대상 작품의 선정과 범주화

이 논의를 진행하는 과정에서 가장 많은 시간을 필요로 한 단계는 과정은 작품의 선정 과정이었다. 신소설부터 1990년대 작품까지를 망라하여 앞 단계에서 설정한 방법적 틀에 부합한다고 판단되는 작품들을 가려내는 작업은 2단계에 걸쳐 이루어졌다. 50년대 이전까지는 작품들을 다시 직접 읽는 과정을 통해 가려내었고, 이후의 작품들은 문학사와 비평서들을 참조하여 비중있는 작품들을 선별한 다음 직접 읽어가면서 대상이 될 수 있는 작품들을 선정하는 방식을 취했다.[11] 이

---

10 여기에서는 다음 논의들이 시사하는 바가 있었다.
Ronald Carter & Michael N. Long, *Teaching Literature*, Longman, 1992.
Fred Inglis, *deology and the Imagination*, Cambridge Univ. Press, 1975.
Sperber. D & Wilson. D, *Relevance: Communication and Cognition*, Oxford, 1986.

11 주로 참고가 된 소설사들은 나음과 같다.
권영민, 『한국현대문학사』, 민음사, 1993.
김영민, 『한국근대소설사』, 솔, 1999.
김윤식 · 김현, 『한국문학사』, 민음사, 1979.
김윤식 · 정호웅, 『한국현대소설사』, 예하, 1993.
문학과 문학교육연구소, 『한국현대소설사』, 삼지원, 1999.
이재선, 『한국현대소설사』, 홍성사, 1979.
최원식, 『한국근대소설사론』, 창작과비평사, 1986.

렇게 해서 선정된 일차 목록에 『문학』교과서에 실린 작품들을 포함시켜 검토 대상으로 삼았다.

검토 대상이 된 작품들은 다음과 같은 요소들을 중심으로 분석하였다.

· 공간적 요소의 여부
· 공간적 요소의 특성들－시대성, 현실성, 관습성
· 공간의 정체성
· 작품 내적 기능

이러한 메모 내용을 바탕으로 몇 개의 범주로 나누어 보았는데, 그 기준은 작품 내에서의 기능적 맥락을 중심으로 삼았다. 서사적 상상력은 결국 서사를 어떻게 구상하고, 진행시키고, 마무리하느냐의 문제라고 보았기 때문이다. 이 과정에서는 배경론에 대한 다양한 이론들을 검토하였는바, 이 연구의 목적에 가장 부합하는 방향이 기능적 맥락이라고 보았기 때문이다. 물론 여기서 말하는 기능은 특정한 이론에서 사용하는 개념이 아닌 통상적인 개념에 가깝다.

이 과정을 통해 다섯 개의 범주로 대상 작품을 나눌 수 있었는데, 그 내용을 보면 다음과 같다.

〈범주 1〉
김유정 동백꽃, 봄봄
김정한 사하촌
박경리 시장과 전장, 토지

하정일 외, 『한국근대민족문학사』, 한길사, 1993.

박종화 다정불심

송기숙 자랏골의 비가

심 훈 상록수

안수길 북간도

양귀자 원미동 시인

오정희 중국인 거리

이광수 흙

이인직 혈의 누

최인호 깊고 푸른밤

〈범주 2〉

김동리 홍남철수

김승옥 무진기행

김승옥 서울의 달빛 0장

박완서 엄마의 말뚝

오영수 갯마을

이광수 무정

이문열 우리들의 일그러진 영웅

이범선 오발탄

이호철 어느 이발소에서

전상국 우상의 눈물

〈범주 3〉

김동인 배따라기

문순태 철쭉제

박태원 소설가 구보씨의 일일

박태원 천변풍경

양귀자 숨은 꽃

염상섭 만세전

윤대녕 천지간

〈범주 4〉

오정희 저녁의 게임

이기영 고향

이동하 장남감도시

이범선 학마을 사람들

이 상 날개

장용학 요한시집

조세희 난장이가 쏘아 올린 작은 공

현기영 순이삼촌

〈범주 5〉

김동리 역마

김승옥 서울 1964년 겨울

김지원 사랑의 예감

박상우 내 마음의 옥탑방

손창섭 비오는 날

염상섭 표본실의 청개구리

유진오 창랑정기

윤후명 하얀배

이문구 관촌수필

이제하 나그네는 길에서도 쉬지 않는다

황석영 삼포가는 길

3) 공간의 형태 · 기능론적 유형화

위에서 나눈 범주들에 대한 의미 규정은 여러 방안들을 걸치고 검토한 결과 다음과 같은 것으로 잠정 설정하였다. 그 내용들은 곧 공간의 형태론 및 기능론적 유형을 뜻하는바, 모두 다섯 가지의 유형으로 나누어 보았다. 그 유형은 다음과 같다.[12]

· 서사의 계기로서의 공간
· 내적 형식으로서의 공간
  - 서사적 상황으로서의 공간
  - 구조로서의 공간
  - 주제 구현의 기제로서의 공간
· 서사적 탐색의 결과로서의 공간

이 다섯 가지 유형에 대한 논의의 결과를 정리해 보도록 한다.

(1) 서사의 계기로서의 공간

이 유형에 속하는 작품들에 나타나는 공간적 상상력은 이미 존재하

12 문학교육론의 맥락에서 공간에 대한 논의가 소략한 것은 소설 내에서의 공간적 요소를 형식적 요소로 보려는 경향이 강했던 저간의 사정과 무관하지 않은 것로 보인다. 문학교육의 측면에서 한국 소설의 공간적 요소에 대해 상당한 의미를 부여한 논의로는 다음을 들 수 있다.
최인자, 「시공성의 문화적 해석을 통한 소설 독서」, 『서사문화와 문학교육론』 한국문화사, 2001.

고 있는 공간으로부터 서사의 계기를 얻는 과정에서 드러나고 있다. 즉 기존에 존재하고 있는 공간과 관련된 다양한 맥락에서 하나의 서사거리를 찾아내는 경우이다.

이 유형에 속하는 작품들의 공간을 다시 크게 나누면 서술자 또는 작가가 속한 공간인 경우와 서술자나 작가와는 분리된 공간의 경우로 나눌 수 있다. 집이나 고향 등은 전자에 속하고 타향이나 외국은 후자에 속한다.

서술자나 작가와 긴밀한 연관성을 맺어 온 공간들은 일상적 경험에서 하나의 문제의식을 찾아내는 방향으로 관여하면서 작품 내에서 일정한 역할을 담당한다. 아주 일상적으로 접하는 공간이기에 소설적 의미를 부여하기가 쉽지 않았을 터이지만 작가는 상상력을 통해 형상화할 인자들을 찾아내고 있다. 예를 들어 김유정이 일상적 경험에서 해학을 이끌어 낸 것은 조그마한 농촌이며, 자족적인 공간이기에 가능했던 것으로 판단된다. 어디에나 널려 있을 법한 공간에서 그러한 인자를 찾아낼 수 있었던 것은 역시 공간을 바라보는 작가의 상상력의 소산일 것이다.

서술자나 작가와 분리되어 존재하는 공간은 간접 체험이나 인식작용의 결과로 형상화되면서 서사의 계기로 작용하고 있다. 직접적으로 접해 보지는 못했지만 여기저기서 들은 풍문이나 지식을 통해 알고 있던 바를 바탕으로 하나의 이야기를 구상하는 것은 바로 공간적 상상력의 전형적이 예라 할 것이다. 예를 들어 개화기 소설에 나타나는 외국이라는 공간적 요소가 그것이다. 간접적인 경로를 통해 형성된 외국에 대한 경험은 소설 속에서 구체적인 하나의 공간으로 형상화되면서 가치관이나 인식의 결과를 반영하게 된다. 그리고 그 공간에 대한 인식이 조선의 현실에 대한 문제적 인식의 계기, 즉 서사의 계기로 작용하게 된다.

(2) 서사적 상황으로서의 공간

소설 내에서의 공간의 존재가 외면상으로 가장 두드러지게 나타나는 경우이다. 사건이 발생하고 진행되는 곳으로서의 공간은 하나의 틀이자 내용으로 작용하면 작품의 전개 내내 독자들의 관심의 대상이 되기 때문이다.

이 유형에 속하는 공간은 대부분의 경우 경험의 소산으로 구체성을 띠고 있고, 작가나 독자 모두 보편적인 경험의 요소로 공유하고 있을 가능성이 많다는 점에서도 주목된다. 즉 독자는 작가가 설정한 서사적 상황에 쉽게 다가갈 수 있어 다른 경우보다 긴밀한 서사적 소통이 이루어지게 되는 셈이다.

이 유형의 소설들의 경우 한국 전쟁 당시의 서울이라는 공간, 교실이라는 한정된 공간, 인물의 행동이나 의식이 일정한 범주 내에서 머무르게 되는 특정한 공간 등으로 나타난다. 그리고 그 공간은 보편적인 상징의 공간으로 남게 되는데 그 서사적 상황이 다양한 경우로 확대 될 수 있다는 점에서 풍부한 함의를 지니고 있다. 이 공간의 설정은 작가의 독특한 상상력이 아니면 쉽게 포착해내기 어렵다는 점에서 가장 적극적이고 활성화된 경우라고 할 수 있을 것이다. 이 범주로 분류된 작품 들 중 이문열, 전상국, 이호철의 작품들은 흥미 있는 예로 주목할 수 있다.

(3) 구조로서의 공간

기존 연구사에서 공간의 문제를 가장 구체적으로 다루고 있는 경우가 '여로 구조'에 대한 논의일 것이다. 그만큼 소설에서 공간적 상상력을 논할 때 전형적인 경우로 상정할 수 있을 것이다.

이 범주에서는 '여로 구조'가 중심이 되는데, 소설에서의 여로가 서사적 문제와 직접적으로 연관된다는 점을 확인할 수 있다. 여로는 여행의 결과에 따라 '문제 해결 형', '새로운 문제 발생 형', '문제의 인식 형', '문제의 발견 형' 등으로 나누어 볼 수 있다.

여로구조가 아닌 작품들은 특정 공간에 인물이 놓인다는 자체만으로 하나의 이야기가 성립되는 경우를 보여준다. 쉽게 지나칠 수 있는 공간에 어떤 성격을 지닌 인물을 던져 놓음으로써 하나의 이야기를 이끌어내는 공간적 상상력은 민담이나 신화의 구성적 상상력과 통하고 있다는 점도 몇 작품의 예를 토앻 드러난다. 인물들 간의 권력 관계가 어떤 공간을 통해 비로소 드러나는 경우라든가, 심층적인 차원에 놓여 있던 문제가 그 공간에서 표면화된다든가 하는 경우들이 이에 속한다.

(4) 주제 구현의 기제로서의 공간

공간적 상상력을 유형화하면서 가장 많은 이론의 도움을 필요로 한 경우가 이 유형이다. 주제론 자체가 복잡한 양상을 띠기도 하지만, 주제를 구현하는 기제를 무엇으로 볼 수 있는가 하는 문제에 대해서는 매우 다양한 견해들이 제시되어 있기 때문이었다.

이 유형들에 속하는 작품들의 공간은 그 자체 내에 소설적 문제들을 안고 있다는 점에서 주제 구현의 기제로 작용한다고 보았다. 즉 소설적 문제들을 안고 있는 공간을 선택하여 그 공간 속이기 때문에 일어날 수 있는 사건들을 서술함으로써 자연스럽게 주제에 도달하게 되는 경우이다.

전쟁 중의 수용소라는 공간, 산업화와 물신화된 사회의 전형적인 공간, 특정한 역사 · 정치적 사건이 필연적으로 발생한 공간들을 다루고 있는 작품들은 사건이 진행되면서 공간의 성격이 구체화되고 의미가 확정되면서 그 공간과 관련된 다양한 범주의 문제들이 주제화되는 과정을 보여주게 된다.[13]

여기에는 그러한 공간의 요소를 면밀하고 날카롭게 포착해 낸 작가의 감각이나 인식 능력이 작용하게 되는데, 이 맥락은 작품의 소설사적 의미망을 이끌어내는 새로운 기준으로서의 역할도 할 수 있을 것으로 기대된다.

(5) 서사적 탐색의 결과로서의 공간

이 유형에 속하는 작품들의 공간은 서사가 마무리되면서 공간이 하나의 독특한 의미를 부여받게 되는 경우이다. 즉 우리가 흔히 보거나 전해들을 수 있는 공간들이지만 작가의 새로운 접근 경로를 따르다보면 그 의미가 새롭게 규정되는 공간을 다루는 작품들이다. 이 공간들은 결과적으로 하나의 상징적 공간으로 남게 되기도 하고 전형적이고 보편적인 공간으로 유형화될 수 있는 여지를 남기게 된다.

외국 등의 제3자의 시각에서 바라봄으로써 새롭게 인식되는 한국적 공간이라든지, 주목받지 못한 곳이지만 시대적 · 사회적 현상을 함축적으로 보여줄 수 있는 공간으로 재창출된 곳이라든지, 추상적인 문제들을 구체화해주는 요소들을 내포하고 있는 곳 등이 이러한 유형의 작품에 등장하는 공간들이다.

이 유형의 공간들은 작가의 문체의 힘을 바탕으로 삼게 되는 경우가 대부분이라는 점에서도 주목된다. 즉 치밀하고 유연한 문체의 힘을 빌어 새로운 생명력을 얻게 되는 경우이다. 묘사라는 서술방식과

---

13 현행 문학교과서 중 많은 교과서들이 공간적 요소를 주제와 연관 짓는 맥락에서 접근하는 경우가 많다. 그러나 단순한 공간적 배경은 이 논의에서 말하는 공간적 요소와는 구별되는 것이다. 문학교과서의 편차과정에서 이론적 전거에 대한 검토가 필요한 또 하나의 맥락이라 본다. 이와 관련해서는 문학교과서의 공간적 요소에 대한 비판적 검토를 시도한 다음 글 참조.
졸고, 「문학교육의 관점에서 본 소설 읽기 방법의 재검토」, 『문학교육학』 22호, 2007.

긴밀하게 연관된다는 점에서 소설적 상상력의 원천에 대한 다양한 접근의 통로를 살필 수 있게 한다는 의미도 지닌다.

4) 공간적 상상력의 유형 도출

앞에서 살펴 본 소설적 공간의 유형들이 나타나게 된 것은 작가의 상상력이 작용한 결과라는 것이 이 연구의 전제인 만큼 각 유형들을 설명할 수 있는 상상력을 어떻게 차별화하여 규정하고 그것을 어떤 원리로서 설명해 내느냐가 논의 과정에서 중요한 관건이 되었다.

이 부분의 논의를 진행하기 위해서는 상상력에 대한 이론들의 점검이 필수적이었지만 그것들이 순방향으로 작용하지만은 않았다. 오히려 어떤 경우에는 기존의 상상력 이론들이 방해요소로 작용하는 경우도 많았다. 이는 문학현상에 대한 관점의 차이에서도 비롯되었다. 즉 문학현상을 설명하는데 매우 일반적이고 포괄적인 측면에서 접근해 가느냐, 아니면 개별적이고 구체적인 측면에서 접근해 가느냐의 차이와도 통한다.

이 논의에서는 하나의 서사물을 작가라는 개인의 독특한 정신작용의 결과로 보아야 하며 그 정체성을 검토한 연후 보편성이나 전형성을 논할 수 있는 것이라는 판단을 바탕으로 삼았다. 하나의 문학작품을 분석하면서 개개의 문학작품들을 공시적·통시적으로 아울러 얻은 결과에 해당하는 이론들을 먼저 적용하는 일은 분명 구별되어야 한다고 보기 때문이다. 이 같은 생각은 현재의 문학교육이나 대중의 문학적 향유에서 드러나는 문제점을 고려한 결과이다.[14]

14 서사교육에서 공시적 또는 통시적 접근의 균형을 맞추는 일은 용이하지도 않을 뿐더러 반드시 필요하지도 않다고 본다. 서정양식에 비해 서사양식의 내용성이

이같은 맥락에서 필자는 각 유형을 설명할 수 있는 원천적 요소로서의 상상력을 재 개념화하는 시도를 하였다. 이 재 개념화는 다른 연구자들의 평가와 검증을 필요로 하겠지만 잠정적으로는 역사적 상상력 · 경험적 상상력 · 분석적 상상력 · 구성적 상상력 · 인식론적 상상력 등으로 나눌 수 있다고 보았다.

(1) 역사적 상상력

역사적 상상력은 시대와 현실을 역사적인 안목으로 바라보는데 필요한 상상력을 의미한다. 같은 전쟁을 다루더라도 거기에서 이끌어내는 문제의식은 다르게 되는데, 특정한 공간을 설정함으로써 그 전쟁의 의미를 새롭고 설득력 있게 이끌어내는 것은 작가의 역사를 바라보는 특유의 시선과 감각의 결과인데 그것을 역사적 상상력으로 보았다.

(2) 경험적 상상력

경험적 상상력은 말 그대로 하나의 경험을 서사적인 것으로 이끌어내는 과정에서 작용하게 되는 상상력을 의미한다. 누구나 경험을 하지만 누구나 그 경험을 서사물로 이끌어내지 못하는 것은 상상력의 유무에 있다고 보는 것이 필자의 생각이다. 이 상상력은 특히 아주 일상적인 경험을 소설 속으로 이끌어 낸 경우에 보다 유효하게 작용

보다 개별성이 강하다고 보기 때문이다. 교육론에서 서사이론을 도입하는 과정에서 그 이론들이 공시적 · 통시적 접근 중 어떤 방향에 보다 토대를 두고 있는지에 대한 검토는 매우 유의미하다고 본다. 문학 교과서에서 자주 보게 되는 작품에 대한 '길잡이'의 내용들을 점검하다보면 이 두 가지 입장이 혼재됨으로 해서 내적 논리의 모순이 나타나는 경우를 자주 보게 된다. 같은 맥락에서 다음 논저는 문학교육연구사에서 차지하는 비중에 비해 그 방법론적 정체성이 약하다는 아쉬움을 준다.
우한용 외, 『서사교육론』, 동아시아, 2001.

한 것으로 볼 수 있다.

(3) 분석적 상상력

분석적 상상력은 소설을 포함한 문학을 논하기에는 일견 부적절하게 보인다. 그러나 소설의 소재가 되는 현상이나 사물들은 사회와 더불어 복잡화되고 있다. 설화의 세계와는 사뭇 다른 양상을 보이고 있는 것이다. 그렇게 때문에 그 현상이나 사물을 담아 내기 위해서는 그것에 대한 날카롭고 치밀한 분석이 필수적이다. 같은 사건을 다루더라도 설득력 있고 신선하게 소설화하였다고 평가받을 수 있는 것은 바로 이러한 분석 능력에서 비롯되었을 것이다. 여기서 필자는 그러한 분석은 상상력의 도움을 입을 때 보다 유용하게 이루어질 수 있다고 보았다.

(4) 구성적 상상력

구성적 상상력은 소설의 구성 과정에서 작용하게 되는 요인이다. 서사의 구성이 선택과 배제의 원리에 따른다고 할 때 무엇을 선택하고 버릴 것인가는 상상력에 기대는 측면이 많다고 본다. 이러한 요소의 선택이 어떤 요인으로 작용할 것인지, 특정 요소의 배제가 궁극적으로 초래할 결과를 가늠할 수 있기에 구성이 가능하다고 볼 때, 그것이 바로 상상력의 소산이라고 본 것이다.

(5) 인식론적 상상력

인식론적 상상력은 주제를 이끌어내고, 그것을 전달함으로써 독자들에게 분명한 작용을 하도록 하는 것이 소설의 존재 이유라 가정할 때, 그 주제 도출 능력이나 전달 능력과 관련된다. 흔히 작가의 통찰력이라 부르는 것과 상통하는 것으로, 남이 보지 못하는 것, 잘 생각하지 못하는 것을 구현해 낸다는 점에서 상상력의 문제로 볼 수 있다고 판단하였다.

이상과 같은 상상력의 유형화는 이후 연구에서도 지속적으로 확대 논의함으로써 그 타당성을 점검받아야 할 것으로 판단하고 있다. 하지만 이러한 유형화는 일차적으로 상상력 교육을 위한 통로와 논의구조를 마련한다는데 의미를 둘 수 있을 것이다. 적어도 공간적 요소가 상당한 의미를 지니고 있는 소설들을 통해 상상력이란 구체적으로 무엇을 어떻게 하는 것인가에 대한 생각의 출발점을 줄 수 있다면 그것 자체만으로도 실천적인 면모를 확보할 수있을 것이다. 분량의 문제로 각 상상력 유형별로 이루어지게 될 학습활동에 따른 교수·학습전략에 대해서는 따로 논의의 장을 마련하고자 한다.

또한 이 논의는 대중화를 위한 문학연구의 한 틀로도 활용될 수 있을 것이다. 소설에서 공간이라는 요소는 문학대중이 접근하기에 상당히 수월성을 지니고 있는데, 그 관심과 흥미를 확산시킬 수 있는 통로를 마련해 줄 수도 있을 것이다.

『문장(文章)』지와 국어교육

1. 논의의 출발점

이 논의는 『문장』이 해방 후 국어교육과 어떠한 형태로든 관련성을 맺었으리라는 가정에서 출발하게 되었다. 그런데 이 가정은 그렇게 논리적인 토대 위에서 설정되지 못했다. 사실 막연한 심증에 가까웠던 것으로, 이는 국어과 교과서 편찬 경험에서 비롯된 것이었다. 교과서를 편찬하는 과정에서 무엇보다도 편찬자들을 힘들게 하는 요소인 '적절한 제재의 선정' 과정에서 『문장』이라는 이름이 오르내리게 됨을 목격하게 되기 때문이다.

이 논의는 이러한 경험에서 출발하여 『문장』이 해방 후 국어교육의 정립・전개과정에서 일정한 영향력을 행사하게 되었을 것이라는 가정을 세우고 그것을 검증해 보고자 하였다. 따라서 논의의 성격은 자료의 탐색과 분석이 주를 이루게 될 것으로 판단했다. 그런데 논의를 진행과는 과정에서 『문장』은 그 접근 대상이 한정되고 분명했으나 교과서는 무한정이고 불분명한 대상으로 나타난다는 점에서 어려움을 겪을 수밖에 없었다. 교과서는 국정과 검인정, 초등・중등・고등, 인

문계·실업계, 출판년도 등에 따라 그 대상 범주를 확정하기 어려울 뿐더러 자료 확인도 어려운 것들이 많아 전수 검증이란 불가능에 가까운 것이었다. 하여 이 논의 과정에서는 중간 단계부터 국정 중·고등 국어 교과서와 검인정 작문 교과서, 1차 교육과정 당 1판 교과서로 제한하여 진행하게 되었다.

2. 『문장』과 국어교육의 관련 양상

1) 교육과정 수립의 인적 요소 측면

해방 후 국어교육 정책의 수립은 민족국가로서는 지극히 당연한 일이자 막중한 일이었다. 이 정책 수립의 면모 중 이 논의와 관련될 몇 가지 면을 간단히 살펴보기로 하는데, 논의의 필요상 해방 후 국어교육이 실시되기 시작한 '건국期'에서 '1차 교육과정期'까지의 주요 일정을 살펴보기로 한다.[1]

---

1 국어교육과정 및 국어교과서와 관련된 논의들은 상당한 성과를 보이고 있지만 연구물들 간의 차이가 상당한 정도로 노출된다. 무엇보다도 사실관계가 서로 다른 데서 당혹감을 느끼게 된다. 이 논의에서는 사실 관계의 논란에 대해서는 언급을 피하기로 하고, 고를 달리하여 살펴보고자 한다.
우선적으로 이 논의를 진행하는 단계에서는 그동안의 논의들에서 사실관계의 판단 내용에 차이가 나는 주요 원인이 간접 자료를 통해 사실들을 판단하는데서 오는 경우가 많았다고 보기 때문에, 확인 가능한 자료들과 다음 연구물들을 상호비교하면서 가장 설득력이 있다고 판단되는 쪽으로 몇가지 논의의 바탕이 될 사실들을 정리해 보았다.
박붕배, 『한국국어교육전사』, 대한교과서주식회사, 1987.
정준섭, 『국어과 교육과정의 변천』, 대한교과서주식회사, 1996.
이종국, 『한국의 교과서 출판 변천 연구』, 일진사, 2001.
정재찬, 『문학교육의 사회학을 위하여』, 역락, 2003.

윤여탁 외, 『국어교육100년사』 I, II, 서울대학교출판부, 2006.
강진호 외, 『국어교과서와 국가 이데올로기』, 글누림, 2007.

1945. 9. 16 한국교육위원회 조직

- 위원: 유억겸, 김성수, 현상윤, 백낙준, 김성달, 김활란, 최규동+윤일선, 조백현, 정인보

1945. 9. 23 조선교육심의회 발족(100여명)

- 중등교육 분과 위원: 조동식, 고황경, 이병규, 송석하, 사원출, 이홍종, 비스코
- 교과서 분과 위원: 최현배, 장지연, 조진만, 조윤제, 피천득, 황신덕, 김성달, 웰치[2]

1945.9 조선어학회 교재편찬위원회 구성[3]

- 기초 위원

  한글 첫걸음: 장지영(조선어학회), 정인승(책임: 조선어학회), 윤재천(청량리국민학교)

  초등국어교본: 윤복영(협성학교), 윤성용(수송국민학교), 이호성(책임: 서강국민학교)

  중등국어교본: 이숭녕(평양사범학교), 이태준(조선문화건설중앙협의회), 이희승(책임: 조선어학회)

- 심의위원: 방종현(조선어학회), 조병희(경성서부남자국민학교), 주재중(매동국민학교), 양주동(진단학회), 이세정(진명고등여학교)

1946. 2. 21 교수요목제정위원회

- 위원: 이숭녕 외 362인

---

2 비스코와 웰치는 미 군정청 소속의 군인으로 둘다 당시 계급은 중위임.

3 이 명단에 대해 박붕배와 이종국의 기술내용이 서로 엇갈리는데, 이태준에 대해 그 분명한 소속과 출처를 제시하고 월북 인사이었기에 감추어져 왔음을 밝힌 이종국의 기술이 그 이름을 '이태종'으로 명명한 박붕배의 기술보다 타당성이 있다고 판단하여 그에 따르기로 한다. 이종국, 앞의 책, 215쪽.

1946. 9～1947. 5 중등 교재 『중등국어교본』 발행 (상 · 중 · 하)[4]

1948. 1～1952. 9 중등 교재 『중등국어』 발행 (I-V 등)[5]

1949. 12 교육법 제정 공포

1952. 3～1954. 9 중등 교재 『고등국어』 발행 (I-III 등)

1953. 3～1954. 9 중등 교재 『중학 국어』 발행[6]

1955. 8 1차 교육과정 공포

1956. 3～1962. 9 중등교재 『중학 국어』 『고등 국어』 발행

이러한 과정에서 이 논의가 살펴야 할 대목은 교과서의 편찬 또는 집필 위원 등의 인적 요소였다. 특히 초기 교과서의 편찬은 이후 교과서들의 편찬에 분명한 영향력을 행사하게 된다는 점에서 주목할 필요가 있었다.

우선 1945년 9월의 조선어학회 교재편찬위원회와 관련된 사항인데, 그 인적 구성에 이병기가 깊숙이 관여했을 것으로 판단된다는 점을 들고자 한다. 당시 이병기가 편수관으로 일하게 되었음은 그의 일기를 통해 확인된다.[7] 다음은 그 해당 내용이다.

10월16일 (1945)

편수관으로 다니는 이군(이병도 - 인용자) 이야기를 들었다. 학무국 근황을 알았다. 편수관으로 나를 들어오라고 강권한다.

---

4 최초의 중등교재인 이 교과서의 저작자는 '조선어학회', 발행자는 '군정청 학무국'으로 되어 있음.

5 이 교재들은 미군정기(1948), 정부수립기(1948～1950), 전시[운크라](1952)에 걸쳐 발행되었음.

6 이 교과서는 전시 중에 『중등국어』의 내용과 형식을 일부 바꾼 것임.

7 당시 학무국장은 유억겸, 편수국장은 최현배, 편수과장은 웰치로 나타나 있음. 편찬위원회, 『문교40년사』, 대한교과서주식회사, 1988.

10월 29일 (1945)

어학회에 가 정인승 · 이희승군을 보고 장지영 군을 보고 최현배군도 보고, 내일부터 출근키로 하고 편수관 자리를 하나 얻고 돌아왔다.

11월 2일 (1945)

국어교과서 중학교의 것은 내가 편수의 주임을 맡았다. 초등 · 중등 기타 국어교과서 편수에 대한 토의를 문예 · 학술 · 교육단체를 망라하여 하자 하고 나는 문화건설협회에 가 이원조 군을 보고 상의하니 게서 여러 문화단체와 이미 이 문제를 의논하고 건의문을 지었다 하며, 그 건의문을 보니 편수과의 생각과 부합하였다. 서로 좋다 하고 나는 게서 위원 다섯만 추천해 달라고 부탁하였다."[8]

이 일기의 내용에서 이병기는 조선어학회 몫으로 편수관을 맡게 되고 이후 중학 국어의 편수 주임을 맡은 뒤 아직 채워지지 않은 위원회의 자리를 채우고자 이원조 등과 상의를 한 것으로 파악된다. 10월 29일자 일기를 통해서 유추할 때, 이미 대부분의 위원들은 정해져 있고, 한 두 자리 정도를 더 채우면 되었던 상황으로 보인다. 그가 어학회에서 정인승, 이희승, 장지영, 최현배 등을 만난 후 '편수관 자리를 얻고'라고 표현하고 있기 때문이다. 그리고 이원조에게 요청한 '위원 다섯'은 복수 추천을 의미하는 것으로 판단된다.

그 상황에서 이원조는 조선문화건설중앙협의회의 구성원 중에서 몇몇 인사를 추천했을 것이고 그 중 이병기는 이태준을 선택했을 것으로 판단되는데, 이병기와 이태준은 『문장』지를 통해 충분한 유대를 형성해 왔기 때문이었을 것이다.[9] 그리고 교과서의 편찬과정에서 이

---

8 이병기, 『가람일기』, 신구문화사, 1976.

태준은 이병기의 대리인으로서의 역할을 충분히 수행하고 있는 것으로 판단된다.

이런 인적 요소의 맥락에서 접근해 갈 때 주의 깊게 살펴야 할 부분은 교과서 제재의 필자들이다. 먼저 1946년 9월부터 1947년 5월까지 발행된 『중등국어교본』의 주요 필자들을 정리해 보면 다음과 같다.[10]

〈가〉

시: 김광섭, 김기림, 김동명, 김소월, 변영로, 양주동, 오장환, 이병기, 이병철, 이은상, 임화, 정지용, 정인보, 조명희, 조지훈, 한용운

소설: 박태원, 박찬모, 이기영,[11] 이선희, 채만식[12]

기타: 방정환, 안창호, 이극로, 이윤재, 이원조, 이태준, 조윤제, 주시경, 조만식 등

이어 1948년 1월부터 1952년 9월에 걸쳐 발행된 중등 교재 『중등

---

9 앞선 연구에서 정재찬은 당시 교과서에서 이병기의 역할에 대해 큰 의미를 부여하면서 '문장파'와 '문협정통파'의 대립구도까지 설정하고 있으나, 이병기는 편수관이었기에 편찬위원의 몫이었을 제재 등의 교과서 내용 설정에 직접적인 영향력을 행사했다고 보기 어려울 것이다. 또한 위원회의 명단에서 '이태준'을 읽어냈다면(정재찬은 박붕배의 소론에 따라 이태준을 이태종으로 읽고 있다) 사뭇 다른 판단을 했을 것이다. 반면 강진호는 이태준으로 읽고 이병기와 이태준의 『문장』 시절의 인연에 대해서 언급하고 있지만, 그로 인한 교과서에의 영향력에 대해서는 다루지 않고 있다.

10 이후 명단은 기존의 기존 연구 성과들이 어느 정도 정리는 해 놓은바 있지만 자료의 특성 상 서로 다른 부분이 많기에, 실제 교과서를 최대한 구해 확인해 보면서 다시금 정리한 것이다. 그 과정에서 윤여탁 외(2006) 강진호 외(2007)와 조희정(2005)을 참조하였다. 각 명단은 논의의 편의상 〈가〉, 〈나〉, 〈다〉로 구분해 보기로 한다.

11 『고향』의 일부를 '원터'라는 제목으로 게재함.

12 『탁류』의 일부를 '금강'이라는 제목으로 게재함.

국어』와 『고등국어』의 주요 필자들은 다음과 같다.[13]

〈나〉

시: 김광섭, 김기림, 김상옥, 김소월, 김영랑, 노천명, 모윤숙, 박두진, 박목월, 박종화, 변영로, 서정주, 신석정, 유치환, 윤곤강, 이병철, 이희승, 정지용, 조운, 조지훈, 한용운

소설: 김동인, 박태원, 오영수, 이기영, 이무영, 주요섭, 채만식, 허윤석, 황순원

기타: 고유섭, 김성철, 김소운, 김진섭, 문일평, 박두진, 박용철, 방종현, 서정주, 손진태, 심 훈, 안석영, 안재홍, 안호상, 오상순, 오천석, 윤희순, 이범석, 이병도, 이 상, 이상백, 이양하, 이은상, 이헌구, 이효석, 조만식, 조연현, 조윤제, 최현배 등

다음으로는 1차 교육과정기인 1956년에서 65년 사이에 발행된 『중학국어』와 『고등국어』의 문학 주요 필자들은 다음과 같다.

〈다〉

시: 강소천, 김광균, 김광섭, 김동명, 김상옥, 김소월, 김영랑, 김영일, 노천명, 박두진, 박목월, 양주동, 유치환, 윤곤강, 윤동주, 이병기, 이상화, 이영도, 이원수, 이육사, 이은상, 이호우, 장만영, 정훈, 조지훈, 주요한, 최남선, 한용운

소설: 심훈, 유진오, 이효석

13 이 교과서의 편찬위원들은 자료상으로 잘 파악이 되지 않는다. 다만 초등학교 교사 출신인 최태호가 편수 책임을 맡았던 것만 알려져 있다. 정준섭, 앞의 책 참조.

기타: 김진섭, 방정환, 유치진, 이양하, 이희승, 이효석, 정비석, 조윤제, 최남선, 현진건

이상의 필자 구성들을 놓고 볼 때 건국기[14]에는 소설의 비율이 높은 편이었으나 1차 교육과정기에 와서는 현저하게 줄어 심훈의 '상록수' 한편을 제외하고는 전무하다. 이런 현상의 이면에는 교과서 소설 정전의 확립과정에서 초기에 선정된 제재들이 사계(斯界)의 동의를 얻는데 실패했음을 의미하거나 교과서 편찬의 철학이 확립되지 못한 채 교육 외적인 맥락이 작용하고 있었음을 말해주는 대목이기도 하다.

또한 시 부분에서 〈가〉에서 〈나〉로 다시 〈다〉로 넘어가는 단계에서 나타나는 변화의 양상 역시 교육 외적 또는 문학 외적인 맥락이 작용하고 있다고 말할 수 있는 근거가 되기에 충분하다고 본다.

이 논의에서는 바로 그러한 외적 맥락의 한 요소를 『문장』이라는 실체와 연관 지어 보고자 한다. 그렇게 본 데는 〈가〉와 〈나〉의 교과서 편찬의 한 축을 이태준이 담당하고 있었으며, 그가 소설가라는 점, 그리고 나중에 월북하게 되는 문인이라는 점이 교직되어 나타났다는 결과적 인식이 작용하고 있다. 이는 『문장』과의 관련성을 논할 수 있는 일차적인 근거가 될 것이다.

2) 교과서 제재의 측면

논의의 다음 단계에서는 건국기에서부터 7차에 이르기까지 교과서에 수록된 주요 제재 중에서 『문장』지에 실린 바 있는 작품들을 정리해 보았다. 그 결과는 다음과 같다.[15]

---

14 '건국기' 교과서는 앞에서 〈가〉와〈나〉로 구분해서 살펴 본 교과서를 의미함.

[표 1]

작가	작품	수록 교과서	게재 『문장』 호수	비고
김광섭	마음	건국기/ 1차	5호	
김상옥	봉선화	건국기 / 7차	10호	
박남수	초롱불	6차	11호	
박두진	낙엽송	2차 / 3차	9호	
신석정	들길에 서서	건국기	5호	
신석정	작은 짐승	6차	8호	
이병기	난초	3차 / 4차	3호	
이육사	청포도	1차/2차/4차 5차/6차/7차	8호	「절정」 13호
이호우	달밤	1차 / 4차	18호	
정지용	춘설	건국기	3호	
조지훈	승무	건국기/3차 4차/ 5차 / 6차	12호	「봉황수」 14호
채만식	왕치와 소새와 개미와	6차	26호	

한편 직접적으로 『문장』지 출전 제재는 아니지만 관련성을 생각할 수 있는 수록 작품들로는 다음을 들 수 있다.

[표 2]

작가	작품	교과서 관련성	게재 『문장』호	비고
박찬모[16]	과수원	건국기 필자	25호	「소」
이선희[17]	탕자	건국기 필자	13호	「향토기」[18]
김영랑	독을 차고	『문학』교과서	11호	빈도수 6위[19]
박지원	도강록	건국기/3차 4차/6차	11-14호	이윤재 주해
미상	토끼화상 토별가	1-7차	1호 17호	이희승 해설

15 국정 중학·고등학교 교과서를 대상으로 한 이 결과를 매우 정확하다고 할 수는 없다. 무엇보다도 모든 교과서를 다 확인할 수는 없기에 경우에 따라서는 다른 연구물에서 언급하고 있는 제재들을 고려하기도 했지만 그 연구물들 또한 일정한 한계들을 지니고 있기에 그렇다.

혜경궁홍씨	한중록	1차	1-13호	이병기 주해
미상	유산가[20]	건국기/1차 2차/5차/6차	8호	이희승 해설
조윤제	조선소설사개요 설화문학고	3차, 4차	19호 25호	「국문학의 발달」
여러 필자	월평 등	1-4차	각 호	소설 및 시의 이론[21]

---

16 『문장』 25호에 [신인선]이라는 구분 하에 '과수원'이라는 소설 게재. 동지 '편집후기'에 해당하는 '여묵(餘墨)'에는 『매일신보』에 당선된 신인으로 소개하고 있다.

17 1934년 단편 「불야여인(不夜女人)」을 『중앙(中央)』에 발표하면서 문단에 등단. 조선일보 학예부 기자 역임 (『문장』 13호 「문인 조선문예가총람」)

18 박찬모의 「소」나 이선희의 「향토기」를 소설로 볼 수 있는지에 대해서는 다른 의견도 가능할 것이다. 그러나 당시 교과서에 실린 글들을 보면 일부 고전이나 한글 관련 글을 제외하고는 짧은 분량을 싣고 있어 소설을 수필로 분류해서 본 경우가 많다. 이기영의 「원터」나 채만식의 「금강」도 일부만을 게재하고 있기에 기존 연구에서는 '생활수필'로 보기도 했다. (박붕배, 윤여탁 외 앞의 책). 따라서 이 글들도 소설의 일부를 잘라낸 것으로 보고자 한다. 박찬모와 이선희의 작품 성향과 상통한다고 판단되기 때문이다.

19 건국기-7차 교육과정까지의 작가 빈도수에 따르면 현대시 분야에서 김소월 - 박목월 - 김광섭 - 박두진 - 유치환에 이어 여섯째에 해당한다. 윤여탁 외(2006), 401쪽.

20 이 「유산가」에 대해 이태준은 해방 후 교과서와 관련된 언급을 하는 자리에서 어렇게 고평을 하고 있다.
"유산가 같은 것을 외국어로 번역해보라. 어느 나라 말이고 조선어의 감각성을 도저히 옮겨가지 못할 것이다. (중략) 나는 우리 문화의 모든 건설면에서 국수적 태도를 가장 경계한다. 그러므로 나 자신, 조선인이기 때문에 조선어를 편벽되이 예찬하려는 것이 아니라 조선어의 세계적 우수성을 사실에서만 지적한 것이다. 이런 우수한 언어이었으나 그 임자가 운명이 기구한 조선 민족이었기 때문에 정당한 발날을 보시 못했다. 문화의 교류를 따라 타국에의 영향을 받고 또 주고 하는 것은 불가피의 사실이나, 조선어가 한자 때문에 문화어는 대체로 자율성을 상실한 것은 통탄할 일이며, 교육의 보편으로 표준어를 중심으로 한 국어의 문법적 정리가 전국적으로 시행되었을 것이 한일합병 때문에 다른 면의 우리 문화보다도 뒤져 있는 것이 또한 통탄할 일인 것이다." 이태준, 「국어에 대하야」, 『대조』 1권 2호 (1946. 7) 154쪽.

21 이와 관련해서 필자는 국어교육, 문학교육 등의 흐름과 관련해서 참고서의 역할에 주목할 필요가 있다고 생각한다. 교과서가 간행된 직후 발간되는 참고서는

또 다른 맥락에서 필자가 살펴보고자 한 자료는 대학의 '교양국어' 교재들이다. 사실 그동안 정전의 논의과정에서 이들 대학 교양국어 교재들은 논외가 되어 왔는데, 필자의 판단으로는 이 교재들이 정전 형성에 미친 영향이 분명하게 논의될 필요가 있다고 본다. 충분하지는 않지만 논의의 필요를 위해 현재까지 살펴 본 대학 교양국어의 현대문학 제재 선정 양상을 보이면 다음과 같다. 대상 교재는 1950~60년대에 간행된 것으로 한정하였다.[22]

특히 문학의 이론 제공과 문학사적 사실 제공에 매우 공을 들이고 있다. 『문장』과 관련된 구체적인 언급은 이들 참고서를 통해 이루어지고 있다. 시인들을 소개할 때 『시문학』과 『문장』과 관련된 경우는 분명하게 밝히고 있어 당대의 문학사적 감각과 인식을 읽을 수 있다. 이들 참고서에서는 소설이나 시의 이론을 설명하는 글에 나오는 내용의 출처를 『문장』지 등에서 가져왔음을 밝히는 대목들이 있어 이 자료에 포함시켰다. 다음 참고서가 대표적이다.
국어교육연구회, 『종합고등국어』, 향문사, 1958.
편집부, 『일류 고등국어』, 세운문화사, 1975.

22 이 교재들에 실린 시작품은 130여 편이고 이중 국정교과서 게재 작품은 30여 편 정도 된다. 소설의 경우는 40여 편에 10편 정도이다. 약 25% 내외의 중복양상을 보인다. 필기체는 문장에 실린 작품들이며 비고란의 호수는 필기체로 표기한 작품들이 게재된 문장지 호수를 차례대로 나열한 것이다. 앞서 간행된 교재에 나온 작품이 다시 나올 경우에는 게재호수를 생략하였다. 그리고 제목을 알만한 작품은 약식으로 표기하였다. 예문 형식이란 독립된 제재가 아닌 쓰기나 읽기의 목표에 따른 예문으로 실었음을 의미한다.
한편 이상에서 살핀 바와 같은 60년대까지 발간된 대학 교양국어교재들에 실린 작품들의 빈도 수를 정리하면 다음과 같다. 이 내용을 보면 정전의 형성과정에 대학 교양국어 교재들이 끼친 영향을 분명하게 확인할 수 있다. 이에 대해서는 고를 달리해 심도있게 논의하고자 한다.

시	빈도	소설
나의 침실로	5	메밀꽃 필 무렵
나룻배와 행인	4	감자, 운수 좋은 날
빼앗긴 들에도 봄은 오는가, 봉황수, 사슴, 내마음 아실이	3	B사감과 러브레타, 수탉, 소나기, 귀의 성
별헤는 밤, 남으로 창을-, 낙화, 광야 광화문, 봄은 고양이로다, 파초, 자화상	2	동백꽃, 바위, 무정, 표본실의-, 배따라기, 사랑손님과 어머니

[표 3]

대학 (간행연도)	현대시 / 시조	현대소설	비고
연희대학교 대학국어 (1955)[23]	속박과해방 빼앗긴들에도, 부활, 추천사, 별헤는밤, 아직촛불을-, 낙화, 나그네, 가난한 내음 비송림에 와서	금반지 윤씨의 죽음 해당화 피는 언덕	예문 형식
고려대학교 대학교양국어 (1956)	나룻배와행인, 봄달잡이빼앗긴들에도-, 봄은고양이-, 왕십리, 춘수 내마음은, 내마음아실이, 우수) 광야, 오후의구도, 달포도잎사귀, 일월, 바다, 봉황수, 설악부, 온실, 쉽게씌어진 / 혼자앉아서, 파초, 달밤, 봉선화* 성불사의밤	귀의성, 무정, 배따라기 검사국대합실, B사감과-, 다정불심, 모밀꽃-, 모색, 황토기, 솔메마을에생 긴일	15호 3호 14, 21, 8호 18, 10호 10, 4호(소설) * 문장 발표 원문대로
연세대학교 대학국어 (1957)	님의침묵, 마른남게물주는뜻은, 나는왕이로소-, 빼앗긴들-, 삭주구성, 떠나가는배, 가늘한내음, 남으로창을, 나의 꿈을 엿보시겠습니까), 나의사랑하는나라, 절정, 깃발, 거북이에게, 나그네, 봉황수, 청산도, 소년	두 파산, 빈처, 황제, 물매미 무서운 웃음	예문 형식 13호 14호
국어국문학회 표준대학국어 (1958)	불놀이, 알수없어요, 나의침실로, 봄은고양이-, 대불, 봄바람, 내소녀 청포도, 예전엔미처, 내마음을-, 이런시, 빛나는자최, 강이풀리면, 마음, 아직촛불을-, 유혹, 사슴, 광화문, 깃발, 완화삼, 불국사, SONNET, 향현, 자화상, 화장한넌대를위하여, 검은드라마, 미세스와	추월색 감자 운수좋은날 두파산 수탉 바위 소나기 달팽이	1호 8호 5호 5호

	토스트 / 혼자 앉아서, 여수옥천동, 인생, 파초		
고려대학교 (1958)	삭제 :봄달잡이, 온실, 쉽게씌어진-/ 달밤 추가: 논개 / 성불사-, 혼자앉아서	귀의성, 감자, 표본실-, B사감-, 수탉, 바위	
국어국문학회 (1959)	나는왕이로-, 나의침실로, 나룻배와, 집, 너를가져가라, 사슴, 설야, 귀촉도, 여인, 파초우, 동대문주변, 또다른고향, 고목, 고개머리에서, 농군 / 혼자앉아서, 여수옥천동, 석굴암, 다시우뚝서본다, 달밤, 맥령, 노들언덕에서	배따라기, 운수좋은날, 모밀꽃-, 전황당인보기, 퇴색된 훈장, 푸른하늘	
고려대학교 (1962)	나룻배와-, 논개의애인-, 나의침실, 이별, 빼앗긴-, 왕십리, 먼후일, 초혼, 내마음아실이, 두견, 독을차고, 년보, 꽃, 광야, 봉황수, 불타는밤거리-, 다부원에서	감자, 표본실의-, B사감과-, 수탉, 동백꽃, 금당벽화	11호
서울대학교 대학국어 (1964)	춘신 나의침실-, 오월의아침(영랑)봄달잡이, 화사, 들국화, 남으로창을-, 도봉, 별헤는밤, 낙화, 여장	봄의 노래 메밀꽃 필무렵 꺼삐딴리	
건국대학교 대학국어 (1965)	님의침묵, 부끄러움, 눈이내리느니, 나의침실로, 삭주귀성, 떠나가는배, 남으로창을-, 바위, 사슴, 고풍의상, 자화상, 표정 / 난초, 조춘, 다시 우뚝 서본다	메밀꽃-, 전처기, 감자, 귀의성	3호 3호 24호(소설)
서울대학교 (1967)	연, 들국화, 아직촛불을-, 와사등, 뜨거운노래-광화문, 나에게레몬을, 여운, 해, 정상에서	무정, 운수좋은날, 동백꽃, 학, 사수	

경희대학교 대학국어 (1967)	나는왕이로-, 이별, 아시아의밤, 왕십리, 나룻배와-, 청천의유방, 하염없는바람의노래, 한줌흙, 거울, 황혼, 조춘, 무서운시간, 해바라기, 그대의하늘, 상과수원, 봉황수, 나엽끼리모여산다/고토, 고지가 바로-	붉은산, 일대의유업, 운수좋은-, 사랑손님-, 메밀꽃-, 그늘, 제3인간형, 아들들	

이 교재들의 수록 작품들을 살피다 보면 특정 대학의 교재에 『문장』 게재 작품들이 집중적으로 실려 있음을 확인할 수 있다. 이는 편찬위원이나 해당 대학 소속 교수들이 『문장』지와 관련을 맺고 있을 개연성이 매우 큼을 말해주는 대목이다. 물론 다른 문예지들이 출처가 되는 작품들도 그 양상을 세밀하게 따져보면 일정한 비율을 점하고 있을 터이지만, 위에서 대상으로 삼은 교재들만 놓고 볼 때는 『문장』의 비중이 특징적으로 나타나기에 의미를 부여하기에 충분할 것이다. 결국 『문장』지의 영향력은 대학 교양교육이라는 장을 통해서도 작용하고 있음을 인정할 수 있게 된다. 이러한 결과는 이 논의에서 『문장』과 해방 이후 한국의 국어교육과의 관련성을 논할 수 있는 간접 근거가 될 수 있다고 본다.[24]

23 이 책에만 편집위원이 명기되어 있음.
편집위원장 최현배 편집위원 장지영, 김윤경, 정병욱, 허웅, 박영준, 박두진, 박창해, 유창돈.

24 참고로 이숭원의 『교과서 시 정본 해설』에서 다룬 '교과서에 실렸거나 실릴만한 시 작품' 99편의 출전을 분석해 본 결과 개인(공동)시집 59편, 기타 문예지(2편 미만) 21편, 『문장』 9편, 『조선지광』·『현대문학』 각 3편, 『인문평론』 『창작과 비평』 각 2편 등으로 나타났다.

3) 교육 내용의 측면

『문장』지가 국어교육의 한 내용요소와 관련을 맺는 양상은 해방 이후 글쓰기 교육의 양상과 이태준이 연재한 「문장강화」와의 내적 유사성을 통해 드러난다고 할 수 있다. 우선 「문장강화」의 주요 내용을 살펴보기로 하자.

1강. 문장작법의 의미(1호)

2강. 문장과 언어의 제문제(2-4호)

3강. 운문과 산문(5-6호)

4강. 문체에 대하여(6,8-9호)

  2. 문체의 종별: 간결체, 만연체, 강건체, 우유체, 건조체, 화려체

[4강. 각종 문장의 요령][25]

  1. 일기문 2. 서간문 3. 감상문 4. 서정문 5. 기사문

  6. 기행문 7. 추도문 8. 식사문 9. 논설문 10. 수필문

5강. 퇴고의 이론과 실제(10호)

[6강] 제재, 서두, 결사 기타

[7강] 대상과 표현

[8강] 문체에 대하여

9강. 문장의 고전과 현대 (15호)

이러한 내용으로 구성된 그의 문장론이 해방 후 국어교육의 내용에 어떤 양상으로 작용하게 되는지를 살펴보기로 한다.

---

25 [ ]안에 표시된 항목은 『문장』지에 연재는 되지 않았으나 단행본으로 출간된 때의 내용이다.

먼저 살펴 볼 자료는 앞서 잠시 살펴 본 바 있는 연희대학교출판부에서 1955년과 57년에 간행된 '대학국어'이다. 두 책의 목차를 견주어 보면 다음과 같다.

[표 4]

1955년판	1957년판
글짓는 법 1장. 문장 작법의 기본 태도 2장. 본론 3장. 문장의 요소 4장 각종 문장의 요령 예문 1편 문예평론 2편 논설 3편 식사 4편 설화 5편 수필 6편 시가 7편 기행 8편 일기 9편 편지 10편 소설	글짓는 법 1장. 문장작법의 기본 태도 2장. 본론 3장 문장의 요소 4장 각종 문장의 요령 I. 수필 II. 기행문 III. 기사문 IV. 논문 V. 식사문 VI. 일기문 VII. 서간문

「문장강화」와 『대학국어』의 내용을 비교할 때 가장 두드러지게 나타나는 공통점은 '글의 양식'에 중점을 두고 있다는 점이다. 「문장강화」의 내용 중 감상문과 서정문을 제외하면 매우 유사한 양식 선정 양상을 보여준다.

이러한 양상은 작문이 교육과정으로 설정된 이후의 교과서에서도 확인할 수 있다. 다음은 3차 교육과정에 의거해서 편찬된 중학교 『작문』교과서 중 대표적인 책으로, 이희승 · 남광우 · 전광용이 지은이로 되어 있다.[26] 그 내용을 목차를 통해 살펴보기로 한다.[27]

---

26 1976년에 동아출판사에서 간행된 문교부 검인정 도서이다.

27 이런 흐름에 반해서 김열규는 4차 교육과정에 의거한 『작문』교과서를 통해 '설명, 논증, 묘사, 서사'라는 '기술(記述)' 중심의 교육방향을 제시한 바 있다.(학연사, 1984) 그리고 4차 교육과정에 의거한 작문 교과서 중 대표적인 이응백 · 유병석의 『고등 작문』 교과서는 두 경향을 합하여 '기술'과 '양식'을 조합하는 양상을 보여주고 있으나 중점은 '양식'에 놓여있다.(보진재, 1984 간행)

[표 5]

중학작문 1	중학작문 2	중학작문 3
I. 말과 글	I. 먼저 바른 글을	I. 문장의 품위
II. 글의 첫걸음	II. 제목과 시간	II. 글의 여러가지
III. 중학생의 기록	III. 기록문·보고문·학급 신문	III. 신문·잡지의 편집
IV. 여러 가지 일기	IV. 편지와 전문	IV. 사무적인 편지와 공문서
V. 서식에 맞추어 쓰는 글	V. 사회생활과 선전 광고	V. 사회생활에 필요한 서식
VI. 경험·관찰·생각	VI. 개성적인 글	VI. 문자의 기교
VII. 표현의 실제	VII. 수필·기행문	VII. 논설문
VIII. 글다듬기	VIII. 시를 써보자.	VIII. 소설·희곡·시나리오
IX. 여러 가지 문집	IX. 가려 뽑은 글 모으기	IX. 식사문과 상용광고문
X. 좋은 글을 읽자	X. 작품 감상	X. 고전과 현대작품

이 교과서 역시 다양한 '글의 양식'을 중심으로 작문 교육의 내용을 설계하고 있음을 확인할 수 있다. 그리고 이러한 '글의 양식' 중심의 쓰기 교육은 현재의 교육과정에도 그대로 이어지고 있다는 점에서 주목되는 부분이다. 다음은 '7차 개정 교육과정'의 성취기준들 중 관련 내용이다.

[표 6]

1-6학년	7-9, 10학년
일기를 쓰는 목적 이해하기	설명문의 특성 이해하기
설명서의 표현 특성 이해하기	보고서의 특성 이해하기
감상문의 특성 이해하기	수필의 특성 이해하기
기행문의 특성 이해하기	건의하는 글의 특성 이해하기
편지의 형식 알기	정보를 재구성하여 기사문을 작성한다
기사문의 특성 이해하기	문자 메시지, 전자우편의 매체적 특성 이해하기
전기문의 특성 이해하기	자서전의 특징 이해하기
논리적으로 설득하는 글의 특성 이해하기	선언문의 특성 이해하기
연설문의 특성 이해하기	---
	규약문의 특성 이해하기
	면담 기사의 특성 이해하기

	전기문의 일반적 특성 이해하기 식사문의 특성 이해하기
10학년 이후 선택 교과	
다양한 작문 과제에 대하여 설명문, 보고문, 기사문, 전기문 등 여러 가지 종류의 글을 쓴다. 다양한 작문 과제에 대하여 논설문, 비평문, 선언문, 연설문 등 여러 가지 종류의 글을 쓴다. 다양한 작문 과제에 대하여 축하문, 항의문, 편지, 식사문 등 여러 가지 종류의 글을 쓴다. 다양한 작문 과제에 대하여 일기, 감상문, 수필, 단상, 회고문 등의 글을 쓴다. 다양한 작문 과제에 대하여 보고서, 요약문, 개요, 논술문 등의 글을 쓴다.	

이 표들에서 알 수 있듯이 가장 최근의 교육과정 내용에까지 '양식' 중심의 글쓰기가 강한 영향력을 미치고 있음을 확인할 수 있다.

3. 『문장』과 국어교육의 상관성의 요체: '이중성'

이제 앞서 살펴 본 사실관계를 바탕으로 그 의미를 부여할 단계이다. 살펴 본 내용들을 보면 알겠지만 이 논의는 『문장』과 국어교육의 상관성을 가정하고 출발했지만 요체를 읽어내기가 쉽지 않았다. 일종의 가설을 세웠지만 그 가설을 검증하기는 여러 요건 때문에 수월치 않았다. 무엇보다도 자료의 전수조사가 불가능에 가깝다는 점이 장애요인으로 작용했다. 그럼에도 불구하고 몇 가지 기준을 두고 진행해 보기로 하였다.

우선 그동안 국어교과서에 대한 기존의 연구들은 이원화하는 경향을 보이고 있다는 점을 고려하기로 하였다. 철저하게 사실의 제시에 초점을 두거나 정치적 도구성에 대한 통렬한 비판에 초점을 두는 경향이 그것이다. 그러나 두 경향 모두 왜 교과서 연구가 필요한지에 대한 효용성의 측면에서는 아쉬움이 남는다. 보다 반성적이고 생산적인 논의를 통해 국어교육의 방향성에 실제적인 도움을 줄 수 있을 쪽으로 나아가야 하리라는 판단을 했다.

또한 그동안의 연구물들이 보여 주었던 추상적이고 당위적이고 화려한 담론을 피해가고자 하였다. '교과서의 권력 담론' 이라든가 '정전 형성의 이념적 담론' 등은 목소리를 높이기에는 매우 적절하나, 그래서 무엇을 어찌해야 하는가에 대한 실효성의 측면에서는 답을 얻기 어렵다. 교과서나 정전의 형성에 관여하고 있는 권력이나 이데올로기가 존재한다면 과연 그 실체가 무엇이고 어떻게 하면 극복해 나갈 것인가를 논해야 하는 것이 필요하다고 보는 것이다.

그리고 무엇보다도 이러한 교과서나 정전에 대한 논의들은 실제적이어야 한다는 점이다. 교과서의 편찬은 늘 현재적인 것이기는 하지만 여전히 10년, 20년 전의 문제에서 쉽게 벗어나지 못하는 측면이 있기 때문이다. 즉 어떤 작가, 어떤 작품을 써야 하며 어떤 방향성에서 기술해 나가야 할 것인가는 여전히 난제에 속한다.

이 논의의 준비과정에서 늘 떠오르고 머물렀던 생각은 교과서 편찬자들을 지배하는 '자발적 검열'의 그림자였다. 검정심사의 과정에서 뚜렷이 잡히지는 않지만 작용하리라고 보는 장치를 미리 고려하는 것이다. 이런 맥락에서 『문장』과 국어교육의 상관성을 조심스럽게나마 탐색해갈 수 있는 출발점을 찾을 수 있었다.

1) 금기의 출처이자 탈출 기제

우리 국어 교과서의 역사는 '금기의 역사'라 불릴만하다. 해방 이후 국어교과서의 편찬과 학습대상화 과정에서 많은 '금기'들이 작용하고 있었음은 굳이 설명하지 않아도 될 터이다. 그렇다면 그 금기들과

『문장』의 관련성을 설명해 보는 일이 좋을 것이라 판단된다.

주지하다시피 그동안의 우리 교과서를 둘러 싼 맥락에서 만날 수 있는 가장 영향력 있는 금기는 '성'과 '이데올로기'이다. 이 두 가지 금기는 교과서 편찬 과정에서, 교수-학습 과정에서 끊임없이 작용하고 있었고, 여전히 작용할 것이다. 우리 자신들도 모르게 사회화 과정에서 터득해버린 '자기검열'에 가까운 감각과 의식이 작동하는 셈이다.[28] 특히 이데올로기적 금기에 대해서는 많은 연구자들이 한 목소리로 통렬한 비판을 하고 있으나 과연 그 효용성이 무엇인지는 가늠할 길이 없다. 어쩌면 연구자들 자신에게 돌아올 목소리일지 모른다.

'성'과 '이데올로기'를 바탕으로 하는 금기 체계는 따지고 보면 아주 작은 부분에서, 매우 개인적인 차원에서 작동하는 것일 가능성이 크다. 편찬자들의 가치관에 다른 판단이거나 몇몇 개인 간의 최소한의 합의만을 근거로 해서 이루어질 가능성이 크다.[29] 그래서 개별적으로

---

28 최근에 이루어진 7차 개정 교육과정에 따른 교과서 편찬자들이 검정 심사 출원 후 '편찬과정에서 조정래와 황석영 등의 작품이 꼭 필요해서 넣었으나 그로 인해 불합격할지 몰라 불안하다'는 심경을 내비치는 경우가 있었다. 심사자들 또한 우리 사회의 지식인들임을 감안하면서도 그러한 불안이 현실화 수 있다는 생각을 하는 장면 자체가 이 금기의 그림자가 분명한 실체임을 말해 주는 것이다.

29 예를 들어 「소나기」에서도 다음과 같은 부분들이 교과서에 실리면서 삭제된 것들이 방증해 줄 것이다.

"소녀의 오른쪽 무릎에 핏방울이 내맺혔다. 소년은 저도 모르게 생채기에 입술을 가져다 대고 빨기 시작했다."

"비에 젖은 소년의 몸내음새가 확 코에 끼얹어졌다. 그러나 고개를 돌리지 않았다. 도리어 소년의 몸기운으로 해서 떨리던 몸이 적이 누그러지는 느낌이었다."

"……그날 참 재밌었어. ……근데 그날 어디서 이런 물이 들었는지 잘 지지 않는다." 소녀가 분홍 스웨터 앞자락을 내려다본다. 거기에 검붉은 진흙물 같은 게 들어 있었다. 소녀가 가만히 보조개를 떠올리며, "이게 무슨 물 같니?" 소년은 스웨터 앞자락만 바라다보고 있었다. "내 생각해 냈다. 그날 도랑 건늘 때 내가 업힌 일 있지? 그때 네 등에서 옮은 물이다." 소년은 얼굴이 확 달아오름을 느꼈다."

그러한 자기검열의 양상을 공개적으로 말하는 경우는 그리 많지 않다. '반공이데올로기'를 분명한 판단 기준으로 작용시키고자 하는 사람의 경우에도 그 자체를 공적으로 드러내놓고 말하는 것을 보기란 쉽지 않다. 즉 자신이 반공이데올로기의 수용자이며 도덕적인 성의식의 소유자라는 점을 공적인 자리에서 말하기 쉽지 않을 것이라는 말이다. '보수' 또는 '고루'한 사람으로 인식되기를 꺼려하는 사회적 분위기 때문일 것이다. 침묵을 하되 자신에게 주어진 역할을 수행하는 과정에서 실체적으로 드러낼 뿐이다.

그런데 이들 금기 체계를 보다 넓은 차원에서 포괄하면서 공적인 자리에서 표명이 가능한 개념이 있다고 보는 것이 이 논의의 중요한 발상이다. 그것은 '순(수)문학'이라는 개념이다. 이 개념에서 '순' 또는 '순수'라는 용어는 막강함 힘을 가지고 있다. 그 정의나 범주가 매우 부정확하고 불안한 것임에도 불구하고 그것을 주장하거나 내세우면 별다른 대응논리가 없다. 아무래도 그 대립항 개념들인 '정치, 참여, 불온, 통속' 등의 용어가 우리 사회에서 매우 부정적인 문학적 현상들을 지칭하는 용어들로 굳건하게 자리잡고 있는데서 발생한 역학관계일 것이다. '순(수)문학'이라는, 공적인 자리에서 사용 가능한 용어는 우리 문학사는 물론이고 교육의 현장에 깊숙이 작용해 오면서 부정적인 양태들을 만들어 온 것이다.

『문장』과 국어교육의 상관성을 논하는 맥락의 중심에 이 '순(수)문학'이라는 개념을 놓고자 하는 것이 사실관계의 탐색에 따른 일차적 판단의 요체이다. 『문장』은 이 '순(수)문학'이라는 개념이 국어교육에 깊숙한 영향력을 드리우게 하는, 일종의 원죄를 범한 것이라 판단하게 된다.

앞에 살펴 본 〈가〉의 교과서를 살피건대 거기에는 '순(수)문학'의 개념이 개입할 여지는 없었다. 말 그대로 좌우합작이 분명하게 이루어진 셈이고, 아직 '반공이데올로기'가 강력하게 작용하기에는 이른 시기였기 때문이다. 이같은 양상은 이병기와 이태준을 중심으로 한 『문장』지의 기반과 〈조선어학회〉의 기반이 절묘하게 조합된 결과라 할 수 있다. '가람일기'에서 확인할 수 있듯이 이병기가 〈조선어학회〉와의 관계를 통해 편수관 자리를 얻고 주임까지 맡게 된 데는 조선어학회라는 기구가 당대 사회에서 가지게 되는 '도덕적 우월성'과의 접합이 가능했기 때문이다. 그래서 얻은 제도적 힘을 이태준과 공유하게 되면서 자연스럽게 좌우합작이라는 양상에 도달하게 된 것이다.

그러나 이태준의 영향력이 작용했을 것으로 보이는 필자들의 선택 결과는 결과적으로는 긍정적이지 않았다고 본다. 그것은 『문장』지의 존재가 전면에 부각되는 일과 관련된다. 〈가〉의 필자들은 반수이상이 『문장』지를 통해 활발한 활동을 했던 인사들이다. 물론 일제 강점기의 후반기에 접어들면서 발표 지면이라는 것이 『문장』이나 『인문평론』으로 한정되어 있었기에 특별히 『문장』에 속하는 문인들이라 하기는 어려우나 『인문평론』의 텍스트 게재 양상과 비교해 보면 『문장』 쪽에 보다 가까운 경향성을 보이는 인사들임을 알 수 있다. 특히 언어학과 고전 쪽 인사들은 현저히 『문장』과 밀착해 있다는 점에서 그런 판단이 가능하다.[30]

문제는 이들 인사들을 필진에 포함시키면서 내세울 수 있는 명분들

---

30 1940년 3월에 발간된 '소화15년판조선문예연감'에 실린 『문장』 광고에는 다음과 같이 집필진을 소개하고 있다.

소설부: 김동인, 현진건, 염상섭, 유진오, 이광수, 이효석, 이기영, 한설야, 박태원, 정인택, 박노갑, 김남천, 최정희, 안회남, 김동리, 이무영, 임영빈, 최명익, 채만식, 주요섭

시・시조부: 정지용, 백석, 김상용, 모윤숙, 이병기, 임학수, 월탄, 노천명, 김기림, 김광섭, 유치환, 김소운, 주요한, 파인, 조운, 박팔양

평론・학술부: 최재서 이원조 김기진 박영희 김환태 김문집 양주동 이희승 조윤제 이병도 손진태 서두수 김용준

이었을 것이다. 당대의 자료들을 볼 때 좌우를 막론하고 '새 시대·새 사회'를 건설하는데 지식인들의 목표가 놓여 있었고 당연히 그 기반을 이룰 교육에 대한 관심 또한 지대했던 것으로 나타난다. 그런 상황에서 필진들의 구성 문제는 여러 정파나 기구들의 갈등으로 이어질 수 있는 상황이었다. '가람일기'에서 이병기가 여러 사람들에게서 위원 추천을 받는 장면도 그 한 예이다. 따라서 이숭녕, 이희승과 함께 중등 국어교과서를 만들어야 하는 이태준의 입장에서는 자신의 관점만을 내세우거나 자신과의 인연을 표면에 내세우기는 어려웠을 것으로 보인다.

그래서 필요한 명분이 '순(수)문학'이라는 개념이었을 것으로 판단한다. 이러한 판단은 그가 앞서 살펴 본 「'국어에 대하야」나 「전망이기보다 주장」 등과 같은 글에서 나타나는 일련의 생각을 주목한데서 오는 결과이다. 그는 문인으로서 국어에 관심을 가지면서 새로운 정신을 담을 그릇으로서의 문학에 대해 논하고 있는데, '시대적 순수성' '신진작가의 필요성'을 강조하고 있어 주목된다.[31] 그러면서도 교과서만으로는 부족하니 동화와 같은 작품들이 많이 필요하다는 점을 역설하고 있다. 그가 말하는 순수성은 동화 등을 예로 든 것처럼 특별한 이념적 지향에 기울지 않는, 진정으로 인민을 위한 성향을 의미한다.

즉 자신이 일정 부분 책임을 맡은 새 교과서의 집필자를 선정하면서 그들의 작품을 '순(수)문학'으로 규정함으로써 명분을 세웠을 것으로 판단하는 셈이다. 이런 생각은 이기영의 『고향』을 '원터'라 개칭하고 약 2쪽 정도의 분량으로 마을 풍경묘사 부분만을 게재한 데서도 간접적으로 확인할 수 있다. 이는 일종의 타협의 산물일 터인데 그의 이념적 지향의식은 대표적인 좌익 문인인 이기영을 선택하되 명분으

31 이태준, 「전망이기보다주장」, 『개벽』 복간 신년호(1946.3), 52쪽.

로는 '풍경'이라는 비이념적 내용, 즉 '순(수)문학'을 선택한 것으로 해석할 수 있다. 이 점은 당시 광고의 문안을 통해서도 하나의 반증을 얻을 수 있다.

> "良書美本主義의 文章社가 發刊하는 月刊 純文藝雜誌 編輯 責任者 李泰俊 表紙 커트 責任者 吉鎭燮 金龍俊 每月號前月十五日發賣"[32]

이미 해방 전부터 『문장』지는 '순문예'라는 용어로 그 성격을 자체 규정해 오고 있던 터였다. 따라서 '순(수)문학'이라는 명분을 내세우기가 그리 어려운 것은 아니었을 것이다.[33]

이렇게 교과서 필진들을 선정하면서 그가 내세웠을 '순(수)문학'은 불행하게도 이후 '순수하지 않은' 용어가 되어 질곡으로 작용하는 양상을 보이게 된다. 이태준이 자신이 관여했던 『문장』을 교과서의 주요 기반으로 삼으려는 시도를 하다 보니 좌익 문인들이 많이 참여하

---

32 앞의 광고문.

33 이에 대해 근대문학회 학술발표회(2009.6.13)에서 서재길 교수는 앞의 광고문에 나오는 '순문예'라는 용어를 '순문학'으로 보는 데 대해 의문을 제기한 바 있다. 이에 대한 본고의 입장은 이렇다. 물론 이전부터 '순문예잡지'라는 말들을 사용할 때의 의미는 문예물만을 싣는다는 쪽에 가까웠던 것이 사실이다. 그러나 30년대 중반 이후에는 문예물에 대한 검열이 매우 강화된 터라 이 '순'의 맥락이 달라졌다고 본다. 당시 정황상 시국에 관한 글들을 싣지 않고 문예물만을 싣는다고 해서 문예물의 내용에 대해서는 문제를 삼지 않는다는 쪽으로 해석하는 것은 단선적인 판단이라 보기 때문이다. ~~'순수문예물'을 중심으로 이루이진다는~~ 측면에서 외적 맥락에 가까운 의미를 지녔던 '순문예잡지'가 이 시기에 이르러서는 내적 맥락에서도 '순수한 내용을 다루는 잡지'라는 쪽으로 방향성을 잡아간 것으로 보는 것이다. 당시 월평이나 년간 총평 등에서 '문학의 순수성'에 대한 언급들이 상당한 정도로 제시되고 있는 것도 참조할만한 내용이다. 안함광의 「최근의 작품경향」(『인문평론』, 1940. 7월호) 등이 한 예이다. 이런 측면에서 다음 논저는 참조할만한 시사점을 던져 주고 있다.
허재영, 『일제강점기 교과서 정책과 조선어과 교과서』, 경진, 2009.8.

게 되었고,[34] 그러나 이후 대거 월북 사태를 맞아 교과서 내에 짙은 이분화의 그림자를 남기게 된 것이다.

〈가〉에서 〈나〉를 거쳐 〈다〉로 이어지는 과정을 보면 월북과 전쟁으로 인해 많은 문인들이 교과서에서 퇴장하게 되는데, 그 과정에서 이태준이 선정한 문인들 중에서 남은 문인들은 대체로 『문장』지를 통해 추천받았거나 초기 활동을 한 시인들이었다. 『문장』지에서 활약했고 교과서에 올랐던 소설가들이 대부분 북한행을 보임으로써 〈다〉에서처럼 교과서에서 소설가의 일시부재 현상을 낳게 된다.[35] 그러나 시인들은 다음 단계에서도 교과서에 남게 되는데 이때는 당연히 '좌익이 아닌 시인'이고 그들의 작품은 자연스럽게 '좌익적이지 않은 즉 순수한'이라는 성격을 부여받았을 것으로 보인다.

결국 『문장』파 시인들은 더욱 강하게 '순(수)문학'이라는 울타리에 묶이게 되는 결과로 나타나게 된다.[36] [표 1]을 보면 그 많은 출처(문예지 등)들 중에서 단일한 잡지에서 이 정도의 수록 양상을 보이는 것은 매우 어려운 것이라 볼 때, 이는 이태준이 남겨준 공과에 해당한다. 본의와는 다르게 우리 국어교육에 '순(수)문학'이라는 용어를 등장시

34 초기 교과서에서 '이태준을 통한 『문장』의 영향'력에 대한 반증은 [표 3]의 내용을 통해서도 얻을 수 있다. 특정 대학의 교재를 제외하고는 『문장』 게재 작품들의 비율이 그리 높지 않다. 이태준과 같은 인적 요소의 작동양상을 볼 수 있는 셈이다.

35 애초부터 교과서에서는 소설보다는 시와 수필이 대세를 이루었다. 많은 글들을 싣고자 한 편찬의도에 따라 상대적으로 분량이 많은 소설은 가급적 배제했을 것으로 보이지만 신인소설가들이 많지 않았다는 점도 작용했을 것이다. '기성작가들' 대부분은 현저하게 좌익에 몸담고 있는 비율이 높았던 분야가 소설분야였기 때문인 점도 작용했을 것이다.

36 〈나〉 이후의 교과서 관련 글들을 살펴보면 이제 새로운 문학 '즉 좌익 이념에 경도되지 않는 순수한 문학'의 건설과 그것들을 통한 계몽의 필요성을 역설하는 내용을 쉽게 찾을 수 있다. 이런 맥락에서 볼 때 남은 시인들의 작품은 사회적으로 '순(수)문학'으로 공인된 셈이다.

켰으나 그 자신이 월북함으로써 그 용어에 이데올로기적 성격을 부과하게 된 때문이다. 역설적이게도 『문장』은 하나의 금기를 탄생시키는 데 중요한 역할을 하면서 한편으로는 그 금기로부터 벗어날 수 있는 출처의 역할도 담당하게 된다. [표 1]의 내용을 보건대 『문장』 출신 시인들은 일종의 '순(수)문학'의 '보증인'들과 같은 성격을 부여받은 것으로 보이는데, '이데올로기라는 금기에서 벗어날 수 있는 시작품을 구하기 위해서는 『문장』을 뒤져라'는 속설이 등장하게 되는 것은 그 극명한 예가 될 것이다.

그러나 이 '순(수)문학'의 정체나 본질이 『문장』지를 통해 등장한 이른바 청록파의 시들로부터 유추되기 시작했다는 점에서 질곡의 역사의 출발점이 되고 있다. 삶이나 사회와는 상당히 동떨어져 있는 '자연'이 하나의 순수문학의 중심적 추구 대상으로 전화되게 됨으로써 문학교육은 삶에 대해, 사회에 대해 진지하고 깊이있게 성찰할 기회를 잃고 오랜 기간 동안 정형화되고 사물화된 '순수성'을 가르치는 길에 들어서게 된 것이다. 이 정형화되고 사물화된 '순수성'은 성과 이데올로기를 아우르는 포괄적인 금기의 대체물로 전화한 셈이다.

이제 국어교과서에 대한 논의들은 우리 교육을 제어하고 있는 금기들로부터 충분히 벗어날 방안들을 강구해야 할 것이다. 새삼스럽겠지만 그 금기들의 포괄적 상위 체계인 '순(수)문학'의 정체에 대해 실천적이고 반성적인 접근을 통해 매우 가시적이고 수용가능한 형태의 논의결과를 이끌어 내야 할 때라고 본다. 적어도 '자기검열'에 빠진 인식구조에 분명한 대안이라도 먼저 제시해 주어야 할 것이다. 이는 문학연구자와 문학교육연구자들이 공동으로 이끌어내야 할 사회적 합의의 수준이어야 할 것이다.[37]

---

37 "국어교과서 편찬과정에서 드러나는 금기체계에 대한 공동 연구" 쯤이 가능하고

2) 효빈의 대상이자 극복의 대상

앞선 논의에서는 『문장』이 국어교과서 그중에서도 문학교육과 관련된 의미를 이중성의 측면에서 살펴보았다. 여기서는 작문교육과 관련된 의미를 탐색해 보기로 한다.

[표 4] [표 5] [표 6]은 대학 및 중·고등학교의 작문교육이 「문장강화」의 영향을 직접적으로 받고 있음을 보여주고자 한 것이다. 그리고 그 핵심은 '양식' 중심의 글쓰기 교육을 지속적으로 유지하고 있음을 들은 셈이다.

[표 4]에서 최현배가 편집위원장을 맡은 '대학국어'가 다른 대학들의 국어교재와는 상당히 다르게 작문 위주로 꾸며졌으며 그 내용 설계를 「문장강화」에서 가져왔다는 것은 사뭇 의미가 크다. 최현배가 이태준의 저작을 토대로 삼고 있음은 그에 대한 신뢰가 상당했음을 말해주는 것이기도 한데, 시 시기가 이태준의 월북 이후라는 점에서도 주목을 끈다. 그것은 편집위원장으로서의 최현배의 위상이 상당했음을 말해주는 것이기도 하지만, 편집위원들의 면면도 작용했을 것으로 보인다.[38]

최현배가 작문을 대학 국어교육의 중심에 놓고 문학작품을 하나의 예문으로 다루고 있다는 점은 그의 이력으로 보아 당연한 일이지만 이 책이 이후에 미쳤을 것으로 보이는 영향력은 자연스럽게 중등학교 교육과정으로 전이되어 나타난 것으로 판단된다. 작문교육은 필요하지만 전범으로 삼을만한 자원이 없었다는 점, 그나마 전범이 될 「문장강화」는 그 저자가 월북했다는 면에서 일종의 금서가 될 수밖에 없었

필요할 것이다.

38 장지영, 박두진 두 편집위원과 이태준의 관계를 상정할 때 가능한 추론이다.

던 점에서 최현배의 선택은 그 돌파구를 마련해 주었다는 의미를 지닌다.

「문장강화」가 보여준 '양식' 중심의 글쓰기 교육은 그 대상이 분명하다는 점에서 교육현장에서 수월하게 수용될 수 있는 여지가 많았다. '양식'이라는 굳건한 틀이 있기 때문에 접근통로가 열리고 이해의 편의성이 높아진다. 그러나 과연 학습자들에게 어떤 긍정적 영향력을 줄 것인가를 논의하다보면 오히려 부정적인 결과를 보게 된다.

예를 들어 다음과 같은 활동을 살펴보자.

IX. 식사문과 상용 광고문

〈본문 생략〉

학습문제

1. 식사문 쓰는 요령을 간단히 말하여보자.

2. 신문·잡지에 나오는 광고문들을 모아서 연구하여 보자.[39]

5. 연설문과 의식문

〈본문생략〉

학습문제

1. 연설문은 어떤 글이며, 어떻게 써야 할지 생각해 보자.

2. 예문이 감동을 주는 이유는 무엇인지 생각해 보자.

---

39 이희승·남광우·전광용, 『중학작문 3』, 동아출판사, 1976, 98쪽.

3. 예문을 가지고 실제로 연설해 보자.

4. 자유제목으로 10분 내외의 웅변원고를 써보자.[40]

위 예들을 놓고 볼 때 가장 큰 문제점으로 나타나는 것이 학습자들이 해야 할 활동들이 '쓰기'가 아닌 '읽기'로 환원되고 있다는 점이다. 예문을 읽고 양식의 특징을 파악하고 감상까지 이어지는 활동의 체계 속에 '쓰기'의 본래적인 의미는 현저히 퇴색하고 있는 셈이다.

사실 「문장강화」의 '현장 교육적 매력'은 예문을 확보해 준다는 데 있다. 어떤 글의 양식적 특성을 설명하기 위해서는 필수적인 것이라고 볼 수도 있다. 그런데 실제 교육 현장에서는 그것이 주어졌으니 '읽어야 한다'는 생각이 지배를 하게 된다. 게다가 편찬자들이 가려 뽑은 '좋은 글'임에야 그런 유혹을 벗어나기는 어려울 것이다.[41] 앞에서 살핀 각 작문책의 목차에 '표현의 실제'라는 장이 따로 설정되어 있고 그에 다른 활동이 감상의 차원과 주로 연결되고 있음을 보더라도 양식 중심의 작문 교육은 이해교육으로 치중될 수밖에 없음을 확인할 수 있다.

작문 교육은 일정한 양식을 주고 그에 따른 내용을 채우는 식의 글쓰기가 아닌 문제를 발견하고 그것을 해결하는 과정으로서의 글쓰기에 초점을 두어야 할 것이다.[42] 그리고 그 문제들은 학습자들이 자신

---

40 이응백 · 유병석, 『고등학교 작문』, 보진재, 1984, 128쪽.

41 앞의 '중학작문 1 · 2 · 3'의 머리말에서도 '글을 지어가는 동안에 생각의 연마와 표현의 기술을 점진적으로 향상시키는 동시에, 남의 글을 옳게 이해하며 비평하는 눈도 길러 주도록 유의하여 편찬하였다.'라 하여 예문들이 이해 · 비평의 대상이 된다는 점을 숨기지 않고 있다.

42 이런 맥락의 글쓰기관은 다음의 『작문』 및 『논술』 교과서를 통해 그 단서를 찾을 수 있다.
김은전 · 김대행, 『고등학교 작문』, 1989, 교학사.
김대행 · 김동환 외, 『고등학교 논술』, 2006, 대한교과서.

의 경험과 성찰의 범주 내에서 발견하고 해결 가능한 것이어야 의미 있는 글쓰기가 될 것이다. 그러기 위해서는 문제를 발견하는 원리와 그것을 해결하는 과정적 사고능력 등을 학습할 수 있도록 해야 할 것이다. 예를 들어 식사문과 같은 글쓰기를 다루려면 무엇 때문에 청중들 앞에서 말해야 하는지 생각하기, 청중들은 어떤 사람들인지 분석하기, 청중에 맞는 표현법이나 구성 구안하기 등으로 이어지는 과정을 경험하고 실천할 수 있도록 해야 할 것이다.

그러나 미성숙한 학습자들에게 대표적인 글을 보여주는 순간, 그 예문은 모방의 대상, 흉내 내기의 대상, 넘어설 수 없는 대상으로 전화하게 된다. 그런 상황에서 글쓰기 능력이 신장되기는 어려울 것이다. 실제로 3차 이후의 교육과정을 통해, 그리고 최근의 교육과정에 이르기까지 작문교육이 설정되고 시행되어 왔지만 그 교육의 결과에 대해서는 대체적으로 긍정적이지 않다. 여전히 학습자들의 글쓰기 능력은 '생득적'인 것에 가깝다고 보는 견해가 지배적이기 때문이다.

초기 글쓰기 교육에서는 「문장강화」 핵심인 '양식'과 '예문'은 전범이 되고 효빈의 대상일 수밖에 없었을 것이다. 그러나 그 대상은 적극적으로 극복의 대상이 될 수 있어야 했다. 학생들이 글을 쓰는 과정에서 참조를 할 수 있도록 이끌어가고 목표로 삼을 만한 모범으로 제시한 예문을 실제 교육의 과정에서는 사실상 이해와 감상·비평의 대상으로 위치시켜 놓음으로써 쓰기가 아닌 읽기에 초점이 놓이는 교육이 이루어져 왔다. 물론 읽기가 수반되지 않는 쓰기가 성립되지 않겠지만, 읽기가 쓰기의 내용을 창출하는 과정으로서 의미를 지니는 것이 아니라 하나의 활동의 결과로 머무르게 함으로써 오히려 글쓰기 능력 향상을 방해하는 요소로 변질되었음을 부인할 수 없기 때문이다. 예문으로 제시한 양식의 원리를 알고 그것을 익혀 새로운 글을 쓸 수 있는 능력이 아닌 예문의 내용을 이해하고 감상하는 쪽에 가까운 활동을 해왔기 때문이다.[43] 이렇듯 양식 중심의 글쓰기, 예문을 출발점으로 삼는 글쓰기는 그동안 우리의 작문교육을 굳건히 지탱해 왔지만 그 결과에 대해서는 부정적으로 평가할 여지도 많다는 점에서, 『문장』과 국어교육의 상관성은 이중성으로 설명이 가능하다.

43 7차 개정 교육과정에서 다시 양식 중심의 쓰기를 들여 온 데에 대해 우려의 목소리가 높다. 양식을 중심으로 쓰기교육을 설계해야 할 당위성도 충분치 않고 구체적인 성취기준을 통해서도 그 실효성을 확인하기 어렵다. 교육과정에서 제시한 양식 이외의 글들을 보다 많이 접하고 생산해야 한다는 점을 고려할 때 더욱 그러하다. 양식은 내용 생성 이후의 문제이다. 내용을 생산할 사고능력이 전제되지 않으면 쓰기 교육의 효용성은 여전히 미지수로 남는다고 본다.

간(間) 영역적 맥락

언어자료로서의 <토지>와 국어교육

1. 논의의 출발점

모국어가 국민의 정신형성에 미치는 영향력에 대한 논의들은 궁극적으로 모국어로 이루어진 문학 텍스트에 대한 교육적 효용성으로 이어지게 된다.[1] 특히 한 언어문학권에서 거장으로 지칭되는 작가의 텍스트들이 모국어교육의 제재로서 교육내용의 전 범주에 걸쳐 폭넓게 작용하는 경우를 외국어 교과서들을 통해 쉽게 확인할 수 있다. 그런데 여기서 주목할 만한 현상은 그 제재들이 단순히 문학 제재에 머무는 것이 아니라 국어활동 전반에 걸친 능력을 향상시키기 위한 제재로서 성격화되고 있다는 점이다.[2] 한 공동체의 집단의식의 최대치를

---

1 이 발표에서 깊게 기대고 있는 대표적인 논의는 다음 저작이다.
바이스게르버, 허발 역, 『모국어와 정신형성』, 문예출판사, 1993.

2 영국의 경우 국어교육 교재에서 셰익스피어 작품들이 한 교재 내에서 복수로 활용되면서 문학제재보다도 국어활동 제재로 활용되는 양상이 지배적으로 나타나는 현상을 그 예로 들 수 있을 것이다. 문학의 국어교육적 활용과 관련된 발상은 다음 저작에 기댄 바가 많다.
김대행, 『국어교과학의 지평』, 서울대학교출판부, 1995.

모국어를 통해 발현시키고 그 방향성을 제시할 수 있는 실체적 존재로서의 작가와 작품의 의의를 인정하고 있는 사회적 인식의 틀을 확인할 수 있는 대목이기도 하다. 발표자가 지속적으로 국어교육에서의 문학의 성격과 위상에 대한 재고와 제고가 필요하다는 논의를 해온 맥락은 이에서 출발하고 있다.[3]

한 개인이 바람직한 공동체의 구성원으로 성장해가는 과정에서의 중요성, 그중에서도 국어교육의 중요성은 새삼 강조할 필요도 없을 것이다. 모국어 교육이 기능의 문제가 아니라 정신의 문제라는 점, 공동체의 일원으로서의 개인의 정신적 성장은 교육의 출발이자 도달점이라 할 수 있다는 점 역시 교육에 대해 어떤 관점을 취하더라도 변할 수 없는 항수일 것이다. 특히 초등학교에서 고등학교에 이르는 공교육 과정에서의 국어교육은 그 사회적 위상과 가치가 더욱 심대할 것이다. 우리의 교육과정이 '국민 공통 교육과정' '국가 수준의 교육과정'이라는 용어로 입안되고 수행되고 있다는 점은 이를 잘 말해준다.

이런 측면에서 작가 박경리와 〈토지〉가 존재한다는 사실은 우리 국어교육으로서는 매우 행복한 일이 아닐 수 없다. 모국어를 통한 정신형성이라는 명제를 실천하는 단계에서 '무엇'을 통해 배우고 익히는가가 관건일 터에 그 '무엇'을 지니고 있다는 점에서 그러하다. 그럼에도 불구하고 교육현장에서 〈토지〉는 '문학'이라는 틀에 '갇혀 있다'. 이러한 진술이 국어교육의 자장에서의 문학의 존재의의를 폄하하거나 문학으로서의 〈토지〉의 가치를 평가절하 하는 것은 아니다. 다만 〈토지〉가 지니고 있을 국어교육적 가치가 충분히 발현되지 못하고 있다는 아쉬움의 표현일 따름이다.

김대행, 『문학교육 틀 짜기』, 역락, 2000.

3 졸고, 「문학교육과정의 대안과 제언」, 『문학교육학』 35, 2011.

이 논의에서는 국어교육에서 〈토지〉가 '문학'이라는 하위 영역에서 벗어나 국어활동 전 영역에 걸쳐, 성장 중인 구성원들이 배우고 익힐, '가장 신뢰할 만하고 효용성 높은 모국어 제재'로서의 가능성을 탐색해 보는데 그 초점을 맞추고자 한다. 나아가서 외국어로서의 한국어와 한국문화를 배우고자 하는 외국인을 위한 한국어교육 제재로서의 가능성도 아울러 탐색해보고자 한다. 국어교육과 한국어교육간의 뿌리 깊은 친연성과 상호작용성을 염두에 둔 까닭이다.

2. 국어교육에서의 문학의 위상 검토

〈토지〉가 국어교육의 현장에서 '문학'이라는 틀에 갇혀 있음으로써 그 잠재적 가치의 발현이 제한되고 있는 현상은 물론 〈토지〉에만 국한되는 것은 아니다. 그것은 그동안 우리 교육과정이 취해 왔던 방향성과 구조적 차원에서 배태된 문제이기도 하다. 그렇다면 본격적인 논의에 앞서 그 전사(前史)에 대해 검토해 보는 일이 필요할 것이다. 그런 의미에서 1차 교육과정기부터 현재의 교육과정기에 이르기까지 주요한 변화가 있었던 국어과 교육과정에서 '문학'이 어떤 위상으로 존재해 왔었는지를 살펴보고자 한다.

1) 1차 교육과정기 (1955~)

이 시기의 교육과정은 광복 후 군정기와 전시(戰時) 교육과정기를 거쳐 본격적으로 정립된 교육과정이라는 점에서 향후 교육과정의 방향성과 내용체계 형성에 중요한 영향을 미쳤을 것이라 판단된다. 교육과정의 설정이 기본적으로 보수적인 토대에서 이루어진다는 점을 고려할 때 그러하다.

우선 초등학교 국어과 목표 중 관련 내용을 보면 "(전략) 일상 생활에 필요한 이해와 지식과 감상하는 힘을 증대하여 올바른 국어 생활에의 향상을 꾀하는데 (중략) 감상과 창작의 힘도 지식을 통해서 주려 하였다."고 되어 있다. 그리고 그 하위 목표 항목 중의 하나로 "14. 문학작품 감상에 취미를 갖는다."를 설정하고 있다. 국어 생활의 향상을 꾀하는 것이 기본 목표인데 '문학'은 '감상'이라는 활동의 대상으로만 설정되고 있다.[4]

즉 국어 생활에서 문학은 '특정한 영역'이라는 인식을 내보이고 있다. 이러한 인식은 교육과정이 수차례 개정되는 과정에서 지속적으로 유지되고 있다. 문학 제재의 효용성의 측면에서 본다면 '독본'의 성격으로 제작된 군정기 교과서보다 제한적인 면모를 보이고 있는 셈이다.

그런데 이 시기 중학교 교육과정에서는 초등학교와는 또다른 양상을 보여준다. 당시의 중학교 국어과 교육목표의 일부를 살펴보자.

> "국어 교육에서 다루어 져야 할 면(面)을 흔히 언어에 관한 면과, 문학에 관한 면의 두 가지로 나누어 생각한다. 그러한 생각이 교육법 제 94조에도 반영되어 언어 교육으로서는, 일상생활에 필요한 국어를 정확하게 이해하며 사용할 수 있는 능력을 기른다고 규정하였고, 문학 교육으로서 인간 생활을 명랑하고 화락하게 하는 문예에 대하여 기초적인 이해와 기능을 기른다는 점을 들고 있다. (중략) 물론 고전을 읽는 것도 좋고, 문학 작품을 바르게 이해하도록 하는 것도 필요한 일이나, 종래에는

4 구체적인 교육내용에서 문학은 '문자언어의 경험(읽기, 쓰기)' 8항목 중 1항목으로서의 위상을 보여주는데 일기, 편지, 신문·잡지, 참고서 등과 동일 위상에 놓여 있다.

너무나 지나치게 그러한 학습에 중점을 두어 왔기 때문에, 그것이 국어 학습의 본연의 자태에서 벗어난 것이 되고 말았다. 따라서 새로운 국어 교육은 무엇보다도 현대인의 언어생활의 실제를 대상으로 하여야 하며, 학생들의 언어생활의 모든 면이 국어 교육의 목표 달성에 이용되어야 할 것이다."

이 내용에서 주목되는 바는 언어와 문학을 분명하게 구분하고 있다는 점과 문학 작품의 이해 학습이 '국어 학습의 본연의 자태'와는 거리가 있다는 지적이다. 그래서인지 지도 목표 12개 항목 중 '읽기'의 한 항목으로 '문학 작품을 바르게 읽을 수 있다'를 설정하고 있을 뿐으로 초등학교 교육과정보다 문학의 위상이 낮아진 양상을 보여준다.

고등학교 역시 읽기의 한 하위 영역으로 '번역된 외국 문학을 읽고 감상하는 능력을 기른다' '우리의 고전과 현대 문학을 읽고 감상하는 능력을 기른다' 정도로 그 위상은 매우 제한적으로 설정되어 있다.

2) 2차 교육과정기(1963~)

2차 교육과정기에서는 다른 교과에서는 상당한 변화가 있지만 국어과 교육과정과 문학의 위상에는 별다른 변화가 없다. 초등학교에서는 국어과 총 27개 목표 항목 중 문학 영역은 '문학 작품 감상에 흥미를 갖는다'가 설정되어 있는 정도이고 '기록, 일기, 편지, 전보, 게시 및 서식, 설명, 신문 및 잡지, 참고서'와 같은 위상에 놓여 있다.

중학교 교육과정에서도 '문학 작품을 바르게 읽을 수 있다'라는 목표 아래 1/10 정도의 항목 설정 비율이 나타나고 있다.

고등학교의 경우 처음으로 국어과 교육과정에서 '교양'이라는 용어가 등장하는데 '중견 국민으로서의 교양이라 함은 언어생활에 관한 교양을 말하는 것으로 이를 언어사용에 관한 면과 문학을 감상하고 이해하는 면으로 나누어 생각할 수 있다'는 목표 기술이 이루어진다. 이 기술을 통해 문학과 언어 사용이 분리되는 것이라는 인식이 고착되어 가고 있음을 확인할 수 있다.

3) 3~4차 교육과정 시기(1973~)

3차 교육과정에서는 중학교와 고등학교 모두 목표 진술에서 문학을 독립 영역으로 설정하기 않고 읽기와 쓰기의 하위 영역으로 설정하고 있다. 말하기, 듣기, 읽기, 쓰기라는 국어활동 중심으로 표나게 제시하면서 언어사용기능 신장이라는 방향성을 분명히 하고 있다. 이 과정에서는 문학이 국어활동의 제재로 폭넓게 활용할 수 있는 여지가 마련된 것으로 볼 수도 있으나 실제 교과서나 학교 현장에서는 그러한 접근은 이루어지지 않았다. 표면상 문학 영역의 축소로 읽혀지는 형국이 되었다.

고등학교 국어과 목표 중 하나인 "국어 국문학의 기초적인 이론 및 각종 형식의 문장을 학습하게 하여, 국어와 국어로 표현된 문화를 사랑하고, 이에 대한 넓은 이해를 가지게 한다."는 기술 내용을 보더라도 문학의 위상을 확인할 수 있다. 물론 '국어로 표현된 문화'라는 시각을 도입했다는 점에서는 긍정적인 평가도 가능하다.

4차에서는 중학교 교육 목표에서 "문학에 관한 기초적인 지식을 습득시키고, 문학 작품 감상력과 상상력을 기르며, 삶의 다양한 모습을 이해하게 한다."는 항목을 통해 다시 문학이 독립된 영역으로 설정되는 양상을 보이지만 세부적인 교육 내용의 측면에서는 질적인 변화를 찾아보기는 어렵다.

4) 2007 개정 교육과정~현재의 교육과정 시기

5~7차 교육과정기에서는 3~4차 단계에서 현저히 축소된 문학 영역이 이전 단계의 수준으로 회복되는 양상을 보이지만 질적으로는 별다른 변화가 엿보이지 않는다. 그러다가 최근의 교육과정에서 문학의 위상은 의미있는 변화를 보여주고 있다.

(1) 2007 개정 교육과정 시기(2007)

2007 개정 교육과정 시기에서는 "국어 활동과 국어와 문학의 본질을 총체적으로 이해하고, 국어 활동의 맥락을 고려하면서 국어를 정확하고 효과적으로 사용하며, 국어 문화를 바르게 이해하고, 국어의 발전과 민족의 국어 문화 창조에 이바지할 수 있는 능력과 태도를 기른다."라는 총론적인 목표 아래 세부 세 항목 중 한 항목에서 "국어 활동과 국어와 문학에 대한 기본적인 지식을 익혀, 이를 다양한 국어 사용 상황에 활용하면서 자신의 언어를 창조적으로 사용한다."는 기술 내용을 보여 주고 있다. 여기서 주목되는 바는 '국어활동, 국어, 문학'이라는 구분을 통해 예전의 영역별 위상을 유지하면서도 문학도 '국어 사용 상황에 활용'할 수 있다는 방향성을 제시하고 있다는 점이다. 문학이 국어 활동의 제재로 활용될 수 있는 여지를 남겨 두고 있는 셈이다.

그러나 이 교육과정에 따라 제작된 국어과 교과서에서는 여전히 문학은 '문학' 영역으로 고착되어 있다.[5] 교육과정에서는 문학의 위상이

5 이 시기 발간된 국어과 검인정 교과서 십여 종중에서 문학작품을 제재로 국어활동 학습을 시도한 경우는 '천변풍경'을 '언어와 표현의 다양성'이라는 측면에서 접근한 교과서가 유일하다.

제고될 여지를 열어 두었지만 교과서와 현장에서는 여전히 기존의 접근 틀을 벗어나기가 쉽지 않았던 것으로 판단된다. 이 현상을 관점을 달리해서 설명한다면 문학은 여전히 일상적인 언어활동과는 다른 높은 차원의 언어활동의 결과와 대상이라는 생각이 지배적으로 작용하고 있다고 할 수 있을 것이다. 연구자가 대부분인 편찬자들의 문학교육관이 크게 변하지 않고 있음을 엿볼 수 있는 대목이다.

(2) 2009 개정 교육과정 시기(2009/2011)

2009 교육과정기에서는 다음과 같은 목표 기술을 통해 문학의 효용성과 활용 양상에 대한 기대가 확산되고 있음을 확인할 수 있다. 구체적으로 "'국어' 교과는 한국인의 삶이 배어 있는 국어를 정확하고 효과적으로 사용하는 능력과 태도를 기르고, 국어를 창의적으로 사용하여 국어 발전과 국어 문화 창달에 이바지하려는 뜻을 세우며, 올바른 국어 생활을 통해 건실한 인격을 형성하여 건전한 국민 정서와 미래 지향적 공동체 의식을 함양하는 과목이다."라는 기술이나 "'국어' 교과는 국어 활동(듣기 · 말하기, 읽기, 쓰기), 국어(문법), 문학에 대한 기본적인 지식을 갖추고 비판적이고 창의적인 국어 능력을 기르며, 국어 생활을 능동적으로 수행하는 태도를 기르는 데 중점을 둔다."라는 기술 내용을 통해 이 점을 확인할 수 있다.

문제는 이러한 기대감이나 방향성이 구체성을 띠고 교과서나 현장에서 구현될 수 있는 여지를 어디에서 구할 것인가 하는 데에 있다. 국어과 교과서의 제재로서 최적의 작품을 통해, 연구자들의 시각과 의식 전환에 따른 연구 결과를 바탕으로 할 때 비로소 구현이 가능할 것이라고 본다. 바로 이 지점에 〈토지〉가 일차적으로 자리할 수 있을 것으로 보는 데에 이 논의의 초점이 놓여 있다.

3. 국어교육에서의 〈토지〉의 위상 설정을 위한 방법적 모색

앞에서 살펴보았듯이 국어과 교육과정에서 문학을 국어활동 영역(말하기, 듣기, 읽기, 쓰기)과는 독립된 영역으로 설정하는 틀이 대체로 유지되고 있다. 최근에는 국어활동 영역과 문법, 문학 영역의 6영역 체제가 굳어지는 추세이다. 문학이 독립된 영역으로 설정되어 온 것은 관점에 따라서는 문학의 위상을 굳건히 유지해 온 것으로 풀이될 수도 있다. 이는 대부분의 문학연구자들의 입장에서도 당연시하거나 긍정적으로 평가할 수 있는 대목이기도 하다.

그러나 문학을 문학 영역으로 독립시키고 그 영역 안에서 존재하게 하는 인식적 틀은 오히려 교육적 자장에서의 문학의 역할을 생각할 때 문학의 효용성을 제한하는 일이라 판단된다. 문학교육이 아닌 국어교육의 전 영역에서 문학이 수행할 수 있는 교육적 가치를 저하하는 일이라고 보기 때문이다. 즉 국어과 교육의 목표가 언어적 능력의 함양과 정신적 성장, 문화의 창달 등에 놓여 있다는 점을 고려할 때 '문학작품의 이해와 감상 능력 향상'에 초점이 맞춰진 교육적 접근은 국어과 교육 목표들 중 일부의 목표 구현에만 제한적으로 작용하고 있기 때문이다.

문학 작품이 말하기, 듣기, 읽기, 쓰기 등의 국어 활동 영역의 제재로 활용될 수 있는 여지, 즉 문학의 국어교육적 활용의 가능성은 국어교육과정에서 마련해 두고 있는 상황이다. 그럼에도 불구하고 그러한 가능성이 실제적으로는 이루어지지 않는 첫 번째 이유는 문학에 대한 교육적 관점이 한정적으로 형성되어 온 데 있다. 문학을 언어 자료로서 분석적이고 파편적으로 다루는 것은 문학의 훼손에 다름 아니라고 보는 시각이 여전히 건재하고 있다. 문학은 온전하게 작품으로서 다루어야 한다는 시각, 그래서 작품의 일부를 떼어 내어 언어활동의 자료로서 활용하는 일에 대한 거부감이 연구자와 편찬자들에게 여전히 상존하고 있다.

그런데 이러한 시각과 거부감은 교과서 편찬의 현실적 조건을 생각할 때 이미 무화되어 있는 실정이다. 특히 소설 작품의 경우 짧은 단편을 제외하고는 대부분 전략과 중략, 후략 등을 동반한 부분적 제시만 가능한 상황이다. 이해와 감상의 대상으로서 작품을 제재화하면서 부분 밖에 제시할 수 없는 상황은 가능하지만 특정 목적을 위해 부분을 제시하고 언어활동의 측면에서 접근해 가는 일은 불가하다는 시각은 그 자체로 모순이 아닐 수 없다.

또다른 이유로는 언어활동의 자료로서 문학작품을 바라보는 시각에서의 연구가 절대적으로 부족하다는 점을 들 수 있다. 언어활동의 자료로서 문학에 접근하기 위해서는 국어과 교과서의 편찬과정에서 국어학과 국어교육학, 문학, 문학교육학 등의 협력적 연구가 필요하다. 그러나 관습적으로 문학은 문학연구자나 문학교육학 연구자의 몫으로 설정된다. 우리의 국어교과서의 역사를 더듬어볼 때 드러나는 가장 큰 특징이자 문제점은 어학적 범주와 문학적 범주가 상호불가침의 영역으로 인식될 만큼 분리되어 교육내용을 설정하고 있다는 점이다. 물론 문학 작품에 대한 언어학적 접근은 상당수의 연구자들에 의해 이루어져 왔으며 언어문화의 측면에서의 연구 성과도 축적되어 있다. 그러나 이러한 연구 결과들이 국어교육의 자장 내에 적극적으로 도입될 수 있는 현실적 여지는 제한되어 있다. 국어활동의 범주는 언어학 연구자 중심으로, 문학 활동의 범주는 문학 연구자 중심으로 그 편찬의 몫이 주어지기 때문이다. 그러다보니 짧은 기간에 교과서 편찬이 이루어지는 와중에 문학 제재를 언어활동의 자료로서 활용할 수 있는 방법적 모색을 하고 구체화하기는 매우 어렵기 때문이다.

이러한 이유들로 인해 문학작품이 학습자들의 언어 능력 함양에 기여할 수 있는 가능성이 차단된 채로 문학능력의 함양이라는 제한된 목표에만 기여하게 되는 것이다. 문학은 '공동체의 언어적 실체를 보여주는 최적의 자료'임에도 불구하고 문학 영역이라는 범주에 갇힘으로써 학습자들은 건조한 설명형 자료들을 통해서만 모국어를 배우고 익히는 셈이다. 거기에는 모국어를 통한 정신의 형성과 문화의 창조적 수용이라는 궁극적인 목표를 달성하는데 한계가 분명한데도 그러하다.

한 사회의 대표적인 정전을 생산한 작가의 언어는 개인의 언어를 넘어선 언중의 실체적 언어이자 모국어의 최적의 구현체이다. 고통이라고까지 표현되는 창작과정에서 작가에 의해 선택되고 조탁되고 정련되어 재탄생하는 언어들은 분명 연구자나 편찬자의 인식 범주 내에서 재생산되는 언어들과는 그 차원이 다를 것이다. 물론 작은 단위 세부 현상에 대해서는 연구자들의 분석적 사고의 결과가 타당할 수도 있다. 그러나 공교육으로서의 국어교육의 학습자들이 공동체의 구성원으로 성장해 나가는데 필요한 언어적 자질과 능력은 실체적인 언어에 수렴되어야 할 것이다. 그런 측면에서 작가의 언어가 연구자나 비평적 저술가의 언어에 대해 비교우위적인 가치를 지니고 있다고 판단된다.

우리 사회의 귀중한 자산으로서의 〈토지〉가 국어교육의 토대를 이루는 언어자료로서 국어과 교육 목표 전반에 걸쳐 유용한 것임을 밝혀보고자 하는 의도는 이러한 발상에 기대고 있다. 학습자의 언어, 실생활적 언어의 교육이라는 당위성을 내세워 이루어지는 언어 현상을 제재로 한 국어교육도 분명 필요하지만, 궁극적으로 모국어의 실체를 경험하고 습득하고 전승해야 한다는 본질적 목표를 위해서는 정전 작가의 언어를 토대로 한 전반적인 국어교육이 필요하고, 필자는 그 가능성을 〈토지〉를 통해 타진해 보고자 하는 것이다.

1) 교육과정상의 비문학 영역 성취기준의 구현 가능성

〈토지〉는 국정교과서에서는 6차 교육과정에 따른 〈고등학교 국어〉에서 유일하게 제재로 활용되고 있다. 그리고 그 제재화의 방향은 '문학과 문화'라는 단원의 목표에 충실하게 이루어지고 있다. 제재 학습에 이은 학습활동에서 그러한 방향성이 분명하게 드러난다. 그 활동의 구체적인 내용들은 다음과 같이 제시되어 있다.[6]

- 이 작품의 줄거리를 중심으로 공부해 보자
- 이 작품의 인물을 중심으로 공부해 보자.
- 생활문화의 이해라는 관점에서 감상해보자.
  - 인물의 가치관
  - 인물의 관계적 특성 찾기
- 예술문화의 이해라는 관점에서 감상해보자.
  - 대상을 비판적으로 바라보는 표현 찾기
  - 삶의 모습이 공감을 주는 이유 말하기
- 작품에서 사용한 표준어와 방언에 대해 공부해 보자
  - 표준어로 고쳐 보기
  - 방언이나 비규범적 언어사용의 효과 설명해 보기

이러한 활동의 방향성은 표현이 약간 달리한 것일 뿐 그동안 국정교과서에서 다른 문학 제재들을 다룬 관례적인 접근방식과 차별성이 없다. 방언의 문제도 문학적 표현의 효과라는 맥락에 머물고 있다. 그렇다면 이러한 관례적인 접근 방식을 벗어나 국어교육의 전반적 제재

6 교육부, 『고등학교 국어(하)』, 1999.

로서의 효용성은 어떻게 확보될 수 있을까를 모색하는 과정에서 발표자는 이런 방식을 택해 보았다. 교육과정상의 성취기준 중 비문학 영역(국어지식 제외)의 성취기준들을 위한 담화(또는 글 등) 자료로서의 적절성을 탐색해보는 방식이다. 구체적으로는 현재의 교육과정상의 〈고등학교 국어 I, II〉의 비문학영역 성취기준을 놓고 대입해보는 방식이다.[7]

현재의 〈고등학교 국어 I, II〉의 국어활동 영역(말하기, 듣기, 읽기, 쓰기)의 성취기준을 제시해 보면 다음과 같다.

〈말하기, 듣기〉

① 대화의 원리를 이해하고 상황과 대상에 맞게 언어 예절을 갖추어 말한다.

② 공감적 듣기의 방법을 이해하고 대화와 타협을 통해 문제를 해결한다.

③ 부정적 언어 표현의 폐해를 인식하고 바람직한 의사소통 문화를 형성하는 태도를 기른다.

④ 토론의 본질과 원리를 이해하고, 쟁점별로 논증하여 공동체의 문제를 합리적으로 해결한다.

⑤ 비판적 듣기의 기준인 신뢰성, 타당성, 공정성을 이해하고, 상대의 주장을 평가하며 듣는다.

---

7 『국어 I, II』는 학교별 교과 편성방침에 따라 달라지지는 하지만 대체로 고등학교 1학년들이 배우게 되는 교과이다. '담화(글 등)의 수준과 범위'는 2007 개정 교육과정에서 처음 제시한 용어로 이 논의에 필요한 개념이기에 활용하고 했다. 〈문학〉 과목을 제외하고 〈국어〉 과목 성취기준을 대입시켜 보고자 한 것은 국어활동 교육의 제재로서의 적절성을 타진해 보고자 하는 것이 이 논의의 초점이기 때문이다. 〈화법과 작문〉 〈독서와 문법〉이라는 과목 역시 그러한 이유에서 제외했다.

⑥ 매체 자료의 유형과 기능을 이해하고, 매체 자료를 효과적으로 활용하여 정보를 전달한다.

〈읽기〉

① 글의 의미를 구성하는 사고 과정으로서 독서의 특성을 이해한다.
② 여러 가지 독서 방법을 이해하고 상황에 맞는 독서 방법을 적용하여 글을 읽는다.
③ 독서의 목적과 상황, 독자의 흥미나 가치관 등을 고려하여 글을 스스로 선택하여 읽는 태도를 기른다.
④ 시대에 따라 글쓰기의 관습이나 독서 문화가 다름을 이해한다.
⑤ 문제 해결적 사고 과정으로서 독서의 특성을 이해하며 다양한 유형의 글을 읽는다.
⑥ 다양한 매체 자료를 비판적으로 분석하고 평가하며 읽는다.

〈쓰기〉

① 글을 쓰는 데 필요한 작문의 과정과 관습을 이해한다.
② 다양한 매체에서 얻은 정보를 작문 상황에 맞게 조직하여 통일성과 응집성을 갖춘 글을 쓴다.
③ 여러 가지 표현 기법과 적절한 문체를 사용하여 글을 쓰고 자신이 쓴 글을 점검하며 고쳐 쓴다.
④ 핵심적인 정보를 선별하고 작문 맥락에 맞게 정보를 조직하여 설명하는 글을 쓴다.
⑤ 작문 맥락에 대한 분석을 바탕으로 여러 가지 타당한 근거를 제시하여 주장하는 글을 쓴다.
⑥ 글의 전달과 사회적 파급력과 연관된 매체의 효과와 특성을 고려하여 내용을 선정하고 조직하여 책임감 있게 인터넷상의 글쓰기를

한다.

이 성취기준을 활동영역별로 나눠 〈토지〉의 활용 가능성에 대해 살펴보면 다음과 같다.

(1) 말하기 듣기 영역

이 활동 영역에 주어진 성취기준 중 ① ②는 〈토지〉에서 수많은 장면들을 발췌해 구현할 수 있는 여지가 매우 큰 성취기준이 된다. 그 중 ①의 '상황과 대상에 맞게 언어 예절을 갖추어 말한다'라는 항목은 우리 사회에 실제적으로 존재하는 다양한 계층과 신분, 연령, 인척 등의 관계양상에 따른 대화가 제시되는 〈토지〉에서 매우 풍부하게 용례를 취함으로써 성취가 수월하게 이루어질 수 있을 것이다. 현재의 교과서들이 전후의 맥락들이 충분히 주어지지 않은 상황에서 단편적으로 구성한 용례들을 통해 학습활동을 꾸리고 있음을 고려할 때 서사구조 속에서 맥락을 읽고 실감나는 상황과 다양한 대상, 관계에 따른 언어예절 등이 충분히 제시되고 있는 〈토지〉는 매우 유의미한 제재로서의 가치를 지닌다. ②의 경우도 가족, 마을, 지역 사회, 단체 등에서 실제적으로 발생할 수 있는 다양한 성격의 문제들에 대해 대화하고 타협하는 장면들이 〈토지〉의 곳곳에서 제시되고 있고 그 과정에서 '공감적 듣기'가 규범적이거나 추상적인 것이 아닌 실제성을 띤 형태로 나타나고 있기에 성취가 매우 용이한 항목이 될 것이다. 즉 단편적으로 주어지는 교과서적인 문제 상황과 해결 과정, 그 과정에서의 공감적 듣기에 대한 학습보다 과정에 대한 이해의 폭이 훨씬 넓어지기 때문에 그러하다.

③의 경우 부정적 언어 표현의 폐해에 대한 인식과 그러한 표현으로 인한 의사소통의 장애 양상 역시 〈토지〉의 몇몇 장면들을 통해 적

절한 용례들을 확인할 수 있다. 현재의 교과서에서 부정적 언어 폐해의 양상을 폭언이나 비방 등의 현상에 국한해서 설명하고 의사소통에 장애를 준다는 정도로 다루고 있으나, 성이나 인종, 지역적 차별에 따른 언어 폐해에 대해서는 구체적으로는 다루고 있지 못하다. 〈토지〉에서는 과정적인 현상으로서, 구체적인 현상으로서의 부정적 언어 폐해의 양상들이 나타나고 있으며 관용과 배려의 언어라는 지향적 언어 양상도 잘 드러나기에 보다 심도있는 학습이 가능하다고 본다.

④의 경우 교과서에 다루는 토론의 양상들이 대체로 토론의 이론적 형식을 제시하고 그에 따라 이루어지는 공식적인 토론 상황, 즉 실제 언중들의 언어생활에서는 마주하기 쉽지 않은 토론 상황을 중심으로 학습하도록 하고 있어 많은 한계를 지니고 있으나 〈토지〉에서 제시되는 생활적 토론의 양상들이 제재로 활용된다면 그 폭과 깊이를 더할 수 있을 것이다. 언어활동이 궁극적으로는 설득에 그 목표가 있다면 다양한 관계에서 비롯되는 현실적 갈등 상황에서 그 갈등이 어떻게 전개되고 해결 또는 미해결에 이르게 되는지를 서사의 진행에 의해 경험하게 된다면 그 학습 효과는 보다 제고될 수 있을 것이다.

⑤ 역시 다양한 인물들이 자신들의 이해관계에 따라 상대방의 주장이나 요청에 대해 따져 들으며 자신의 기준에 따라 평가하고 대응하는 대화와 그 연계 상황들이 제시되는 장면들이 많기에 보다 실체적인 언어활동에 접근하는 활동들이 가능해질 것이다.

(2) 읽기 영역

읽기 영역의 성취 기준들은 기본적으로 '작품을 읽는다'라는 행위의 특성 상 거의 모든 성취기준에 대응되는 자료로서 간주될 수도 있다. 그러나 이런 범박한 접근으로는 〈토지〉의 유용성이 제한을 받게 된다. 현재의 교과서들에서는 읽기와 관련된 매우 이론적이고 규범적인 활동들을 상정하고 있는데 이를 통해 실제적으로 학습자들의 읽기 능력이 크게 향상되기를 기대하기는 어렵다는 판단이다. 설명하는 글이나 설득하는 글, 사회적 상호작용과 정서 표현의 글 등을 제시하고 각각의 글들을 읽어 내는 능력을 기르는데 초점이 맞춰져 있지만 보다 미세한 접근이 필요하다고 본다.

①의 성취 기준은 '사고 과정으로서의 독서'에 핵심이 놓여 있는데 〈토지〉의 복합적인 구성과 조직은 적절한 자료를 제공할 수 있을 것이다. 수많은 인물과 상황이 빚어내는 사건의 전개과정과 인물들의 심리와 사물과 현상의 묘사들을 통해 비교대조하고 분류하고 정의하고 인과관계를 따지는 등의 사고 활동이 어떻게 이루어지는지를 이해하고 수행할 수 있게 될 것으로 판단된다. 일반적인 글들을 통해서는 수행하기 어려운, 미세한 접근에 의한 높은 수준의 읽기 활동이 가능하다고 보는 셈이다.

성취 기준 ②의 경우 현재 교과서에서는 음독, 미독, 정독, 숙독 등의 용어와 함께 SQ3R 등과 같은 낯선 개념들을 동원하여 독서 방법을 학습하도록 함으로써 성취를 이루도록 하고 있다. 그런데 이러한 방법들은 사실 특정한 글에 적용되는 경우가 대부분이어서 공교육 이후 언어생활에서 활용 가능성이 그다지 높지 않은 것으로 인식되고 있다. 오히려 빠른 전개가 이루어지는 부분과 치밀한 묘사가 이루어지는 부분, 긴장감을 수반하며 진행되는 대화로 이루어진 부분, 암시와 복선 등이 어우러져 있는 부분 등을 접하면서 읽기의 방법이 달라져야 함을 인식하도록 하는 것이 효율적인 독서의 방법을 익히는데 유용할 수도 있을 것이다. 또한 당대의 생활상을 이해하기 위해, 사람들의 행동이나 태도, 심리 등을 이해하기 위해, 인물들과의 동질감이나 거리두기를 통해 자신의 문제를 해결하거나 치유하기 위해 글을 읽을 때 어떤 방법적 차이가 개재되는지를 인식하는 일도 또한 이 성취기준에 유용하다는 판단이다.

③의 경우도 ②와의 연장선상에서 접근이 가능하다. 글을 선택하여 읽는 태도를 기르는 일은 〈토지〉가 지닌 다양한 국면들을 통해 상당한 정도의 효과를 얻을 수 있을 것이다. 〈토지〉가 형상화하고 있는 인간의 내면세계, 삶의 양상들, 사회적 역사적 상황에 대한 이해, 당대의 생활문화나 가치관에 대한 이해 등의 목적에 따른 독서를 하고자 할 때 문학 작품이 충분히 의미있는 대상이 될 수 있음을 구체적으로 확인할 수 있게 함으로써 이후 또다른 목적의 글 읽기 과정에서 관습적인 생각에서 벗어나 다양한 양식과 성격의 글들을 폭넓게 선택할 수 있는 안목과 태도를 기르는데 일조할 수 있을 것이다. 글의 선택은 내용의 측면뿐만 아니라 양식적 속성과 같은 요소까지도 고려하여 선택하는 태도가 중요하기 때문이다. 〈토지〉를 통해 학습자들이 문학 일반에 대해 관습적으로 알고 있는 바를 넘어 생활지(生活誌), 문화지(文化誌), 민속지(民俗誌)등으로서의 성격을 지닐 수 있음을 인식할 수 있도록 한다면 보다 폭넓은 선택 능력을 기를 수 있게 될 것이다.[8]

---

8 다른 부분도 그러하지만 이 논지를 설정하고 발전시키는데 기왕의 『토지』 연구물의 도움이 컸다. 다음 저작들을 주로 참고했는데 특히 최유찬의 일련의 저작들은 이러한 맥락을 고려하고 살피는데 중요한 관점들을 제공해 주었다.
정현기, 『한과 삶』, 솔, 1995.
편집부, 『한 생명 대자대비』, 솔, 1995.
한국문학연구회, 『토지와 박경리 문학』, 솔, 1996.
최유찬, 『토지를 읽는다』, 솔, 1996.
임우기 정호웅 편, 『토지 사전』, 솔, 1997.
최유찬 편, 『박경리』, 문학시대사, 1998.
최유찬 외, 『토지의 문화지형학』, 소명출판, 2004.
정호웅, 『한국의 역사소설』, 역락, 2006.
최유찬, 『한국 근대문화와 박경리의 토지』, 소명출판, 2008.
최유찬, 『세계의 서사문학과 토지』, 서정시학, 2008.

④의 경우는 현재 교과서에서 구현하기가 상당히 어려운 성취기준 중 하나이다. 글쓰기의 관습이나 독서 문화에 대한 개념이 모호하기도 하지만 구체적인 현상으로 제시하기가 쉽지 않기 때문이다. 그런데 이 항목에 대한 해설은 이렇게 기술되어 있다. "독서는 일반 시민들의 경제적·지적 수준의 향상, 매체의 발달과 함께 지속적으로 확대, 변화되어 왔다. 이 과정에서 독서의 매체나 독서의 방식 등 독서 문화도 큰 변화를 거쳐 왔다. 현재의 글쓰기 관습이나 독서 문화와 차이가 있는 과거의 자료를 읽을 때에는 그 차이점을 충분히 인식하면서 읽을 수 있도록 한다."

여기에서 학습의 대상으로 제시하도록 권유하고 있는 '과거의 자료'들은 〈토지〉에 풍부하게 제시되어 있다. 그리고 지금의 교과서들이 그 자료들을 생산과 수용의 맥락에서 분리시켜 그 자체만을 제시하는 경우가 대부분이기에 문화적인 측면에까지 나아가기는 쉽지 않다. 예를 들어 편지라는 글쓰기의 관습에 대한 학습의 경우 편지 그 자체에 집중해서 이루어진다는 점에서 일정한 한계를 지닌다. 〈토지〉에서는 한 편의 편지가 고스란히 생산과 수용의 맥락 속에서 제시되고 있다는 점에서 이 항목의 성취에 매우 적절한 사례를 제시할 수 있게 된다. 그리고 독서 문화의 양상 또한 그 당대적 삶의 국면에서 독서가 이루어지는 맥락이나 의미가 드러날 수 있는 장면들을 내포하고 있기에 역시 매우 유용한 활동 자료가 될 것으로 본다. 나아가서 〈토지〉가 창작된 이래 독자들이 어떤 맥락과 태도로 작품을 수용하고 있었는지를 비평이나 감상문, 서평 등의 자료를 통해 확인해 보게 한다면 시간적 차이에 따른 독서문화의 양상을 파악할 수 있는 접근도 가능할 것으로 본다.

⑤의 경우는 ②와 ③의 확산에 해당한다는 점에서 〈토지〉는 여전히 그 활동자료서의 의미를 지닌다.

(3) 쓰기 영역

이 영역의 활동 자료로서의 〈토지〉는 부가적인 자료와 결합해서 그 효용성을 발휘할 수 있는 여지를 마련해 줄 것이다.

①과 ② ⑤의 경우 작가가 제시한 창작과정과 관련한 다양한 이차 자료들을 활용하여 접근하게하거나 비평가나 연구자들이 제시한 설명적 자료들을 바탕으로 활동의 구성이 가능하게 된다. 물론 이 활동들을 문학작품의 생산이라는 맥락이 아닌 일반적인 글쓰기의 맥락으로 전이시켜 접근하도록 해야 할 것이다.

③의 경우는 〈토지〉의 어떤 장면을 선택하더라도 접근 가능한 성취기준으로 판단된다. 사물과 현상, 상황을 그려내는 표현기법들, 문체적 특성들을 파악하게 한 다음 그와 유사한 맥락을 주고 글을 쓰고 점검하는 활동으로 구성이 가능할 것이다.

④의 경우는 인물이나 사상(事象)에 대해 설명하는 장면들을 들어 설명에 필요한 정보들의 속성이 건조한 문체와 개념들을 통해서만이 아닌 감각적인 언어와 문체를 통해서도 가능하고 경우에 따라서는 더 유용한 것일 수 있음을 학습하게 함으로써 고급스럽고 확장적인 글쓰기에 대한 인식을 경험할 수 있는 계기가 될 것이다.

이상에서 대략적으로 살펴보았듯이 〈토지〉는 현재의 교육과정상의 국어활동 영역의 성취기준들 대부분을 달성하는데 매우 유용한 언어 자료로서의 면모를 지니고 있다. 물론 여기에 어떤 소설을 가져도 놓아도 가능할 수 있다는 반박도 가능할 것이다. 그러나 〈토지〉가 지니고 있는 정전으로서의 무게에 버금갈 수 있는지, 현실적인 제약 요소들로부터 〈토지〉보다 자유로울 수 있는지, 특히 민족의 수난사의 기록이고 언어문화사의 보고라는 가치와 견줄 수 있는 가치를 지니고 있는지를 따져 볼 때 그 반박의 근거는 그리 튼실하지 않을 것으로 판단된다.

2) 확산적 성취기준의 가능성들

앞에서는 〈토지〉의 국어활동 자료로서의 효용성을 가늠해 보기 위해 교육과정상의 성취기준에 대응시켜 보는 방법적 접근을 취해 보았다. 따라서 그 결과들은 일종의 사례일 뿐 〈토지〉가 보여줄 수 있는 최대치는 아니다. 그런 의미에서 현재의 〈국어〉 성취기준에는 설정되어 있지 않지만, 심화 선택 과목인 화법과 작문, 독서 등에서 구현될 수 있거나 차후의 교육과정에서 성취기준으로 설정 가능할 것으로 판단되는 접근 통로를 제시해 보고자 한다. 성취기준에 대한 확산적 접근을 통해 그 효용성의 지평을 넓혀 보고자 하는 셈이다.

먼저 제시해 보고자 하는 것은 성찰의 언어라는 개념이다. 최근 들어 국어교육의 현장에서는 성찰, 치유 등의 개념으로 설명되는 언어활동에 대한 관심이 높아지고 있다. 주로 글쓰기 활동과 관련되는 것이지만 그 전단계로서 그러한 언어적 양상에 대한 경험이 강조되고 있다. 그런 측면에서 〈토지〉의 수많은 장면을 통해 접하게 되는 다양한 인물군들의 독백을 통한 성찰의 모습들은 매우 중요한 자료가 된다. 인물들이 자신들의 행위나 태도, 삶에 대해 반성적으로 접근하는 다양한 '독백'의 상황들을 통해 학습자들은 성찰의 언어가 어떤 속성을 지니는지를 경험하고 자신의 언어활동에 반영할 수 있게 될 것으로 판단된다.

다음으로는 관용적 표현의 생활화 양상에 대한 이해와 그 활용 능력의 측면이다. 현행 교육과정에서는 속담 등의 관용적 표현에 대한 학습이 이루어지고 있으나 대부분의 관용적 표현들이 독립적인 맥락에서 학습되고 있어 그 실용성에 의문이 간다. 관용적 표현이 지식의 대상으로 변질되어 인식되거나 특수한 표현 방식으로 인식되기도 한다. 그런데 〈토지〉를 보면 이 관용적 표현은 거의 일상적인 것이었음을 확인할 수 있다. 어떤 경우에는 한 두 쪽 정도의 분량임에도 불구하고 인물들의 대화에서 사용되는 관용적 표현들이 수 개에 이르는 양상도 확인할 수 있다. 관용적 표현이 일상적인 담화에서 얼마나 자주 사용되었으며 그러한 표현을 사용하는 담화의 의미가 어떻게 형성되고 전달되는지 등을 살필 수 있게 한다면 그 의미는 자못 클 것으로 판단된다. 나아가 이러한 언어활동은 전승될 성질의 것이지 거리를 두고 바라볼 성질의 것은 아니라고 본다.[9]

다양하고 풍부한 화법의 제시 또한 주목할 요소이다. '~카더라'로 맺어지는 말하기의 방식이나 대화의 상황에서 곤란한 국면을 피해가는 딴전 피우기 같은 다양한 전략들, 경쟁적 대화 관계에서 상대방과의 우위에 서기 위한 대화 기법들을 곳곳의 장면에서 수시로 접할 수 있고 매우 실감나게 인지할 수 있게 된다. 또한 '문화적 수사'로까지 부를 수 있을 정도로 언어문화나 생활문화가 표나게 드러나는 비유적 표현 또한 관념과 추상의 수사에 익숙해져 가는 학습자들에게는 언어생활에 잠재적인 영향을 줄 수 있는 언어문화적 충격으로 수용될 가능성도 크다.

쓰기 활동과 관련해서는 묘사의 힘에 대한 경험이 무엇보다도 강조될 수 있을 것이다. 〈토지〉의 묘사력에 대해서는 이미 선행 연구자들

---

9 『토지』가 보여주는 다양한 양태의 생활언어와 문화언어들은 보존되고 전승될 자산이라는 시각 또한 국어교육의 측면에서 매우 유의미한 것이라 판단된다. 현재의 교육과정이 지나치게 학습자의 생활언어라는 차원을 강조하고 그에 따른 활동을 요구하고 있는 상황은 오히려 바람직한 언어능력을 함양하는데 지장을 줄 수 있다고 본다. 언어에 대한 경시 풍조를 불러 올수도 있기 때문이다. 『토지』의 작가가 보여주는 언어의 진정성에 대한 의식은 이런 점에서 적극적으로 국어교육의 자장 내에서 활성화될 필요가 있다고 본다.

이 주목한 바 있지만 발표자가 특별히 관심을 두는 바는 공동체 구성원들의 집단의식을 묘사를 통해 과감하게 구체적인 언어로 형상화하고 있다는 점이다. 의식의 형상화는 애매모호하거나 추상화되기 십상이지만 〈토지〉에서 작가가 규정하고 그려내는 집단의식은 구체성을 확보하고 있다는 점에서 주목할 만하다. 중등학교 학습자들이 써내는 사회와 공동체적 현상에 대한 글쓰기가 '우리'와 같은 용어를 습관적으로 사용해서 집단으로 포장된 개인의 의식을 드러내는데 머무르고 있다는 점을 고려할 때, 〈토지〉의 작가가 보여주는 집단의식의 형상화는 글쓰기 학습에 매우 요긴하게 활용할 수 있을 것이다. 풍속이나 제도 등 공동체적 질서가 작용하는 현상에 대한 서사와 묘사 부분에서 주로 만나게 되는 이 양상은 심화된 언어활동에 대한 자각의 계기도 될 수 있으리라 본다.

마지막으로 〈토지〉의 곳곳에서 발견하게 되는 일종의 '권력언어'의 양상을 거론할 수 있다. 다양한 속성의 권력에 기반을 두고 이루어지는 언어현상을 '권력언어'로 부를 수 있다면 언어의 본질적인 측면에 대한 인식을 새롭게 할 수 있는 자료로서의 역할을 〈토지〉에 부여할 수 있을 것이다. 신분이나 계급, 계층과 같은 제도적인 성격의 권력관계에 따른 언어사용 양상은 물론 공동체의 질서를 유지하기 위한 또는 개인적인 관계를 유지하려는 의식에서 비롯되는 자발적 권력관계에 따른 언어사용 양상 등이 풍부하게 구사되고 있다. 이같은 양상은 언어예절과 같은 기본적인 규범에 대한 인식에서 출발해서 사회적 상호작용으로서의 언어생활에 대한 인식에까지 이를 수 있도록 해줄 수 있을 것으로 기대된다.

3) 한국어교육의 자료로서의 〈토지〉의 가능성

필자는 2011년 2학기와 2012년 1학기의 두 학기에 걸쳐 태국의 치앙마이 라차팟 대학교 한국어과에서 파견 근무를 하던 당시 '한국 문화의 이해'라는 강의를 담당했었다. 그런데 한국 문화를 배우는 첫 시간에 대학 4학년 학습자들이 그간 배운 한국문화 학습내용에 대해 "그림이 안 그려져요."라고 표현했다. 필자와 같이 일 년을 공부하게 될 태국의 한국어과 학생들은 한국과 한국 문화에 대한 깊은 관심과 수용 욕구를 지니고 있었다. 그래서 한국 문화에 대한 학습 기대가 매우 컸었다. 그런데 해당 학과의 교수진 구성 상 한국 문화에 대한 수업은 매우 피상적으로, 교재에 기술된 내용 정도에 국한해서 이루어지고 있었다. 그렇기에 한국인 파견 교수와의 문화 학습에 대한 기대도 컸다. 그러나 기왕에 사용 중인 한국어교재에 기반을 둔 문화 수업은 매우 한정적이 될 수밖에 없었다. 우선 기술 내용 자체가 빈약할뿐더러 그 기술 내용이 매우 'dry해서'(태국 학습자의 표현) 구체적인 이해와 수용에 이르도록 하기에는 어려움이 많다는 생각들을 지니고 있었다.

해당 학습자들이 한국 문화에 대해 '그림이 그려지지 않는다'고 표현한 것은 의미심장한 것이었다. 그들이 주로 원하는 것은 한류와 같은 현대사회의 한국 문화에 대한 접근이었지만 그에 앞서 한국의 전통 문화에 대한 이해가 선행되어야 한다는 점을 인식하고 있던 시기였기 때문이다. 현대의 문화 현상을 좀더 깊이 있게 이해하고 수용하려 하니 전통 문화에 대한 이해가 필요했기 때문이었다.

그런데 그들이 생각하는 전통 문화의 양상은 가치관과 같은 정신문화나 물질문화가 아닌 민속 또는 풍속으로 부를 수 있는 생활문화였다. 학습자들의 말을 종합해 보건대 그들이 생각하는 외국의 문화란 자신들의 문화와 비교 가능한 것, 구체적인 모습으로 떠오르는 것일 때 의미 있는 것이라는 인식을 깔고 있었다. 즉 결혼식, 명절 풍속, 놀이 등은 자신들의 삶 속에서도 존재하고 있기에 비교 수용이 가능하고, 구체적인 경험을 통해 감각적으로 인식하고 있기 때문에 실감나게 받아들일 수 있다고 생각하고 있었다.

그러다보니 그동안 교재를 통해 배운 한국의 생활문화로서의 전통문화에 대한 학습 내용이 이런 조건에서 벗어나 있다고 생각하고 있었다. '그림이 그려지지 않는다'는 표현은 교재의 기술 내용이나 자신들이 참조한 자료들의 내용이 실감나게 와 닿지 않고 나아가 문화로서 와 닿지 않는다는 것을 의미하고 있었다. 비록 한정된 학습자들에게서 나온 반응이기는 하지만 '한국의 전통 생활문화를 실감나게 배우고 싶다'는 욕구는 일반화시켜도 무리가 없다는 판단이 들었다.

두 번째로 필자가 들었던 인상적인 반응은 "주어가 누구에요."였다. 교재 등에서 배운 한국 전통 문화에 대한 설명 텍스트들에서 누가 주어인지를 묻는 것이었다. 즉 해당 전통문화를 향유하는 주체들이 주로 누구였는지를 알고 싶어 했다. 어린이인지, 어른들인지, 평범한 사람들인지, 특별한 사람들인지, 누구나 가능한 것이었는지, 제한적인 것인지를 물었다. 한국어교재들이 한국의 전통 생활문화를 소개하면서 그 주체들에 대한 언급이 없다는 것은 그 기술 내용이 현실적인 모습과는 상당히 거리를 둔 채 작성자의 시선 중심으로 이루어져 있음을 말해주고 있다.

위의 두 가지 반응의 배경이 된 내용들의 예를 들어 보면 다음과 같다.

> 한국에는 특별한 날 하는 특별한 풍습이 있습니다. 설날에는 연날리기를 할 때 연줄을 끊어 날려 보내는데 그건 1년 동안의 액운이 사라지

고 복이 오라고 그렇게 합니다. 결혼식 날에는 신랑과 신부가 오래오래 행복하게 살라고 결혼식에 온 하객들에게 국수를 줍니다. 그리고 새로 이사한 집에 갈 때는 비누 거품처럼 크게 일어나 부자가 되라고 비누를 사 가지고 갑니다.[10]

선생님: 오늘은 바람이 불어서 연날리기에 좋겠어요.

마이클: 우리나라에서도 연날리기를 하는데 한국의 연모양은 좀 다른 것 같아요.

선생님: 대나무 틀에 한지를 붙여서 만드는데 세모, 네모, 마름모 등이 여러 가지가 있어요.

마이클: 빨리 날려 보고 싶어요.

선생님: 마이클씨는 연날리기를 많이 해 본 것 같네요. 우리 연싸움 한번 해볼까요?"[11]

우리 민족은 예로부터 잔치를 즐겨 왔습니다. 잔치란 좋은 일이 생겼을 때 이를 기념하고 축하하기 위해 벌이는 행사입니다. 생일을 맞거나 새 집으로 이사를 갔을 때 어려운 시험에 합격하거나 직장에서 승진했을 때 사람들은 빼놓지 않고 잔치를 합니다.

원래 잔칫집은 손님들로 가득하고 노래와 춤으로 떠들썩해야 한다고 했습니다. 또 잔칫상은 술과 고기, 갖가지 과일 등으로 풍성하게 차려졌습니다. 배부르게 먹고 마음껏 즐기는 것이야 말로 잔치에서 제일 중요한 일이었습니다.[12]

---

10 연세대학교 한국어학당, 『연세 한국어』 4-2. 339쪽.

11 서울대학교 어학연구소, 『한국어』 4, 143쪽.

12 경희대학교 국제교육원, 『한국어 중급』 II, 54쪽.

위 내용들은 현재 사용되고 있는 교재들 중 한국의 전통 생활문화를 다루고 있는 부분들이다. 이 교재들은 태국의 대학에서 사용하고 있는 교재들이기도 하다. 이 교재들에 실린 내용에 대해 태국의 학습자들은 앞서 설명한 바와 같이 구체적이고 실감나게 와 닿지 않으며 그 주체가 누구인지를 잘 모르겠다는 판단을 하고 있었으며 좀더 다른 방식의 텍스트들을 원하고 있었다. 그 상황에서 필자는 한국의 전통 생활문화에 대한 새로운 속성의 텍스트들이 필요하고 거기에는 전략적인 접근이 따라야한다는 판단을 하게 되었다.

발표자가 고심 끝에 제시한 텍스트는 바로 〈토지〉 1권의 다음 장면이었다.

> 지난 정월 대보름날에는 당산에 달집을 지었다.
>
> "워어이이--달 나왔다아!"
>
> 아이들이 달을 향해 소리치면 강아지도 덩달아서 짖어대었다. 저마다 한 가지씩 소망을 품었을 마을 사람들이 달집 둘레에 모여들면서 불을 질렀었다. 훨훨 타오르는 불길, 아낙들은 손을 모아 수없이 절을 했었다. 불빛을 받은 사내들 얼굴은 짙붉게 번들거렸으며 눈은 숯덩이처럼 짙게 빛났었다. 순박하고 경건한 소망이 기원이 끝났을 때 마을 사람들은 장날에 모여든 장꾼처럼 떠들기를 시작했었다. 사내들은 곰방대를 꺼내들며, 아낙들은 코를 풀고 치맛자락을 걷어 불빛에 윤이 나는 콧등을 닦으며 새삼스럽게 서로 인사를 나누고 친지들의 소식을 물어보고, 씨받은 암소 얘기며 떡이 설어서 애를 먹었다는 얘기며 노친네 수의 걱정이며. 이윽고 달집은 불길 속에 무너지고 무너진 자리에서 불길마저 사그러지면은 끝없이 어디까지나 펼쳐진 은빛의 장막, 그 장막 속에서 노니는 그림자같이 마을 사람들을 뿔뿔이 흩어져 갔던 것이다.[13]

이 장면을 좀더 쉬운 말들로 다듬고 몇 장의 사진을 곁들여 제시하고 '정월 대보름날의 풍속'이라는 주제로 강의를 진행했다. 내용 파악에 필요한 어휘 및 구절 풀이 등을 거친 후텍스트를 수용한 후의 학습자들이 글과 말로 표현해 내는 한국의 문화에 대한 이해 정도나 만족도는 기대보다 높았다. 위의 두 가지 문제들이 상당 정도 해소된 까닭이었다.

이 경험은 필자로 하여금 한국문학의 정전이라는 경계를 넘어 간문화적 정전으로서의 가능성을 〈토지〉에서 찾는데 주저하지 않게 하는 계기가 되었다. 그리고 〈토지〉의 곳곳에서 마주치게 되는 '살아있는 문화현상'으로서의 풍속(風俗)의 재현이라는 소설적 장치의 교육적 가치를 분명하게 인식하게 되는 계기가 되었다. 물론 다른 작가들의 소설에서도 소설적 장치로서의 '풍속의 재현'이 이루어진다. 그러나 필자의 경험에 의거한 판단이기는 하지만 〈토지〉의 풍속 재현은 다른 소설의 그것에 비해 비교 우위에 놓여있었다.[14] 이런 측면에서 〈토지〉가 매우 효율적인 한국어교육의 제재로서 적극 활용할 수 있도록 하는 다양한 방법적 모색이 이루어지기를 기대하고 있다.

---

13 박경리, 『토지』 1, 솔, 1997, 16~17쪽.

14 필자가 태국 학습자들에게 비교 텍스트로 제시한 것은 이문구의 『관촌수필』에 나오는 결혼식 장면과 최명희의 『혼불』에 나오는 정월 대보름의 연날리기 장면이었다. 전자는 긴 문장에 만연체라는 점이, 후자는 과도한 수사와 심리 묘사가 많다는 점이 걸림돌로 작용한 것으로 판단했다.

매체교육과 언어 인식

1. 문제제기

매체교육에 대한 논의는 1990년대 후반에 본격화되어 많은 논의들이 축적되어 왔다. 이 논의에서는 그동안의 논의들을 참조하되 매체교육에서 어떤 언어인식이 필요할 것인지에 대한 가설을 제시하는데 초점을 두고자 한다.[1]

---

1 여기서 참조한 주요 연구성과들은 다음과 같다.
김대행, 「매체언어교육론 서설」, 『국어교육』 97, 1998.
김대행, 「매체 환경의 변화와 국어교육의 방향」, 『국어교육학연구』 제28호, 국어교육학회, 2007.
김슬옹, 『매체언어교육의 이론과 실제』, 동국대출판부, 2010.
박인기 외, 『국어교육과 미디어 텍스트』, 삼지원, 2000.
서유경, 『인터넷 매체와 국어교육』, 역락, 2002.
윤여탁, 『매체언어와 국어교육』, 서울대출판부, 2008.
일레인 볼드윈 외, 조애리 외 역, 『문화코드 어떻게 읽을 것인가』, 한울아카데미, 2008.
전국국어교사모임, 『매체교육의 길찾기』, 나라말, 2006.
정재찬, 「미디어 시대의 문학교육」, 『문학교육학』 제28호, 2009.

논의의 필요상 필자는 매체에 대해 다음과 같은 개념 규정을 본 논의에 가장 유용한 것으로 수용하고 전제로 삼게 됨을 밝혀 둔다.[2]

표출(presentation) 매체 - 면대면(面對面)의 방식으로 소통되며 장시간 저장이 불가능함: 말

재현(representation) 매체 - 표상적인 기호로 소통되며, 먼 거리에도 도달이 가능하고, 저장이 가능함: 전보, 신문, 잡지, 만화 등

기계/전자(mechanic/electronic) 매체 - 표상적 또는 기술적 요소가 필요하고, 장치의 조작능력이 필요함: 전화, 라디오, 텔레비전, 컴퓨터 등

2. 교육과정상의 매체교육의 양상

우선 그동안 10여 차례에 거쳐 개정된 국어과 교육과정에서 매체교육이 어떤 양상으로 제시되었는지를 살펴보고자 한다. 교육과정기 별, 학교 급별로 나누어, 해당 교육과정에서 처음 제시된 경우를 중심으로 정리해 보았다.

정현선, 『다매체시대의 국어교육과 문화교육』, 역락, 2004.
최인자, 「다중문식성과 언어문화교육」, 『국어교육』 109호, 2002.

2 Hart, Andrew, *Understanding the Media*, Routledge, 1991.
매체의 개념에 대한 다양한 이론적 규정들 중에서 위 규정을 선택한 것은 다른 규정에 비해 교육과정상의 매체의 취급 양상을 설명하기에 유용했기 때문이다. 즉 논의에 앞서 선택한 것이 아니라 논의의 과정에서 편의상 선택한 것이다.

교육 과정기	학교급별 / 학년별	영역	관련 내용
1차 (1955)	초등-1년	듣기	6. 라디오를 조용히 들을 수 있게 한다.
	2년	말하기	7. 간단한 연극을 할 수 있게 한다,
	3년	말하기	9. 그림 연극을 할 수 있게 한다.
	4년	말하기	4. 전화를 걸 줄 알게 한다.
	4년	읽기	6. 어린이를 위한 신문과 잡지를 즐겨 읽고 학습 문고를 활용할 수 있게 한다.
	4년	쓰기	6. 간단한 문집과 학급 신문을 편집하는 흥미를 갖게 한다. 7. 글자의 크기, 모양, 배열에 유의하여 쓸 수 있게 한다.
	6년	말하기	6. 발성에 유의하여 전화, 확성기, 녹음기를 효과적으로 이용할 수 있게 한다.
	6년	쓰기	1. 영화, 연극, 방송에 대하여 감상과 의견을 쓸 수 있다. 2. 간단한 연극과 방송의 원고를 쓸 수 있게 한다.
	중등-1년	듣기	(10) 보도 방송을 바르게 들을 수 있다. (11) 뉴스 영화, 문화 영화 등을 보고 여가를 즐긴다.
	2년	듣기	(11) 라디오를 계획적으로 듣는다. (12) 극이나 영화를 바르게 볼 수 있다.
	3년	듣기	(11) 방송 프로그램의 선택 편성에 대하여 생각한다. (12) 영화나 극히 좋고 나쁨에 대하여 의견을 가질 수 있다.
	3년	쓰기	(10) 신문 잡지 등의 편집에 대하여, 일반적이나 이해를 가지게 한다. (11) 학교 신문을 편집한다.
	고등	목적	5. 방송, 영화, 연극, 소설 등을 바르게 평가하고, 그릇된 것을 알아 낼 수 있는 식견(識見)을 가지게 한다.
		언어 생활 - 말하기	ㄷ. 마이크나 메가폰을 사용하여 이야기 할 경우가 있다. 그러한 경우에 자연스럽게 이야기할 수 있도록 하는 연구가 필요하다. 10. 방송(放送)을 한다. 11. 연극을 한다.

		- 듣기	4. 라디오를 듣는다. 5. 전화(電話)로 이야기를 한다.
2차 (1963)	중등 -3년	듣기	5. 방송 프로그램의 편성을 할 줄 알고 영화나 극을 비평할 수 있도록 한다
	고등 (1963)	목적	5. 방송, 영화, 연극, 소설 등을 바르게 평가하고, 그릇된 것을 알아 낼 수 있는 식견(識見)을 가지게 한다.
		목표-말하기	(9) 마이크나 전화를 사용하여 요령 있게 효과적으로 이야기할 수 있다. (10) 극의 대사를 자연스럽게 말할 수 있도록 한다.
		-듣기	(8) 알맞는 음성과 율동적인 언어 등을 맛볼 수 있도록 한다.
2차 (1971)	고등	쓰기	다음 사항을 지도 - ⑭ 신문 잡지 등을 편집하기
3차 (1976)	중등	말듣 쓰읽	(12) 극(라디오 방송극, 텔레비젼 방송극), 영화, 연극 등
	고등	지도상 유의점	㈕ 극의 체험은 편의상 읽기 영역에 포함시켰으나 독립된 창조 활동에 하나이므로 교육적인 계획 아래 극의 체험을 가지도록 하되, 다른 학습 활동에 지장을 주지 않아야 한다.
4차 (1981)	고등 국어1	문학	마) 공연 예술의 대본으로서의 희곡과, 영상 예술의 대본으로서의 시나리오가 지닌 차이를 안다.
	국어2	목표	4) 언어 현상을 언어학적 관점에서 체계적으로 이해하게 한다.
5차 (1987)	초등-3년	듣기	마) 일기 예보, 광고 등을 듣고, 필요한 정보를 찾는다.
	5년	쓰기	다) 이어진 그림이나 만화를 보고, 각 장면의 내용을 몇 문장으로 표현한 뒤, 이들을 엮어 하나의 이야기로 만든다
	6년	말하기	사) 상품이나 매체에 따른 광고의 차이를 이야기해 보고, 하나의 대상을 선정하여 광고하는 말을 한다.
	6년	읽기	나) 어린이 신문 기사, 참고 서적, 광고문 등 여러 가지 자료의 특성을 알고, 읽는 방법과 자세에 대하여 이야기한다.
6차	고등	말하기	(10) 내용 전달의 효과를 고려하여 여러 가지 시청각

(1992)	(원리와 실제)		자료를 적절하게 활용한다.
		쓰기	(9) 그림이나 도표 등 적절한 자료를 사용하여 내용을 효과적으로 제시한다.
	* 사회과	문화 생활	(라) 현대 사회의 문화 - 현대 사회의 문화 변동, 대중매체와 대중 문화, 청소년 문화, 지역 문화
7차 (1997)	초등 - 3년	말하기	텔레비전에서 본 것이나 라디오에서 들은 것 중에서 화제에 알맞은 내용을 선정하여 말한다.
	4년	말하기	연극이나 텔레비전 드라마를 보고, 배우들이 상황에 따라 말, 표정, 몸짓, 어조를 어떻게 달리 사용하는시 안다.
		쓰기	만화 영화의 내용을 사건이나 행동의 변화가 드러나게 글로 쓴다
			컴퓨터를 이용하여 가족 신문에 실을 만한 내용을 글로 쓴다.
	5년	듣기	텔레비전 드라마에서 등장 인물의 어휘 사용이 상황에 적절하지 못한 경우를 찾고 적절한 어휘로 바꾼다
		쓰기	그림이나 사진, 표 등을 넣어 자신이 쓴 안내장이나 신문기사를 보기 좋게 편집한다
	6년	듣기	· 텔레비전이나 라디오 프로그램, 강연회 등에서 관심 있는 내용을 적극적으로 찾아서 듣는다
	7년	말하기 [쓰기]	인터넷, 컴퓨터 통신 등 다양한 매체를 이용하여 필요한 정보를 찾아 말한다[쓴다]. · 주변에서 이용할 수 있는 다양한 매체의 종류와 활용법 등을 안다.
7차 (1997)	8년	쓰기	시청각 보조 자료를 활용했을 때의 전달 효과에 대해 토의한다
	9년	읽기	다양한 매체를 활용하여 글의 이해도를 높인다. · 영상 매체나 청각 매체 등이 글의 내용을 이해하는데 어떤 효과가 있는지 토의한다.
	10년	쓰기	신문이나 잡지에서 논쟁이 이어진 예를 찾아보고, 쓰기가 가지는 사회적 역할에 대해 토의한다
	국어생활	매체 환경	① 현대인의 언어 생활에 영향을 끼치는 여러 가지 매체의 작용을 이해한다. ② 지식 정보 사회에서 멀티미디어를 이용한 의사소통의 특성을 이해한다. ③ 여러 가지 매체 속에 나타나는 다양한 텍스트를

<table>
<tr><td></td><td></td><td></td><td>이해하고 감상한다.
④ 대중 매체로 표현된 국어 사용 현상을 비판적으로 평가한다.
⑤ 여러 가지 매체를 이용하여 효과적인 국어 생활을 한다.</td></tr>
<tr><td rowspan="9">2007
개정</td><td>국어 5년</td><td>듣기</td><td>매체를 활용하여 이루어지는 친구들 간의 온라인 대화</td></tr>
<tr><td>7년</td><td>듣기</td><td>대중에 대한 호소력이 높은 광고(설득전략)
일상생활에서 제기되는 문제를 해결하기 위한 인터넷 토론</td></tr>
<tr><td rowspan="3">8년</td><td>듣기</td><td>라디오 프로그램을 듣고 진행자의 말하기 특성과 효과를 평가한다.
- 다른 매체 프로그램 진행자의 말하기 방식과 비교하기</td></tr>
<tr><td>읽기</td><td>다양한 풍자물의 매체 특성과 그 효과를 이해하고 비판적으로 수용한다.</td></tr>
<tr><td>쓰기</td><td>목적, 독자, 매체가 쓰기의 내용과 형식에 미치는 영향을 고려하면서 글을 쓴다.</td></tr>
<tr><td>9년</td><td>읽기</td><td>만화의 매체 특성을 고려하여 함축된 의미를 해석한다.</td></tr>
<tr><td>10년</td><td>말하기</td><td>인터넷 매체를 활용하여 효과적으로 자신을 소개한다</td></tr>
<tr><td rowspan="2">매체언어</td><td>비판적
수용과
심미적
향유</td><td>① 매체 자료의 의미를 비판적으로 분석하고 평가한다.
② 다양한 관점과 가치를 고려하여 매체 자료를 수용한다.
③ 매체 자료의 창의적인 표현 방식과 심미적 가치를 이해하고 향유한다</td></tr>
<tr><td>창의적
변용과
생산</td><td>① 기존 매체 자료를 창의적으로 변용하여 생산한다.
② 매체 언어의 특성을 고려하여 동일 내용을 다른 매체로 표현한다.
③ 목적, 수용자, 매체의 특성 등을 고려하여 다양한 매체 자료를 생산한다.</td></tr>
<tr><td rowspan="2">2009
개정
(2011)</td><td>고등
국어 1</td><td>작문</td><td>다양한 매체에서 얻은 정보를 작문 상황에 맞게 조직하여 통일성과 응집성을 갖춘 글을 쓴다.</td></tr>
<tr><td>고등 국어
II</td><td>화법</td><td>- 여러 매체를 통해 전달되는 다양한 주장을 합리적으로 판단하려면 비판적 듣기 능력을 길러야 한다.
- 매체 자료의 유형과 기능을 이해하고, 매체 자료를</td></tr>
</table>

			효과적으로 활용하여 정보를 전달한다
		독서	다양한 매체 자료를 비판적으로 분석하고 평가하며 읽는다.
		작문	글의 전달과 사회적 파급력과 연관된 매체의 효과와 특성을 고려하여 내용을 선정하고 조직하여 책임감 있게 인터넷상의 글쓰기를 한다.

위 내용들은 교육과정의 내용 중에서 매체와 관련된 것으로 판단되는 요소들을 적출한 것이다.[3] 유사한 속성의 요소들은 맨 먼저 제시된 교육과정에서 찾아내는 방식으로 정리하였다. 이 교육과정들에서 나타나는 매체교육에 대해 대체적으로 다음과 같은 양상을 정리해 낼 수 있었다.

1) 교육과정 상에 등장하는 매체의 유형

교육과정에서 드러나는 유형들을 시기 순으로 정리하면 다음과 같다.

라디오 - 연극 - 전화 - 신문과 잡지 - 확성기, 녹음기 - 영화, 방송 - 텔레비전 - 일기 예보, 광고 - 그림, 만화 - 매체[5차] - 만화 영화 - 컴퓨터 - 인터넷, 컴퓨터 통신 [7차] - 멀티미디어

이들 유형들을 다시 표출, 재현매체와 기계/전자 매체로 나누어 보면 아래와 같다.

3 참고로 국어과가 아닌 타 교과에서 매체가 등장하는 것은 6차 교육과정기 부터이다. 이는 매체가 국어과 교육에서 다루기에 적합한 대상이라는 인식이 이루어지고 있었음을 말해 준다.

표출 매체: 연극 - 확성기 - 광고(음성)

재현매체: 신문과 잡지 - 그림과 만화 - 광고(지면) - 영화 - 만화 영화

기계/전자 매체: 라디오 - 전화 - 방송 - 텔레비전 - 컴퓨터, 인터넷, 컴퓨터 통신 - 멀티미디어

이들 유형들은 시대적 변화에 따라 교육과정 상에 반영되는 양상을 보인다. 그리고 대체로 기계/전자 매체로부터 시작해서 다른 유형으로 확대되는 양상을 보인다. 주목되는 부분은 7차 교육과정기부터 매체 관련 교육 내용이 개인적인 기계/전자 매체를 중심으로 대폭 증가하고 있다는 점인데, 인터넷과 컴퓨터 통신이 주요 매체로 등장하는 시기와 맞물리는데서 비롯되는 것으로 판단된다. 또한 이러한 양상은 매체가 집단적인 것에서 개인적인 것으로 전환되는 맥락과 연결되는데, 매체의 개인화는 국어교육이 개인적 언어 능력의 향상에 기반을 두고 있는 것과 무관하지 않다고 본다.

2) 매체의 교육적 대상화의 양상

다양한 매체를 국어교육에서 하나의 교육적 대상(현상)으로 도입하고 있는 맥락은 '수용' - '활용' - '작용'으로 압축된다.[4]

먼저 '수용'의 측면은 매체 및 매체를 통해 생산되거나 전달되는 텍스트를 이해하고 자기화하는 활동 양상을 의미한다. 매체 관련 교육과정의 내용 요소 중 초기 단계에서부터 보편적으로 자리잡고 있

4 수용 - 활용은 활동과 관련되며 작용은 활동과정에서의 매체의 존재방식과 관련된다. 따라서 세 맥락은 병렬적인 것이 아니며 층위가 다르다. 이러한 설정 역시 앞서의 매체의 개념 규정과 같이 언어 인식에 대한 접근을 하는 과정에서 일종의 귀납적인 접근 결과에 의해 도출한 설정이다.

는 양상으로 판단했는데, 해석적 수용과 비판적 수용으로 대별되는 것으로 분석했다.[5] 해석적 수용은 매체의 기능(원리) 또는 매체 텍스트의 메시지를 지식과 이해의 측면에서 받아들이는 것이고 비판적 수용은 주로 메시지에 대한 비판적 인식의 과정을 거쳐 수용하는 일을 말한다.

'활용'은 학습자의 표현 활동에서 매체의 기능이나 원리를 익혀 방법적으로 이용하는 일을 말하며 교육과정의 초기에는 전화 등의 기계적 매체를 직접 사용하여 소통을 하는 양상들이 먼저 나타나고 있었는데, 최근에는 의사소통을 보완하고 조력하는 도구적인 사용 양상으로 전환되고 있는 추세이다.

'작용'은 교육과정상의 내용 요소로서의 수용과 활용에서 지배적인 개념으로 사용되고 있다고 판단되는 것으로 필자가 추출해 본 용어이다. 수용과 활용 과정에서 매체 또는 매체 텍스트가 어떤 '효과'를 주는 장치로 작용하는지, 언어생활과 인식체계에 어떤 '영향'을 주는지 등에 초점을 맞추어 교육내용이 구성되어 있다는 점에 주목한 것이다. 이 작용은 개인적인 범주와 집단적(공동체적) 범주에 따라 다르게 나타나는데 전자에 무게가 놓여 있는 것으로 판단된다.

---

5 '비판적 수용'은 그동안 국어교육에서 경험적 · 역사적으로 사용한 의미 범주를 받아들이는 차원에서 이에 대응되는 개념으로서의 '해석적 수용'은 하버마스가 〈인식과 관심〉에서 제시한 용어 중의 하나인 '해석적 이해'를 원용하는 차원에서 사용하고자 한다. 하버마스는 '체험은 공적으로 확립된 상징적 구조인 언어에 의해 형성되기 때문에, 체험들이 담긴 상징적 표현의 의미에 대한 해석적 이해는 언어적 의사소통 공동체의 상호주관적 이해를 바탕으로 한다'는 맥락에서 이 개념을 제시하고 있다.

3. 매체교육에서의 언어인식에 대한 비판적 접근

매체교육과 관련된 교육과정 내용 요소에서 드러나는 언어인식은 언어를 매체로서의 언어, 매체 텍스트의 질료로서의 언어로 보는 관점에 국한되어 있으며, 매체나 매체 텍스트에 작용하는 언어의 본질적 속성이나 존재론적 양상에 대한 시각은 잘 드러나지 않는다. 즉 교육과정에서 드러나는 매체언어에 대한 인식은 매체와 매체 텍스트의 메시지 형성과 그 전달 과정 및 전략에 집중되어 있으나 현상적인 맥락에 국한되어 있다는 판단을 한 셈이다. 교육적 대상인 매체와 매체 텍스트의 언어가 어떤 속성에 기대어 작용태로 기능하는지에 대한 인식적 판단은 찾아보기 어렵다는 말이다. 다만 추론을 통해 그 맥락을 간접적이고 추상적으로 이끌어낼 수 있을 따름이다.

필자가 추론하게 되는 매체 교육에서의 언어 인식의 양상은 '매체 텍스트를 비판적으로 수용할 수 있어야 하며 그에 필요한 매체 언어에 대한 교육이 필요하다'는 것으로 요약된다. 그리고 여기서 말하는 '비판적'이라는 용어는 '비평과 판단'을 함의하고 있기는 하지만 '비평'이 균형감각을 갖춘 평가라는 의미보다는 문제적인 요소를 내포한 것이라는 전제하에 이루어지는 평가라는 의미에 가깝다고 판단된다. 이러한 전제적인 인식은 교육과정 상에서 여전히 유효한 것으로 보인다. 필자는 이번 기획주제의 의도를 이러한 인식에 대한 비판적 접근의 시도로 받아들이고 있기에 그러한 맥락에서 논의를 전개해 보고자 한다.

1) 수용과 생산 언어의 충돌

앞에서 살펴 본 교육과정의 내용 요소들을 점검하면서 매체의 교육적 대상화의 양상에서 수용과 활용의 측면에 주목한 바 있다. 그런데 이 수용 중의 한 범주인 비판적 수용과 활용의 학습 요소들은 학습자들에게 이분법적이며 대립적인 언어를 경험하게 한다는 점에서 문제적이다.

비판적 수용의 경우 1차 고등학교 교육과정의 목적 중의 하나인 '방송, 영화, 연극, 소설 등을 바르게 평가하고, 그릇된 것을 알아 낼 수 있는 식견(識見)을 가지게 한다'로부터 시작해서 7차 국어생활을 거쳐 2007 개정기에 이르기까지 지속적으로 제시되는데 여기서 그 문제적 양상을 확인할 수 있다. 이들 교육과정 내용에 따르면 비판적 수용을 하는 한편 창의적 생산으로 나아가도록 활동을 제시하고 있다. 이는 외견상으로는 별다른 문제가 없어 보인다. 그런데 이를 언어인식의 측면에서 구체적으로 접근해보면 일종의 충돌 양상을 발견하게 된다. '매체 자료의 의미를 비판적으로 분석하고 평가'하는 일과 자신의 텍스트를 생산하는 일에 작용하는 언어는 분명 다른 속성을 지닌 것이기 때문이다.

전자의 경우 해당 매체 자료의 언어가 전달하는 바는 기본적으로 문제를 안고 있기 때문에 비판적으로 수용해야 한다는 의미를 지니는데, 후자의 경우에는 정작 자신이 생산자가 되어 문제가 없는 의미로 구성된 텍스트를 만들어내야 한다는 의미를 지니기 때문이다. 이는 언어에 대한 두 가지 인식을 동시에 아우르게 되는 결과가 된다. 이를 '권력언어'[6]라는 측면에서 설명하면 보다 확연해 질 것이다. 수용의 측

---

6 권력언어란 언어활동이 궁극적으로는 발신자의 특정한 목적이나 이익을 위해 기여한다는 관점에 서서 정립해 본 말이다. 'Language based on the power'라는 의미를 지니는 것으로 특정한 목적이나 이익의 성공적 달성이 결국은 발신자에게 다양한 양상의 힘을 부여하게 된다는 점을 고려해서 필자가 고안해 본 개념이다. 용어를 고안했을 뿐 언어가 기본적으로 이러한 속성을 지닌다는 인식은 기존의 언어학적 시각에서 충분히 용인될 수 있을 것이다. 다음 두 책은 이 발상에 많은 참고가 되었다.

면에서는 생산자가 일종의 권력을 얻기 위해 부당한 맥락에서도 언어를 사용한다는 점을 인식하라는 것이고 생산의 측면에서는 부당하지 않은 맥락에서 사용할 것을 주문하고 있기 때문이다. 이는 수용의 언어와 생산의 언어가 서로 충돌하게 된다는 점을 의미한다. 학습자들 입장에서는 구체적인 활동에 들어서게 될 때 갈등을 겪어야 할 문제가 되는 셈이다.

예를 들어 2007 개정 교육과정에 따른 국어 10학년의 성취기준 중 '인터넷 매체를 활용하여 효과적으로 자기를 소개한다.'는 성취기준을 보도록 하자. 대부분의 교과서에서는 다양한 자료(이미지, 문자 등의 텍스트를 내세우기도 함)를 활용하여 자기 자신을 소개하는 텍스트를 생산하는 활동을 구안하고 있다. 그런데 전후 과정에서 학생들은 이런 자료들에 대해 비판적으로 접근할 것을 요구받고 있었다. 다음과 같은 예가 그 대표적이다.

〈학습활동〉

〈가〉 블로그에 자기를 소개하기 위한 글과 자료를 올려 보자.

- 애들아 나는~ ~

〈나〉 다른 친구들의 블로그를 방문해 친구들의 소개의 글을 보고 댓글을 달아 보자.

재간둥이: 너도 영화를 보는 거 좋아하는구나. 나도 좋아 하는데. 이번 주말에 영화 보려 갈까?

엥스: 사진 진짜 잘 나왔네. 누가 찍어 준 거야?

노먼 페어클럽, 김지홍 역, 『언어와 권력』, 경진, 2010.
크리스틴 케닐리, 전소영 역, 『언어의 진화』, 알마, 2009.

위 두 활동 〈가〉와 〈나〉는 연속적으로 제시되고 있다. 〈가〉에서는 블로그에 글을 쓰는 활동 즉 생산 활동을 주문하고 있고, 〈나〉는 수용 활동을 주문하고 있다. 그런데 학생들은 매체 언어를 접할 때에 앞서 살펴 본 바와 같은 비판적 분석과 평가를 해야 한다는 점을 전제적으로 학습하고 있다. '자기소개'라는 양식이며 학습자 자신과 친구라는 맥락에서 이루어지는 것이기에 비판적 분석이나 평가와는 거리가 멀어 보이지만 조금만 확장해서 본다면 당연히 비판과 분석의 대상이 된다. '자기소개'라는 내용적 특성을 제쳐 둔다면 다른 매체 자료와 다를 바가 없기 때문이다. 그리고 학습자들이 이런 학습활동을 통해 궁극적으로 도달해야 할 능력은 일반적인 매체 자료에 대한 비판과 분석 능력이기 때문에 '자기소개'라는 매체 텍스트는 일종의 도구적 성격을 지닌다. '자기소개'에 머물지 않고 학습한 결과를 확장해 나가야 하기 때문이다.

'자기소개'라는 대상을 일반적인 범주로 확장해서 볼 경우 학습자들이 인터넷에서 다양한 형태로 만나게 되는 정보 제공 텍스트와 맞물리게 된다. 즉 생산자가 자신에게 유리한 정보를 제공하는 텍스트와 같게 된다는 의미이다. 자기소개가 철저히 사실 중심으로 정보를 제공하는 것이 아니라는 점에 대해서는 누구나 동의할 수 있을 것이다. 자기에 대한 정보를 필요로 하는 수신자가 누구이며 용도가 무엇이냐에 따라 선택적 강조도 이루어질 것이고 사실의 재해석이나 의미부여도 이루어진다. 나아가서는 다소의 과장이나 은폐, 과도한 미화 등으로 이루어지게 된다. 그렇기 때문에 수신자는 그 정보에 대해 비판적이고 분석적으로 대하게 된다.

이런 일반적인 원리를 적용해 본다면 학습자들이 자기를 소개할 때의 언어 운용과 다른 사람의 소개 내용을 대할 때의 언어 운용이 달라진다는 점을 분명하게 인식하게 할 필요가 있다. 그리고 학습자들은 이미 일상생활에서 그러한 언어 운용의 차이를 경험하고 있을 개연성이 크다. 한 교사의 말을 빌리면 학생들이 불특정 다수에게 열려 있는 블로그에 자기 신상에 대한 글을 올릴 때 자신의 취미나 여가 생활을 '고상하게 보이려는 태도'가 대체적으로 작용한다고 한다. 그리고 그런 글을 보는 학생들도 '고상하게 보이려고 그렇게 쓴 것'이라든가 '사실은 그렇지 않을 것'이라는 태도를 보이는 것이 일반적이라고 한다. 이런 양상은 생산 과정과 수용 과정에서의 언어에 대한 태도가 모순적으로 나타나게 된다는 점을 분명하게 보여준다. 따라서 이 두 언어 운용 양상 간의 거리에 대한 인식을 명확하게 학습할 필요가 있다. 수용자로서의 태도를 충분히 고려한 생산활동이 필요함을 두 활동의 유기적인 연관 속에서 다루어야 한다는 판단이다. 즉 자신이 생산하는 텍스트는 다른 수용자들에게 비판적인 접근의 대상이 될 것임을 염두에 두고 생산 활동을 해야 한다.

이는 언어인식의 측면에서 충돌하는 양상이 된다. 매체 텍스트에 작용하는 언어가 한편으로는 권력을 얻기 위한 방편으로 부당하게 쓰일 수 있다는 것과, 다른 한편으로는 진정성을 바탕으로 긍정적 권력을 얻기 위해 쓰여야 한다는 것을 동시에 받아들여야 한다는 것을 의미하기 때문이다. 이는 학습자들의 입장에서는 분열적 언어인식을 가져야 함을 말해준다.

이런 점에서 비판적 수용과 창의적 생산 과정에서 운용되는 언어가 서로 다른 속성을 지니고 있음을 고려하여 두 과정과 연관된 활동을 동일한 맥락에서 경험하도록 하는 성취기준이나 학습활동 제시는 보완되고 수정되어야 하리라 본다. 학습자가 두 과정을 서로 분리된 맥락에서 경험함으로써 각 과정이 필요로 하는 언어에 대해 명징하게 학습하도록 해야 할 것이다. 수용할 때의 언어와 생산할 때의 언어는 그 운용 방식이 다르다는 점을 충분히 학습하게 될 때 매체 텍스트와 문화를 주체적으로 대할 수 있는 능력이 형성될 것이다. 형성기에 있는 학습자가 언어적 충돌 양상을 고스란히 겪으면서 학습을 하게 되면 주체적인 능력 향상은 기대하기 어려울 것이라 보기 때문이다. 의식적이든 무의식적이든 수용자의 사고과정 속에 자리 잡게 될 분열적 언어인식은 교육적 배려와 방법을 통해 치료되어야 할 성질의 것이라고 본다.[7]

2) 자아와 언중으로서의 정체성의 혼란

앞의 항목에서 지적한 문제가 학습자라는 주체의 내적 범주에 바탕을 두고 있다면 이 문제는 수용자로서의 학습자와 또다른 주체인 생산자와의 관계 형성이라는 외적 범주에 바탕을 두고 있다.

언어생활에서 한 주체는 개별적인 언어주체로서와 집단적인 주체로서의 양면성을 지니고 있다. 매체 또는 매체 텍스트를 대하는 학습자 역시 이러한 양면성에 기반을 두고 있으며 그 정체성을 형성해 가는 중요한 단계에서 매체교육을 받게 된다.

이 문제를 설명하기 위해서는 매체의 운용자나 매체 텍스트의 생산자로서의 언어주체를 상정해야 한다. 여기서 운용자와 생산자는 매체의 유형에 따라 개인이거나 집단이 되지만 일반적으로 개인으로 성격화된다. 그런데 개인으로 성격화되는 생산자는 우리 사회에서는 전문가로 규정된다. 위에서 살핀 비판적 수용의 대상이 되는 대부분의 텍스트들의 생산자는 전문적인 언어사용자로서 그들의 언어는 언어적

7 기존의 논의들에서는 이러한 분열적 언어인식의 양상에 대해 다루고 있지 않다. 수용자의 입장에서만 매체 텍스트의 언어를 다루고 있기 때문이다. 현재와 같은 매체 환경에서는 생산자와 수용자의 넘나듦 현상이 보다 빈번하거나 심화된 양상으로 나타나게 된다는 점을 적극적으로 고려하는 논의들이 필요하다.

능력의 형성기에 있는 학습자의 언어에 비해 우월하다. 이 우월한 언어를 학습자는 때로는 지향적인 언어로, 때로는 향유적인 언어로 받아들이게 된다.

전자는 자아실현의 언어이기도 하는데 학습자들이 장차 매체의 운용자나 매체 텍스트의 생산자가 되고자 하는 욕망을 지니고 있을 때 그 성격이 분명하게 드러난다.[8] 후자의 경우는 학습자가 언중으로 해당 매체나 매체 텍스트를 일상적으로 향유하게 될 때 그 성격이 드러난다. 이중 어떤 성격을 취하느냐에 따라 언어인식은 달라져야 할 것이다.

그런데 이 텍스트들을 비판적으로 수용해야 하는 향유 활동을 하게 될 때 학습자의 언어는 생산자의 언어와 힘의 열세에도 불구하고 충돌을 피할 수 없기에 적극적인 반응이 어렵게 된다. 즉 생산자가 고도의 전략에 따라 언어를 운용하면서 생산한 텍스트에 대해 학습자는 낮은 차원의 언어 수준에서 수용하게 됨으로써 비판적인 수용이 사실상 무화될 가능성이 크기 때문이다.

이 문제에 대한 구체적인 이해를 예를 들어보기로 하자. 학생들이 즐겨 보는 예능 프로그램에서 방영된 적이 있는 '마술쇼'가 그 대상이다.[9]

---

8 대중 매체 텍스트의 수용자가 점차적으로 잠재적인 생산자로서의 위상도 지내게 될 것이라는 전망을 하고 있는 다음 논저를 참조한 발상임.
데니스 맥퀼, 박창의 역, 『수용자 분석』, 커뮤니케이션북스, 1999.

9 sbs. 스타킹. 2010. 11. 15 방영분 중 '이은결 이성민 마술쇼'
이 사례는 교육과정에서 제시하는 매체 텍스트가 문자 언어로 된 텍스트에 초점이 놓여 있기는 하지만 궁극적으로는 일반적인 매체 텍스트에 대한 향유능력으로 이어져야 한다는 전제를 바탕으로 하고 있다는 점에서 학습자들이 자주 접하는 예능프로그램들도 비판적 수용이 대상이 될 수 있다고 보고 분석의 대상으로 삼았다. 또한 매체 언어가 구조적으로 발현(스토리텔링)되는 양상을 보여준다는 점에서도 유의미하다고 보았다.

이 텍스트는 '마술'이라는 대중문화를 이야기라는 언어 양식과 결합시킨 경우이다. 통상적으로는 3~4개의 단위 마술로 보여주게 되는 '마술사의 감금과 탈출'이라는 소재를 잘 알려진 모티프와 결합시켜 하나의 이야기 구조로 재구성한 것이다. 이야기의 흐름은 이렇게 요약된다. 한 마술사가 뱀파이어에게 끌려간 연인을 구하기 위해 대결하지만 역부족으로 붙잡혀 감금되게 되는데 쇠사슬을 끊고 무사히 탈출해 연인을 구한다. 여기에서 마술사가 탈출을 하는 장면은 흔히 볼 수 있는 마술의 한 유형으로 관객들로서는 그리 새로울 것이 없는 내용이다. 그리고 그 과정에서 조금만 주의력이 있는 관객들에게는 마술로서 보기에 썩 매력적이지 않은 유형이기도 하다. 그런데 여기에 하나의 이야기가 입혀지고 마술이 이야기의 한 요소로 편입되면서 사정은 달라진다. 관객들은 이야기의 흐름과 음악적 요소에 몰입되어 해당 마술이 지니는 진부함이나 마술로서의 미달 요소들은 관심 밖에 두게 된다. 이러한 변용은 성공적으로 이루어진다.

이 텍스트에서 주목할 바는 이야기라는 언어 양식의 기능이다. TV라는 매체 속에 등장하는 마술은 단순한 즐길 거리로 볼 수도 있지만 오락 프로그램 일반에서 자주 노출되는 무의식적 폭력성과 비현실적 문제 해결 방식에 따른 인식적 문제 등을 내포하고 있는 은유와 환유로 볼 수 있다.[10] 따라서 비판적 수용의 한 대상이 되지만, 중고등학교 학생들의 입장에서 이러한 수용활동을 하는 데는 많은 무리가 따른다. 마술이라는 현상에 대한 이해도 부족하려니와 이야기라는 양식을 빌려온 텍스트의 특성 때문에 더더욱 접근하기가 어렵게 된다. 이야기

---

10 이러한 분석의 근거로는 다음 참조.
아더 아사버거, 한국사회언론연구회 매체비편분과 역, 『대중매체비평의 기초』, 이론과실천, 1990, 33~35쪽.

를 따라가는 과정에서 마술이라는 요소가 지니는 비현실적 사고의 문제, 속임수 같은 요소, 폭력의 정당화 등의 문제는 인지할 겨를이 없이 수용하게 된다.

그런데 이러한 문제적 요소들은 고도의 전략적 기제로서 이야기 양식을 도입하는 생산자의 언어적 운용에 바탕을 둔 것이라는 점에서 주목할 필요가 있다. 앞서 설명한 전문가로서의 생산자는 수용자보다 우위에 서서 언어를 운용하는데, 문제적 요소들의 은폐와 마술사에게 치명적인 실수의 가능성을 완화시켜주는 장치로서 언어 양식을 활용하는데 그 요체가 있다. 수용자로서는 쉽게 포착해 낼 수 없는 고도의 언어적 전략이다. 앞으로는 이러한 변용 오락 텍스트들이 더욱 활성화될 것이라는 전망 속에서[11] 이러한 언어적 전략에 대한 학습은 매체교육에서 고려해야 할 요소라 판단된다.

이처럼 전문가로서의 생산자가 운용하는 언어적 장치의 활용 양상은 중고등학교 학습자 수준의 수용자의 측면에서는 현실적으로는 어렵지만 비판적으로 수용해야 하는 것이자 습득하고자 하는 욕망의 대상이 될 수 있는 매체 언어적 능력이라는 점에서 양면성을 지닌다. 그래서 이러한 매체 언어를 접하는 수용자는 언어 주체로서의 정체성의 혼란을 겪게 된다. 수용자로서 비판적인 언어를 운용해야 하는 입장과 고도의 전문가로서의 생산자의 언어 운용을 습득하고자 하는 입장의 교착이 이루어지기 때문이다.

현재의 매체교육에서는 이러한 언어주체로서의 정체성의 문제가 분명히 설정되어 있지 않다. 미분리되어 있거나 혼란의 양상을 보여준다. 언중으로서의 정체성을 위한 교육적 접근이라면 전문가로서의

11 니클라스 루만, 김성재 역, 『대중매체의 현실』, 커뮤니케이션북스, 2006, 85~89쪽.

언어주체가 어떻게 관습적이며 상투적이며 지배적인 문화 코드로서의 언어를 보여주고 운용하는지에 대한 접근에 초점을 두고 이루어져야 한다. 자아실현의 언어주체로서의 정체성이라면 그와는 반대로 관습과 상투성, 코드로부터의 일탈 등의 창조적 양상에 중점이 놓여야 할 것이다. 특히 자아와 언중이 결합되는 양상을 보이는 매체현상, 예를 들어 인터넷 상의 사이버 공간이나 SNS와 같은 현상을 통해 생산과 수용이 동시 다발적으로 이루어지는 경우에는 양자의 결합이 필요할 것이다. 이는 학습자들에게 언어인식이라는 맥락에서 접근해 가야 할 문제이지 잠재적인 의식으로 발현되기도 하는 '매체의 경험'이라는 맥락에서 접근해 갈 문제는 아니다.[12]

한 자아이자 언중으로서의 성격을 지니고 있는 학습자에게 전문가의 언어와 충돌을 의미하는 성취기준과 활동들, 예를 들어 매체 텍스트의 내용에 한정되는 접근을 위한 많은 성취기준과 활동들은 전문가와 자아, 언중의 주체들 간의 언어인식의 맥락으로 전화되어 제시될 필요가 있을 것이다.[13]

---

12 잠재적 의식으로 발현된다는 것은 특정 매체를 떠올리면 자동화된 반응(수용과 생산의 양 측면 모두에서)을 보이는 것을 의미한다. 이에 대해서는 발표 시에 '신문'이라는 매체의 구성 요소에 대한 학습자들의 반응 사례를 통해 설명하기로 한다.

13 학교 현장에서 가장 많이 이루어지는 매체 텍스트에 대한 비판적 접근 활동은 신문기사와 광고를 대상으로 한 활동이다. 그런데 신문기사를 쓰는 기자나 광고를 만드는 광고인들은 일반인들보다 훨씬 높은 언어 운용 능력을 지니고 있다고 할 수 있다, 그리고 학습자들 중에는 장차 기자가 되거나 광고인이 되고자 하는 경우가 많다. 그런데 이들로 하여금 신문기사와 광고를 비판적으로 읽으라는 활동이 주어질 경우를 생각해 보면 이 문제제기가 보다 분명하게 드러날 것이다. 높은 언어 운용 능력을 지닌 생산자의 텍스트를 비판적으로 수용해야 하면서 그 이면에서는 그들의 언어 운용 능력을 습득해야 한다는 점에서 그러하다. 신문기사나 광고가 신문사나 광고주의 이익을 위해 정보를 왜곡하고 과장하고 미화하는 경우가 많기 때문에 비판적으로 읽어야 한다는 접근 방식은 학습자들에게 생산적이지 않은 것일 수 있음을 고려할 필요가 있다.

3) 관습과 당위적 태도 사이의 간극

가장 근본적인 의미에서 언어는 관심을 공유하는 행위이다. 다른 사람의 말을 들으려는 인간적인 의지가 없다면 언어는 소용이 없다는 다소 과격한 주장에 동의하는 편이다. 의사소통 기술의 발전은 먼저 말할 만한 것이 있어야 하며 인간의 의사소통 방식은 특별히 협조적이라는 주장도 수용하는 편이다. 특히 매체교육에서의 언어인식과 관련해서는 더욱 그러하다.

현재의 학습자들은 매체교육에서 선순환구조라는 명분에 긴박당하고 있다. 일상적인 매체나 매체 텍스트에서 끊임없이 문제적인 현상을 발견하고 그로부터 이탈해 나와야 하며 그것들과 대립적인 태도를 취해야 한다. 그러나 그러한 문제적인 현상의 주체들은 공동체의 구성원이다. 학습자들은 그들과 분리되기 어렵다.

간단한 예를 들어 악플의 생산자도, 그것들을 음성적으로 향유하는 개인들도 공동체의 일원이고 경우에 따라 밀접한 관계에 있는 사람들일 수 있다. 교육 현장 밖에서는 잠재적인 악플의 생산자일 개연성이 큰데 교육의 현장에서는 명시적으로 악플에 대해 비판적인 입장을 취해야 한다. 익명성이라는 요소는 달리 보면 무의식적으로 형성되는 관습의 산물이다. 정도는 다르지만 악플의 속성과 유사한 언어 사용은 일상적인 생활에서 흔히 이루어진다. 그럼에도 불구하고 교육적 당위성은 일상적인 언어생활과의 유리를 요구하는 셈이다. 그러므로 매체 교육은 학습자들이 교육 이전에 관습으로 간직해 온 매체 언어에 대한 인식을 과정적인 절차를 거쳐 교정해 나가도록 해야 할 것이다. 매체 언어에 대한 인식이 매우 관습적인 것임을 보여주는 사례로 다음의 경우를 살펴보자.

필자가 대학 소설 강의에서 '장면 중심의 소설사의 이해'라는 활동을 시도한 적이 있다. 소설사를 이해하는 일이 거의 대부분 지식의 차원에서 이루어짐으로써 나타나는 문제점을 해결해 보려는 시도였다. 소설사의 주요 작품들에서 명장면이라고 생각하는 부분을 설정하고 그것이 명장면인 이유를 소설사적인 측면에서 설명해 보라는 과제를 부여하는 수업이었다. 이 수업은 기존의 소설사의 내용을 요약해서 발표하는 단계를 넘어 보다 능동적으로 심화된 이해에 이르게 할 목적으로 설계되었다. 당연히 구체적인 작품을 정밀하게 읽고 기존의 연구를 원용하여 그 장면의 소설사적인 의미를 부여하는 활동을 하게 된다.

이 수업에서 한 학생은 '혈의 루'의 명장면으로 옥련이가 미국에서 학교를 다녔고 우등생으로 졸업했다는 기사가 났다는 대목을 뽑았다. 그 이유로는 '사실 여부는 확인은 하지 못했지만 최초의 여자 유학생에 대한 서술'이라는 점을 들었다. 개화기 소설의 몇몇 내용상 특성을 구체적으로 탐색한 결과였다. 그러면서 다음과 같은 그림을 제시하였다.

이 이미지는 신문기사의 형식을 취하고 있는데 필자가 주목한 바는 기사의 제목이다. 발표의 내용이라면 '한국 학생' '한국 유학생' '한국 여성 유학생'이어야 했을 터인데 아닌 'BEST'라는 단어를 사용하고 있다. 거기에 특별한 의미가 있느냐는 질문에 신문기사의 특성상 이러한 제목이 보다 적절하다고 생각해서 특별한 고려 없이 사용했다는 답변이었다. 신문기사의 제목에 대한 관습적인 인식이 그대로 노출된 결과라 판단되었다. 해당 학생 역시 자연스럽게 그러한 방향으로 작성하게 되었다는 추가 답변을 했다. 그렇다고 신문기사에 대해 특별히 배운 기억은 없다고 답했다. 이 사례는 매체 텍스트에 대한 학습자들의 태도가 매우 관습적인 것임을 잘 말해준다. 학습 경험이 없지만 자주 접하는 매체 텍스트의 언어적 특성에 대한 일상적 경험이 반영된 결과라 할 수 있다.

이처럼 관습적으로 형성되고 발현되는 매체 텍스트에 대한 반응을 놓고 볼 때 학습자들이 악플이라는 현상에 대해 인식하고 있는 것은 순연히 일상적 경험의 반영일 가능성이 크다. 그렇다면 악플이라는 현상에 대해 무조건적인 부정을 요구하는 것은 효과적일 수 없다. 관습은 의식적인 노력만으로는 변화하기 어렵기에 과정적인 절차를 거쳐 수용하고 비판하고 조정하는 또다른 관습으로 대체해 나가는 것이 바람직할 것이라고 본다. 악플과 선플 사이에 놓인 다양한 스펙트럼의 언어들을 경험하게 하고 점차 순화된 쪽으로의 언언 선택을 유도하고 습관화되도록 함으로써 관습으로서의 악플에서 벗어날 수 있도록 유도해야 할 것이다. 이 과정에서 성찰적 사고와 그에 따른 언어에 대한 인식도 형성될 수 있으리라 본다.

악플을 예로 들어 설명했지만 이와 유사한 특정 매체 텍스트에 대해 부정적인 인식을 갖고 지양하려는 태도는 학습자들에게 전제적으로 주어질 것이 아니라 주체적으로 판단해서 얻어야 하는 것이다. 그러기 위해서는 해당 텍스트들을 구성하는 언어들에 대한 재인식이 필요하다. 그 텍스트들은 내용의 부적절함이나 가치론적 문제를 떠나 공동체의 구성원들의 의사소통 욕구의 반영이다. 반성적인 사고는 의사소통의 욕구가 충족되지 못하거나 소통이 막혀 있을 때 발현되는 언어의 표출양상이다. 그럼 점에서 반성적인 사고의 통로를 열어 놓을 때 실제적으로 존재하는 언어현실과 유리되지 않으면서도 자연스럽게 선순환구조 속에 들어오게 함으로써 매체교육의 실효성이 확보될 수 있을 것이다. 언제든지 악순환구조로 편입될 가능성이 큰 학습자들을 선순환구조로 이끌어 낼 수 있는 가능성은 매체언어에 대한 관습적 인식에서 벗어날 수 있을 때 보다 확대될 것이다.

언어와 문화와 문학교육의 상호성

1. 문제 제기

'문학과 언어와 문화의 상호성'이라는 주제는 세 가지 요소가, 서로 유기적이며 협력적인 관계를 맺고 있다는 전제 하에 주어진 것으로 판단된다. 그리고 그 저변에서는 '문화교육으로서의 국어교육 또는 문학교육'의 이론적 근거에 대한 탐색이 필요하다는 인식이 발견된다. 아마도 궁극적으로는 문학교육학의 뿌리로서의 '문화론적 접근'의 적절성에 대한—근거나 가능성에 대한 접근에 앞서서—탐색을 의도한 것으로 보인다.

국어교육학이나 문학교육 관련 연구물에서 상당히 오랫동안, 그리 빈약하지 않게 발견하게 되는 주제들이 문화교육이라는 용어이지만 정작 문화교육의 구체적인 양상이 무엇인가에 대한 질문은 여전히 유효하다. 무엇을, 어떻게, 왜 가르치는 것이 문화교육인지에 대한 조감도가 잘 드러나지 않는다는 것이 필자의 판단이다.

문화란 무엇이며 그것과 언어의 관계에 대한 주목한 논의들이 제시되고 있고 그 의미는 크지만 정작 구체적인 교육현장에서 이루어질

문화교육이 교육과정이나 교과서를 통해 어떻게 구현되어야 하는지에 대한 논의는 소략하다. 필자가 직접 문화교육의 측면에서 문학 작품을 가르쳐야 한다고 가정하고 접근해 들어갈 때 해결해야할 문제들은 곳곳에 산재해 있었다. 이 논의에서는 이 가정적 문제들을 풀어나가는 방식으로 문제들에 접근해가면서 '문화교육으로서의 문학교육'의 내용 설계와 관련된 전략적 방안들을 제시해보고자 한다. 이 방안들에 대한 논의를 통해 문화론적 접근의 적절성에 대한 판단과 그 방향성에 대한 탐색이 드러나기를 기대한다.

2. 교육과정과 교과서 속의 문화교육의 양상[1]

첫 단계로 필자는 그동안의 교육과정과 교과서에서 문화교육이 어떻게 이루어졌다고 판단했는지를 거칠게라도 제시해보기로 한다.

1) 교육과정과 문화

교육과정에서 문화라는 용어가 처음 등장하는 것은 1차(1955) 고등학교 국어 교육과정의 '목적'에서부터이다. 그리고 다음과 같은 양상

1 필자는 교육내용과 관련된 논의에서는 기본적으로 그 전사(前史)로서의 교육과정에 대한 면밀한 검토가 필요하다는 생각을 가지고 있다. 목표와 내용 체계 등에서 드러나는 변화의 양상과 개정의 방향성 등을 통해 새로운 교육적 논의들의 출발점을 찾아내는 것이 교육의 연속성과 사회적 합의로서의 교육에 대한 관점 등이 전수될 수 있어야 현실적인 방안으로서의 근거를 마련할 수 있을 것이기 때문이다. 또한 교육과정에는 '교육의 문화'가 고스란히 집약되어 있기도 하다. 당대의 지배적인 가치관, 관점들의 대립과 타협의 양상, 문화적 산물로서의 텍스트들에 대한 시각 등이 담겨 있다고 보는 셈이다.

으로 지속적으로 등장하나 그것이 어떤 내포와 외연을 지니는지는 판단하기 쉽지 않다. 여기서는 몇 시기의 기술 내용만을 제시해 본다.

(1) 1차 국어과 교육과정(1955)

· '국어'의 목적

5. 방송, 영화, 연극, 소설 등을 바르게 평가하고, 그릇된 것을 알아 낼 수 있는 식견(識見)을 가지게 한다.
7. 의사 표시의 사회적인 방편으로서의 기술을, 체득하고, 아울러 인생의 반영(反映)으로서의 문학 작품을 감상하고 창작하는 힘을 기른다.
11. 우리의 언어문화에 대한 바른 이해를 가지게 한다.

· '문학' 및 '고전' 학습의 목표

ㅅ. 문학 작품을 읽어 정의(正義), 우정(友情), 지성(至誠), 헌신(獻身), 성(聖)스러운 것에 대한 존경 등의 관념을 기른다.
ㄷ. 고전을 내용적(內容的)으로 검토하여, 사상(思想), 정취(情趣), 신앙(信仰), 기지(機智), 해학(諧謔) 등에 대하여 연구한다.

· 漢字 및 漢文 지도의 의의

2. 동양 문화의 연원(淵源)을 고찰(考察)하거나 우리 문화의 정수(精髓)를 연구함에 있어서는 漢字에 대한 이해가 그 기본이 되고 있다.
3. 현재 우리와 가장 가까이 인접(隣接)하고 있는 자유 중국, 일본 등에서는 여전히 漢字로서 그들의 문화를 유지하고 있다.
우리는 그들과 문화를 교류(交流)하고 국교(國交)를 조정(調整)하는데 있어서도 漢字에 대한 이해가 필요한 것이다.

(2) 3차 국어과 교육과정(1973)

· '국어과' 일반 목표

4. 국어와 국어로 표현된 문화를 깊이 사랑하고, 이에 대한 이해를 넓게 하여, 민족 문화 발전에 기여하게 한다.

· '국어 I' 목표

라. 국어 국문학의 기초적인 이론 및 각종 형식의 문장을 학습하게 하여, 국어와 국어로 표현된 문화를 사랑하고, 이에 대한 넓은 이해를 가지게 한다.

· 제재 선정의 기준

(러) 우리 문화를 이해하고 사랑하며, 이를 바탕으로 유용한 외래 문화를 섭취함으로써, 우리 문화 발전에 기여하려는 태도를 기르는 데 도움이 되는 것.

(머) 국어를 존중하고 그 발전에 힘쓰려는 태도를 기르는 데 도움이 되는 것.

(서) 인류 문화를 이해하고 그 발전에 기여하려는 태도를 기르는 데 도움이 되는 것.

(3) 4차(1981), 5차(1988), 6차(1992) 국어과 교육과정

· 4차 '국어 I' 목표

6) 문학이 문화 유산임을 알고, 문학에 관한 체계적인 지식을 가지고 작품의 가치를 평가 하며, 인간의 내면 세계를 이해하게 한다.

· 5차 '국어'과 목표

국어 생활을 바르게 하고, 국어와 민족의 언어 문화를 계승, 발전시

키게 한다.

· 5차 '문학'의 내용

6) 문학과 언어, 인생, 사회, 문화와의 관계를 이해한다.

· 6차 '국어'과 목표

국어 생활을 정확하고 효과적으로 하며, 언어와 국어에 대한 체계적인 지식을 갖추고, 문학의 이해와 문학 작품 감상 능력을 기르며, 국어의 발전과 민족의 언어 문화 창조에 이바지하게 한다.

(4) 7차 국어과 교육과정(1973)

· '국어'의 성격

문학에 대한 기본적인 지식을 바탕으로 문학 작품을 수용하면서 인간의 다양한 삶을 총체적으로 이해하는 능력과 심미적인 정서를 기른다. 이를 통해 국어 문화를 바르게 이해하고 존중하며 사랑하는 태도를 길러 성숙한 문화 시민으로서의 역할을 다 하도록 한다.

· '국어' 의 목표

언어 활동과 언어와 문학의 본질을 총체적으로 이해하고, 언어 활동의 맥락과 목적과 대상과 내용을 종합적으로 고려하면서 국어를 정확하고 효과적으로 사용하며, 국어 문화를 바르게 이해하고, 국어의 발전과 민족의 언어 문화 창달에 이바지 할 수 있는 능력과 태도를 기른다.

· 문학 성취기준

- 7학년

(7) 작품의 사회적, 문화적, 역사적 상황에 나타난 그 시대의 가치를 이해하려는 태도를 지닌다.

- 8학년

(1) 작품은 사회적, 문화적, 역사적 상황을 바탕으로 창조된 세계임을 안다.

(7) 작품에 드러난 우리 민족의 전통이나 사상을 비판적으로 수용하는 태도를 지닌다.

- 9학년

(5) 작품에 드러난 사회 · 문화적 상황과 작품 창작 동기를 관련지어 이해한다

기본: 작품에 드러난 사회 · 문화적 상황이 작가의 창작 동기와 어떻게 관련되는지 말한다.

심화: 작품을 읽고, 사회 · 문화적 상황이 바뀐다면 작가는 어떤 글을 쓰게 될지 토론한다.

- 10학년

(5) 작품에 드러난 사회 · 문화적 상황을 파악하고, 이를 작품 수용에 능동적으로 활용한다.

기본: 작품에 드러난 사회 · 문화적 상황을 고려하여 작품을 능동적으로 수용한다.

심화: 작품에 드러난 사회 · 문화적 상황을 파악하고 작품을 읽는 경우와 파악하지 못하고 작품을 읽는 경우의 차이점에 대하여 토론한다.

· '문학'의 목표

문학의 수용과 창작 활동을 통하여 문학 능력을 길러, 자아를 실현하고 문학 문화 발전에 능동적으로 참여하는 바람직한 인간을 기른다.

라. 문학의 가치와 전통을 이해하고 문학 활동에 능동적으로 참여하여 문학 문화 발전에 기여하려는 태도를 지닌다.

· **'문학'의 내용체계**

(3) 문학과 문화

㈎ 문학 문화의 특성

① 국어 문화의 관점에서 문학을 수용, 창작한다.

② 문학의 소통 과정에 작용하는 규칙과 관습을 이해한다.

㈏ 한국 문학의 특질과 흐름

① 한국 문학의 개념, 성격, 갈래, 특질을 이해한다.

② 한국 문학의 대표적인 작품을 읽고, 한국 문학사의 전통과 지향성을 이해한다.

㈐ 세계 문학의 양상과 흐름

① 세계 문학의 양상과 흐름을 개괄적으로 이해한다.

② 한국 문학과 세계 문학이 서로 교섭하는 양상을 이해한다.

㈑ 문학의 인접 영역

① 문학은 인접 예술을 비롯한 사회·문화적 현상과 밀접하게 관계됨을 이해한다.

② 문학이 현재 사회의 다양한 매체와 결합하여 수행되는 양상을 이해한다.

(5) 2007 국어과 교육과정

· **고등학교 '국어' 목표**

국어 활동과 국어와 문학의 본질을 총체적으로 이해하고, 국어 활동의 맥락을 고려하면서 국어를 정확하고 효과적으로 사용하며, 국어 문화를 바르게 이해하고, 국어의 발전과 민족의 국어 문화 창조에 이

바지할 수 있는 능력과 태도를 기른다.

다. 국어 세계에 흥미를 가지고 언어 현상을 계속적으로 탐구하여, 국어의 발전과 미래 지향의 국어 문화를 창조한다.

· 고등학교 '국어' 10학년 읽기 성취기준

(5) 인기 도서를 읽고 책의 가치와 인기를 얻게 된 원인을 비판적으로 평가한다.

- 최근 인기를 끌고 있는 책들의 특성과 분야 파악하기
- 많은 사람들에게 호응을 얻게 된 원인을 책의 내용에서 추론하기
- 신문, 방송 등 책의 인기에 작용한 여러 요인을 파악하기
- 인기 도서에 반영된 당대의 문화적 기호를 비판적으로 평가하기

· '문학'의 성격

문학은 인간의 체험과 상상력으로 이루어진 언어 예술이자 소통 행위이며, 개인과 공동체의 생활 경험 및 미의식을 담아내는 문화의 한 양식이다. 문학은 음성과 문자를 중심으로 한 다양한 매체로 구현되고, 사회·문화의 다른 영역과의 관련 속에서 존재한다.

· '문학'의 내용

(3) 문학의 위상

(가) 문학과 문화

① 문학과 언어 활동 및 매체의 관계를 이해한다.

② 문학과 예술, 인문, 사회, 문화의 관계를 이해한다.

(나) 한국 문학의 범위와 역사

① 한국 문학의 개념, 영역, 갈래, 역사를 이해한다.

② 대표적인 작품을 통해 한국 문학의 전통과 특질을 이해한다.

③ 지역 문학과 한민족 문학을 이해한다.

㈐ 한국 문학과 세계 문학

① 보편성과 특수성의 관점에서 한국 문학과 세계 문학을 이해한다.

② 한국 문학과 세계 문학의 관련 양상을 이해한다.

③ 세계 문학의 양상과 흐름을 개괄적으로 이해한다.

(6) 2009 국어과 교육과정

· 선택 '문학'

㈎ 문학의 개념

① 문학이 가치 있는 내용을 형상화한 언어 예술임을 이해한다.

② 문학과 언어의 관계 및 소통 활동으로서의 문학의 특성을 이해한다.

③ 문학이 인간의 정신적 활동의 산물이자 문화의 한 양식임을 이해한다.

(7) 2011 교육과정

· 공통 교과 '국어' 교과 목표

국어활동과 국어와 문학을 총체적으로 이해하고 국어활동의 맥락을 고려하여 국어를 정확하고 효과적으로 사용하며 국어를 사랑하고 국어문화를 누리면서 국어의 창의적 발전과 국어문화 창조에 이바지할 수 있는 능력과 태도를 기른다.

가. 국어활동과 국어와 문학에 대한 기본적인 지식을 익힌다.

나. 다양한 유형의 담화와 글을 비판적이고 창의적으로 수용하고 생산한다.

다. 국어의 가치와 중요성을 인식하고 국어생활을 능동적으로 하는 태도를 기른다.

· 국어과 '문학' 영역 내용 성취 기준

(6) 사회 · 문화 · 역사적 상황을 바탕으로 작품의 의미를 파악한다.

한편의 문학 작품은 사회 · 문화 · 역사적 상황을 바탕으로 창작된다. 사회 · 문화 · 역사적 상황은 작품에 직접 드러날 수도 있고 작품 창작의 배경으로 작용할 수도 있다. 이런 점을 고려할 때 사회 · 문화 · 역사적 상황에 대해 작품의 창작 배경으로 접근하는 방법, 작품에 등장하는 인물이나 사건과 관련지어 접근하는 방법 등이 가능하다. 작품에 등장하는 인물의 말과 행동, 인물들 간의 관계, 다양한 사건 등을 통해 사회 · 문화 · 역사적 상황을 파악하도록 하여 미를 바탕으로 작품 전체의 의미를 파악할 수 있도록 한다.

· '국어 I'의 목표

국어활동과 국어와 문학을 총체적으로 이해하고 건전한 교양인으로서 갖추어야 할 일반적인 국어능력을 신장시켜 국어의 발전과 국어문화 창조에 이바지할 수 있는 능력과 태도를 기르는 것을 목표로 한다.

가. 국어 활동과 국어와 문학에 대한 일반적인 지식을 바탕으로 다양한 상황에서 국어를 창의적으로 사용한다.

나. 다양한 유형의 담화와 글을 능동적이고 적극적으로 수용 생산함으로써 교양인이 갖추어야 할 일반적인 국어 능력을 함양한다.

다. 국어 문화에 흥미를 가지고 국어 현상을 탐구하여 국어 생활과 국어의 발전에 이바지하는 태도를 기른다.

이상에서 살펴 본 국어 교육 및 문학 교육과 '문화'의 관련성을 드러낸 교육과정 내용의 특성에 대해 지면 관계상 간단하게 설명해기로 한다. 우선 문화의 개념이 명확하게 설정되거나 교육과정을 통해 통일되어 사용되지 못하고 있으며, 가장 큰 문제로는 구체적인 수업이나 활동에 대한 지침으로서의 기능을 못하고 있다는 점이다. 일종의 선언적인 것에 머물 가능성이 큰 것으로 볼 수도 있을 것이다. 무엇보다도 언어와 문화, 문학의 상호 관계에 대한 명징한 기술이 잘 드러나지 않아 세 요소에 대한 관점들이 정립된 상태에서 문화의 개념이 교육과정에 자리잡게 되었는지에 대한 의구심을 갖게 한다. 좀더 구체적으로 본다면 '삶의 양식'으로서 현상적으로 존재하는 문화와 학습 내용으로서의 국어 현상과 문학 내에 내포되어 있는 문화가 구체적으로 제시되지 못하고 있다는 점을 지적할 수 있다. 문화의 외연과 내포가 착종되어 있는 셈이다. 기왕에 이루어진 문화교육으로서의 국어교육과 문학교육에 대한 논의들이 교육과정으로 수렴되지 못하고 있다는 판단이 가능하다.

2) 교과서와 문화

각 교육과정기에 제작된 교과서에서 문화교육의 양상에 대해 검토하는 일은 많은 시간과 노력을 필요로 했지만 지면 관계상 가장 최근의 교과서에 드러나는 양상을 간단히 제시해 논의의 자료로 삼고자 한다. 7차 교육과정에 따른 국정 '국어'교과서와 '문학' 교과서, 2007 교육과정에 따른 검인정 고등학교 '국어' 교과서의 경우만 선택적으로 간단하게 살펴보기로 한다.[2]

2 고등학교 교과서를 대상으로 삼은 것은 편의적이지만 '문화교육'에서 학습자의

(1) 7차 국정 고등학교 '국어' 교과서

상・하 양권으로 제작된 이 교과서의 목차는 "읽기의 즐거움과 보람", "짜임새 있는 말과 글", "다양한 표현과 이해", "바른 말 좋은 글", "능동적인 의사 소통", "노래의 아름다움", "노래의 아름다움", "생각하는 힘", "언어와 세계"[상] "국어가 걸어 온 길", "정보의 조직과 활용", "함께하는 언어생활", "효과적인 표현", "감동을 주는 언어", "표현과 비평", "전통과 창조"[하] 등으로 구성되어 있다. 목차 상으로는 '문화'에 대한 접근은 드러나지 않는다.

단원 내용에서는 [하권]의 "전통과 창조" 단원에서 '문화'와 '전통'이라는 두 개념이 결합된 접근이 이루어지고 있다. 그 핵심은 '우리 문화의 전통을 창조적으로 계승, 발전시키는 능력과 태도를 기른다'라는 학습 목표를 통해 드러난다. 구체적인 활동에서는 문화적 접근이 다음과 같이 이루어지고 있다.

〈춘향전〉

'춘향전'을 변형하여 만든 작품들에는 어떤 것이 있는지 조사하여 서로 비교해보자.

(알아두기: 민족 문화의 전통은 우리가 살아가는 방식이므로 그것을 함께 지닐 때 민족의 일원으로서 자격을 갖추게 된다. 전통의 공유를 바탕으로 각자가 그것을 지속시키거나, 변형하거나, 새로운 창조의 계기로 삼거나, 아니면 적극적으로 부정하는 방법으로 창조적인 계승을 이룰 수 있다.)

활동이 보다 주체적이고 생산적으로 이루어질 수 있는 여지가 초등이나 중등에 비해 크다는 판단 때문이다. 이는 문화교육을 바라보는 필자의 관점과도 상통한다.

〈건축과 동양정신－김수근〉

우리의 문화는 인간애라는 소중한 전통을 지니고 있다. 이를 중심으로 다음 활동을 해보자.

- 인간애의 전통이 이 글의 주제 의식에 어떠 방식으로 반영되었는지 설명해 보자.
- 자신이 읽은 문학 작품 중에서 한 편을 골라, 인간애의 전통이라는 주제를 중심으로 작품의 가치를 논해 보자.

이 활동들에서 '문화'라는 측면은 여전히 개념으로 존재하며 특별히 그것이 '문화교육'이라는 측면에서 특화될 수 있는지는 미지수다. 물론 이 단원을 '문화교육'의 측면에서 접근해 가는 일 자체가 무의미한 일일 수 있다. 그러나 그동안 연구자들이 국어교육과 문학교육에서 매우 중요하게 이루어져야 할 방향성으로 제시해 온 '문화교육'이 정체성을 지니고 구체화되기 위해 어떤 발상들이 필요할 것인지에 대한 측면에서 의미가 있을 것이다. 이 교과서의 사용법 중 제재 활용에서 잠시 언급된 것처럼 현재의 문화교육은 '국어 문화의 역사에서 의의를 지닌 제재'의 선택과 활용 정도에 머물고 있는 것은 아닌가라는 판단도 들기 때문이다.

이 교과서의 미덕으로는 단원의 마무리에서 우리 문화의 전통으로 '인간다움의 추구'과 '인간에 대한 사랑'이라는 두 항목을 분명하게 설정하여 제시하고 있는 점을 들 수 있다. 문화교육의 측면에서 이전과는 진전된 면모, 즉 문화의 교육 내용이 구체화되고 있기 때문이다. 보는 관점에 따라서는 일반적으로 한국 문학에서 주제 의식으로 거론되는 개념들을 옮겨 놓은 것에 불과하다는 평가도 가능하겠지만 문화를 대상으로 한 활동의 틀을 '국정' 교과서를 통해 제시했다는 의미를 먼저 보고 싶다.

(2) 7차 검인정 '문학' 교과서

7차 '문학' 교과서들을 검토하면서 필자가 가장 초점을 둔 사항은 앞서 살펴 본 교육과정에서 적시한 '문학과 문화'라는 내용 체계가 어떻게 구현하고 있는가 하는 문제였다. 교과서들마다 대체로 크게 다르지 않은 양상을 보이고 있기에 한 사례를 들어 검토해 보기로 한다.

해당 교과서[3]의 [하]권 I단원 '문학과 문화'의 하위 목차는 "문학 문화의 특성 -'국어 문화와 문학 문화', '문학의 소통'", "문학의 인접 영역-'문학 · 예술 · 문화', '문학과 매체'", "한국 문학과 세계 문학-'한국 문학의 성격과 특질', '세계 문학에 대한 시각', '한국 문학과 세계 문학의 교섭'"으로 구성되어 있다. 교육과정 자체가 요구하는 내용, 엄밀하게는 한 내용 체계에서 묶이기 어려운 내용을 그대로 목차화할 수밖에 없는 고민이 엿보이는 구성 양상이다.

여기서 필자가 관심을 갖게 된 부분은 문학 · 예술 · 문화라는 소단원 명을 구성하는 각 개념 범주의 관계를 설명한 도입 부분이다. 이 교과서에서는 다른 예술 영역인 음악, 미술, 연극 등의 인접 범주와의 관련성을 설명하는데 머물고 있었다. '문학은 정치, 경제, 사회, 문화 등의 여러 현상들과도 밀접한 관련을 맺고 있다'는 정도의 언급이 뒤를 잇고 있는데, 문학 과목에서 문화라는 개념을 설정하고 그것을 교육 내용화 하기가 매우 어렵거나 교육과정의 서술이 적절치 않았음을 반증하는 대목이다.

문학교육이 문화교육으로서의 방향성을 수용하고 구현하기 위해서는 좀더 다른 접근을 필요로 한다는 점을 말해 주고 있다.

---

3 해당 교과서의 서지사항에 대해서는 이 논의를 논문으로 논의할 때 다른 교과서들과의 비교 내용을 같이 제시하면서 밝히기로 한다. 교과서의 비교 검토 내용은 제한된 지면 상 생략하기로 한다. 다음에서 다룰 검인정 '국어' 교과서의 경우도 마찬가지이다.

(3) 2007 검인정 고등학교 '국어' 교과서

'국정' 시대를 벗어나 검인정 교과서 체제로 진입한 2007 개정 교육과정에 따른 고등학교 국어교과서들에서는 '문화'라는 개념들을 목차 항목으로 설정한 경우들이 상당히 많다. 교육과정의 목표나 성취기준에는 이전에 비해 오히려 '문화'라는 개념이 매우 소략하게 사용되고 있지만 교과서에서는 활발한 사용 양상을 보여준다. 그간의 문화교육에 대한 연구들이 검인정 교과서라는 속성의 변화에 따라 그 영향력을 발휘하고 있는 것으로 판단된다.

필자가 선택한 교과서에서는 [상]권의 한 단원이 "문화를 보는 안목"으로 설정되어 있다. 단원의 목표는 '인기를 끌고 있는 책'들에 대해 비판적으로 평가하는 것으로 설정되어 있다. 교육과정의 용어이자 이 교과서에서 핵심 용어로 제시하고 있는 '문화적 기호'에 대한 기술은 이렇다.

> "'문화적 기호'는 같은 지역 혹은 같은 시기의 문화에 내포된 문화 향유층의 관심사를 반영한 개념이다. 즉 '문화적 기호'는 문화를 구성하고 향유하는 사회 구성원들이 어떤 대상에 반응하고 있으며, 그 대상이 지닌 속성은 무엇인가를 드러낸다."

이 기술은 '문화적 기호'라는 개념에 대한 설명으로서의 적절성 여부를 떠나 교육내용으로서의 의미를 가늠하기에 상당히 어려움을 느끼게 한다. 이어지는 제재와 활동에서는 교과서 편찬 당시에 인기를 끌던 수필이 왜 인기를 끌게 되었는지 그 이유를 찾아보고 그것을 비판적으로 평가해 보는 것으로 구성되어 있다. 보편적이고 포괄적인 내용, 편집과 디자인, 마케팅 전략과 홍보 기사 등이 비판의 대상이 되는 내용들로 제시되어 있다. 이는 소제목인 '문화를 보는 안목'과는 거리가 있어 보이는데, 이러한 양상을 통해 '문화교육'의 설계가 어떻게 이루어지는 것이 적절할지에 대한 판단의 한 사례가 될 수 있을 것이다. 베스트셀러를 만들어 내는 경영 메카니즘에 대한 비판적 이해가 '문화교육'으로 이어지는 접점에 대한 판단이 쉽지 않은 것은 이러한 비판적 이해가 텍스트에 대한 사고력 함양에 더 가깝게 느껴지지 때문이다.

다른 검인정 교과서들에서도 이와 비슷한 양상이 나타나는데 선택과목 '문학'을 살피면 문화교육적 접근의 소략함과 추상성이 더 강하게 나타나는 것으로 판단된다. '문학'의 경우 인접 영역과의 접합을 중심으로 다양하고 흥미있는 활동들을 제시하고 있지만 대체로 대중매체와의 연관성이나 양식 변용 등이 주를 이루고 있다. 이는 문학이 본래 문화의 중심 범주를 형성하는 것이기에 문화의 범주를 설정하기에 어려움이 많은 탓으로 판단된다.

3. 언어와 문화의 관계 양상

교육과정과 교과서 검토를 통해 문화교육의 양상을 거칠게나마 살펴보았으므로 이제 문화교육의 설계에 대한 필자의 생각을 제시해 보기로 한다. 여기서는 국어교육이 아닌 문학교육의 측면에 초점을 맞추기로 한다. 국어교육과 문학교육의 분리 논의는 새삼스럽게 영역의 문제에 가려 논의가 희석될 가능성이 크기에 그렇게 제한하기로 한다.

이 과정에서는 우선 언어와 문화의 관계 양상에 대한 검토가 필요할 것이다. 그렇다고 이 자리에서 문화의 개념 정의나 범주의 설정 등은 별다른 의미가 없을 것이다. 생산적인 토론을 논의를 위해서는 필자가 하나의 안을 제시하는 것이 바람직할 것이다. 다만 간단하게

필자가 논지 전개과정에서 관련 논의로 중점적으로 검토한 논의들에 대해 개략적으로 살펴보기로 한다.[4]

문화에 대한 개념 정의와 문화의 관점에서 국어교육 또는 문학교육을 설계하는 일에 대해서는 많은 성과가 있었다. 논의의 편의상 범박하게 기왕의 연구들에서 드러나는 문화에 대한 접근들을 구분해본다면 거시적인 차원에서 국어교육이나 문학교육을 문화교육으로 보자는 입장을 취하거나 미시적인 차원에서 구체적인 작품의 해석 과정에서 문화적인 접근을 시도하는 입장을 취하는 경우로 나뉜다. 개별 논의에 따라서는 두 경우 중 한 쪽에 집중하는 경우와 그 양자의 결합을 시도하는 경향들이 나타난다.

---

4 이와 관련하여 필자가 집중적으로 검토한 논의들은 다음과 같다.
김대행, 「국어생활 · 국어문화 · 국어교육」, 『국어교육 119호』, 2006 ; 박인기, 「다문화교육시대에 되짚어 보는 한국인의 말」, 『한국인의 문화』, 학지사, 2009.
김대행 교수는 국어교육을 위한 문화 개념의 재정의와 범주화를 체계적으로 제시하고 있으며 큰 틀의 방향성 제시에 초점을 맞추고 있다. 국어교육의 내용은 언어의 속성인 사실, 의미, 과제, 정체성의 넷으로 집약할 수 있으며, 그것을 구현하는 교육의 구체적인 내용은 지식, 경험, 수행, 태도가 된다는 점을 전제로 문화교육의 방향성을 제시하고 있다. 문화교육으로서의 국어교육에 대한 선편을 쥔 논지들을 종합적으로 개진하고 있다. 구체적인 텍스트들을 대상으로 한 문화교육의 양상에 대한 접근 결과가 제시되기를 기대한다.
박인기 교수는 기왕의 문화론의 양상을 압축적으로 정리 · 제시하고 있으며 적용 가능성에 초점을 맞추고 있다. 한국인의 말과 문화를 '감성, 신중, 겸양…' 등의 범주로 나누어 문화적 접근을 시도한 발상이 주목된다. 언어문화라는 범주를 넘어 문학교육의 범주에서도 그러한 발상의 결과가 제시되기를 기대한다.
한편 이들 논의들과 함께 필자가 문화와 관련하여 오랫동안 주목하여 살펴온 저작들은 다음과 같다.
레이먼드 윌리암스, 박만준 역, 『문학과 문화이론』, 경문사, 2003 ; 일레인 볼드윈 외, 조애리 외 역, 『문화코드 어떻게 읽을 것인가』, 한울, 2008.
특히 후자는 여러 문화이론들의 관점들을 수용하면서 문화 읽기에 대한 구체적인 방법론들을 제시하고 있다는 미덕을 지니고 있다. 저자들이 이 책에서 새로이 설정한 문화의 개념 체계는 이렇다. "'예술과 예술적 활동'으로서의 문화", "'삶의 방식'으로서의 문화", "과정과 발전으로서의 문화"가 그것이다. 이런 분류는 필자가 논의의 토대로 삼기에 가장 적절하다고 판단하고 있다.

거시적인 차원의 접근은 국어교육이나 문학교육 자체는 본질적으로 문화적인 속성을 지니는 것으로 그 전반적인 틀을 문화교육의 입장에서 설계하거나 재구조화해야 한다는 관점이다. 미시적인 접근의 경우 구체적인 작품들을 통해 드러나는 문화적 양상들을 분석적이고 해석적으로 이끌어내는 방법들을 지칭한다. 양자의 결합이라 본 것은 국어교육이나 문학교육의 제반 활동을 모두 문화교육으로 환원하여 볼 수 있다는 전제 하에 세부적인 활동들이 지닌 문화적 의미를 탐색하는 경우이다.[5]

이들 논의들을 검토하면서 필자는 언어와 문화의 관계라는 기본적인 범주에 대한 의문을 가지게 되었다. 특히 문학의 범주에서 볼 때 기왕의 논의들이 거의 전제적으로 수용하는 언어와 문화의 밀월관계는 과연 의심의 여지는 없는가 하는 의문이다. 이 의문에 대한 필자의 경험과 탐색의 결과를 압축적으로 제시한다면 다음과 같다.

언어와 문화의 관계는 크게 세 가지 정도로 나눠 살필 수 있다.

---

5 문화교육과 관련된 제반 논의들을 분류해서 제시하는 것은 추후 다른 논문으로 미루기로 하고, 이 논의에서 집중적으로 검토한 논의들을 대상으로 나눠본다면 김대행, 박인기의 논의는 거시적인 틀에 가깝고, 정현선과 황혜진, 염은열의 논의는 미시적인 틀에, 최인자의 논의는 두 틀의 결합에 가깝다.
최인자, 『국어교육의 문화론적 지평』, 소명출판, 2001 ; 정현선, 「모더니즘 시에 대한 문화교육적 접근」, 『다매체 시대의 국어교육과 문화교육』, 역락, 2004 ; 염은열, 「생활문화로서의 국문학: 19세기 무명씨 금강산가사의 생활 문화적 의미」, 『국문학과 문화』, 한국고전문학회, 2001 ; 황혜진, 「신재효본 춘향가의 은유적 표현」, 『춘향전의 수용문화』, 월인, 2007.
최인자는 문화적 실천으로서의 장르 생산이라는 측면에서 몇 가지 양식을 분석하고 있는데 이 논의에서의 수용문화와 연관되는 발상에 참조가 되었다.
염은열은 금강사 가사를 예로 들어 도식성이나 상투적 관념성이 대중문화의 미학으로 작용하면서 생활문화의 형성에 기여하고 있음을 논구하고 있는데 이 논의에서 생산문화와 관련된 모색에 도움이 되었다.
황혜진 역시 '전고(典故)'의 유용성을 밝히면서 그것들이 계승되지 않으면서 사라진 언어문화적 자원들의 복원을 기대하고 있다. 이 논에서 생산과 수용의 과정을 점검하는데 도움이 되었다.

첫째 언어와 문화는 길항 관계이다. 상당수 문학의 언어와 문화는 대립적이거나 충돌하는 경우를 보인다. 아주 단순한 예를 본다면 고전시가의 해석이나 난해시의 경우 언어를 통해 문화적인 요소를 읽어내기가 쉽지 않음 해석의 과정에서 오독의 가능성도 매우 크다.

예를 들어, '공무도하가'의 경우 한문으로 전승된 노랫말을 한글로 번역하는 과정에서 어떤 문화적 체계에 놓인 사람이 번역을 하는가, 어떤 언어적 표현으로 번역을 하는가에 따라 본래의 문화는 변형되거나 훼손되었을 가능성이 매우 크다. 번역자가 지니고 있는 남녀관계에 대한 가치관이 반영되어 이 노랫말의 각 구절이 경어체로 번역되는 경우가 대부분인데,[6] '아리랑' 등의 민요를 보건대 님에 대한 목소리는 반말투나 평어를 통해 표출되는 것 등을 보면,[7] 그러한 경어체는 당대의 언어생활과 일치하지 않을 개연성이 크다. 그에 따라 〈공무도하가〉가 생산될 당시의 삶의 양상 중의 일정 부분은 변형되어 전달될 가능성이 크다. 일종의 언어의 감옥 속에 문화가 갇히는 셈이다. 이는 언어의 덫이라 할 수 있으면 언어가 문화를 고스란히 전달한다는 데 대한 세밀한 반성적 검토를 요구하는 것이기도 하다.

---

6 대표적인 번역 사례들을 보면 다음과 같다.
"임은 강을 건너지 마오 / 임은 그예 강을 건너시다가 / 물에 빠져 돌아가시니 / 임을 어찌 할거나"
"님이여 (오늘은) 강을 건너지 마시구려 / 님이여 끝내 (제말을 듣지 않고) 건너시다가 / 마침내 물에 빠져(휩쓸려) 돌아가셨구려 / 님아 (장차) 이 (허망한) 일을 어찌하시렵니까"
"공이시오 물을 건너지 마소서 / 공께서는 기어이 물을 건너시네 / 강물에 빠져 죽으니 / 응당 공을 어찌하면 좋겠나"

7 필자는 학생들과 같이 이 노래를 현실화 또는 현재화시켜 번역을 해보는 작업을 시도하면서 이런 잠정적 노랫말을 설정해 보았다. 학생들은 나를 버리고 떠나가는 님에게 전하는 노래에 '아리랑'의 어조를 부여하고 싶어 했다.
"물 건너 가지 마쇼 / 끝내 건너 간다고? / 그럼 빠져 죽을겨. / 아 내 신세를 어이할꼬."

1930년대 이상의 시나 이후의 모더니즘 시에서 나타나는 난해성에 대한 접근 역시 마찬가지의 논리가 적용된다. "학생들에게 중요한 것이 '모더니즘의 시' 형식 또는 문법을 가르쳐 작품 해석을 원활히 하게끔 하는 일이라기보다는, '모더니즘 시를 이해하기 어렵다는 것이 무엇을 의미하는가', 즉 모더니즘 시의 형식은 어떤 문화적 의미를 갖는가를 가르치는 것"이 문화교육적 접근이라는 견해[8]를 받아들인다 할 때 남는 것은 역시 해당 시의 언어는 시인 당대의 문화나 학습자의 문화와의 연계로 이어지는데 많은 어려움이 따르게 하다. 즉 그 언어 그대로는 현상적 문화와 충돌하고 있는 셈이다. 이상의 시가 '반(反) 고백적 글쓰기'라고 했을 때 언어와 문화는 이미 충돌하고 있는 셈이다. 이상 시의 언어는 더 이상 기왕의 논의들이 언어와 문화의 관계를 상정할 때 쓰는 관계인, 당대 문화의 충실한 반영은 이루어지지 않는 것이다.

둘째, 언어와 문화는 상호보완적이고 협력적이다. 이는 굳이 설명하지 않아도 되는 관계이다. 기왕의 논의들이 전제적으로 인정하고 있는 관계이기 때문이다. 그렇다고 그 논지들을 그대로 수용하는 것은 아니다. 그 관계를 보다 면밀한 검토가 필요하다는 판단이다. 그래야 문학교육의 현장에서 활용할 수 있을 것이기 때문이다. 구체적으로 사례를 들어 이런 용어를 쓴 맥락을 설명하자면 이렇다. 예를 들어 전통적인 가치체계인 효를 대표적인 문화 내용으로 보는 관점을 수용해보자.

가령 '효'란 무엇인가를 문학 작품 속에서 표현하는 일은 어떤 것인가? 그리고 왜 문학을 통해 그런 가치가 표현되어 감염되어야 하는 것인가? 하는 문제를 간단하게 살펴보자. 〈심청전〉에서 우리는 '효'를

8 정현선, 앞의 글.

읽는다. 의심할 여지없이 〈심청전〉은 효라는 가치를 바탕으로 삼고 있다. 서사구조를 통해, 인물의 사고나 행동을 통해 독자에게 효라는 가치가 전승되는 것으로 본다. 그런데 여기서 언어와 문화의 관계를 생각해 보자. 〈심청전〉이라는 텍스트에서 '효'라는 문화를 구체적으로 드러내는 언어적 양상은 무엇일까? 앞서 말한 대로 서사양식이나 서사적 요소들을 통해 가치를 구현하면 되는 것이지 굳이 언어적 발현 양상을 논할 필요가 있을까 라는 반론이 제기될 수 있다. 그러나 문학이 언어의 구조물이라는 것과 문화가 언어의 힘을 빌려 발현되고 전승될 수 있는 것은 비단 장르적 속성이나 장르의 힘에 의해서만 이루어지는 것은 아니다. 그렇게 본다면 그것은 언어와 문화의 관계를 제한적으로 보는 것이라 할 수 있다. 필자는 〈심청전〉에서 심청이가 인당수에 몸을 던지는 마지막 순간에 아버지를 향해 "죄송합니다. 조석을 챙겨드리지 못해 죄송합니다."라는 발언에 주목한다. 죽는 순간에도 '죄송합니다'라는 발언을 하는 데에 '효'의 언어적 발현의 본질적인 양상이 드러난다고 본다. 효라는 문화가 가장 적확하게 언어를 통해 구현되는 셈이다. 이런 양상을 필자는 언어와 문화의 상호보완·협력적 관계라 지칭하고자 했다.

또 다른 예로 이호철의 소설 〈1965년, 어느 이발소에서〉[9]의 한 장면을 들 수 있다.

> 검초록색 잠바에 통이 좁은 깜장색 바지 차림의 서른 남짓 되어 보이는 사내였다. / "똑똑히 얘기해요, 똑똑히. 빨리 되는지. 빨리 될 수 있는

9 그간 잘 알려지지 않은 작품으로 『창작과 비평』 창간호의 첫머리를 장식하고 있는 소설이다. 특정 문화가 일상을 지배하는 양상을 한 이발소라는 공간을 통해 그려낸, 언어의 운용에서 주목하여 필자가 문학교육의 텍스트로 자주 활용하는 작품이다.

지.” / “주인이면 주인이지, 그 앉아 있는 꼴이 뭐요? 도대체에 이 사람들 정신이 있는 사람들인가. 때가 어느 땐지도 모르고, 이 사람들이.”

여기서는 ‘군사 문화’와 소위 ‘빨리빨리 문화’가 절묘하게 결합하고 있으며 그 문화의 실체는 언어를 통해 고스란히 드러나고 있다. 여기에는 문학과 언어의 문제를 이야기할 때 결국 환원되고 마는 ‘은유’가 약한 상징만 남기고 배경으로 물러나 있어 문화와 언어의 문제를 논의하기에 적절한 사례가 된다. 색채어의 힘, 대화의 핵심이 되는 어휘와 맞아떨어지는 어조 등을 빌렸기에 작가가 의도하는 이 고발 대상인 문화는 비로소 모습이 선명하게 드러나고 있다. 이런 양상들이 결국 언어와 문화의 상보적·협력 관계를 보여준다고 할 수 있다.

셋째, 언어와 문화는 일탈과 귀속이라는 양상을 통해 긴장관계를 이룬다. 이는 상호작용보다는 언어가 문화에 대해 보이는 작용 양상으로 나타나는 경우가 대부분이다. 문학과 관련된 언어활동이 문화와 어떤 양상으로 대응하는가에 대한 것이기도 한데, 원심력(일탈)과 구심력(귀속)이라는 힘의 요소가 작용한다. 즉 지배적인 문화 양식으로부터 벗어나려는 시도는 하지만 궁극적으로는 다시 문화에 귀속되는 양상을 의미한다. 일탈이라는 측면만 보면 첫 번째 관계 양상과 유사하지만 귀속이라는 측면 때문에 구별된다. 전형적인 예로는 새로운 양식적 실험을 들 수 있다.

시나 소설에서 기존의 양식적 속성이나 관습 등에서 벗어나는 새로운 실험을 하고, 그것을 통해 이전과는 다른 방식의 소통을 시도하는 작품들의 경우 일차적으로는 문학이라는 범주 내의 문화로부터 벗어나려는 노력으로 평가된다. 그러나 궁극적으로는 그러한 실험들이 새로운 문학적 관습이나 문화로 수용되면서 귀속의 과정을 겪게 된다. 이 과정에서 그러한 실험들에 동원된 언어는 자연적으로 일탈과 귀속을 겪게 된다. 산문시, 문장이 변형되거나 문법이 파괴된 서술체 소설, 경우에 따라서는 방언이나 은어, 심지어 심도 깊은 은유 등이 이러한 언어적 일탈에 속한다. 그러나 이들은 매개자(비평가나 교사 등)의 힘을 통해 귀속의 과정을 겪게 된다. 독자들은 길항 관계에서의 언어와는 달리 이 언어들에 대해서는 접근이 용이하다.

또 다른 예로 독자들에게 작품을 전달하는 다양한 매체 언어들도 여기에 해당한다. 교과서만 보더라도 원문, 각주나 재서술 부분, 컷[10] 등이 어우러져 새로운 텍스트로 거듭나기도 하는데, 이 때 컷 등의 매체 언어는 관습적 비평이나 해설 활동으로부터 벗어나 새로운 시도들을 하게 된다. 작품이 만화나 영상, 드라마 등으로 옮겨질 때 비슷한 양상이 일어나는데 이 변용 과정에서 새롭게 개입하는 언어들은 원래의 텍스트들의 언어들과 달리 문화적 범주로부터 벗어나고자 한다.[11] 새로운 언어가 허용하거나 추구하는 범위에서 문학 작품 속의 문화적 양상들을 구현하려 하기에 문화로부터의 일탈이 나타나는 셈이다. 그러나 이러한 일탈은 결국 원 텍스트에의 귀속을 지향하는 노력들에 의해 원래 문화와의 화해를 시도하게 된다.[12]

---

10 교과서의 컷을 텍스트의 중요한 구성요소로 볼 필요가 있다. 장식적 효과에서 벗어나 제2의 텍스트를 형성하거나 원 텍스트의 해석과정에 긴밀하게 작용한다. 「동백꽃」을 중심으로 이 점을 살펴 본 다음 글 참조.
졸고, 「작가론과 소설 텍스트 읽기 전략」, 『독서연구』 15, 2011.

11 전통적인 문학의 양식을 벗어나 매체 변용이 이루어지는 작품에 대해서 독자들은 접근성의 용이와 함께 자신들이 텍스트에 관여할 수 있는 여지가 늘어나게 된다는 점에서 긍정적으로 본다. 예를 들어 드라마나 영화, 만화로 변용된 작품들은 대체로 웹상에서 접근할 수 있는 여지가 커지는데 이 때 덧글이나 댓글을 통해 텍스트에 관여한다는 생각들을 가지게 된다. 특히 연속 상영의 형식을 띨 때 텍스트에 참여할 수 있다는 생각이 강하다고 한다.

12 이 관계를 과감하게 설정할 수 있는 바탕이 된 것은 외국문학 연구자들과의 교류에 힘입은 바 크다. 프랑스에서는 문학과 문화의 관계를 논할 때 초기 자연주의 소설의 문학적 시도와 실패를 거론하곤 한다고 한다. 초기 자연주의 소설

언어와 문화를 이렇게 나누는 필자의 논리는 허점을 안고 있으며 그 필요성에 대해서도 의문의 여지가 많다. 그러나 문화교육에 대한 논의들이 전체적인 조망 속에 머물러 있고 일부의 사례를 제외하고는 구체적인 적용 가능성이 약한, 추상적인 맥락에 놓여 있음을 감안할 때 이러한 문제에 대한 검토가 있어야 발상의 전환이 가능하겠기에 시도해 보았다. 이 관계의 인식은 다음 장에서 살펴 볼 문화적 접근 과정에서 역동적 사고 활동의 토대로 작용할 수 있을 것이다.

4. 문학과 문화의 교육적 융합의 방향성

이제 지금까지의 사전적 검토의 내용을 바탕으로 문화교육으로서의 문학교육의 방향성을 제시해 보고자 한다. 이 학술 발표회의 전체 주제가 '문학교육의 뿌리와 줄기'인 점을 감안하면, 이 방향성 모색은 뿌리로서의 문화의 설정 가능성과 그 줄기로서의 구체적인 교육의 가능성을 살피는 일에 해당할 터이다.

필자는 그 방향성을 다음 도식에서처럼 세 가지 측면의 문화가 교육 내용이 되는 것이 바람직하다는 결론적인 제안을 한다. 그리고 그 핵심적인 방향성은 '문화의 학습을 통한 문학 교육의 풍성함 추구'라

가들이 집단으로 파리 뒷골목 문화를 매우 사실적으로 묘사해서 작품에 담고자 했을 때, 결국 시간의 벽에 막혀 단편적이고 부분적인 기록들로 남는, 실패한 경험들이 빈번했다. 그런데 후대의 작가들은 이 실패한 작품들을 들어 '파리 서민들의 의복은 ○○○○의 △△△△ 처럼 초라했다'라고 표현했다고 한다. 그런데 이런 방식이 당대의 문화를 드러내는 데 오히려 효과적이었다고 한다. 여기에서 '문화의 언어는 직유여야 한다'는 논리가 형성되었다고 한다. 결국 시간의 벽에 가로막힌 언어적 실험(언어가 시간의 벽을 넘을 수 있다는 일탈적 발상에 기초한)이 새로운 소설 형식으로서의 사실적 묘사라는 문화적 양식으로 전환된 셈이다.

는 것으로 정리할 수 있다.

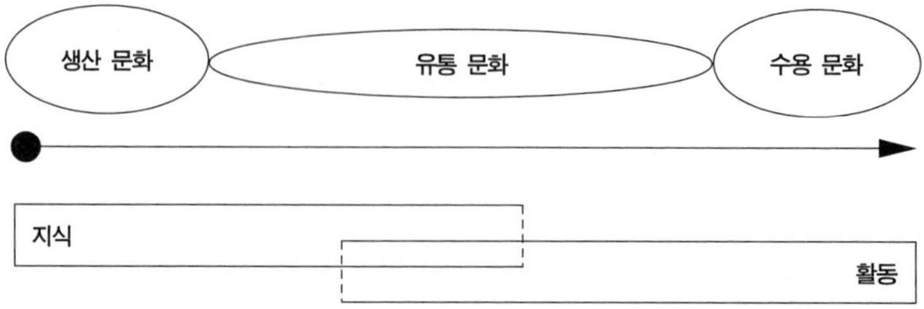

여기서 필자가 관심을 두고 있는 문화의 개념 체계를 다시 상기해 보면 "'예술과 예술적 활동'으로서의 문화", "'삶의 방식'으로서의 문화", "과정과 발전으로서의 문화"이다.[13] 문화의 정의나 범주에 대한 비효율적인 쟁점을 피하기 위해 이 개념들을 참조하면서 교육 내용으로서의 문화를 설정한 것이다.

생산문화는 작품의 생산과 관련된 문화적 양상을 가리키며 이는 지식의 측면에서 다루어지는 경향이 크게 될 것이다. 이는 앞에서 살핀 교육과정 일부에서 창작 의도나 창작 당시의 사회·문화적 상황이라는 말을 포함하는 현상이지만 보다 적극적으로 쓰고자 한다.

생산문화는 당연히 창작 주체와 창작 과정에서의 제반 문화적 요소들을 포괄한다. 그래서 작가가 중대한 변수가 된다. 그런데 작가를 어떻게 보느냐에 따라 해당 작품에 대한 문화적 접근의 양상이 달라진

13 이 개념 체계의 제시자들은 그 차별성을 이런 예들로 설명하고 있다.: 셰익스피어의 연극은 문학 작품으로서 예술에 포함된다. 그리고 영국이라는 사회의 삶의 방식의 산물이다. 또한 문화 발전의 특정 단계를 나타내기도 한다. 로큰롤 음악을 분석할 때는 연주자의 숙련도를 검토할 수도 있고, 1950년대 후반에서 1960년대 초반의 청년문화와 연관시켜 분석할 수 있으며, 로큰롤 형식의 기원을 다음 세대 음악 형식에 미친 영향을 중심으로 살펴볼 수 있다.
일레인 볼드윈 외, 앞의 책.

다. 즉 작가를 창조적인 개인으로 보느냐 집단으로 보느냐에 따라 대체로 지식으로 제공될 정보가 달라진다. 전자로 보게 될 때 작품에 나타난 의식들은 개인의 독특한 이력에서 오는 문화적 요인들이 좀 더 강하게 작용하는 것으로 볼 수 있으며 후자로 볼 때는 그가 속한 집단의 문화적 요인들이 보다 강하게 드러난다고 할 수 있다.[14] 예를 들어 이광수가 당대 사회에서 고아의식을 지니고 창작활동을 하면서 담아 낸 문화적 요소들과 그 의미를 작품 수용 활동에서 읽어 내는 것은 전자의 예가 될 것이다. 이와 함께 그가 당대의 지식인으로서 사회의 구성원들이 요구하는 자유 연애·결혼이나 계몽활동 등과 관련된 문화 요소들을 읽어 내는 것은 후자에 속할 것이다. 그런데 이런 요소들은 실제 교육현장에서는 학습자들에게 제공되는 지식의 형태로 작용하게 되는 것이 적절할 것이다.

그런 의미에서 작가론은 문학교육에서 매우 중요하지만 현재 문학 교과서에서는 '작가의 부재' 현상이 심각하다. 기껏해야 2~3줄 정도의 형해화된 작가 소개가 한 구석에서 이루어지고 있을 따름이다. 이러한 현상이 발생한 이유를 필자는 문학교육사적 금기와 신비평의 영향으로 보고자 하였다.[15] 적어도 교과서에서는 한 쪽 이상의 작가에 대한 다양한 정보들을 제공하고 교사나 비평적 학습 자료들을 통해 추가 정보들을 제공해서 학습자가 작가에 대해 접근할 통로들을 마련해주어야 할 것이다. 작가의 성장과정, 작가의 일기, 창작 노트, 인터뷰 기사, 유언장 등 다양한 양식과 내용의 정보를 의미한다. 그래야 문학교육이 좀더 풍성하게 이루어질 수 있을 것이다. 지금과 같이 작

14 이와 관련해서 골드만이 제기한 '창작 작품을 한 개인의 창조적 의식의 산물로 보느냐, 집단의식의 최대치의 반영으로 보느냐' 하는 문제는 이 맥락에서도 상당히 유용한 개념이다.

15 졸고, 「작가론과 소설 텍스트 읽기 전략」, 『독서연구』 25, 2011.

가에 대한 정보들이 최소화된 상태에서는 문화적 접근은 매우 요원할 것이다.

유통문화는 한 작품이 창작되어 독자에게 전달되고 수용되기까지의 과정에서 관련되는 문화적 양상들을 의미한다. 문화 요소들은 지식으로 제공되거나 또는 활동을 통해 탐색될 수 있는 성격을 지니고 있다. 이러한 문화 요소들은 매우 다양한 양상으로 존재하게 되는데 문학 연구자들이나 비평가들의 연구 결과들이 절실하다는 점에서 학제적 연구의 전형적인 대상이 된다.

간단한 예를 들어 설명해 보자. 필사본 고전소설의 경우 필사자들이 필사 후 소설의 말미나 중간에 자신의 생각을 덧붙여 다른 독자들에게 유포하는 경우가 있는데 이 덧붙임 내용은 당대의 비평 문화이자 소통문화를 보여준다. 이 소통방식은 요즘의 인터넷 댓글이나 덧글 문화와 유사한 성격을 지닌 것으로 학습자들도 이러한 방식을 통해 수용자로서 가장 적극적인 활동인 비평 활동을 경험할 수 있으며 댓글 문화의 순기능을 경험할 수 있는 계기로도 작용할 수 있을 것이다. 이러한 활동들이 문화 교육으로서의 의미를 지니게 될 것이다.

또다른 예를 들어보자. 이광수의 『흙』은 신문 연재→단행본→전집, 해설본 등 다양한 판본으로 존재한다. 그 과정에서 여러 문화적 요인들이 작용해서 조금씩의 차별성을 지닌 텍스트로 전화되기도 한다. 이 판본들의 차이들이 잘 드러나는 부분들을 중심으로 소설 읽기가 진행된다면 역시 풍부한 소설 읽기와 문화 교육적 접근이 이루어질 수 있을 것이다. 또한 이 작품이 발표 후 지금까지 지속적으로 독자들의 관심과 주목을 받았다는 점도 유통문화의 대상이 된다. 연재 당시의 광고 및 기사물, 1960년대 까지 90년대 까지 매 년대별로 '감명깊게 읽은 책', '한국의 대표 소설', '읽고 싶은 소설' 등에 빠짐없이 등장하는 유일한 근대소설이라는 점도 학습자들에게 제공할 수 있거나 탐색할 수 있는 정보들이다. 이를 필자는 사적 독자라 불렀거니와,[16] 학습자들이 자신보다 이전의 독자들이나 동시대의 다른 독자들이 어떻게 이 작품을 읽었으며 반응을 보였는지를 살필 수 있다. 이 과정에서는 자연스럽게 통시적이거나 공시적인 독서, 출판문화, 지적 풍토 등의 문화적 요소들이 개입되게 된다. 대선 후보들이 앞 다투어 이 작품을 학창 시절부터 애독하고 영향을 받았다고 진술하는 대목에서는 정치 문화의 양상까지도 교육 내용으로 편입되게 된다. 이런 양상이 필자가 상정하는 유통 문화의 사례이다.

다음으로 수용문화를 살필 차례이다. 이는 향유문화로도 부를 수 있을 터인데 독자가 작품을 수용하는 과정에서 작용하는 제반 문화적 요인들이 교육적 대상이 된다. 학습자의 활동이 주가 되고 지식으로서의 성격은 매우 약화된다. 이 문화적 요소들은 기왕의 교육적 맥락에서도 다루어지던 요소들로 일반적인 측면에서 충분히 설정 가능한 것들이다. 작품이 제공되는 방식, 읽기 상황 즉 매체 차이에 따른 수용 양상, 다른 독자들과의 교섭, 동호회나 웹을 통한 비평적 활동 등을 포함한 문화 요소들이 교육 대상이 된다. 물론 본질적으로는 작품의 보편적이고 문화적인 가치 체계의 학습이나 향유를 통한 자아의 성장이나 삶의 질적 향상이 이 수용 문화의 핵심이 된다. 그러나 이는 일반적인 문학교육과의 차별성이 문제의 여지를 남기기도 한다.

수용 문화의 범주에서는 결국 자기화가 관건이 된다. 당연히 생산문화나 유통문화에서 지식이나 활동을 통해 학습한 결과를 바탕으로 자기화를 시도하게 된다. 비평적이 활동이나 관련 텍스트 생산 활동과 같은 것이다. 그런데 이 자기화를 위해서는 그 통로가 필요하다.

16 졸고, 「비 동시대적 소설 텍스트의 독서교육」, 『국어교육』 50, 국어교육학회, 2011.

주로 매체적인 통로가 먼저 제기되는데 앞서 설명한 교과서 컷 제작과 같은 맥락의 통로가 그것이다. 단순한 활동의 통로가 아닌 문화적 접근으로서의 속성이 분명하게 드러나는 통로여야 한다. 매체 변용과 같은 통로도 학습자의 매체 활용 능력 즉 문화로서 매체를 향유하는 맥락과 능력이 충분히 발휘될 수 있도록 하는 것이 문화 교육의 바람직한 양상이 될 것이다.

문학교육을 위한 문학연구의 방향성
- 박태원의 경우

1. 문제제기

이 글에서는 다음 두 가지 논점을 중심으로 논의를 진행하고자 한다.

첫째, 근대 국어교육이 시작된 이후 중등학교 문학교육의 현장에서 박태원 문학은 어떤 위상을 차지하고 있고, 그 교육적 접근 방향은 어떠했는가를 살피는 일이다. 한 사회의 문학 향유층이 형성되는데 지대한 영향을 미치는 중등학교 문학교육이기에 한 작가나 작품이 어떤 식으로 교육적 대상이 되고 있는가를 살피는 일은 중요한 의미를 지닌다. 우리 사회에서는 교육현장에서 다루어지는 작품들이 대체로 정전으로 인식되는 경향이 강하고, 해당 작품에서 어떤 영향을 받는가에 따라 독자층의 문학 향유양상이 달라질 수 있기 때문이다. 즉 이 교육적 경험과 영향에 의해 창작과 비평을 아우르는 문학사적 지형도의 형성과 변화의 요인이 생성된다고 보는 셈이다.

둘째, 박태원의 문학이 지속적으로 문학사적 위상을 유지하고 향유층에 의해 생산적으로 향유되도록 해야 한다면 중등학교 교육현장에서 교육적 대상으로서의 가치와 효용성을 유지할 수 있도록 하기 위한 연구자들의 노력이 필요하다는 점이다. 특히 관련 학회의 입장에서 교육현장에 제공할 콘텐츠를 생성해내는 일은 그 존재 기반을 공고히 하고 확대할 수 있다는 점에서 그러하다. 문학교육을 통해 향유자들의 관심이 지속되고 확대될 때 해당 작가의

작품에 기반한 다양한 변용 텍스트들이 생산될 수 있을 것이고 그에 따라 보다 넓고 다양한 접근 통로가 마련되어 연구 활동도 활성화될 수 있을 것이기 때문이다.

이런 논점에 따라 이 논의에서는 우선 군정기교육과정기부터 현재의 교육과정기까지의 국어과 교과서에서 다루어진 박태원 문학 교육의 양상을 살펴보고자 한다. 그 양상은 현상과 문제의 두 측면으로 나누어 보기로 한다. 다음에는 문제 해결의 측면에서 대안 마련을 위해연구자 및 학회에 제언을 해보고자 한다.

2. 교과서 속의 박태원 문학의 존재 양상과 그 의미

1) 교과서 수록 양상

광복 이후의 근대 교육에서 본격적이고 공식적인 국어과교과서가 제작된 것은 1947년 군정청문교부에서 발행한 국어교본이래 2009년 개정 국어교육과정에 의한 교과서 제작까지 모두 10차례에 이른다. 그 교육과정기(국어과 교과 설정 기준)를 정리하면 다음과 같다.

교육과정기	교육과정 개시년도	교육과정기	교육과정 개시 년도
군정기	1946	5차 교육과정기	1988
1차 교육과정기	1955	6차 교육과정기	1992

2차 교육과정기	1963	7차 교육과정기	1997
3차 교육과정기	1973	2007 개정 교육과정기	2007(국어)
4차 교육과정기	1981	2009 개정 교육과정기	2009(문학)

1) 군정기~5차 교육과정기

박태원의 글이 등장하는 첫 교과서는 군정청문교부에서 1947년에 발행한 〈중등국어교본〉이다. 이 교본은 '상'·'중'·'하' 세권으로 발행되었다. '상'은 '1·2학년 소용', '중'은 '3·4학년 소용', '중'은 '5·6학년 소용'이라 구분되어 있다.

각 권의 서지 사항과 박태원 글의 수록 양상을 간단하게 정리하면 다음과 같다.

학 년	총 면수	게재 글 수	주요 필자(근대 작가)	박태원 글
1·2학년	169쪽	53	방정환, 채만식, 박태원, 김광섭, 한용운, 김동명(2), 정지용, 이선희, 노자영, 이기영, 이태준, 김소월, 이병기(2), 박찬모, 이은상, 변영로(2), 이원조, 김기림, 홍명희, 임화,	첫여름 (2.5쪽)
3·4학년	199쪽	40	이희승, 심훈, 이효석, 이태준, 이병기(3), 김광섭, 정지용, 이원조, 홍벽초, 박화성, 양주동, 박태원,	아름다운 풍경 (2쪽)
5·6학년	174쪽	28	정지용, 김진섭, 오장환, 이은상, 김소월, 조지훈, 이희승, 정인보,	

박태원은 상·중·하 세권에 실린 근대 작가 들 중 이병기, 변영로, 김동명, 이은상, 이희승, 이원조, 이태준, 정지용, 홍명희와 더불어 복수로 글이 수록된 작가에 속한다.[1] 물론 그 글이 본격적인 문학 작품

1 이런 필자 구성은 초기 교과서 편수 업무의 중심 역할을 한 이병기의 영향력이

이 아닌 소품의 성격을 띤 글들이기는 하지만 초기 교과서에서 중요한 역할을 한 글쓴이임을 확인할 수 있는 대목이다.

박태원의 글은 '상'과 '중' 두 권에 걸쳐 실려 있다. 상권에는 '첫여름'이라는 제목의 글이 실려 있고, 중권에는 '아름다운 풍경'이라는 제목의 글이 실려 있다. 두 글 모두 소품으로 2쪽 내외의 분량이다. '첫여름'은 '하늘 - 빨래터 - 태극선 - 냉면 - 맥고자' 등의 소제목이 달린, 여름날의 정취를 다룬 짧은 글들로 구성되어 있다. '아름다운 풍경'은 밤 전차역의 정경을 다루고 있다. 이 글들은 교과서에 싣기 위해 따로 작성한 것으로 보이는데, "천변풍경"(빨래터)이나 "소설가 구보씨의 일일"(전차)의 한 대목을 연상시킨다. 상권에 실린 채만식의 글('금강')이 "탁류"의 일부이고, 이기영의 '원터'가 "고향"의 일부인 것과 비교되는 장면이다.

군정기 교과서 이후 박태원의 이름은 교과서에서 자취를 감추게 된다. 군정기 이후 1차 교육과정기인 1955년 사이에 발행된 전시 교과서 등에서 박태원은 다른 월북 또는 납북 문인들과 함께 교과서 속의 필자 이름에서 배제되고 있다. 이는 당연히 당시의 지배적인 이데올로기였던 반공이데올로기의 영향일 것으로 추측된다.

이러한 상황은 5차 교육과정기 교과서에까지 이르게 된다. 5차 교육과정기에서는 국어과에서 〈문학〉이 독립 교과서로 설정된 첫 시기이다. 그리고 그 교육과정에 따른 문학교과서는 1989년에 제작되는데 여기에서도 박태원의 이름은 발견되지 않는다. 박태원 등 월북 작가들의 해금 조치가 이루어 진 것이 1988년임을 감안하면 1989년의

반영된 것으로 보인다. 이 맥락에 대해서는 다음 글 참조.
졸고, 「〈문장〉지와 국어교육」, 『근대문학연구』 20집, 2009.

〈문학〉 교과서에는 월북 작가가 등장할 여지가 있었지만 실제로는 그리 되지 않았다. 이는 아마도 교과서 편찬자들의 '자기검열'의 기제가 작동한 것으로 판단된다. 정치적인 해금은 이루어졌지만 사회적인 정서상으로는 아직 해금 작가들을 받아들이기에는 시기상조인 것으로 판단했을 것으로 보인다.[2]

2) 6차~2009 개정 교육과정기

박태원의 작품이 다시 국어과 교과서에 실리게 되는 것은 6차 문학 교과서이다. 6차 교육과정기에서는 19종 중 3종("소설가 구보씨의 일일" 2종/ "천변풍경" 1종)에서, 7차 교육과정기에서는 18종 중 7종("소설가 구보씨의 일일" 6종 / "천변풍경" 1종), 2009 교육과정기에서는 15종 중 5종("소설가 구보씨의 일일")에 박태원의 작품이 실려 있다.[3] 〈문학〉 교과서를 중심으로 전체적인 현대소설 작품 수록 양상을 빈도수별로 표로 보이면 다음과 같다.

---

2 1988년 7월 19일의 해금조치는 정확히는 '월북 작가의 해방 전 작품 출간 제한 조치 해제'이며 정부의 발표대로 '월북 작가들의 정치적 사상적 복권을 의미하는 것은 아니'기에 교과서에 해금 작가의 작품을 수록하는 데는 어려움이 많았을 것으로 판단된다.
동아일보, 「월북작가 120여명 해금」, 1988년 7월 19일자 기사.

3 『문학』 교과서 외에 처음으로 『국어』 교과서에도 박태원의 작품이 실린다. 2007 개정 교육과정에 따른 고등학교 검인정 국어교과서 중 1종에 「천변풍경」이 실려 있다. 이 교과서에서는 「천변풍경」을 대상으로 '언어와 표현의 다양성'이라는 측면에서 접근하고 있다. 엄밀하게 말하면 문학 작품으로서의 접근은 아니지만 국어교과서의 일반 제재로서 적절하다는 평가를 내리고 있는 셈이어서 주목된다.

<table>
<tr><th colspan="2">6차 교육과정</th><th colspan="2">7차 교육과정</th><th colspan="2">2009 개정 교육과정</th></tr>
<tr><th>수록 수</th><th>작품</th><th>수록 수</th><th>작품</th><th>수록 수</th><th>작품</th></tr>
<tr><td>15</td><td>광장</td><td>15</td><td>광장</td><td>7</td><td>만세전
토지(변용 포함)</td></tr>
<tr><td>11</td><td>무정
메밀꽃 필 무렵</td><td>13</td><td>메밀꽃 필 무렵</td><td>6</td><td>광장</td></tr>
<tr><td>10</td><td>운수좋은 날</td><td>11</td><td>난·쏘·공</td><td>5</td><td>무정
소설가 구보씨의~
난·쏘·공</td></tr>
<tr><td>6</td><td>동백꽃
만세전
태평천하</td><td>10</td><td>금수회의록
동백꽃
삼포가는 길</td><td>4</td><td>고향(현진건)
삼포가는 길
사평역</td></tr>
<tr><td>5</td><td>고향(현진건)
배따라기/
붉은 산
봄봄
무녀도</td><td>9</td><td>고향(현진건)
날개
태평천하</td><td>3</td><td>봄봄 / 동백꽃
미스터 방
역마
외딴방
나마스테(박범신)
잉여인간</td></tr>
<tr><td>4</td><td>탁류 / 논이야기
무진기행
수난 이대
역마
유예</td><td>8</td><td>무정
운수좋은 날
비오는 날</td><td rowspan="3">2</td><td rowspan="3">운수좋은 날
태평천하
메밀꽃 필 무렵
날개
모래톱이야기
복덕방
비오는 날
꺼삐딴 리
관촌수필
흐르는 북
당신들의 천국 / 줄
유년의 뜰
출라체
비오는 날에는
가리봉~
자전거 도둑
황만근은 이렇게~
남한산성
타인의 방
역사</td></tr>
<tr><td>3</td><td>날개
사랑손님과
어머니
삼대 / 두 파산
꺼삐딴 리
목넘이 마을의 개
불꽃
서울, 1964년 겨울</td><td>7</td><td>무녀도
역마
수난이대
꺼삐딴 리
무진기행
1964년 겨울</td></tr>
<tr><td>2</td><td>홍염
소설가
구보씨의~
치숙
화수분
사하촌 /</td><td>6</td><td>혈의 누
홍염
만세전
소설가
구보씨의~
치숙</td></tr>
</table>

	모래톱~ 오발탄 별 / 학 병신과 머저리		학		유년의 뜰
1	천변풍경 (기타 제외)	1	천변풍경 (기타 제외)		

이 수록 양상을 보면 박태원은 교과서 수록이 실질적으로 가능했던 6차 교육과정기부터 그 비중(수록 빈도)이 점차 커지고 있다. 그리고 같은 맥락에 놓여 있던 해금작가들의 작품이 거의 보이지 않는데 비해 현저히 다른 양상을 보이고 있다. 그것은 박태원의 작품이 '월북'이라는 정치적 행위와는 거리를 두고 접근할 수 있는 '모더니즘'이라는 외피를 단단하게 두르고 있기 때문으로 보인다. 이는 다음에 살펴 볼 작가 소개에서도 드러나는 바, 그의 이력이 광복 후 행적은 거의 감추고 일제 강점기 시기 중에서도 구인회 활동을 중심으로 구성되어 있음을 통해서도 확인할 수 있다. 이러한 특성은 박태원의 작품이 앞서 언급한 바 있는 교과서 편찬자들의 '자기검열'을 통과할 수 있는 여지를 충분히 지니고 있기 때문인 것으로 해석할 수 있다.

2009 교육과정기 교과서 수록 작품 빈도에서 볼 수 있듯이 "소설가 구보씨의 일일"이 "광장"이나 "무정" "메밀꽃 필무렵" "난장이가 쏘아올린 작은 공" 등과 거의 비슷한 비중으로 자리잡고 있는 양상은 문예사조의 측면과 이론적 측면에서 설명이 가능하다.

문학사를 다루되 간략히게 다루어야 하는 교과서 속의 문학사 기술 양상의 특성 상 모더니즘과 리얼리즘이라는 이분법적 기술은 매우 매력적인 것이 아닐 수 없다. 그런데 이런 두드러진 이분법적 구도를 설명은 하지만 막상 모더니즘적 경향의 작품으로 교과서에 실을 수 있는 작품은 매우 한정적이다. "날개" 정도가 대표작으로 선정 가능하고 그래왔지만 사실 학습자에게는 난해하고 흥미도 떨어지는 작품이다. "소설가 구보씨의 일일" 난이도와 흥미 면에서 "날개"보다 유리한 성격을 지닌 작품이다. 이런 측면에서 "소설가 구보씨의 일일"이 앞으로도 교과서 내에서 중요한 위상을 차지할 가능성은 상당히 높아 보인다.

또다른 측면을 보면 "소설가 구보씨의 일일"이나 "천변풍경"은 소설의 구성이나 시점 등을 학습하는데 필요한 자료로서 타 작품들보다 우위를 지니고 있다는 판단도 가능하다. 주인공의 공간 배회라는 이동 경로가 그대로 작품의 구조가 된다는 점과 관찰의 행위를 토대로 시점을 설명할 수 있다는 점이 소설적 접근에 용이하기 때문이다. 그렇다면 이러한 판단들이 실제적으로 교과서에서 확인 가능한 것인지를 살펴보기로 한다.

2) 접근 양상의 분석

이 장에서는 박태원 소설은 구체적으로 교과서에서 어떤 맥락으로 접근되고 있는지를 살펴보기로 한다. 논의의 편의를 위해 가장 최근의 교과서들, 즉 2009 교육과정기 검인정 문학교과서들을 대상으로 삼기로 한다. 수록 빈도가 가장 높게 나타난 교육과정기이고, 현재의 문학교육의 양상을 살필 수 있어 의미있는 방향 제시의 토대가 될 수 있을 것이기 때문이다.

(1) 수록 단원

먼저 5종의 교과서에서 "소설가 구보씨의 일일"이 어떤 단원에 편성되어 있는지를 표로 정리해 보기로 한다.

교과서	대단원	소단원
A	한국 문학이 걸어 온길	근대 문학
B	전환기 한국문학과 근대 문학	근대 문학의 확립과 위기
C	문학 활동의 방법	문학의 수용
D	문학의 수용과 생산	문학 작품의 재구성 및 생산 / 작품의 생산
E	문학 활동의 실제	서사 문학의 활동 / 시점과 사건

현행 문학 교과서의 단원 체계는 크게 세 범주로 나눌 수 있다. 문학 양식, 문학사, 문학 활동이 그것이다. 문학 양식에서는 갈래별로 이론적인 학습을 하는 부분이고 문학사는 한국 문학의 흐름을 개괄적으로 이해하는 부분, 문학 활동은 문학의 생산 - 유통 - 수용에 이르는 과정에서 이루어지는 제반 활동을 경험하고 학습하는 부분이다.

"소설가 구보씨의 일일"은 2009 교육과정기 〈문학〉 교과서에서는 문학사 단원(2종) - 문학 활동 단원(2종) - 문학 양식 단원(1종) 등 세 범주 모두에 편성되는 양상을 보이고 있다. 이런 양상으로 나타나는 것은 문학교육의 측면에서는 이 작품이 풍부한 함량을 지녔음을 의미한다. 즉 다양한 접근 통로가 열려있다는 의미이기 때문이다.

(2) 작품 소개

이제 "소설가 구보씨의 일일"을 수록한 교과서에서 이 작품을 어떻게 학습자에게 소개하고 있는지를 살펴보기로 한다. 작품에 대한 소개는 흔히 '작품의 이해와 감상' '작품의 수용' '작품 읽기' 등으로 나타나는데 해당 내용은 이 작품에 대한 문학교육적 접근 시각을 보여주는 부분이다. 이는 달리 말하면 '교과서 정전'으로서의 "소설가 구보씨의 일일"에 대한 '교과서 내 비평'이라는 측면에서 주목할 필요가 있다. 이 '교과서 내 비평'은 해당 작품의 연구사의 귀결이거나 압축적 제시로 볼 수 있기 때문이다.

이 비평의 양상이 다양하면서도 설득력 있게 제시되고 있다면 이는 해당 작품에 대한 연구가 풍부하고 폭넓게 이루어지고 있음을 의미하기 때문이다. 그렇다면 교과서에 구현된 내용을 적시해 보기로 한다.[4]

먼저 몇 개의 비평적 텍스트들을 보기로 한다.

〈A〉

'소설가 구보씨의 일일'은 제목이 시사하는 것처럼, 직장이 없는 지식인 소설가의 무료한 하루를 서술하고 있는 작품이다. 주인공인 '구보'가 집을 나서서 다시 집으로 돌아오기까지 하루 동안 일어난 여러 가지 일에 대한 개인적 반응을 주로 다루고 있다. 그런데 이는 일정한 의식의 기준에 의해 통일되게 나타나는 것이 아니고, 도중에 우연히 부딪히게 되는 단편적인 사실들에 의해 일어나는 두서없는 생각들뿐이다. 그러므로 이 소설에서는 전통적인 소설 갈래 중에서 중시하는 사건이나 행위, 갈등은 중요한 의미를 지니지 못한다. 소설을 이끌어가는 것은 '구보'의 지각과 의식의 흐름이기 때문이다. 작품 속에서 '산책'이라는 배회의 형식은 '관찰'과 '의식의 흐름'을 효과적으로 드러내기 위한 장치이다. '구보'가 우선 관찰하고 있는 것은 당시 경성의 여러 풍물이지만, 보다 중요한 것은 구보의 내면 의식이다. 그것은 여러 풍경에서 발견되고 있는,

---

4 이 글에서 작품 및 작가 부분 기술을 위해 주로 참고한 박태원 관련 연구물들은 다음과 같다.
강진호 외, 『박태원 소설 연구』, 깊은샘, 1995.
구보학회 편, 『박태원 문학과 창작방법론』, 깊은샘, 2011.
구보학회 편, 『박태원 문학의 현재와 미래』, 깊은샘, 2010.
방민호 편, 『박태원 문학 연구의 재인식』, 예옥, 2010.
김윤식 · 정호웅 편, 『한국문학의 리얼리즘과 모더니즘』, 민음사, 1989.
김윤식 · 정호웅, 『한국소설사』, 예하, 1993.
이재선, 『한국소설사』, 민음사, 2000.

그러나 자신에게는 결여된 '일상적인 행복'과 지식인의 '고독'을 축으로 하여 이루어지고 있다.

〈B〉

이 작품은 전통적인 소설 문체나 형식과는 다른 파격적 형식으로 인해 문학사에서 주목을 받았던 모더니즘 소설이다. 이 작품의 형식 실험은, 사건 중심의 인과적이고 통일된 서술과 달리 인물의 주관적 의식 흐름에 따른 전개, 과거와 현재의 병치, 창작 과정을 노출하는 자기 반영성을 들 수 있다. 또 쉼표를 자주 사용하거나, 활자의 크기에 변화를 주거나, 신문 광고와 약 처방전 숫자, 음식점의 차림표 등을 소설 속에 그대로 삽입하는 등의 비일상적 표현으로 충격을 주었다.

〈C〉

이 작품은 1934년 8월 1일부터 9월 19일 까지 '조선중앙일보'에 연재된 소설로, 소설가 '구보'가 집을 나섰다가 돌아오기까지의 하루 행적과 의식의 추이를 서술한 작품이다. 전통적인 소설 갈래에서 중시하는 사건의 인과 관계나 인물의 행동, 갈등보다는 주인공 '구보'의 의식의 흐름과 서술자의 시선에 포착된 거리의 풍경이나 주변 인물들의 묘사에 초점을 두고 있다. 현재와 과거가 교차하는 형식을 통해 주인공의 복합적인 내면 의식을 드러낸 작품이다.

〈D〉

1934년 '조선중앙일보'에 연재된 중편 소설로 문우였던 이상이 하융이란 필명으로 삽화를 그렸다. 제목에서도 알 수 있듯이 이 작품은 소설가인 주인공이 하루 동안 서울 시내를 돌아다니며 경험한 내용을 담고 있다. 사건이나 인물 간의 갈등을 중시하던 기존 소설과 달리 주인공의 시선에 포착된 현실의 모습과 그에 대한 주인공의 의식의 흐름이 작품의 중심을 이루고 있다. 주인공이 도시를 배회하고 사람들과 만나는 일련의 사건들은 어떤 서사구조 속에서 인과 관계로 맺어진 것이 아니라, 다만 일상 속에서 이루어지는 우연의 연속일 뿐이다. 이와 같은 전개 방식은 이 소설의 본문에서도 언급되고 있는 조이스의 '율리시즈'와 연결되는 것으로 당시의 일반적인 독자들이 수용하기 어려운 매우 실험적인 시도였다.

〈E〉

이 소설은 제목에서 알 수 있듯이 주인공 구보가 하루 동안 한 일을 연속적으로 보여주고 있다. 일제 강점기의 지식인인 소설가 구보는 글감을 찾기 위해 광교를 거쳐 남대문, 장곡천정, 종로 네거리 등을 배회한다. 독자는 이를 통해 구보가 거닐고 있는 그 당시 서울의 근대적 풍경을 엿볼 수 있고, 카페 문화를 접하기도 한다. 이때 서술자는 의식의 흐름 기법으로 구보의 내면 심리에 따라 현실을 포착하여 보여 주고 있어, 독자가 보는 풍경은 주관적이라고도 할 수 있다. 그러나 서술자는 구보가 아닌 작품 외부의 전지적 작가인 만큼 구보와도 일정한 거리를 유지하고 있기 때문에 독자들로 하여금 당시 지식인의 내면과 사회의 현실을 통찰력있게 관찰할 수 있도록 만든다.

이 비평 텍스트들은 대체로 이 소설이 전통적인 소설과는 다른 소설적 특성을 보여주고 있음에 초점을 맞추고 있다. 파격적이거나 실험적인 구성이나 형식을 보여주는 모더니즘 소설이라는 맥락에서 기술하고 있는 셈이다. 그런데 이러한 기술에 대한 교사와 학습자의 반응은 엇갈린다. 소설이 여러 가지 양상으로 서술되고 있다는 점을 보여주어 소설 양식에 대한 이해에 도움이 된다는 반응과 전통적인 소설이라는 것이 무엇인지(구체적으로 어느 시기의 어떤 소설들을 전통적인 소설로 보아야 하는지)에 대한 인식이 충분치 않은 상태에서는 이해하기 어렵다는 반응이 그것이다.[5] 좀더 세부적으로는 사건이나 갈등이 어떠할 때 전통적인 또는 기존의 소설의 범주에 드느냐 하는 것이다. 특히 학습자들은 인물의 내면 갈등이나 현실 묘사는 소설에서는 거의 필수적으로 나타나는 것인데 특별히 다른 것이라 보는 이유에 대해 동의하기 어렵다는 반응을 보인다. 사건 역시 '왜 다른가'라는 점에 의문을 가지고 있었다. 차별성을 드러내는데 초점을 둠으로써 발생한 문제라고 볼 수 있는 대목이다.

이런 반응들에 주목하면서 이 서술 내용들을 면밀히 분석해 보면 교과서 간에 상당한 차이가 노출되고 있다. 그 핵심적인 차이는 다음과 같은 부분에서 드러난다.

> '산책'이라는 배회의 형식은 '관찰'과 '의식의 흐름'을 효과적으로 드러내기 위한 장치

> 사건 중심의 인과적이고 통일된 서술과 달리 인물의 주관적 의식 흐름에 따른 전개, 과거와 현재의 병치, 창작 과정을 노출하는 자기 반영성

> '구보'의 의식의 흐름과 서술자의 시선에 포착된 거리의 풍경이나 주변 인물들의 묘사에 초점

5 이 반응은 발표자가 이 발표와 관련해서 가졌던 현장 교사와의 면담 및 해당 교사들이 가르치고 있는 학생들을 대상으로 이루어진 구두 조사를 정리해서 얻은 것이다.

사건이나 인물 간의 갈등을 중시하던 기존 소설과 달리 주인공의 시선에 포착된 현실의 모습과 그에 대한 주인공의 의식의 흐름이 작품의 중심

서술자는 의식의 흐름 기법으로 구보의 내면 심리에 따라 현실을 포착

이 구절들을 보면 '의식의 흐름'이라는 — 학습자들에게는 학습의 결과로 수용해야 할 개념인 표지 개념으로 인식될 — 용어의 사용 양상이 학습자들에게는 혼란스럽게 받아들여질 여지들을 안고 있다. 그 핵심은 '의식의 흐름'을 서술의 대상 또는 초점으로 보는 것인지, 서술의 기법으로 보는 것인지에 놓여 있다. '의식의 흐름을 보여준다'와 '의식의 흐름을 통해 보여준다'는 학습자들에게는 상당한 편차로 다가갈 것이기 때문이다.

또한 '서술자는 구보가 아닌 작품 외부에 잇는 전지적 작가'라는 표현 또한 혼란스러움을 줄 수 있는 대목이다. 이러한 양상들은 편찬자의 문제이기에 앞서 박태원 문학 연구자 및 소설 연구자들의 몫이라 할 수 있을 것이다. 교과서를 제작하는 시기가 그리 넉넉하지 않은 환경에서 해당 연구자들의 연구 결과에 전적으로 기댈 수 있는 상황이어야 하는데 앞서 살펴 본 바와 같이 그와 같은 여건이 마련되지 못하고 있다고 보기 때문이다. 적어도 교과서 편찬 시에 믿고 기댈 수 있는 연구 결과들이 부족하다는 판단이다. 물론 이는 박태원 문학 연구 현황 자체에 대한 판단은 아니다. 교육현장에서 활용 가능한 연구 결과가 부족하다는 판단이다. 최소한의 사회적 합의가 이루어진 연구 결과가 존재하지 않는다는 지적이다.[6]

---

6 이런 점에서 적어도 교과서 정전 작가로 인정받고 있는 작가들을 연구하는 학회 등의 연구단체에서는 문학교육을 위한 '공동의 연구' 결과들을 제시할 필요가

(3) 작가 소개

여전히 우리 국어과 교과서에서는 '작가 부재'에 가까운 양상이 지속되고 있지만 그래도 최근에는 형편이 나아지고 있는 상황이다.[7] 3~4줄로 압축되어 소개되는 작가는 거의 무화된 존재에 가까워 학습자들에게는 장식에 불과한 것으로 인식되기 십상이다. 최근에 이르러서 분량도 늘어나고 서술 양상도 달라졌지만 대부분의 경우 아직 학습들에게는 형해화된 정보로 받아들여지고 있는 정도이다. 해당 내용들을 제시해 보기로 한다.

[B] (1910-1987) 호는 구보. 초기에는 시를 쓰기도 하였으나, 1933년 동아일보에 중편 '적멸'을 발표하면서 소설 창작에 주력하였다. 문체, 기법, 주제 등에서 실험성이 강한 작품을 많이 발표하였으며, 구인회 동인으로 활동하기도 하였다. 대표작으로 단편 '성탄제' '골목 안' 장편으로 '천변풍경' 등이 있다.

[C] (1909~1986) 소설가. 호는 구보. 구인회의 회원으로 활동하였으며 문체와 표현 기교를 중시하면서도 조선의 사회 현실에 대한 날카로운 인식을 보여주는 소설을 썼다. 주요 작품으로 '수염' '소설가 구보 씨의 일일', '천변풍경', "피로' 등이 있다.

[D] (1909~1986) 소설가. 호는 구보. 1926년 '조선문단'에 시 '누님'이 당선되었고, 1930년 '신생'에 단편 소설 '수명'을 발표하였다. 1933년

있다고 본다.

7 이 양상에 대해서는 다음 글에서 살펴본 바 있다.
졸고, 「작가론과 소설 텍스트 읽기 전략」, 『독서연구』 25, 2011.

구인회에 가담한 이후 반계몽·반계급주의 문학의 입장에서 세태 풍속을 묘사한 '소설가 구보씨의 일일'과 '천변 풍경' 등을 발표하였다. 기존의 소설 형식에서 벗어나는 새로운 실험적 기법의 활용과 문체의 변화 등을 통해 자신만의 작품 세계를 개척하였다.

[E] (1909~1986)

소설가. 서민의 생활을 소재로 삼아 독특한 문체를 사용하여 심리 소설과 세태 소설을 썼다. 주요 작품으로 '피로' '천변풍경' 등이 있다.

[A] (1909~1986) 구보 박태원은 서울에서 태어났다. 그는 당시로서는 유행의 첨단을 달렸던 인물로, 우스꽝스러운 머리 모양과 함께 기억된다. 그가 작가로서 지위를 인정받기 시작한 때는 1933년에 구인회에 가입하면서부터이다. '구인회'는 순수 문학을 지향하는 문단의 중견급 작가 아홉 명에 의하여 결성된 문학 동인회이다. 이후 그는 '소설가 구보씨의 일일' '천변풍경' 등의 작품을 발표한다.

그의 문학 세계를 이야기할 때 빠트릴 수 없는 것이 이상과 함께 한국 모더니즘 소설을 이끌어 갔다는 것이다. 한국 문학에서 모더니즘이 중요한 의미를 갖는 이유는 그것이 한국의 근대 문학에 새로운 지평을 열어 주었기 때문이다. 그는 작품의 이데올로기보다는 문장 그 자체의 예술성을 중시했다. 새로운 소설적 기법을 시도하는 한편, 내면 의식의 묘사를 강조하는 등 독특한 실험 정신을 보여주었다. (중략 - 작가의 평문) 1950년 월북하기 이전까지 그의 문학 활동 시기는 1933년부터 1938년까지 대략 4~5년에 불과했다. 그럼에도 박태원이 한국 문학사에서 오래도록 기억되는 이유는, 짧은 시간에 남긴 강렬한 모더니즘의 면모 때문이다.[8]

이 내용들은 [A]를 제외하고는 매우 건조한 기술이라는 점에서 유사하다. 학습자들이 흥미를 가질만한 요소가 없어 보인다. 그리고 '문체' '기법' '실험' 등이 핵심어로 자리잡고 있는 것도 유사하다. 차이점으로는 생몰연대([B]의 경우가 다름), 등단이나 작품 활동 시작 단계, 대표작 제시 등을 들 수 있다. 문체의 새로움이나 실험적 기법 등은 학습자들로서는 사실 변별적으로 이해하기 어려운 용어에 가깝다. 일부 교과서에서는 이 용어들에 대해 설명을 하고 있기는 하지만 기술 내용이 적거나 구체적이지 않아 학습자들은 여전히 충분한 이해에 도달하기 어려운 형편이라고 한다.[9] 이중 [A]는 여타의 기술 내용이나 방식과는 다른 새로운 작가 소개의 면모를 보이고 있어 주목된다.

(4) 접근 통로(학습 활동)

이제 각 교과서들이 박태원의 작품에 어떤 맥락에서 접근해 가고 있는지를 간략하게 정리해 보기로 한다.

---

8 이 교과서는 파격적으로 한 쪽에 걸쳐 작가 소개를 하고 있다. 현역 작가들이 저자로 참여하고 현장 교사들이 중심을 이루는 경우이다.

9 교사들은 다음과 같은 예를 들어 교과서 기술 내용의 어려움을 호소하고 있다. "모더니즘–사상, 형식, 문체 따위가 전통적인 기반에서 급진적으로 벗어난 창작 태도를 말한다. 20세기 서구 문학 · 예술상의 한 경향으로 현실에 대한 주관적인 표착과 그 묘사를 강조한다. 우리나라에서는 김기림과 최재서가 모더니즘 이론을 소개했으며, 대표적인 문인들로는 정지용, 김광균, 이상, 박태원 등이 있다."
"의식의 흐름–개인의 의식 속에 감각 · 상념 · 기억 · 연상 등이 계속하여 떠오르는 것을 가리키는 말. 인물의 이성적인 사고에만 국한하지 않고 그 의식의 흐름 전체를 포착하여 드러내고자 하였다. 의식의 흐름을 충분히 표현하기 위해 일관성 없는 생각의 나열, 비문법적인 구문, 언표 이전 단계에 속하는 사고, 언어의 자유 연상 등을 도입하였다."

교과서	단원 속성	주요 학습 활동
A	문학사	- 공간 이동의 순서 / 인물의 갈등과 사건 진행 양상 - '탁류'와 비교, 인물의 행동과 심리가 차지하는 비중 판단 - 다른 소설과 다른 점을 내용과 형식 면에서 정리하기
B	문학사	- 공간의 이동에 따른 심리 변화 / 배회하는 의식의 특징 분석 - '감자'의 서술과 비교하면서 이 소설의 새로움에 대해 분석 - 구보는 작가의 호, 이런 사소설적 주인공 설정의 효과 - 자신의 일을 '00씨의 일일'로 써보기
C	문학 활동	- 당시 전차 노선도. 구보의 이동 경로 / 서술자는 누구의 입장에 초점을 맞추어 이야기를 전개? / 구보의 주된 심리 상태 - 의식의 흐름 기법 활용. 설명하기 / 구보의 생각 정리하기 / 문체적 특징과 소설의 내용 및 형식과의 관계 설명 - 구보의 인생관에 주목 / 물질과 행복의 관계 생각 - '청소년 00의 하루'라는 글쓰기
D	문학 활동	- 구보가 바라본 대상과 대상에 대한 구보의 의식 파악 - 인과적으로 전개되는 일반적인 소설과 이 소설의 차이점 - 서술 시점의 특징 - 당시 신문기사/ 구보의 한숨의 의미 / 당시의 시대상황과 연결 - '학생 000의 일일'이라는 제목의 소설 쓰기하기
E	문학 양식	- 주인공이 관찰하는 대상은 무엇이며 주인공은 어떻게 생각? - 소설의 시점과 서술상 특징 파악 / 서술방식을 선택한 이유 - 오늘날 서울 거리를 배회한다면 어떤 생각을 할지 생각해 보기 - 시점 하나를 선택하여 '21세기 소설가 구보씨의 하루' 써보기

이들 학습활동을 보면 대체로 공간 이동, 서술상 특징, 의식의 흐름 등이 주를 이루고 있다. 이는 문학사 단원이나 문학 활동 또는 양식 단원에 걸쳐 비슷한 양상으로 나타난다. 그러니까 박태원 소설의 특성은 어느 범주에서나 일정한 접근 통로를 형성하고 있다는 뜻이 된

다. 이러한 특성은 교과서 정전으로 자리잡는데 유리한 측면도 있고 불리한 측면도 있다. 하지만 접근 통로가 상당히 제한적이라는 측면에서 보면 이후 문학교육의 지형도가 변화하게 될 경우 불리한 쪽에 가까울 것으로 전망된다. 특히 재생산 활동이 '000씨의 일일'이라는 제목이나 형식으로 글쓰기에 국한되고 있다는 점에서 그 제한성이 두드러지게 나타난다고 할 수 있다.

3. 문학교육을 위한 박태원 문학연구의 방향성 제안

1) 풍부한 자료의 제공

현재의 문학교육은 매우 동태적이다. 작품을 제시하고 읽고 감상하는 정태적인 접근법에서 벗어나 다양한 활동들을 통해 문화 양식으로서의 문학에 대한 접근을 기본적인 범주로 설정하고 있다. 그런데 박태원 문학의 경우 작품에 접근하는 다양한 활동들이 상당히 제한적으로 이루어지고 있는 텍스트군에 속한다. 즉 작품이 지닌 내적 속성에 대한 이해에 치중되고 있는 상황이다. 그런 상황에서 학습자들은 상당히 무겁고 어려운 작품으로 수용하고 있다. 교과서의 접근 방향이 실험적 문학에, 기법의 낯섦에 놓이다보니 학습자들로서는 자신들의 주체적인 활동을 통해 접근해 갈 수 있는 작품이 아닌, 수동적은 이해하고 받아들어야 하는 작품으로 인식하는 경향이 강하다. 그래서 주로 정태적인 활동이 이루어지는 쪽에 속한다. 이는 다른 작품들에 비해 작품을 둘러싼 다양한 자료들이 부족한 여건에서 비롯되는 것으로 판단된다. 작품의 생산과 유통, 공시적이고 통시적인 수용 과정에서 도출되는 자료들이 제시된다면 교과서에서의 박태원 문학의 존재 양상은 보다 풍부해지리라 본다. 이를 위한 연구자들의 관심이 필요하다.

교과서 제작의 현실로 볼 때 풍부한 자료를 제공하는 일은 물리적으로 어려운 측면이 있기는 하다. 특히 기존에 두 권으로 편제되던 데서 한권으로 줄어든 양상(2011 교육과정에 따른 교과서 편찬)을 놓고 보면 풍부한 자료의 제공은 수월하지 않을 것으로 판단된다. 그럼에도 불구하고 학습자들에게 문학에 대한 다양한 접근 통로를 제공하고 흥미를 유발할 수 있는 자료들을 제공할 수 있는 장치들을 개발해야 할 것이고 관련 연구자들이나 학회들은 해당 자료들을 제공할 필요가 있다. 교사용 지도서는 그 한 장치가 될 것인데, 문단사적, 문학사적, 생활사적 자료들이 다양한 유형의 텍스트로 제공될 수 있을 것이다.[10] 그리고 이 자료들은 작가와 작품에 걸쳐 적절히 안배될 필요가 있다고 본다.

2) 문학사적 위상에 대한 사회적 합의

앞에서도 살핀바 있듯이 박태원 문학의 문학사적 위상에 대한 문학교육적 접근은 보다 다양하게 이루어져야 하리라 본다. 물론 모더니즘이라는 강력한 개념이 있기는 하지만 아직 형성 중에 있는 독자들인 학습자들에게는 이러한 사조에 중점을 둔 문학 현상의 학습 결과는 지식으로 남을 가능성이 크고, 학습의 결과가 이상적인 독자로 나아가는데 필요한 능력의 형성으로 이어지기에는 어려움이 따른다. 그래서 보다 보편적인 측면에서의 위상 확보에도 관심을 가질 필요가

10 작품이 창작될 당시의 문단과 관련된 작가 및 작품 관련 텍스트를 문단사적 텍스트, 이후 문학사적으로 평가가 이루어지는 과정을 살필 수 있는 텍스트들은 문학사적 텍스트, 작가의 개인사나 독자의 수용과 관련된 텍스트들은 생활사적 텍스트라 보았다. 크게는 문확 활동과 관련된 맥락 자료들에 해당한다.

있다. 문학교육에서의 문학사적 접근은 일반적인 문학사적 접근과는 다른 양상을 띠는 것이 바람직하다고 본다. 학습자들은 매우 제한적인 작품과 설명을 통해 문학사의 흐름을 이해하고 그것을 바탕으로 문학사를 통해 얻을 수 있는 문학능력을 함양해 가야 하기에 해당 문학사 시기의 대표작으로 제시된 작품들에 대해 보다 다양한 통로를 통해 접근해 갈 수 있도록 해줄 필요가 있기 때문이다. 그래서 '차별성' 중심의 사적 접근보다는 '일반성' 및 '다양성'을 아우르는 접근이 이루어질 수 있도록 지원하는 연구가 필요하다고 본다. 그리고 그 연구는 교과서 간의 편차, 시각의 차이보다는 모순이나 오류에 가까운 편차가 노출되지 않도록 사회적 합의가 뒷받침되는 연구가 되어야 할 것이다. 학회 차원의 연구가 필요한 대목이다.

작가의 경우 미래의 독자들을 위한 유익하고 흥미로운 작가 관련 정보를 제공할 필요가 있다. 그런데 이런 정보는 많은 자료를 바탕으로 압축적이면서도 평이하게 재생산해야 하는 기술적인 텍스트이다. 이런 텍스트는 개인 연구자들보다는 학회 차원의 노력들이 필요하리라 본다. 단순히 교과서를 위한 연구물이 아닌 독자 대중을 위한, 즉 대중화를 위한 텍스트의 개념으로 접근해 가는 일이 필요할 것이다. 결코 용이하지 않은 작업일 터이므로 공동 작업의 필요성이 제기되는 것이다. 지금 당장 일반 독자들에게 박태원을 소개하는 짧은 글을 작성해 본다면 그 어려움을 이해할 수 있을 것이다.

3) 재생산의 원천으로서의 가치 발견

박태원의 소설이 현재의 검인정 교과서에서는 높은 빈도수를 보이고 있지만 다른 잠재적 경쟁 작품들에 비해 큰 약점을 지니고 있다. 그것은 매체를 통한 변용 텍스트가 존재하지 않고, 학습자들의 입장에서 매체 변용이라는 재생한 활동을 하기에도 적절하지 않은 작품으로 인식되고 있다는 점이다. 잠재적인 문학 독자들인 중등학교 학습자들이나 일반 독자들은 현재의 문화적 지형도에서 문학의 존재 방식이 좀더 다변화되기를 원하고 있으며 그러한 양상에 능동적일 수 있는 능력을 소유할 수 있기를 기대하고 있다.

따라서 박태원 문학이 지속적으로 문학교육의 자장에서 그 위상을 유지하고 진전시켜 나가도록 하기 위해서는 다양한 재생산의 원천으로서의 가치를 재발견해 갈 필요가 있다고 본다. 박태원의 작품들이 어떤 매체 변용의 가능성과 잠재력을 지니고 있는지에 대한 접근에서부터, 학습자들이 문화적인 맥락에서 박태원 문학에 다가갈 수 있도록 매체의 속성을 빌린 문학 활동의 가능성과 구체적인 방향을 제시하는 접근에 이르기까지 연구자들의 관심이 필요하다고 본다.

4) 분석 틀의 생성

앞에서 살폈듯이 박태원 소설에 대한 접근은 학습자들에게 차별적인 분석틀을 제공해야 하는 필요성이 대두된다. 기법, 서술, 문체 등의 범주에 접근하는데 필요한 도구적 개념이나 이론이 제공되어야 한다는 뜻이다. 사실 현재의 문학교육에서는 교육을 위한 정제된 성격의 필수적인 문학이론들이 부재한다. 교과서 편찬자들이 교과서 제작에 즈음하여 기존의 이론들을 정리하거나 적절히 조합하여 제시하고 있는 형편이다. 그러다보니 학습자들에게 매우 중요한 이론들이 때로는 오류에 가깝게, 때로는 혼란스럽게 제공되고 있다. 대표적인 경우가 소설에서 3인칭 시점을 제시하면서 '전지적 작가 시점' '작가 관찰자 시점' 등의 용어를 사용한다든가, 인물론에서 '입체적 인물'을 '사건의 진행에 따라 성격이 변하는 인물'로 설명하는 경우 등이다.[11]

박태원 문학에 학습자들이 주체적으로 접근하고 수용해 내는데 필요한 개념이나 이론들을 정제되고 효율적인 방식으로 제공하기 위한 연구가 진행되어야 한다고 생각한다. 모더니즘, 의식의 흐름 등의 용어를 생경하게 제시하는 것이 아니라 학습자(일반 독자)들이 그것을 활용하여 작품에 접근할 수 있도록 도울 수 있는 장치 차원에서 개념과 이론을 제시해야 한다고 본다. 그러기 위해서는 관련 연구자들의 특수 목적 연구가 필요할 것이다. 연구자들 간의 상호소통이 아닌 일반 독자, 잠재적 독자들과 소통을 겨냥하여 그들이 박태원 문학에 보다 용이하고 생산적으로 접근할 수 있도록 할 수 있도록 조력자로서 작용하자는 제안이다. 무엇보다도 박태원 소설의 경우 '서술'과 관련된 다양한 이론적 틀을 학습자들이 쉽게 이해하고 분석과 비평에 활용할 수 있도록 정련하여 제공해 줄 필요가 있을 것이다. 이 역시 상당한 시간과 노력을 필요로 하는 작업이 될 것이다.[12]

마지막으로 '문학' 교과서가 아닌 '국어' 교과서에서도 박태원의 작품들이 자리잡을 수 있도록 하는 연구도 필요하다고 본다. 말하기, 읽기, 쓰기 등의 활동에 필요한 언어자료로서 활용될 수 있도록 또 다른 차원의 분석들이 이루어지기를 기대한다. 박태원의 작품들이 언어활동의 보편적인 결과로서 인식될 때 가치는 더욱 높아질 수 있을 것이다. 문학은 문학으로서 존재해야 한다는 생각대신에 창조적인 언어활동의 결과이기에 그 창조적인 언어활동 능력을 학습자들이 습득할 수 있도

---

11 문학교육에서의 이론의 문제점에 대해서는 다음 참조.
졸고, 「소설교육에서의 시점 이론에 대한 반성적 고찰」, 『문학교육학』 30, 2009.

12 이와 관련하여 다음 논의는 '소설가 구보씨의 일일'의 교육적 함의를 서사 전략의 측면에서 다루고 있다는 점에서 주목되나 문학교육의 현장에서 활용하기에는 내용이 소략하여 아쉬움을 준다.
김명석, 「작가 연구와 문학교육」, 『돈암어문학』 24, 2011.

록 한다는 생각을 할 수 있다면 우리는 보다 풍요로운 문학적 자산을 보유하게 될 것이다. 박태원 연구자들의 발상의 전환을 기대해 본다.

법과 문학
– 치안유지법과 전향소설

1. 논의의 출발

이 논의는 시대적, 문학사적 현상인 전향과 전향 문학에 대해 두 현상을 초래한 실질적인 기제로서의 '법'의 측면에서 접근해 보는데 초점을 두고 있다. 전향이나 전향 문학에 대해서는 김윤식 교수의 초기 논의 이래 간헐적으로 이루어져 왔으며 그 접근 대상이 한정된 만큼 다른 문학사적 현상에 비해 밀도 있고 집중적인 접근이 충분히 이루어진 상황이다. 이 논의는 전향이나 전향문학에 대한 기존의 논의 결과들에 대한 비판적 접근이나 기존 논의들이 지닌 문제를 찾아 그 해결책을 모색하는데 초점을 두지는 않는다. 전향과 전향 문학을 정신사적 · 사상사적 측면에서 접근해 가는 일은 지극히 당연한 일이기 때문이다. 따라서 기존 연구사에 대한 정리나 검토는 따로 시도하지 않고 논지 전개과정에서 기존의 논의들과 다른 지점에 대한 언급을 하는 것으로 대신하고자 한다.

이 논의에서는 기왕의 논의들과는 달리 전향 문학에 대한 작품 외적 접근을 시도하되 작품 생산에 작용한 과정적 요인으로서의 외적 상황을 집중적으로 분석해 보는데 일차적인 목표를 둔다.[1] 구체적으로는 일제 강점기의 '전향'과 전향 문학을 한국 문학사의 한 의미 있는 현상으로 설정 가능한, '작품 외적 요인에 의한 창작의 제한'이라는 상황의 전형적인 사례로 삼아 외적 상황에 대한 대응으로서의 작품의 내적 형식의 창출 과정에 대해 살펴보고자 한다. 즉 전향이나 전향문학이 '법'이라는 요인에 의해 배태되고 제어 받는 현상이었기에 작품 생산 과정에 이러한 요인들이 매우 긴밀하게 작용하여 작품의 내적 형식을 결정하게 된다는 점을 관련 자료들에 대한 세밀한 분석과 추가 자료의 검토를 통해 밝혀보고자 하였다.

2. 치안유지법과 '조선적 특수성'

전향과 전향 문학은 치안유지법의 산물이다. 우선 치안 유지법의 구체적인 내용 항목을 살펴보기로 한다.[2]

제1조 국체를 변혁 또는 사유재산제도를 부인할 목적으로 결사를 조

---

1 이 논문은 현대문학연구회 2014년 1차 학술대회에서 발표한 논문을 수정 보완한 것이기에 '법과 문학'이라는 기획 주제의 방향성을 그대로 유지하고자 한다.

2 기존의 논의들에서는 이 치안유지법이 전향 문학의 태생적 기반이었음을 인정하면서도 이에 대해서는 논의과정에서 구체적으로 살피지 않고 있다. 그러나 여기에서는 법의 존재 자체보다는 작동 방식이 전향 문학의 출현과 진행에 보다 본질적이었다고 보기 때문에 법의 내용을 살피는 일부터 출발하고자 하였다. 이후에 제시되는 법 관련 자료들은 거의 대부분 이전의 논의들에서 언급이 되지 않았던 것들로 이 논의과정에서 찾아 낸 것들이다. 이 중 대부분의 자료들은 연구자들이 별다른 어려움이 없이 접근할 수 있는 것들이라는 점에서 자료의 '발굴'로 보기는 어렵지만 기존 논의들에서는 언급 자체가 없었던 것들이라는 점에서는 새로운 자료로서의 의미를 지닐 것이다.

직한다든가 또는 그 정황을 알고 그에 가입한 자는 10년 이하의 징역 또는 금고에 처함. 전항(前項)의 미수죄는 그를 벌함

제2조 전조 제1항의 목적으로써 그 목적한 사항의 실행에 관하여 협의한 자는 7년 이하의 징역 또는 금고에 처함

제3조 제 1조 제1항의 목적으로써 그 목적한 사항의 실행을 선동한 자는 7년 이하의 징역 또는 금고에 처함

제4조 제1조 제1항의 목적으로써 소요 폭행 기타 생명신체 또는 재산에 해를 가하는 범죄를 선동한 자는 10년 이하의 징역 또는 금고에 처함

제5조 제1조 제1항 제3조의 죄를 범하게 할 일을 목적으로 하여 금품 기타 재산상의 이익을 공여하거나 또는 신입(申込) 또는 약속을 한 자는 5년 이하의 징역 또는 금고에 처함. 그 정황을 알고 공여를 받거나 또는 그것을 요구 혹은 약속을 한 자도 또한 동일함

제6조 제5조의 죄를 범한 자가 자수한 때는 그 형을 감형 또는 면제함

제7조 본 법은 누구를 물론하고 본법 시행구역 외에서도 죄를 범한 자에게도 역시 적용함[3]

이 법은 1925년 5월 12일부터 일본과 조선에서 동시에 시행되었다.[4] 그런데 여기서 추가로 살펴야 할 법이 있다. 바로 1919년 3·1운동 이후 시행되었던 〈制令第七號〉이다.

3 『조선일보』, 1925. 5. 12.

4 『동아일보』 기사를 보면(1925. 5. 9), 7월 칙령으로 5월 12일부터 대만. 관동주, 남양군도 등에서도 치안유지법이 시행된다고 되어 있다.

제1조 정치의 변혁을 목적하고 다수가 공동으로 안녕질서를 방해하거나 또는 방해하고자 한 자는 10년 이하의 징역 또는 금고에 처함. 단 형법 제2편 제3장의 규칙에 해당하는 때에는 본령을 적용함. 전항의 행위를 시킬 목적으로 이를 선동한 자의 벌도 또한 전항과 동일함

제2조 전조의 죄를 범함 자가 발각 전에 자수하는 때에는 그 형을 감경 또는 면제함

제3조 본령은 제국 외에서 제1조의 죄를 범한 제국신민에게도 그를 적용함

이 두 법의 차이와 그에 따른 법적 효율성에 대해 당시 지식인 사회에서는 지대한 관심을 보이고 있다. 이에 대해 일제 당국이나 조선인 법률 관계자들은 다음과 같은 해석을 내리고 있다.

"(전략) [제령제7호는] 정치의 변혁을 목적하고 다수 공동하여 안녕질서를 방해하거나 또는 방해코자 한 그들에게 적용하는 것이 그 진정한 정신이었으나 그 후 수년래로 사회주의 공산주의가 차차 대두하게 됨에 따라 사회의 경제조직을 부인하는 그들에게도 위 제령제칠호를 가지고 적용하여 왔으므로 사실 치안유지법이 실시되어 있었던 것이나 다름없었습니다. 그러므로 법무국 측에서는 조선의 법률이 오히려 일본보다 발달되었다고 은근히 자랑하고 있었다고 합니다. 그러나 일본에서는 조선에 비교하여서도 더욱 더욱 주의 색채가 굳세고 도한 외부에 폭발되는 현상이 한층이나 더 심함에도 그를 제재하는 특별한 법률이 없이 다만 출판법, 신문지법, 치안경찰법 등으로 적용하여 왔습니다. 그러므로 공연히 수고만 더하였고 적절한 적용을 보지 못하였으므로 마침내 치안유지법을 제정하게 된 것이올시다. 그는 물론 경제조직을 부인하는 主義的

결사조직 또는 그 내용을 일부러 알고도 그에 가입한 그들에게 적용하는 법률이므로 진정한 해석에 있어서는 정치변혁을 목적하는 그들에게 제령제칠호와는 확연한 구별이 있습니다. 그리고 그것이 조선에서 실시되는 이상 이로부터는 그 두 법률의 적용범위가 명확히 갈려질 줄 압니다. 즉 공산주의 사회주의 방면에는 치안유지법으로 제재하고 독립운동자에게는 제령제칠호로 제정하게 되어 제령제칠호로서는 비로소 제정 당시의 진정한 법정신에 돌아가게 될 것이올시다. (후략)"[5] (방점 - 인용자)

위 내용과 관련된 여러 자료들을 바탕으로 다소 위험하지만 단순한 해석을 가해보자면 치안유지법으로 기소된 경우에는 독립운동과는 무관한 것으로 치부하려는 법적 의도가 다분하다는 점과 이러한 의도에 의해 형성된 당시의 사회적 인식에 따라 치안유지법 위반자가 대중에게 내세울 수 있는 '자부심(긍지)'은 상당 정도 약화되었을 것이다. 즉 일제는 치안유지법을 조선에 적용하는 과정에서 제령제7호로 대표되는 독립운동가에 대한 제재와 공산주의 사상범에 대한 제재를 분리하는 방식을 통해 공산주의 사상범들이 식민지 대중들에게 심정적 동조를 얻거나 의식적 지지를 얻는 통로를 차단하는 효과를 얻고자 한 것으로 보인다. 이로 인해 카프의 전향 작가들의 입지도 더욱 좁아진 것으로 볼 수 있다. 법을 집행하는 주체가 일제라는 집단임에도 불구하고 대중의 의식 수준에서는 '민족해방운동'도 아닌 일로 범법자가 되었으며 게다가 '전향'이라는 식민지인들의 정서에 반하는 태도를 보였다는 점에서 운신의 폭은 매우 제한되었을 것이다. 고도의 법적 전략을 엿볼 수 있는 대목이자 전향소설에서 일반적으로 드러나는 내적

5 「조선에도 실시될 치안유지법 조선에 독특한 제령 7호와의 비교」, 『동아일보』, 1925. 5. 10.

형식들의 연원을 가늠해 볼 수 있는 맥락이기도 하다.

그런데 이 두 법의 적용 양상을 보면 치안유지법의 주 조항은 이미 실정법으로 적용되고 있었음을 확인할 수 있다. 1925년 9월에 '치안유지법의 최초 적용'이라는 점에서 지대한 관심을 모았던 '고려공산당 사건'의 공판 기사를 보면 그 과정이 이렇게 정리된다. '피고'들은 1924년 9월에 종로경찰서에 검거되어 조사를 받다가 10월까지 한 달여간 취조를 받고 검사국으로 넘어가서 1년 정도 예심을 받았으며 1925년 7월에 예심이 종결되면서 재판에 회부되었다.[6] 그 죄목은 치안유지법과 제령제7호라 명기되어 있는데 이를 통해 볼 때 치안유지법의 실질적인 작동은 법 제정을 준비하고 있던 22~23년경부터 이루어진 것으로 보인다. 따라서 조선에 적용된 치안유지법은 제정에 이은 적용의 양상을 보이기보다 실질적인 제재가 이루어지고 있는 상황을 법조문으로 제정한 양상이라 보는 것이 더 타당하다. 그 이유는 제령제7호라는 '특수 법안'이 이미 광범위하게 적용될 수 있는 여지를 안고 있었던 터라 일본에서와는 달리 사상범들에 대한 통제가 가능했기 때문이었다. 민족해방운동과 사상운동이라는 두 축에 대한 제재 전략을 충분히 확보하고 있었던 사법당국이 전향이라는 제도를 매우 능숙하게 운영할 수 있는 토대의 마련이라는 점에서 이 두 법의 관계는 전향문학을 바라보는데 주목해야 할 부분이다.

6 『동아일보』, 1925. 9. 2. 당시 기사들은 이날 재판정의 분위기를 '새빨간 방청석, 혼잡한 법정 내외'라는 제목 아래 "보이지 않는 '새빨간' 빛에 눈을 굴리는 형사들"이라는 등의 내용으로 전하고 있다.

3. 법적 장치로서의 전향 제도의 작동 양상

1) 법적 제도로서의 전향

일본의 다이쇼(大正) 말기에 프롤레타리아 운동의 '방향전환'이 논의되는 과정에서 사상사적으로 특별한 의미를 가지고 등장한 전향이 '후쿠모토(福本)주의'를 거쳐 국가권력 또는 일본의 지배체제에 의해 역이용된 것은 1928년이다. 1928년의 공산당 검거 사건과 관련해서 당시 법무대신은 '일본의 국민철학을 잊어버리고 실현 불가능한 외국 사상에 현혹된 지식인들이 자기비판을 통해 체제에 의해 인정받은 국민사상의 소유자로 복귀하는 것을 '전향'이라 불렀는데 주체적으로 '비국민적 행동'에서 벗어나 천황제 일본의 상황에 대해 적극적으로 순종하는 것을 의미했다. 이후 1933년 사노(佐野) · 나베야마(鍋山)의 전향 성명이 이러한 전향 개념을 구체적으로 성립시킨 계기가 된 것으로 본다.[7]

이 논의에서 초점을 맞춘 바는 전향에 대한 일반론적 접근이 아니라 법적 장치로서의 전향에 대한 접근이다. 그런 점에서 필자는 "'전향'이 상황에 대한 태도의 주체적인 전환에서 비롯된 것이므로 '치안유지법보다 훨씬 우수한 것'으로 인식되어 사법기관에 의해 역이용당했다"는 진술[8]에 주목하고자 했다. 이는 법에 의한 형벌이 범법자들을 양상하게 된다면 법의 권위 자체가 약화되기 때문에, 법의 권위를 유지하기 위해서는 재량권이 필요하다는 실증법주의적인 관점과도 상통

7 이와 관련된 맥락에 대해서는 다음 저작들 참조.

8 藤田省三, 『轉向の思想史的硏究』, 岩波書店, 1975.
(이 논저의 내용들을 이해하는데 번역과 관련 자료 등을 제공한 동아시아어문역사연구회 소속 교수들의 도움이 컸다.)

하는 것으로 판단된다.[9]

법적 제도로서의 '전향'에 대해 살피기 위해서는 여러 장치에 대한 다각적 접근이 필요하다. 치안유지법에 다른 법적 처리 양상, 蓮座保釋제도, 사상범보호관찰법 등이 그 주요 대상이다.

첫째, 치안유지법에 따른 사상범 처리 양상에 대해 살펴보기로 한다.

조선총독부 고등법원검사국사상부에서 발간하는 '思想彙報'에 따르면 1932년에서 1936년까지 치안유지법 위반으로 검거 송치된 조선인 사상범의 현황은 다음과 같다.[10]

년도	송치자 수	기소자수	처분 유보 및 기소유예	집행유예
1932	37	18	19	
1933	159	67	92	
1934	113	37	76	
1935	42	4	38	45
1936	39	8	31	
	390	134	256	

여기서 처분 유보 및 기소유예자는 공산주의운동을 포기하겠다는 서약을 한 경우에 해당한다. 그런데 기소자 즉 그러한 서약을 하지 않은 사상범(위 표에서는 134명) 중에서 명확한 사상전향을 표명한 사상

9 일본법의 실증법주의적 성격에 대해서는 정종휴, 『일본법』(신조사, 2011) 중 '제2장 일본법의 근대화' 참조.

10 김윤식 교수도 이와 유사한 자료를 제시한 바 있다. 「치안유지법 위반의 좌익관계자의 처리 현황(1928~1941)」(樋口勝, 『좌익전력자의 전향문제에 대하여』), 「사상객들은 전시에 얼마나 전향했는가」(『삼천리』, 1938. 5)이라는 자료인데 여기에는 단순히 검거자수나 처리 양상(기소유예, 유보처분)에 대한 소개만 되어 있고 각 유형들이 어떤 의미를 지니는지에 대해서는 언급이 없다. 김윤식, 「전향소설의 한국적 양상」, 『한국근대문학사상사』, 한길사, 1984.

범들의 보호단체인 帝國更新會에 가입한 후 그 정도가 약하기는 하지만 일종의 사상전향을 표명함으로써 '집행유예의 恩典'을 입어 출소한 수가 1935년 34명과 1936년 11명 등 46명에 이른다고 되어 있다. 여기서 주목되는 바는 집행유예자의 출소 후 사상전향의 양상에 대해 '단순하고 막연하게 공산주의 사상을 포기하거나 침묵'하는 경우로 설명하면서 이들이 집행유예로 출소 후 다시 단체에 가입하거나 사상활동을 하는 경우가 많았다는 점을 지적하면서 그 경우를 '表面轉向'이라 부르고 있다는 점이다. 또 사상전향자들이 사상전향을 방편으로 재활동을 했으며 일종의 특권시하는 경향이 있었다는 기술도 있는데, 여기서 특권시하는 경향은 보호관찰소 등의 도움을 얻어 취직을 하거나 하는 경우를 말한다.[11]

이 내용에 대해 좀 더 상세한 고찰을 해 보면 전향의 작동 양상에 대해 세밀한 접근이 필요함을 알 수 있다. 처분유보는 검거 후 조사 과정에서 개전의 정이 현저(서약)하거나 범법 정도가 경미하여 좀 더 관찰이 필요하다고 인정되는 경우에 한해 내리는 처리 방식이다. 이후 전향의 가능성이 있다고 판단되는 경우도 포함될 수 있다고 한다. 조사의 완결까지 가지 않는 경우이다.

기소 유예의 경우에는 재판에 넘어가기 전에 개전의 정을 보이는 경우인데 치안유지법과 같은 법체계에서는 그 개전의 정이 전향의사를 분명하게 표명하거나 전향이유서를 제출한 경우이다. 이때는 기소유예 처분과 동시에 석방되는 것이 일반적이다. 기소유예는 처분유보와는 그 시기와 정도에 따라 차이가 나는 것으로 보인다. 조사의 과정

11 『思想彙報』 13호 (1937. 12) 14호(1938.3) 15호(1938.7). 이 『사상휘보』는 그 일부가 공개된 바 있지만 제한적이었는데, 이 논의를 준비하는 과정에서 그동안 공개되지 않았던 호수들을 추가로 확인할 수 있었다. 『思想月報』 등과 함께 동아시아어문역사연구회의 회원들이 제공해 준 것이다.

이 끝나 기소여부를 결정하는 단계인가 그 이전 단계인가, 단순한 서약이 아닌 구두나 문서로 분명하게 표명했는가 그렇지 않은가에 따라 구분된다.

다음 집행유예의 경우는 기소단계까지는 범법사실을 부인하거나 사상 등의 소신을 유지하다가 재판 과정에서 개전의 정을 표명하는 경우, 구체적으로는 전향이유서를 제출하거나 전향의 의사를 분명하게 표명하는 경우이다. 이 경우에는 거의 대부분 집행유예로 석방을 하게 된다. 그런데 앞서 설명한 '재량권'의 한 발현으로 장차 전향을 약속하는 '서약'과 같은 조건부 전향 표명도 대상이 된 사례도 상당수 확인된다. 여기에는 다음에 설명할 연좌제도도 작용하는 것으로 나타난다. 이런 점에서 카프 소속 문인들이 어느 시점에서 석방되었는가는 그들의 전향문학을 바라보는 시각을 제공하는 매우 중요한 문제가 될 것이다.

둘째, 연좌보석제도이다.

사상범을 주로 다루게 되는 특별고등검사국 자료에 따르면 치안유지법을 유지하는데 있어 전향제도와 함께 일본 내에서 적극적으로 활용한 제도로 보석제도가 있었다. 특별고등과에서 작성한 문서의 상당수에서 치안유지법 위반자 중 보석자에 대한 관찰 기록이 발견되는데 가족이나 친지 등으로부터 '사상에서의 이탈'을 전제로 보증을 받고 보석을 허가받은 범법자에 대해 밀착 감시를 하고 그 동정을 보고한 내용이 발견된다. 이들 문서에서는 이 같은 경우를 '蓮座保釋'제도라고 부르고 있는데, 보석 전에 전향이유서를 제출하지 않았던 피고인이었지만 보석 후에 전향하는 사상범이 속출하고 있다는 내용을 담고 있다. 여기에는 경찰 등 관계자들의 적극적인 노력이 있었다고 되어 있고, '肉親에 대한 애착'이 주요 동기가 되고 있음도 밝히고 있어 주목된다.[12] 이 제도는 조선 내의 사상범들에게도 준용한 사례가 있고 주로 집행유예제도와 연계해서 활용했다고 한다. 이 경우는 집행유예자 중 특수한 경우 즉 같은 사건이나 동일한 범주의 사건으로 기소된 사상범들 중 전향을 하고 출소 한 후 남은 관계자들을 보호관찰제도 등의 보조를 받아 석방을 할 때 준용한 것으로 드러난다.

셋째, 보호관찰제도는 1936년에 발효된 칙령 제403호인 사상범보호관찰법에 의해 일본에 보호관찰소가 설치되면서 법적 제도가 되었다.[13] 조선에서는 어떤 식으로 이 법이 시행되었는지는 1938년도의 일부 자료를 통해서만 확인될 뿐 구체적인 자료를 확인하기는 어렵다.[14] 다만 일본의 경우를 예로 들어볼 때 전향과 갱생의 길을 열어주는 '부모와 같은 정책'으로 사회로부터 합법적으로 추방된 사람들을 정식으로 사회에 복귀시키는 방법으로 시행된 것이라는 점을 통해 그 성격을 짐작할 수 있다. 우리가 전향소설이라 불러 온 작품 일부에서 보호관찰소가 등장하는 것으로 보아 1936년 이후 내밀하게 적용해 온 것으로 판단된다. 보호관찰소의 알선으로 상당수의 전향자들이 취직하거나 복직을 한 것으로 보아 사상범의 확산을 차단하기 위한 조치들로 해석된다.

2) 신건설사 사건과 카프 문인의 전향 문제

이제 카프 문인의 전향문제와 직접적인 관련이 있는 '신건설사 사

12 『續・現代史資料(7) 特高と思想検事』, みすず書房, 1982.

13 『동아일보』, 1936. 6.20.

14 정삼봉, 「全鮮轉向者大會傍聽記」, 『四海公論』, 1938. 9.

건'을 법집행의 과정을 중심으로 살펴보기로 한다.[15]

1934. 5월 중순 전북 금산서에서 중학생 1명 취조 중 신극운동과 관련된 신건설사라는 秘社가 탄로, 관련자들 검거 시작

1934. 6. 19 전북경찰부 고등계 형사들 상경, 신극단 배우, 신문사 사원, 학생 청년 등 30명 검거 전주로 압송

1934. 6. 24 연전과 세전 학생, 백화점 점원 등 20여명 검거 전주로 압송

1934. 9. 9 경성, 황해도 등지에서 11명 검거 압래. 사건 내용은 아직 비밀이여 신건설사와 관련 있는 듯.

1934. 11. 23

- 연극으로 반전선전(反戰宣傳)한 '신건설사' 관계자들 60여명 금명간 송국
- 표면엔 신극운동 이면으론 主義선전, 경성에 본거 두고 각처에서 흥행. 신극운동을 하면서 소화 7년 7월경 경성 연지동에 신건설사라는 단체를 조직하고 조선프롤레타리아 예술동맹과 동경의 삼일극장 등과 연락을 취하면서 표면으로는 연극, 이면에서는 주의선전을 함. 본정 연예관 마포 도화극장 등에서 수삼 차 공연하며 제국주의反戰선전을 함.
- 주요 관계자 : [경성] 이기영, 송영, 백철, 김유영, 홍구, 정청산, 이동규(이상 문사) 나웅 등(배우) 기타(학생 등), [신의주] 김우철(문사) 등 [대구] 이갑기(화가) 등 [함흥] 한설야(문사), 김승일(배우)

15 이 사건 개요는 당시의 신문, 잡지 및 사법당국의 발간 자료들을 두루 망라해서 정리한 것이다.

1934. 12. 14.

○ 좌익문사 신건설사 사건 송국 박두

○ 김복진 김기진 형제 검거

○ 박영희 검거 서대문서에 유치

○ 전북 사건과는 별개일 수도 있어 진행과정이 주목됨

1934. 12. 16.

○ 좌익문사 등 십수명 전북경찰부로 압송. 갑작스런 검거 확대로 연내 송국 어려울 듯.

1934. 12. 16

○ 좌익문사 조중곤 검거 압송

1934. 12. 31

○ 김복진, 김기진 양인의 혐의였던 청년조선사 운영 자금의 출처와 관련된 풍문이 사실무근인 것으로 드러나 석방하기로 했으나 전북경찰부의 요구에 따라 전북경찰부로 양인을 압송함

1935. 1. 25

○ 7개월만에 송국

○ 검거한 60여명 중 38명은 기소유예로 석방하고 20명은 검사국으로 송치

○ 송국자 명단 : 이기영, 윤기정, 이상춘, 박완식, 나웅, 송무현, 한병도, 박영희, 권경완, 이갑기, 김유영, 백세철, 정청산, 이동규, 김형갑, 김욱, 홍구, 김평, 변효식, 추완호

○ 표면으로는 신극 연극 운동들을 하면서 이면에서는 제국주의 반전선전을 한 사건

1935. 2. 2.

○ 예심에 회부 : 23명 (석일랑, 이엽, 최정희 추가)

1935. 2. 22

○ 김복진, 김기진 형제 방면 : 사건과 무관

1935. 11. 12

○ 2차 공판에서 사실 심리

○ 박영희 : 카프는 다만 예술가 동지의 친목 도모 단체일 뿐 좌익운동 도는 정치적 행동이 아님. 계급의식 고취 작품은 의식적으로 한 것은 아님

○ 윤기정, 한설야, 이기영 등 : 예심결정서를 대체로 시인. 그러나 카프가 예술을 무기로 하여 계급운동을 일으키려 한 것은 아님.

1935. 11. 26

○ 4차 공판, 구형

○ 논고 : 예술의 합법성을 주장하고 있으나 이면에서는 공산주의 운동을 한 것이 분명하고 정치적 목적은 없었다 하나 예술에 대한 대중의 감정은 결국 정치적 결과를 맺는 것임.

○ 구형량 : 박영희, 윤기정, 이기영(징역 2년) 송영, 권린갑, 김유영, 전유협(징역 1년6월) 박완식, 이상춘, 정청산, 홍구, 나웅, 이의백(징역 1년) 한설야, 이갑기, 백세철, 이동규, 김형갑, 김귀영, 추완호, 석재홍(징역 10월) 변효식, 최정희(징역 8월)

1935. 12. 10

○ 최종 공판

○ 2명 체형(박완식, 정청산) 1명 무죄(최정희) 21명 집행유예(3~2년)

1936. 2. 20

○ 覆審(항소심 - 대구) : 박영희, 윤기정, 이기영, 송영, 이상춘, 전유협, 나웅, 박완식

○ 1심대로 판결

1936. 4. 30

○ 박완식의 상고심에서 상고기각 원심 판결.

이상과 같은 2년여에 걸친 신건설사의 사건 일지에서 전향 문제와 관련해서 살필 수 있는 대목은 4차 공판에 이은 최종 공판이 두 차례 연기 끝에 열렸고 여기에서 두 사람을 제외한 전원이 집행유예를 선고받았으며 이어 검사의 항소가 있어 열린 항소심에서 일심대로 판결이 난 대목이다. 4차 공판까지 합법성을 주장하던 피고인들에게 집행유예를 내렸다는 점은 그 기간 내에 조건을 충족시키는 행위나 의사가 있었다는 점을 의미한다.

그런데 1심 판결에 불복하여 2개월여 후에 검사의 항소가 있어 복심이 열렸다는 사실을 감안하면 '서약'과 같은 조건 부 전향에 가까웠을 것으로 보인다. 1심 판결 후 대구에서 열린 복심은 전향도 하지 않았는데 집행유예를 선고한 데 대한 검찰 측의 항소로 보이기 때문이다.[16] 그렇다면 이들 카프 주요 문인들은 명확한 전향 표명 없이 집행유예 3년의 판결을 받고 관찰 대상으로 출옥한 셈이다. 법원 측은 '은전'을 최대한 발휘하여 법 집행의 재량권을 보인 셈이고 카프 문인들은 어떤 측면에서는 그 재량권의 혜택을 받은 것으로 볼 수 있다.

이 같은 상황은 일본에서는 검찰, 법원 등의 기관보를 통해 집행유예를 받은 전향자의 전향이유서를 의도적으로 공개함으로써 전시효과를 노린 것을 감안할 때 이들 문인들이 전향을 직접적으로 표명하지

16 1심의 결과는 대부분 검찰의 구형량(징역 기간)보다 실제적으로 많았다는 점을 감안할 때 검찰이 이에 불복하여 복심을 심청한 것은 이례적이다. 이는 징역량보다는 '집행유예'라는 처분에 대한 불복으로 보인다.

않았음을 말해주는 근거가 될 것이다. 이들의 문단적 위상이나 지식인으로서의 역할을 고려할 때 전향이유서 등의 직접적 전향 표명이 있었다면 전시효과를 위해 공표하거나 열람 가능한 자료로 남겨놓았을 터이나 그렇지 않았다는 점에서 그러하다.

또한 이들의 죄명을 '제국주의반전선전'으로 규정한 점도 이런 판단을 하게 하는 근거가 된다. 일본에서 치안유지법 발동의 핵심이 '국체부정' '사유재산부정'에 있었고[17] 이 죄명에 의하면 전향이유서가 거의 필수적이었다는 점을 고려할 때 그러하다.[18] 물론 이들의 '범법 사실'이 석연치 않고 신건설사 사건 자체가 정체불명의 사건[19]임을 고려할 때, 검거자들이 전향을 해야 할 상황 즉 포기할 사상이나 귀속될 사상

---

17 이에 대해서는 보다 세밀한 접근이 필요하지만 다음과 같은 언급은 하나의 방증이 될 것이다.

치안유지법 성립 경위를 통해 알 수 있는 것은 다음 두 가지이다. 하나는 1928년 3.15사건과 그 후 치안유지법 '개정' 무렵에 '국체' 변혁의 주동으로 간주되었던 것이 공산당혁명이었던 것과 달리, 1925년 시점에서 '국체' 변혁은 일반적으로 일본공산당이 아니라 공화제나 소비에트적 사회체제를 지향한 행동으로 이해되었다. 당국은 치안유지법안의 입안 작업을 본격화한 1924년 후반에 이미 일본공산당이 해체되어 존재하지 않고 있음을 잘 알고 있었다. (중략) 다른 하나는 끊임없이 대상의 범주를 확장하면서 탄압과 통제를 가능하게 만든 '국체'관을 치안유지법이 이미 시작 단계에서부터 내포하고 있었다는 사실이다. 즉 치안유지법의 20년 역사는 '국체'의 변혁이라는 명목을 내세워 반국가적, 반사회적이라고 간주된 사상이나 사회운동을 탄압하고 통제하는 일의 누적이었다. (중략) "국체의 문제는 절대적인 것으로 시비의 논의 밖에 있다"고 단정된 순간, '국체'는 '교육칙어'에 연원을 둔 최고의 도덕적 관념인 동시에 법률상의 절대불가침성을 획득하게 되었다. 게다가 "그 변경에 완급 또는 정도의 차이를 생각할 수 없다"고 함으로써 모든 "반'국체'적" 언동은 이제 배격의 대상이 되었고, 이것이 그대로 현실이 되었던 것이다. 시작 단계에서부터 이미 '국체'에는 '마력'이 부여되었던 것이다.

고모리 유이치, 한윤아 외 역, 『내셔널리즘의 편성』, 소명출판, 2012, 63~64쪽.

18 이와 관련해서는 앞의 『사상휘보』, 『사상월보』 등을 참조했음.

19 당시 신문기사 등에서는 '秘社'사건으로 표현하고 있음을 통해 저간의 맥락을 짐작할 수 있다.

이 불분명한 상황에 놓여 있기에 전향의 표명이 보다 분명하게 이루어져야 하는 죄명을 부여하기에 적절치 않았을 것으로 보이기 때문이다. 치안유지법이 범법자들을 양산하기보다 '은전'을 베풀어 법의 우월성을 보여야 한다는 주의에 입각해 있었다는 점에서 이러한 시각은 유효하리라 본다. 그렇다고 제령제7호를 적용하여 독립운동가로 공인받게 할 여지를 둘 필요도 없었을 것이기에 그들을 명확한 '전향 표명' 없이 집행유예로 풀어줄 수 있는 죄명으로 '제국주의반전선전'이 가장 적절했을 것이다.

이 점이 이 논의와 기존의 논의와 구별되는 가장 핵심적인 부분이다. 즉 기존의 논의에서는 카프 문인들이 집행유예로 풀려났다는 사실 자체가 곧 전향의 표명이라고 단정 짓는 근거로 삼았는데, 앞선 자료들의 검토 과정을 통해 필자는 '전향의 표명 없이도 가능한' 것이 집행유예라는 제도라는 점을 확인할 수 있었다. 재판부와 검찰 측의 이견에 따른 복심 청구와 재판결을 통해 분명하게 드러나는데 검찰 측에서는 '집행유예'를 위해서는 어떤 차원의 것이든 전향 표명이 있어야 할 터이나 재판부는 그러한 조건 없이도 이들을 석방하여 '법의 은전'을 베풂으로써 일종의 자발적인 '교화'를 의도한 것으로 보인다. 그렇다고 해서 그들이 법적 강제에서 완전히 자유로워진 것은 아니다. '집행유예'의 특성 상 유예 기간 동안 유예를 받은 데 상응하는 사상적, 생활적 변모를 보여주지 않으면 다시 법적 강제의 작용을 받아야 하기에 그러하다. 그렇다면 전향 문학은 '전향 후의 생산물'이 아니라 '전향의 진행 정도를 보여주어야 하는' 조건부 생산물에 해당하는 셈이다. 문인들은 다른 운동가나 정치인들과 달리 '문학'이라는 장치를 통해 법적 장치가 요구하는 최소 요건, 즉 전향을 드러내야 하기 때문이다.

전향 소설이 보여주는 내적 형식들에 대해서는 이러한 측면에서 접근할 때 가장 적절한 의미부여가 가능할 것이다. 즉 '법'이 소설의 '내적 형식'을 결정하게 되는 독특한 문학 현상과 마주하게 되는 셈이다.

4. 법적 측면에서 본 전향 소설

앞에서 살펴 본 법적 제도로서의 전향 및 관련 제도를 신건설사 사건의 처리 과정과 연계해 본다면 신건설사 사건으로 재판을 받고 집행유예로 출옥한 카프 문인들은 출옥 후 관찰 대상이 되면서 비로소 '전향'과 맞닥뜨리게 된다고 할 수 있다. 즉 출옥 전까지는 전향이라는 문제에 대해 직접적인 의사 표명과 같은 대응을 필요로 하지 않았지만 출옥 후에는 다시 감옥행을 택할 의사가 아니라면 전향 문제를 해결해야 하는 입장이 되는 셈이다.

'외적 강제에 의한 사상의 변화'라는 개념으로 사상사적 측면에서 주목받기 시작한 전향을 다룬 전향 소설에 대한 연구는 그 외적 강제의 실체인 법과의 관련 양상에서 바라볼 때 그 문학사적 의미망은 상당히 달라질 수 있다. 완전 전향의 부정이나 소시민성의 합리화, 자기비판이나 고발이라는 주제적 접근[20]보다는 전향 소설의 내적 형식이 제도에 대한 대응의 산물이라는 접근이 보다 유용한 것이 되기 때문이다.

글쓰기가 직업인 문인으로서 집행유예라는 제한적인 상황 속에서 신변 구속이라는 잠재적 '두려움'을[21] 겪지 않기 위해 카프 문인들이

---

20 김윤식 · 정호웅, 『한국소설사』, 예하, 1993, 151~156쪽.

21 1년여라는 장기간의 미결수 상태에 따른 고통과 두려움에 대해서는 여러 기록을 통해 확인할 수 있지만 1928년 검거되어 3년 정도의 미결수로 옥중 생활을 한 김복진 등 19명에 대한 조선공산당 사건 관련 자료들을 통해 가장 잘 드러난다.

할 수 있었던 것은 '소설을 통한 전향 서약'의 수행이었을 것으로 보인다. 이기영, 한설야, 이동규 등의 초기 전향 소설들이 그들의 집행유예 기간에 발표되었던 점을 고려한다면 이 소설들이 어떤 성격을 지녔어야 할지를 가늠할 수 있게 되는데, 이들 문인들의 소설 쓰기는 외적 강제력이 부과한 과제 수행으로서의 성격이 강하다고 할 수 있을 것이다. 즉 소설을 통해 최소한도의 전향을 드러내야 한다면 그들의 소설은 가장 소극적인 의미의 전향인 '사상에 대한 침묵'을 보여주는 것으로 나타날 수밖에 없었을 것이다.

카프 작가로서 소설적 탐색의 주된 대상이자 주제였던 노동자, 농민, 사회적 현실, 대중 대신에 소시민, 개인적 삶, 가족 등으로 그 형상화 대상을 삼게 된 연유는 이 맥락에서 설명될 수 있을 것이다. 따라서 그동안 전향 소설에 대한 연구사에서 큰 무게를 지니는 다음과 같은 언급과는 다른 접근이 가능해지는 셈이다.

> "감옥에 갔다 왔다는 사실에 대한 형언할 수 없는 자부심이 작품 전체의 핵심을 이루고 있다. 이것은 전향소설의 한국적 특징이라 할만하다. 감옥에 간 것이 계급사상 운동 때문이기보다는 항일운동의 하나로 간주된 한국인의 자부심의 발휘라고 이 특질을 해석할 수 있음은 물론이다. 계급사상을 가졌던 과거란, 일본인의 경우와는 달리 카프문사에겐 전향했든 아니했단 어느 단계에서는 일단 자존심의 한 가지 발현이었던 셈이다."[22]

이에 대해서는 다음 참조.

윤범모, 『김복진 연구』, 동국대학교출판부, 2010.

22 김윤식, 『한국근대문학사상사』, 한길사, 1984, 283쪽.

여기서 전향 소설의 중핵적 요소로 제시된 '자부심'과 '자존심' 등은 카프 문인들에게 외적 강제력을 작용했던 법적 장치들의 특성을 중심에 놓을 때는 설정하기 어려운 요소들이다. 작동된 법적 장치들을 면밀히 살필 때 법 집행 주체는 항일운동으로 간주될 여지를 두지 않았으며 법 집행의 객체의 입장에서는 전향 자체도 최소한도의 수준에서 이루어졌기 때문이다. 또한 언제든지 신체가 구속되는 사태를 맞이할 수 있는 제한적 상태에 놓여 있었기 때문이다.

이런 맥락에서 보면 인간적 '두려움'의 원천이 되는 투옥을 다시 경험하게 될, 즉 재투옥이라는 상황을 피하기 위해서는 외적 강제의 빌미가 되는 '계급사상'과 연관된 일체와 거리를 두는 글쓰기를 해야 했기에 철저한 '자기검열'이 필요했다. '관찰' 대상이 될 요소들과 철저한 거리두기를 위한 자기검열이다. 그렇다고 창작을 포기할 수는 없는 형편도 아니었다. 문인이 아닌 다른 길을 선택할 여지가 현실적으로 별로 없었을뿐더러, 법이 요구하는 것도 집행유예 대상자의 범법 사실이 문학 작품 또는 문학 운동을 통해 이루어졌기에 그 유예에 상응하는 결과를 보여주고 있는지에 대한 판단 근거도 문학 작품이어야 한다고 보기 때문이다.

그렇다면 자기검열에 의해, 자신에게 부여된 법적 조치에 상응해야 하는 상황에 의해 창작되어야 하는 소설은 어떤 원리에 의해 이루어지게 될 것인가가 해결해야 할 또 다른 문제가 될 것이다. 즉 법적 강제와 장치에 의해 창작되어야 할 '전향 소설'의 내적 형식을 무엇으로 볼 수 있을 것인가의 문제이다. 이를 위해 한설야의 「太陽」(『조광』 1936.2)과 이기영의 「寂寞」(『조광』 1936. 7)을 예로 들어 간단하게 살펴보기로 한다. 두 작품은 각각 한설야와 이기영이 쓴 전향 소설 중 가장 먼저 발표된 것으로 「太陽」은 한설야가 집행유예로 출소 후 2개월 만에 발표된 것이며, 「寂寞」은 이기영이 집행유예를 받고 출소 후 다시 복심이 이루어졌으나 원심대로 판결된 시점에서 5개월 정도 후에 발표된 것이다. 보다 본질적인 차이라면 한설야의 경우 복심의 대상이 아니었으며 이기영은 복심의 대상이었다는 점이다. 즉 검찰 측에서는 한설야 같은 경우 전향의 표명이 최소한도의 수준에서 인정할만한 정도로 이루어졌다고 판단했을 것이나, 이기영의 경우는 그 반대로 전향 표명이 쉽지 않을 것으로 판단했을 것이라는 점이다.

두 작품의 대체적인 구성은 다음과 같다.

「太陽」

출옥 후 도착 당일 - 출옥의 감회(회고와 흥분과 전망) 표명 - 감옥에서의 고립감 내지 공포감(감옥 안에서의 病死 등) 서술 - 출옥 후 만나는 대중들과의 거리감에 대한 묘사 - 자신을 거리감 없이 맞아주는 지인이나 친구를 보며 양심을 발견하고 자기반성 시도 - 감옥에서 가졌던 세상에 대한 원망 일소하는 태도 기술 - 자기를 잘 살릴 방법과 啓示를 얻는 과정 - 작은 일상적 사건을 통해 자신이 많은 것을 잃었음을 심각하게 깨달음

「寂寞」

출옥 후 도착 당일 - 감옥 생활 당시 소식 없던 친구에 대한 서운함 묘사 - 사람들과의 소통 욕구 - 식구들과의 재회와 소회 - 신념을 버리지 않을 것으로 굳게 믿는 친구의 변화에 대한 소문과 그에 대한 판단 서술 - 동물계의 보호색에 대한 생각 - 환경의 변화와 실력양성론을 논하는 친구에 대한 실망감 - [투옥 전의 생활 회상 - 호구지책을 위한 노력들 - 금광부로커들을 찾아다님 - 친구의 책망과 깨달음 - 자신의 허황된 생각에 대한 자책 - 친구에 대한 존경심] - 변해 버린 친구를 보며 '변화'에 대한 고민 - 환경과 인간의 변화에 대한 대화 - 자식들을

보면서도 쓸쓸함을 느끼며 '선배의 운명'에 대해 공허함을 느낌 - 그림을 그리러 나가 생명의 영원무궁함을 느낌 - 그림을 그리며 생생한 생명력 재발견

두 작품은 그 구성의 측면에서 상당한 차이를 보인다. 「태양」이 출옥 한 후의 깨달음을 바탕으로 변화를 해 가는 과정에 초점이 맞춰져 있다면, 「적막」은 너무 많이 변화한 세태에 실망감을 느끼고 원래의 자신으로 돌아가고자 하는 과정에 초점이 맞춰져 있다. 그리고 전자가 '자기반성'과 '갱생(자기를 잘 살릴 방법)'이라는 전향 현상과 밀접하게 연관되는 용어가 핵심을 이루고 있는데 비해 후자는 변화에 대한 실망감을 드러낸다는 측면에서 전향이라는 현상과 거리가 있어 보인다는 점에서 대비된다. 그러나 후자의 경우 전향을 통해 '공산주의 사상에서 천황제로의 귀의'라는 과정을 밟아야 한다고 보는 입장에서는 오히려 전향의 본래적 의미와도 맞닿아있다. 즉 주인공이 화가로서의 활동 - 호구지책을 위한 새로운 활동 - 다시 화가로 돌아감이라는 과정을 보이는데 이는 일본의 전향 문학이 간접화 양상을 보이면서 원래의 사상 - 새로운 사상 - 원래의 사상으로 이어지는 변화 과정을 그려내고 있음을 감안할 때[23] '전향'의 단계적 과정의 일환으로 판단 가능하다.

물론 두 작품은 전향의 표명 정도나 방식으로 보자면 보다 직접적인 양상을 보여주는 전자와 간접화된 양상을 보여주는 후자 사이에 상당한 차이가 개재된다. 이는 한설야와 이기영이 놓여있던 상황의 차이라는 점과 전향 표명의 두 가지 방식이라는 점에서 논의가 가능

---

23 本多秋五, 『轉向文學論』, 未來社, 1979, 138~228쪽을 통해 이러한 맥락을 확인할 수 있다.

하다. 그러나 어느 측면이든 이 두 소설은 전향소설이 갖추어야 할 최소한의 내적 형식, 즉 자기반성이나 갱생(자기를 잘 살릴 방법), 원래의 지점으로의 회귀 등을 보여준다는 점에서 같은 맥락에 놓인다.

기존의 논의들은 이러한 내적 형식들을 전향 문인들이 '전향 후 어떻게 살아갈 것인가와 맞물리는 창작적 상황에서 모색된 장치들'이라 보고 있지만, 이 글에서는 '전향을 표명해야 할 입장에서 보여주어야 할 최소의 장치들'이라 보아야 한다는 점에서 차별적인 논점이 될 것이다.

그런 과정에서 카프 문인들은 자연스럽게 이념적인 존재가 아닌 현실적인 존재에 대한 새로운 발견을 경험하게 된 것으로 볼 수 있다. 20~30년대 한국의 경향소설을 '이념 과잉'으로 평가하던 시각은 전향소설에 이르러 비로소 보다 현실적인 지평과 만날 수 있는 접점을 확보할 수 있었다는 시각으로 전환될 여지가 있을 것이다.[24] 법이라는 가장 현실적인 장치와 정면으로 대결함으로써, 그 과정에서 자기검열에 의한 것이기는 하지만 실체와 근접한 현실을 발견하는 성과를 얻을 수 있었던 것으로 보는 셈이다.

24 친일문학에 대해 '대일 협력' 등의 용어로 접근을 시도한 다음 논의들은 시각 조정의 측면에서 참조가 되었다.
김재용, 『협력과 저항』, 소명출판, 2004.
방민호, 『일제 말기 한국문학의 담론과 텍스트』, 예옥, 2011.

제도적 맥락

국어과 교과서의 문학 제재와 관련된 쟁점과 제안

1. 문제 제기

'문학교육의 쟁점과 전망'이라는 기획 주제 하에 필자에게 주어진 과제는 '교재 - 문학교재의 텍스트'라는 세부 범주에 대한 논쟁적 접근이다. 이 주제를 필자는 문학교육을 위한 교재의 텍스트와 관련된 몇 가지 논쟁적인 문제들을 다루는 것으로 받아 들였다. 이에 접근 대상을 '국어' 교과서의 문학 제재와 '문학' 교과서의 제재들과 관련된 문제들로 설정했다.

논쟁적 접근인 만큼 그동안의 논의들을 정리하거나 바탕으로 삼기보다는 필자가 그간 문학교육에 대한 연구와 교과서 편찬을 수행하면서 인식하게 된 문제들을 쟁점화하여 제시하고자 한다. 이 쟁점들의 타당성과 실효성, 그에 따른 문제해결의 방향성 등에 대한 후속 논의가 활발하게 이루어질 수 있기를 기대한다.[1]

---

1 문학교육 영역 중 교과서 제재와 관련된 쟁점은 그 범주와 위계를 어떻게 설정하느냐에 따라 매우 다른 유형들로 재설정될 수 있을 것이다. 특히 '말하기' '쓰기'

논의를 진행되는 과정에서 기존 논의들에 대한 반성적 검토를 시도했으나 교과서 제재에 대한 논쟁적 접근을 취한 본격적인 논의들을 찾기가 어려웠다. 물론 교과서 제재 자체를 다룬 논의들은 상당수 존재하나 기존 또는 현행 교과에 수록된 제재들의 텍스트적 양상과 학습자의 수용 활동을 중심으로 접근해 가고 있는 것이 거의 대부분이어서 필자가 이해한 기획 주제와의 연관성은 잘 드러나지 않았다. 좀 더 구체적으로 말하자면 제재들이 교과서에 수록되기까지의 과정적 상황보다는 수록된 이후의 단계에서 드러나는 교과서 체재 내 존재방식, 수용양상, 학습목표 및 학습자와의 적합성, 접근 방식 등을 문제 삼고 있다는 점에서 수록 이전과 이후까지를 아우르는 과정에 대한 접근에 초점을 두는 본 논의와는 거리가 있어, 선행 연구들의 도움을 직접적으로 받을 수 없다는 아쉬움이 컸다.[2]

등과의 연관성을 고려하게 되면 더욱 그 차별성이 크게 나타나게 될 것이다. 이와 관련해서 토론자로 참석한 최인자교수의 제안 및 청중 토론시의 문제 제기에 따른 후속 작업을 진행하고 있다. 심사과정에서 이러한 쟁점들이 교재론에 머물 것이 아니라 국어교육이나 문학교육에 대한 인식과 관점 등의 문제로 확산되어 논의될 필요가 있다는 지적이 있었다. 매우 의미있는 지적이자 필자가 궁극적으로 나아가고자 하는 방향성이지만 이번 주제 발표 기획의 취지를 고려할 때 이 논의에서는 교재론에 한정될 필요가 있었음을 밝혀 둔다.

2 연구사 검토 과정에서 접근 방향의 연관성 측면에서 주의깊게 살펴 본 논의들로는 다음 참조.

김현수, 「교과서 시 구성에 관한 비판적 검토」, 『한국어문교육』 12, 2012.
박기범, 「고등학교 문학 교과서의 현대소설 제재 분석」, 『문학교육학』 37, 2012.
신헌재, 「국어 교육의 발전을 담보할 국어 교과서관」, 『청람어문교육』 44, 2011.
유영희, 「교과서 문학 제재의 수용 양상 및 특성」, 『문학교육학』 11, 2003.
유영희, 「국어 교과서 현대시 제재와 해석의 다양성」, 『돈암어문학』 18, 2005.
전상우, 「정전(正典) 개념의 확장을 통한 교과서 검토」, 『우리말교육현장연구』 5. 2011.
정영훈, 「미군정기 국어 교과서의 편찬 과정 재론」, 『배달말』 50, 2012.
정해연, 「국어 교과서 현대소설 선정 제재의 현황과 제언」, 『국어교과교육연구』 18, 2011.
정혜승, 「국어 교과서 연구의 현황과 반성」, 『국어교육학연구』 16, 2003.

필자는 기본적으로 문학교육의 교재와 관련해서 '국어'에서 문학의 효용성을 좀더 극대화할 수 있어야 하며 심화과목인 '문학'의 목표가 좀더 적극적으로 설정되어야 한다는 입장을 지니고 있다. 이런 두 가지 전제하에 몇 가지 쟁점을 항목화하여 제시하고 그에 대한 필자의 견해를 덧붙여 지속적으로 이어져야 할 후속 논의의 의제를 설정해 보고자 한다.[3]

2. 쟁점의 설정과 쟁점에 대한 문제해결적 접근

앞서 설명한 맥락에 의거해서 필자는 다음과 같은 쟁점들을 설정했다. 외면적으로는 이분법적인 시각이 드러나는 방식으로 기술하고 있지만 쟁점의 요체를 논쟁적으로 제시하기 위한 전략적 기술이지 그 논리 자체가 이분법적인 것은 아니다. 이런 측면에서 쟁점의 양상과 그 근거에 대한 설명 과정에서 대립적 속성의 요소들에 대해서는 정밀한 분석적 이해보다는 포괄적인 이해가 필요할 것이다.[4] 그리고 설정된 쟁점에 대한 접근은 문제의 성격을 밝히고 가능한 한 그 해결

조희정, 「교과서 수록 현대 문학 제재 변천 연구」, 『국어교육학연구』 24, 2005.
조희정, 「국어 교과서의 역사적 변천 연구」, 『국어교육학연구』 42, 2011.
최미숙, 「국어 교과서 제재 선정 및 수정 방안 연구」, 『독서연구』 5, 2000.

3 필자의 전공 분야로 인해 주된 논의의 제재를 현재소설로 설정한 것은 기본적인 한계일 수 있으나, 이 한계에 대한 후속 논의들의 문제제기가 교과서 편찬자들이 기본적으로 전공의 제한성을 안으면서 전반적인 편찬과정에 관여하게 된다는 상황에 대한 문제의식과 상통하게 될 것이라는 점에서 이해될 수 있기를 바란다.

4 이 점에 대해서도 심사과정에서 지적이 있었다. 대립적인 요소들이 아닌 통합해서 상호 보완할 수 있는 요소들로 보는 것이 바라직할 것이라는 지적은 적절하다. 다만 그동안 이러한 논의들이 진행되지 않았단 점을 감안하여 문제의식을 선명히 하기 위한 전략적 접근이라는 점을 주목해 주었으면 한다.

방안을 제시하는데 주안점을 두기로 한다.

1) 제재화의 방향성: 심미성(작품)인가 실용성(언어자료)인가?

현재의 '국어' 교과서에 실린 문학 작품들은 현저하게 '심미적 접근'의 대상으로서 제재화되어 있다. 이전 국정 교과서에서는 시도된 적이 있지만 검인정 교과서에서는 그러한 접근 양상을 찾아보기가 매우 어렵다.[5] 교육과정의 성취기준들이 문학과 비문학으로 구분되어 있다는 표면적인 이유가 있기는 하지만 말하기, 듣기, 읽기, 쓰기, 국어지식 등의 내용 영역에서 문학을 제재로 삼을 수 있는 가능성이 차단되어 있는 것은 아니기에 관습적인 인식의 결과로 볼 수 있을 것이다.

말하기, 쓰기 등의 언어자료로서의 문학 제재의 활용은 적극적으로 이루어져야 한다고 본다. 그 이유로 작가는 한 시대, 한 언어문화권의 언어적 감각의 최대치를 구현하는 언어운용자임을 들 수 있을 것이다. 단어 하나에서 문장, 글 전체에 이르기까지 작가는 수많은 선택과 배제, 조탁의 과정을 통해 텍스트를 생산해 내기 때문에 문학 작품은 그 어느 자료보다도 가치 있고 효용성 있는 언어자료라 본다. 문학 작품을 언어자료로 보고자 하는 관점과 태도에 대해 문학성을 훼손하거나 문학의 위상을 떨어뜨리는 일이기에 피해야 한다는 목소리를 자

---

5 국어 교과서에서 그 제목이나 성격상 비문학 단원(교육 내용 영역을 문학 외의 영역으로 표시하거나 문학과 통합적으로 표기한 경우들도 고려함)으로 볼 수 있는 단원에서 문학 제재를 활용하고 있는 경우로는 '언어와 표현의 다양성'(2009, 지학사, '천변풍경'), '사람이 아름답다'(2009, 비상교육, '눈길'), '맥락과 이해'(2009, 천재, '종탑 아래에서'), '책과 만나다'(2009, 비상교육, '유충렬전') 등을 들 수 있다. 그런데 이 경우들도 '천변풍경'을 제외하고는 활동의 양상이 거의 대부분 문학적 접근으로 이루어져 있다. '천변풍경'의 경우 '심리적 태도를 드러내는 표현 방식을 익혀 의사소통 능력을 기른다'는 목표에 집중되어 있어 주목된다.

주 듣게 된다. 그러나 이러한 태도야말로 문학이 지닌 교육적 효용성을 제한하는 것임을 인식해야 한다.

어제 오늘의 일도 아니고 오랜 기간 동안 논의되어 온 일임에도 불구하고 여전히 논쟁점으로 설정하고 불러내야 하는 상황은 문학교육의 함량을 위해 분명하게 재인식되어야 할 것이다. 문학이 언어를 질료로 해서 이루어진 형상화물이기에 언어 자료로서 국어 활동 능력을 함양하고 언어적 감각을 키우는데 가장 유용한 것이다. 특히 보통의 사람들보다 뛰어난 통찰력을 지닌 것으로 평가받는 작가들에 의해 포착된 세계가 언어로 형상화되면서 문제가 드러나고 그것을 해결 방식을 언어로 제시한다는 데에서 차원 높은 언어활동 능력을 함양할 수 있다는 것이 필자의 생각이다.

문학 제재를 언어 자료로서 접근해 가는 방법적 요체는 생산과 수용의 과정에서 작용하는 원리들을 통해 확보할 수 있을 것이다. 작가가 사물이나 현상을 포착하여 언어로 형상화하는 과정은 언어의 다양한 속성과 기능을 구체적으로 보여준다. 인물이나 공간, 문제 현상을 명명하는 데서부터 출발해서 그 포착한 바를 효과적으로 표현할 때 동원하는 최적의 언어 선택과 배열 등은 언어활동의 기본적인 속성을 보여주는 일이다.

예를 들어 어떤 이야기를 전달하는데 그것을 구성하는 정보들 중에서 무엇을 선택하고 재배열하는가에 따라 그 이야기의 의미나 평가가 달라지는 것과 소설의 플롯의 원리는 직접적으로 맞닿아 있다. 수많은 소설을 통해 접하게 되는, 어떤 상황에서 어떻게 이야기하면 문제가 해결되거나 갈등이 증폭되는가를 경험하고 인식하는 일은 문제해결로서의 의사소통의 전략을 익히는데 매우 유용할 것이다.

이제 교육과정이나 교과서들에서 문학 제재를 작품이 아닌 언어 텍스트로 간주하고 순연히 거기에 집중하게 하는 학습활동들도 실현될 수 있게 하는 방법적 접근이 이루어져야 할 것이다.

2) 제재의 성격화: 정전(正典)인가, 예전(例典)인가?

필자는 교과서에 실리는 작품들이 정전이어야 한다든가, 교과서에 실림으로써 정전이 된다든가 하는 논의에 대해서는 동의하지 않는 입장이다. 필자는 최근에 교육 정전의 성립과 정착 과정에 대해 고찰해 보면서 그 한 원천으로 대학의 교양국어 교재에 대해 주목해 본 바 있다.[6] 이 과정에서 초기 정전의 형성 과정에서 대학 교양국어가 상당한 정도로 영향을 미치고 있음을 확인할 수 있었다. 그런데 이 교양국어들은 해당 대학의 지향성이나 편찬을 주도한 학과(주로 국어국문학과)의 인적 구성 또는 학문적 풍토와 밀접한 연관성을 지니고 있음을 확인할 수 있었다.

필자는 여기서 과연 교과서의 문학 제재들이 정전이어야 하는가라는 문제를 이끌어 낼 수 있다고 보았다. 중등학교 교과서에 지속적으로 실리게 되는 작품들의 상당수가 초기 대학 교양국어 교재를 통해 비로소 그 존재감을 인정받게 되는데, 그 의미부여가 통상적으로 정전의 요건으로 지적되는 문학성이나 사적 대표성이 아닌 특정한 맥락에서 이루어진다는 점을 주목할 필요가 있다. 이는 문학 제재가 교육적 대상으로 될 때 현재와 같은 개념의 '정전'에서가 아니라 특정한 목표를 위해 필요한 사례, 즉 '예전'에서 출발하고 있었다는 점을 살필 필요가 있음을 말해 주기도 한다.[7]

---

6 졸고, 「현대문학 정전 형성과정에서의 대학 교양국어 교재의 역할에 대한 고찰」, 『국어교육』 139. 2012.

문학교육 영역에서의 '정전' 논의에 대해서는 문학교육학회에서 발간한 『정전』(역락, 2010)에 실린 논의들을 중심으로 살폈다.

교과서의 문학 제재들이 정전이어야 한다는 관점은 문학에 대한 학습자들의 경험적 인식에 문제가 될 수도 있다. 학습자들로서는 자신들이 학습한 작품들이 한국 문학을 대표하는, 뛰어난 문학성을 지닌 작품이기에 그 작품들을 기준으로 문학에 대해 판단하고 인식하게 된다. 그런데 실제로 교과서를 편찬하는 과정에서는 정전의 통상적인 요건보다는 '금기'를 앞세울 수밖에 없는 상황들이 빈번하게 노출된다. 순수, 성, 죽음, 이데올로기 등에 심지어는 분량의 문제도 제재 선택에 작용하게 된다. 심한 경우에는 편찬자들의 '자기 검열'의 기제도 작동해서 작품 선택의 폭이 현저히 줄어들게 되거나 빈곤의 양상을 보이기까지 한다. 따라서 통상적인 의미의 정전의 선택이 과연 이루어지게 되는가에 대한 본질적인 문제의식에까지 이루게 된다. 표면적으로는 정전이어야 하지만 이면적으로는 금기와 제어 장치를 통과한 '제한된 정전'인 셈이다.[8]

그러한 제재들을 학습자들이 전범(典範)으로 인식하고 그에 대한 경험적 인식을 중고등학교 문학교육 현장을 떠나 개별적 수용의 현장에서 적용하게 될 때의 문제를 생각해보면 문학교육이 지향해야 할 목표는 상당히 손상될 수밖에 없다. 그런 측면에서 교과서 편찬 과정이나 학습자의 수용 과정에서 해당 제재를 '예전'으로 인식하는 일이 필요하다고 본다. '정전'이 아닌 '예전'으로 문학 제재를 대하게 될 때

---

7 이러한 양상은 최현배가 편찬 책임자로 되어 있는 연희대학교 교재(1955, 연희대학교 출판부)에서는 문학 제재를 분명하게 예문으로만 제시하고 있다. 이태준의 '문장강화'의 영향력이 강하게 드러나고 있는 이 책은 '쓰기' 위주로 되어 있으면서 문장 작성의 요령에 대한 설명에 이어 '예문'이라는 목차 아래 문학 제재들을 부분적으로 제시하고 있다. 이에 대한 자세한 언급은 다음 참조.
졸고, 「'문장'지와 국어교육」, 『한국근대문학연구』 20, 2009.

8 필자는 이전 논의를 통해 국어교과서의 역사를 '금기의 역사'로 지칭한 바 있다. 필자의 윗글 참조.

학습자들이 이후 문학 독자로 성장해 가는데 유리하다고 보는 것이다. 특정한 학습 목표나 성취기준을 달성하는데 적절한 사례가 되는 작품이라는 인식이 해당 제재를 '정전'으로 인식하는 것보다 문학적 경험의 확장에 도움이 될 것이라는 판단이다. 이러한 측면에서 7차 개정 교육과정에 작품의 수준과 범위라는 요소를 통해 제재의 범주를 제시하고자 한 시도는 의미 있다고 보는데, 문학 제재의 경우 여전히 '정전'이어야 한다는 전제가 바탕을 이루고 있어 아쉬움을 준다.

아무리 '예전'이라고 하더라도 가르칠만한 작품이며 교과서에 실릴 수 있는 작품이어야 한다는 점에서 여전히 '정전'의 맥락에서 벗어나기 어렵다는 지적도 가능하겠지만, 그 접근 방법을 달리해서 예전으로서의 성격을 분명히 한다면 문학적 경험의 폭이 넓어지고 편찬상의 제한에서도 벗어날 여지가 크다는 점에서 적극적인 고려가 필요하다고 본다.

3) 작가의 위상 부여: 작가성의 극복인가, 작가의 부재인가?

현재의 교과서들은 작가의 부재에 가깝다. 어느 문학 교과서든 집어 들고 몇 장 넘기다 보면 만나게 되는 다음 사례들을 보자.

> 김영랑(金永郎, 1903~1950) 시인. 본명은 윤식. '시문학' 동인으로 참여하였으며, 잘 다듬어진 언어로 한국적 정서를 담은 서정시를 발표하여 순수 서정시의 새로운 경지를 개척하였다. 주요작품으로 '모란이 피기까지는' '내 마음을 아실 이' '오매 단풍 들겄네' '돌담에 속삭이는 햇발' 등이 있다

> 김영랑(金永郎, 1903~1950) 시인, 고운 언어를 운율감 있게 배치하

여 정서를 조화롭게 표현하였다. 주요 작품으로 '돌담에 속삭이는 햇발', '독을 차고' 등이 있다.

본문의 날개나 제재의 마지막 부분에 장식처럼 제시되어 있는 작가 소개의 한 경우이다. 이러한 소개 방식은 거의 모든 교과서에서 공통적으로 드러난다. 필자가 확인한 수많은 교과서들 중에서 작가와 관련된 정보가 한 페이지 이상으로 제시된 경우는 한 교과서 밖에 없었다. 이런 양상을 '교과서 속에 작가가 부재한다'로 보아도 무방할 것이다. 건조한 문체로 무미한 정보를 최대한 압축적으로 보여주고 있는데 이를 통해 학습자가 작가에 대해 인지한다는 것은 기대하기 어렵다.

교과서 속에 작가가 사실상 부재한다는 것은 문학교육의 측면에서 매우 문제적인 현상이라 아니할 수 없다. 물론 여기에는 반론이 존재하고 있고 그러한 입장이 지금까지 통용되어 왔다. 작가라는 외적 정보가 오히려 작품의 수용에 방해가 된다는, 즉 표현론이 지니고 있는 '의도의 오류'에 노출될 수 있다는 것이 그 요체이다. 신비평의 영향이 여전히 강하게 작용하고 있음을 보여주는 맥락이다.

그러나 학습자들의 문학 능력의 향상이라는 점을 고려하면 이는 달리 접근할 문제이다. 필자는 학습자들이 작품에 대해 주체적으로 접근하고 비평적인 태도를 취하는데 어려움을 느끼는 가장 큰 이유 중의 하나가 '작가성(authorship)'과의 대결에서 열세에 놓이기 때문이라고 본다. 즉 '작가라는 전문가이자 우월적 존재의 생산물을 비평할 수 있을 것인가'라는 의식이 은연 중에 작동하고, 그러다보니 작가가 설정한 의도나 주제가 무엇일지에 매달려 주체적으로 비평할 수 있다는 생각을 잘 하지 못한다. 작가와 대등한 위치라 하지 않더라도 그와 관련된 정보를 얻은 상태에서 접근해 가야 최소한의 대응이 가능할 것이다. 아무리 작품 자체에 집중하고 그에 대한 분석적 접근을 통해 주체적인 수용을 하기를 원한다 해도 작가는 학습자에게 현저히 우월한 존재이기에 심리적 방어기제나 열등의식이 작용할 수밖에 없다. 그래서 작가에 대한 유용한 정보들을 확보하고 있어야 비평적 활동에 앞서 입지를 마련할 수 있을 것이다.

교과서 속에 작가를 부활시키는 일은 다양한 속성을 지닌 정보들을 제공하는데서 출발할 수 있을 것이다. 작가의 삶의 이력, 작가에게 있어서 글쓰기의 의미, 그가 추구해왔던 문학적 경향이나 작품 경향, 세계와 인간을 바라보는 관점 등의 가치관에 관계된 여러 속성의 텍스트들을[9] 제공할 수 있을 때 학습자는 작가와 대결할 수 있는 최소한의 근거를 확보할 수 있을 것이다.

작가에 대한 정보 제공은 작가와 학습자와의 거리를 줄여줄 수 있다는 점에서 학습자의 생산 활동에도 긍정적인 영향을 줄 수 있다. 최근의 교육과정들은 생산 활동을 점차 강조하고 있는 추세이고 국어과 교재들에서도 생산자로서의 학습자의 활동을 확대해 나가고 있지만 수동적인 재구성[10]의 차원에 머물고 있는 편이다. 그런데 이 재구성의 활동 결과들을 놓고 볼 때 학습자들은 여전히 작가의 그림자에서 벗어나지 못하고 있다. 패러디 등의 소극적인 재구성의 범주 내에서만 생산 활동을 수행하고 있다. 필자의 경험으로는 작가에 대한 정보가 충분할수록 학습자가 재구성을 포함한 재생산활동에 능동적인 접근을 시도하게 된다. 작가가 베일에 쌓인 우월한 존재가 아니라 학

---

9 작가의 문학관이나 창작관이 드러난 에세이류, 작가 수업 과정, 작품과 관련된 삶의 양상을 재구성한 유사 전기물, 인터뷰, 창작 노트 등 다양한 형태의 정보들이 제공될 수 있을 것이다. 무명작가라 하더라도 교재에 실리게 되면 1~2쪽 분량으로 다양한 맥락에서 작가에 대한 정보를 제공하고 있는 외국 교재들을 살펴 보면 그 효용성을 짐작할 수 있을 것이다.

10 현행 교육과정에서는 생산 활동의 중심 범주로 '재구성'이라는 개념을 제시하고 있다.

습자 자신과 크게 다르지 않은 삶을 살고 있으며 작가의 생각이나 관점이 자신의 것과 유사하다는 점, 다만 남다른 노력을 통해 언어나 글쓰기에 대한 감각과 능력을 지니게 되었음을 확인하게 될 때 학습자는 작품을 수용하고 생산하는 일에 자신감을 갖게 됨을 확인할 수 있었다.

작가성을 극복함으로써 적극적이고 주체적으로 작품에 접근하고 생산활동에 이르게 할 것인지, 여전히 외적 정보의 부작용을 우려하여 작가 부재의 상태로 갈 것인지에 대한 전향적인 검토가 필요한 시점이다.

4) 텍스트의 정립: 작가본인가, 편집본인가?

교과서 제재들을 선정하는 과정에서 만나게 되는 문제 중의 하나가 다양한 텍스트 중에 어느 것을 선택할 것인가이다. 이 선택 가능한 텍스트들은 편의상 작가본과 교열본으로 나눌 수 있을 것이다. 작가본은 작가에 의해 창작되고 수정된 텍스트를 지칭하며 편집본(파생본)은 출판사나 연구자들에 의해 교정된 텍스트이다. 작가본은 해당 작품이 처음 발표된 잡지나 창작집에 실린 초본과 그 뒤 다른 작품집에 실으면서 작가 자신이 수정을 가한 수정본으로 구분할 수 있다. 그리고 편집본은 특정 출판사가 작가의 선집이나 전집을 간행하면서 나름의 기준이나 원칙에 의해 수정을 하되 작가와는 무관하게 이루어진 경우를 말한다. 그런데 여기에 교과서본이라는 텍스트를 추가할 수 있을 것이다. 교과서 편찬자에 의해 삭제 등의 부분적인 수정이 가해지는 경우이다. 그 대표적인 경우는 '소나기'를 통해 확인해 볼 수 있다.

'소나기'는 1953년에 두 번에 걸쳐 잡지에 발표되고 있다. 처음 발표될 당시의 1차 발표본(『협동』 - '소녀'라는 제목으로 발표)과 2차 발표본(『신문학』 - '소나기'로 발표)이 그것이다. 다음 텍스트는 3년 뒤 발간된 창작집 『학』에 실리게 된다. 여기까지가 작가가 분명하게 관여한 텍스트로 보이고 이후 나온 수많은 전집과 선집은 일종의 편집본에 해당한다. 그런데 오랫동안 교과서에 실린 이 작품의 텍스트들을 비교해보면 교과서별 텍스트 간에 많은 차이점이 드러나고 있다. 가장 의미있는 차이는 다음 부분들이 삭제되었다가 다시 복원되고, 부분적인 수정도 가해지는 점이다.

> 소녀의 오른쪽 무릎에 핏방울이 내맺혔다. 소년은 저도 모르게 〈와락 덤벼들어〉 생채기에 입술을 가져다 대고 빨기 시작했다.(〈 〉 부분 삭제)

> 비에 젖은 소년의 몸내음새가 확 코에 끼얹어졌다. 그러나 고개를 돌리지 않았다. 도리어 소년의 몸기운으로 해서 떨리던 몸이 적이 누그러지는 느낌이었다.(전체 삭제)

아마도 이러한 양상들의 대부분은 교과서 상의 '금기'가 작용한 탓으로 보이는데 이러한 양상은 다른 작품들의 경우에서도 쉽게 발견되는 대목일 것이다. 이렇듯 한 작품이 다양한 텍스트로 존재하게 된다는 점은 교과서 제재의 선택에 전략적이면서 제한적인 맥락이 작용하고 있음을 말해주고 있다.

필자는 이 대목에서 교과서 제재는 초본을 싣는 것이 가장 유효하다고 생각한다. 성과 죽음, 이데올로기 등의 금기가 여전히 작용하고 있지만 누구든 문제적이라 동의할 수 있을 정도라면 해당 작품이나 장면을 피해가더라도 편찬 과정에서 수정을 가하거나 변형을 하는 것은 바람직하지 않다고 본다, 그 작품이 단순히 내용적 측면 중심의 감상 대상으로만 머물게 되기 때문이고, 작가라는 개인의 창의적 결과물에 대한 예우도 아니기 때문이다. 물론 작가에 의해 개작되는 경우에는 개작본과 초본 사이의 선택은 가능할 것이다.

현재로서는 교재에 실리는 수많은 작품들 중에서 초본에 해당하는 텍스트를 싣는 경우는 거의 없는 것으로 판단된다. 초본을 실어야 한다고 보는 이유의 첫째는 그것이 당대 언어문화의 양상들을 고스란히 보여주기 때문이다. 해당 작품이 창작되는 시기의 언어적 양상이 현재의 표준어법이나 규범에 어긋난다 할지라도 그것은 국어사의 흐름을 보여주는 것이며 언어 유산의 풍부함과도 연관되는 것이기 때문이다. 문학을 언어자료로 활용될 수 있는 여지가 이런 데서 가능할 것이다. 또 다른 이유로 초본과 그 이후의 판본들, 즉 개작본이나 의미 있는 교열본(전집 등) 간의 편차를 통해 다양한 활동이 가능하다는 점을 들 수 있다. '소나기'의 경우만 보더라도 작품의 구성 요소들이 변하는 양상을 통해 상징체계나 소설적 장치의 해석, 재구성 등의 활동을 자연스럽고 풍부하게 설정할 수 있다. 또한 어투나 어조의 변화 등을 통해서는 언어문화의 구체적인 양상들을 확인할 수 있을 것이다. 예를 들어 소년이 소녀와의 나들이 이후 재회를 기다리며 준비하는 선물이 '바우 할아버지네 밤'에서 '덕쇠 할아버지네 호두'로 바뀐다던가 (초본과 개작본 사이) 하는 변화, 특히 마지막 부분에서의 문장들의 삭제는 학습자의 활동 대상으로 매우 의미있는 부분이다. 후자의 경우 교과서에 흔히 보게 되는 결말 부분 다시 쓰기나 바꾸어 쓰기 등의 활동의 전범이 될 수 있을 것이다. 적어도 작가에 의해 결말 부분이 조정된 것이기 때문에 자의적이고 적절성 평가가 어려운 활동 예시보다 훨씬 효과적일 것이다.

이런 연유로 필자는 교과서의 문학 제재는 가급적 초본을 싣는 것이 저작성이 불투명한 교열본을 싣는 것보다 여러 가지 측면에서 교육적 효용성이 높다고 판단하고 있다.[11]

5) 제시된 이론의 편차: 허용치인가, 오류인가?

문학교육에서 이론 개념의 교육이 필요한가에 대해서는 오랜 잠재적 논쟁이 있었다. 본격적이고 공개적으로 논쟁이 벌어지지는 않았지만 수면 하에서 이론 개념의 직접적인 제시나 노출에 대한 이견들이 존재했다. 그리고 문학교과서에서는 갈래 단원을 중심으로 지속적으로 제시되어 왔다. 그런데 이 이론 개념들 중에 교과서간 편차가 드러나는 경우가 상당히 많은데 그 편차를 편찬자들의 관점에 의해 나타날 수 있는 편차로 볼 것인지, 오류에서 오는 것으로 볼 것인지에 대한 논쟁은 불가피해 보인다.

간단하게 다음 예를 보자. 이 예들은 5차부터 2009교육과정까지 교육과정기별로 편찬된 문학 교과서들 중에서 한권씩 선택해서 인물과 시점에 대한 항목을 정리한 것이다.[12]

---

11 시나 극의 경우에도 이와 같은 맥락은 유효하다고 본다. 시의 경우에는 워낙 많은 텍스트들이 존재하다 보니 교과서들 간에 편차가 큰 경우도 많으며 작품에 따라서는 연 구분과 행 구분 등에서 차이가 나는 경우도 많다. 예를 들어 김광균의 '추일서정'의 경우 5~7차 2009 개정 교과서들에서 두 연으로 나눈 텍스트와 한 연으로 된 텍스트가 공존하고 있다. 희곡의 경우 원작과 연출 대본 간의 차이가 나는 경우가 종종 있으며 드라마 대본의 경우(예를 들어 '대장금')는 대사 자체가 다른 경우도 있다.

12 특별한 선택의 기준은 없으며 비교 가능한 요소를 지닌 것들로 판단되는 내용을 선택했다. [ ] 안의 영문자는 해당 출판사의 이니셜이다.

<table>
<tr><td rowspan="2">5차
[H]</td><td>인물</td><td>주동 - 반동 // 주요 -/부차적 // 평면적 - 입체적
평면적: 작품의 처음부터 끝까지 변함이 없어 쉽게 파악되고 오래 기억.
입체적: 역동적이고 발전적인 인물. 환경이나 상황의 변화에 따라 성격이 변모.</td></tr>
<tr><td>시점</td><td>1인칭 주인공: 작품 속의 주인공인 '나'가 자신의 말로써 자기 이야기를 함 (날개)
1인칭 관찰자: 작중의 '나'가 주인공이 아니라 부차적 인물이거나 사건의 외부에서 관찰하는 위치에서 주인공의 행동과 사건을 서술할 경우 (사랑손님과 어머니)
3인칭 관찰자: 서술자의 시점이 제한되어 있는 경우. 서술자는 인물과 행동을 외부에서 객관적으로 관찰하여 묘사할 뿐 (감자)
전지적 작가: 서술자가 전지전능한 신과 같이 인물의 행동과 대화를 묘사. 작품 내에서 일어나는 모든 사건과 인물의 내면심리까지 알고 있는 경우 (구운몽)</td></tr>
</table>

<table>
<tr><td rowspan="2">6차
[D]</td><td>인물</td><td>평면적 인물: 한 인물에게 단 하나의 인간성을 부여
입체적 인물: 한 인물에게 복합적인 인간성을 부여
주동인물(주제표현의 주동적 위치)/반동인물(주동인물에 대하여 갈등의 대상이 됨)</td></tr>
<tr><td>시점</td><td>화자가 사건을 대하고 바라보는 시점
3인칭 전지적 작가: 작품 안의 인물들의 내면과 외면, 사건의 앞뒤를 모두 알고 있음
3인칭 작가 관찰자: 등장인물을 제3자로 그리되 한 인물의 눈을 빌려 사건을 서술
1인칭 주인공: 사건 속의 화자가 직접 참여하고 주인공이 됨
1인칭 관찰자: 사건 속에 참여하여 관찰자로 있음</td></tr>
</table>

<table>
<tr><td>7차
[H]</td><td>인물</td><td>평면적 인물: 성격이 고정되어 있어 어떠한 환경의 변화에도 영향을 받지 않는 인물
입체적 인물: 소설이 진행됨에 따라 그 성격이 변하고 발전하는 인물</td></tr>
</table>

	시점	1인칭 주인공: '나'라는 서술자가 자기 자신에 대하여 이야기하는 형식 1인칭 관찰자: 부수적 인물인 '나'가 주인공의 성격과 사건을 말하는 형태 3인칭 전지적: 전지적, 분석적 서술자가 작중 인물의 사상과 감정 속에 들어가 서술 3인칭 관찰자: 서술자가 인물과 사건의 바깥에서 객관적으로 전달하는 형식

2009 [J]	시점	1인칭 주인공 시점: 작품 속의 '나'가 주인공이 되어 자신의 이야기를 함 1인칭 관찰자 시점: 작품 속의 '나'가 관찰자가 되어 등장인물에 대해 이야기함 3인칭 전지적 작가 시점: 작품 바깥의 서술자가 인물의 내면 심리를 궤뚫어 봄 3인칭 작가 관찰자 시점: 작품 바깥의 서술자가 인물의 행동을 관찰함
	인물	인물의 성격은 주제와 밀접한 관련을 맺으며 특정한 배경 속에 존재함. 사건 속에는 특정한 시간과 공간이 설정되어야 하고 누구나 타당하다고 믿을 만한 인물이 구현되어야 함

2009 [C]	인물	주동과 반동 인물 / 전형적 인물과 개성적 인물 / 평면적 인물과 입체적 인물 평면적 인물: 행동이나 사고 방식에 변화가 없음 입체적 인물: 환경이나 사건 변화에 따라 성격의 변화를 보임
	시점	1인칭 주인공 시점: 서술자가 소설 속에 위치. 소설 속의 '나'가 자신의 이야기를 서술함 1인칭 관찰자 시점: 서술자가 소설 속에 위치. '나'의 눈에 비친 주인공과 외부 세계만을 다룸 전지적 작가 시점: 서술자가 소설 밖에 위치. 서술자가 작품 속

		에 개입하여 사건과 인물의 심리를 폭넓게 다룸 작가 관찰자 시점: 서술자가 소설 밖에 위치. 작가가 외부 관찰자의 입자에서 객관적으로 사건과 인물을 다룸.

이들 사례에서 나타나는 문제는 인물의 설명에서 평면적 인물과 입체적 인물을 가르는 기준을 '성격의 변화'여부로 나누는 것이 적절한지와 시점의 분류명에서 '작가'라는 단어가 들어가는 것이 옳은지의 여부, 서술자가 '소설 또는 작품 밖에 존재'한다는 설명의 적절성 여부 등이다.

인물의 유형을 평면적 인물과 입체적 인물로 나누는 것이 필요한가의 여부는 오랜 관행으로 제시되어 온 것이니 차치하더라도 '성격의 변화'가 그 기준이 된다는 기술은 오류에 해당한다는 것이 필자의 생각이다. 성격은 변할 수 없는 것이며 다만 그 성격이 평면적으로 파악 가능한 것인지 입체적으로 파악 가능한 것인지가 원 출처의 입장임을 고려할 때 그러하다. 원 출처의 입론을 변용할 수는 있겠으나 그 용어를 그대로 쓰면서 오류에 가깝게 변용하는 것은 문제라고 본다. 그리고 시점의 분류명에서는 시점이 서술자의 위치와 속성을 드러내는 것이므로 작가라는 단어를 사용할 수 없으며 서술자가 작품 밖에 위치한다는 기술도 오류라고 본다.

이처럼 교과서 간의 이론 개념 제시 양상이 편차를 보이는 현상에 대해, 해당 개념의 원 출처가 모두 같은 것으로 판단된다는 점에서 허용치가 아니라 오류로 보아야 한다는 것이 필자의 판단이다. 그래서 교과서에 제시될 주요 이론 개념에 대해서는 최소한의 학문적 합의 하에 사용해야 한다는 입장이다. 이론의 다양성을 내세우기에 앞서 오류를 시정하려는 태도가 필요하다고 본다.

6) 부가적 요소의 제시 여부

(1) 텍스트의 축약: 텍스트의 축약인가? 원작인가?

현재의 교과서들에 실려 있는 작품 들 중 소설 장르의 대부분은 부분적인 제시에 해당한다. 지면상의 제약이 일차적인 이유이고 경우에 따라서는 해당 작품에서 부적절한 부분을 제외하는데서 오기도 하며, 학습 목표에 따라 선택되기도 한다. 이 경우 학습자들은 작품 전체에 대한 정보를 줄거리나 요약적 설명에 의해 얻게 된다. 그런데 작품의 일부를 주고 언어 자료로서만 사용하게 되는 경우가 아닐 때는 문제적일 수밖에 없다. 그렇다고 모든 소설을 전편을 싣기에는 현실적으로 불가능하다. 그래서 제안된 방안중의 하나가 '질적 축약'이다. 아직 이 질적 축약 작품을 교과서에 반영한 경우는 없지만 하나의 대안으로 적극 검토해 볼 여지가 있다고 본다.[13] 특히 중편 이상의 경우에서 효용성이 클 수 있을 것이다.

(2) 줄거리의 제시: 서술자의 요약인가? 편찬자의 요약인가?

교과서에 수록된 거의 모든 소설이나 희곡 제재에는 줄거리가 부가되어 있다. 그런데 그 줄거리 제시 방식에 대한 논의가 필요하다는 입장이다. 대부분의 줄거리는 제3자에 의해(주로 편찬자)에 의해 작성된다. 그런데 이 경우 편찬자의 해석이 스며드는 경우가 많다. 다음 예를 보자.

6·25 전쟁 중에 폭격으로 두 오빠를 잃은 이경은 그 폭격의 흔적이

13 이에 대해서는 다음 참조.
김중신, 「서사 장르의 교육과정 개정에 관한 한 제언」, 『문학교육학』 20, 2006.

아직 남아 있는 서울의 고가에서 홀어머니와 단둘이 살아가고 있다. 오빠들이 죽은 후 어머니는 삶에 대한 의지를 완전히 잃고 무기력하게 살아가고, 이경은 이런 암울한 집안 분위기로부터 벗어나고 싶어 한다.

여기서 밑줄 부분은 편찬자의 해석이 개입된 부분이다. 이러한 줄거리는 학습자에게 해석적 암시를 준다는 점에서 피해야 할 일이라고 본다. 이러한 줄거리를 접하는 학습자들은 다음과 같은 줄거리 요약을 한다.[14]

6살 옥희는 아버지 없이 엄마, 외삼촌과 함께 산다.

어느 날 큰 외삼촌 친구인 '아저씨'가 사랑으로 이사 온다.

옥희는 달걀을 권하며 살갑게 대해주는 아저씨가 아버지였으면 좋겠다고 생각한다.

옥희는 예배당에서 아저씨와 엄마의 얼굴이 붉어지는 것이 이상하다.

엄마를 골리고 싶어 벽장에 숨었다가 잠이든 옥희때문에, 집안이 발칵 뒤집힌다.

옥희는 엄마를 기쁘게 하기 위해 유치원에서 꽃을 가져오나 부끄러워 아저씨가 주었다고 한다.

그날 밤, 엄마는 한 번도 켜지 않았던 풍금을 켜고, '나에겐 옥희 뿐'이라며 운다.

아저씨가 준 하얀봉투를 전하자, 엄마는 아버지의 옷이 담긴 장롱을 열어보고, 옥희와 기도를 한다.

엄마는 유쾌한 모습을 보이다가 울음을 울고, 그때마다 옥희뿐이 없

14 고등학교 때 「사랑 손님과 어머니」를 배운 대학 1학년생들을 대상으로 실시한 줄거리 요약 과제의 하나이다. 문법이나 문장 상의 오류도 그대로 제시한다.

다고 하던 어느 날, 아저씨에게 하얀 손수건을 전하라고 한다.

얼마 후, 아저씨는 짐을 싸서 떠나고, 엄마는 더 이상 달걀을 사지 않았다.

이 줄거리에 대해 대학생이 된 학습자들은 적절치 않다고 판단한다. 자기와 생각이 다른 부분(예를 들어 밑줄 친 부분)이 많이 들어갔다는 이유 때문이다. 즉 줄거리에 대해 요약자의 해석이 들어가지 않은 것이 적절하다는 판단을 하고 있었다. 이는 그동안 자신들도 그렇게 해 왔지만 다른 수용자들의 요약물을 보면서 비로소 깨닫게 된 것으로 본인들의 줄거리 요약 상의 문제를 인식하게 되는 계기가 된 것으로 보인다.

그리고 중요한 것은 서술자의 문제이다. 필자는 학습자들에게 다음과 같이 두 문장을 주고 그에 이어 줄거리 요약을 하도록 요청했다. 그 결과 학습자들은 해석의 여지보다는 작품의 서술적 특성을 고려하는데 주의했고 그 결과들에 대해 앞의 경우보다 긍정적으로 평가했다.

나는 여섯 살 난 옥희입니다.
어느 날 사랑에 아빠 친구라는 아저씨가 이사왔습니다.

이런 사례를 통해 필자는 줄거리 요약에 서술자의 특성이 반영되어야 한다는 제안을 하고자 한다.

(3) 삽화의 성격: 비평적 텍스트인가? 장식적 요소인가?

최근 들어 교과서는 4도 인쇄와 더불어 많은 양의 삽화들이 실려 있다. 그런데 이 삽화들의 생산과정에 대한 논의도 필요하다고 본다. 대개의 경우 삽화는 편찬자들의 요청에 의해 주문 생산되고 있다. 그런데 이 삽화를 그리는 일러스트레이터에 대한 인식이 달라질 필요가 있다. 그들의 삽화 생산에 편찬자들이 관여할 것이 아니라 그들도 어엿한 독자로서 비평적 활동의 결과를 삽화로 그려내는 것으로 인식하는 일이 필요하다고 본다. 필자가 대학 신입생을 대상으로 실시한 교과서 삽화의 기능에 대한 설문조사에서 흥미로운 결과가 나왔다. 삽화가 작품의 이해와 감상에 영향을 미치지 않았다는 응답보다 영향을 주었다는 응답이 많았으며 그 영향은 인물이나 상황(시적, 서사적)에 대한 이해에 초점이 놓인다는 응답이 많았다. 여기에는 필자가 응답자들의 판단에 도움을 주기 위해 삽화 제작과 관련된 에피소드를 제시한 이후에 나온 결과였기에 의도적인 측면도 많았지만 어쨌든 그 맥락에 동의하고 있다는 점을 확인할 수 있었다. 이런 측면에서 교과서 삽화와 관련해서 그 생산자에게 해당 작품을 감상한 독자라는 위상을 부여하고 비평적 텍스트로서 삽화 제작에 임할 수 있도록 배려하는 일이 필요하다고 본다. 또한 삽화들을 대부분의 교과서들에서 취하고 있는 '이해와 감상의 길잡이' 형의 부가적 텍스트와 연계될 수 있도록 한다면 더욱 의미가 있을 것이라고 본다.

현대문학 정전 형성과정과 '대학교양국어' 교재

1. 논의의 출발점

한 사회의 문화적 지형도에서 문학 정전이 형성하는 의미망은 심대하다. 문학 정전은 사회 · 문화적 자산으로서 문학사를 풍부하게 하고 독자를 문학의 영역에 머물게 하는 요인이 될 것이다. 정전은 궁극적으로 사회의 문학적 토대를 공고히 해 줄 수 있는 기제로 인식되고 있다. 더 나아가 정전은 기본적으로 '어떤 작가나 텍스트가 다른 것들보다 더 보존할 가치가 있다고 생각할 수 있는 선택의 원칙을 암시하는 것'[1]으로 규정되기도 하는데, '가치 있는 것으로 간주되는 상상력의 형태를 제공해 줄 것'이라는 언급이나[2] '하나의 문화 전체에 대한 허구적 정체성을 상징화 한 것'[3]이라는 주장은 한 사회에서의 문학의 힘과

---

1 J.길로이, 박찬부 역, 「정전」, 『문학연구를 위한 비평 용어』, F.렌트리키아 · T.맥로린 공편, 정정호 외 공역, 한신문화사, 1994, 303쪽.

2 Charles Altieri, "An Idea and Ideal of Literary Canon", Rovert Von Hallberg (ed), *Canon*, The Univ of Chicago Press, 1983.

3 고규진, 「다문화시대의 문학정전」, 『독일언어문학』 23, 독일언어문화학회, 2004,

효용성의 원천으로서의 정전의 의미를 함축적으로 드러내 준다. 그런 의미에서 한국 문학의 기반을 이루게 될 잠재적인 독자들의 형성과 성장에 미칠 정전의 영향에 대한 논의가 무엇보다도 필요한 시점이다. 경쟁적 문화 텍스트들의 범람과 그로 인한 독자들의 이탈 가속이라는 문학 환경의 변화를 가져올 수 있는 힘의 한 원천으로서 정전에 대한 재인식이 필요하기 때문이다.

이 논의는 그러한 문제의식에서 출발하고자 한다. 그동안 정전에 대한 논의는 간헐적으로 이루어져 왔으나 그 논의는 대체로 문학교육 분야에 집중되었다. '정전'이 추상적 범주에서 벗어나 일정한 실체를 지니고 존재하는 곳이 문학교육의 장이기 때문이다. 문학교육이 한 사회의 문학 독자들을 형성시키는 가장 중요한 기제임은 부인할 수 없다. 그리고 그 현장에서 독자들은 대부분 '정전'이라고 인식되는 텍스트들을 통해 문학적 감수성과 문학 능력을 함양하게 된다. 따라서 문학교육의 현장에서 어떤 텍스트들이 제시되고 거기에 어떻게 접근해 가는지를 살피고 방향성을 제시하는 일은 문학연구자들로서 소홀히 할 수 없는 역할일 것이다. 그러나 현재의 문학교육의 현장에서는 그러한 과정들이 최소한의 합의를 얻거나 문학 연구자 및 문학교육 연구자들의 협력을 통하지 못한 채 이루어지고 있다.

한 사회의 문학적 환경의 토대는 독자들이 형성해 내고, 독자들은 문학교육을 통해 성장하며, 문학교육의 기반은 교육용 텍스트 즉 교과서 정전을 통해 구축된다.[4] 그런데 독자들은 개별적이고 독립적인 존재로서만 아니라 역사적이고 집합적으로도 존재한다.[5] 후자는 문학

83쪽.

4 '교과서 정전'이란 일반적인 현상으로서의 정전이 아닌 교육적 측면에서 설정되고 문학 활동의 대상이 되는 '정전' 개념의 텍스트들을 말하는데 '교육 정전'이라고도 한다.

교육이라는 장치를 통해서 이루어지며 한 사회의 문학적 지형도가 형성되는데 작용하는 한 요소가 된다. 특히 이런 후자의 성격은 정전의 기능이 극대화될 때 보다 역동적이게 될 것이다. 그리고 그 역동성은 보다 강화되어 유지될 필요가 있다. 이 역동성은 지속적이고 생산적인 문학 향유층의 형성과 유지에 기여함으로써 우리 사회의 문학 층의 저변 확대와 문학 활성화에 긍정적으로 작용하게 될 것이다.

이런 정전의 효용성과 역할을 고려한다면 문학교육의 현장에서 미래의 독자들인 학습자들에게 어떤 작품들을 정전화되도록 하여 제공할 것인지에 대한 논의는 매우 중요하다. 그렇기 위해서는 정전의 형성 과정에 대한 연구가 매우 절실하다. 정전은 통시적인 맥락을 통해[6] 독자들에게 작용할 때 그 존재론적 의미가 강화되는 속성을 지니고 있기 때문이다. 즉, 정전이 형성되고 수용되는 과정, 즉 정전의 소통 구조의 파악은 한 사회의 문학적 토양과 속성을 파악할 수 있게 해줌으로써 이후 문학적 환경과 상황의 조성, 나아가 문학적 유산의 축적을 위한 연구와 실천에 한 방향성을 제시해 줄 것이기 때문이다. 그럼에도 불구하고 정전의 형성과정에 대한 논의는 매우 소략한 상황이다.[7] 이 논의를 설계한 일차적인 이유는 여기에 있다.

---

5 문학교육을 통해 사회 구성원으로서의 집단적 가치나 정서적 공감대의 습득, 공동체적 감각과 의식의 공유 등이 이루어짐을 고려할 때 이러한 진술이 가능할 것이다. 다음 책에서도 그러한 맥락을 읽을 수 있다.
알베르토 망구엘, 정명진 역, 『독서의 역사』, 세종서적, 2000.

6 공시적인 맥락에서 일정한 영향력을 행사하는 경우, 예를 들어 베스트셀러 같은 경우는 당대적 의미는 크겠으나 그것이 한 사회의 문학 지형도의 형성에 지속적인 영향을 줄 수는 없다는 점에서 '정전'과는 구분된다. 다만 베스트셀러가 반복적인 영향력을 행사해서 통시적인 맥락에서도 의미를 가진다면 '정전화'되기도 한다.

7 정전의 '형성과정'에 대한 포괄적이고 구체적인 검토는 차혜영(2005)의 논의가 대표적이다. 차혜영은 정전확립의 논리를 '순수, 민족, 반공주의, 호국문예' 등에서 찾고 있는데 그것들이 자리잡게 된 과정에 대한 논구가 없어 아쉬움을 준다.

정전의 형성과정에 대한 논의를 위해 필자는 다음과 같은 탐색작업을 수행하였다.

먼저 광복 후 시작된 교육과정기부터 가장 최근인 2009년 교육과정기까지 교과서의 주요 제재로 자리잡아 온 작품들의 목록을 작성해 보았다. 〈문학〉 과목이 분리되기 이전인 5차 교육과정기까지는 국정 국어교과서를 기준으로, 〈문학〉 과목이 분리된 이후에는 검인정 문학 교과서에 수록된 작품들을 목록화하였다.

다음으로 교과서 제작 과정에 영향을 미쳤을 개연성이 큰 원천들을 상정하고 해당 원천에서 어떤 작품들이 다루어지고 있는지를 살펴보았다. 이 원천들은 크게 두 가지로 나타났는데, 하나는 문학사 또는 소설사이고, 다른 하나는 대학의 교양 국어교재였다. 그래서 이 두 가지 원천에서 다루어진 소설들의 목록들을 작성해 보았다. 그런데 이 원천들의 경우 그 저작 시기를 어디까지로 한정할 것인가에 대해 많은 고려가 필요했다. 현재까지를 모두 포괄했을 때 그 범위가 너무 방대할뿐더러 형성과정에 대한 접근의 필수 요소인 영향관계를 따져 보는 데는 초기 단계가 의미를 가지기 때문이다. 그래서 두 원천 모두 1960년대말 까지 발간된 것들 중 초기본을 대상으로 하기로 하였다.

이렇게 판단한 것은 우선 교과서 편찬 과정에서 영향관계가 의미있게 드러나는 단계는 수록 작품들에 대한 객관적 평가 정보가 부족할 경우 즉 초기 단계일 것이기 때문이다. 특히 대체로 70년대 이후의 교과서 편찬진에 본격적인 문학 연구자들이 많이 포함되어 있었던 데에 비해 초기 단계의 국어교과서 편찬진에는 문학 연구자들이 매우 드물었다는 점이 고려되었다. 그러한 상황에서 문학 분야의 내용 설계는 권위 있는 원천에 기대게 되는 경향이 강하게 나타났을 것이기

차혜영, 『한국 현대소설의 정전화 과정 연구』, 2005, 157~181.

때문이다.

다음 단계에서는 문학사(소설사)보다 교과서와 친연성이 강하고 텍스트에 대한 접근 통로가 열려 있던[8] 대학 교양국어 교재에 대한 집중적인 접근을 시도하였다. 주요 대학에서 60년대까지 발간되었던 교양국어교재를 수집하고 서지사항부터 문학 작품 수록 내역, 수록 작품에 대한 정보 제시 양상, 학습활동과 같은 접근 맥락에 대해 세밀한 분석을 시도하였다. 그런데 이 과정에서 닥친 가장 큰 어려움은 교재 편찬과 관련된 자료들이 전무에 가까웠다는 점이다. 특히 편찬과정에서 특정 작품을 어떤 이유에서 선택했는지, 작품에 대한 평가나 의미부여 등은 어떠했는지에 대해 파악해 볼 수 있는 직접적인 자료를 찾아볼 수 없었다.[9] 다만 다음과 같은 간접 자료 정도만 확보할 수 있었다.

> "대학에서 가르칠 문학 작품을 선별하는 일은 많은 어려움을 안고 있었다. 우선 학생들이 대학에서 문학을 배워야 한다는 일에 대한 시각의 차이였다. 편찬위원회가 구성되기 이전 그 필요성에 대한 논의를 하지만 전공 분야에 따라 너무 시각이 컸다. 사회학 분야 교수들은 학생들의 척박한 사회학 관련 상식이 부족함을 들어 그것들을 중심으로 해야 한다고 하고, 자연과학이나 공학 교수들은 실생활적 지식이 급선무임을 들어 그쪽을 중심으로 하자고 했다. 결국 직접 편찬을 맡은(일의 성격상 국어

8 교과서와의 친연성이란 같은 교육용 교재라는 점, 교양국어 교재의 편찬진과 교과서 편찬진의 학연이 작용한다는 점을 의미한다. 그리고 접근통로가 열렸다는 것은 문학사(소설사)와 달리 교양교재에는 텍스트가 직접 실린다는 점, 일종의 학습활동과 같은 영역이 존재한다는 점을 의미한다.

9 이 작업은 2년여 동안 이루어졌는데, 해당 대학 도서관, 교무처 등에 보관된 공식적인 자료에는 이런 내용은 없었다. 교재 편찬 시기를 1년여 전후해 대학신문기사도 탐색해 보았으며 마지막으로 편찬자 중에 생존하시 분들과의 면담도 했지만 필자가 필요로 하는 자료는 거의 찾을 수가 없었다.

국문학과 교수들) 전공자들의 생각이 반영되기는 했지만 문학작품을 가르치는 대신 한편의 상식을 다루는 글들을 더 많이 수록해야 한다는 학내 다른 전공 교수들의 목소리를 외면할 수 없었다.

그리고 또 다른 중요한 문제는 '문제가 없는' 작가들이어야 하고 학교와 최소한의 관련이 있는 문인들의 글을 실어야 한다는 목소리였다. 특히 이념의 문제에 대해 민감했다. 그래서 아예 이전에 비평의 대상이 되지 않았으면서, 학교와 유관한 문인들의 작품을 찾는 일이 진행되고 추천도 받았다. 그 때 나는 반대 했지만 주로 야간 대학원 과정에 다니는 중고등학교 교사들의 의견도 들었다. 초점은 주로 어떤 작품들을 좋아 하느냐 하는 것이었다. 내 기억에는 재미있는, 순순한 사랑이나 '골치 아프지 않은' 작품이 좋다고 했던 기억이 난다. 어떤 교사들은 구체적으로 '민족의식이 뚜렷한 작가나 작품' '사회에 무비판적이고 순순한 문학적 경향이 드러나는 작가나 작품'의 대상을 열거하기도 했다.

기억하는 장면 중의 하나는 작가의 사생활에 대한 조사도 많이 했었다는 점이다. 수업 시간에 작가에 대해 많이 다루게 되는데 그 때 학생들에게 좋지 않은 영향을 줄 이야기는 피해가야 하기 때문이다.

그런데 학생들의 반응은 그리 좋지 않았다는 기억이다. 4 · 19의 영향으로 학생들의 생각이 트인 마당에 순수하고 문제없는 작품이 호응을 얻기란 힘든 일이었다. 하지만 중고등학교 교사들은 관심이 많았다. 교재가 나가고 나면 문의들이 많이 들어 왔다. 잘 알지 못하는 작품들도 많고, 작품에 대해 설명한 글들도 없는데 어떻게 해석했으면 좋겠느냐는 문의였다. 아마도 중고등학교 교과서에 문학 작품이 별로 없었기에 문학적 열정이 많은 교사들의 고민이 컸었던 것 같다."[10]

---

10 이 자료는 대학의 교양교재 편찬위원의 명단이 파악 가능한 경우 중 2011년 초에 접촉이 가능했던 세 분 중의 한 분께서 인터뷰해 주신 내용이다. 1958년에

이제 이렇게 수집된 자료들을 바탕으로 의미있는 상관성을 이끌어 내 보기로 한다. II장에서는 수집된 자료의 내용을, III장에서는 그 상관성을 기술해 보기로 한다.

2. 범주별 현대 소설의 선택 양상

서론에서 밝힌 것처럼 이 논의에서는 정전과 관련된 탐색 범주를 문학사 또는 소설사, 대학 교양국어 교재, 국어 교과서로 설정하였다.[11] 그 중에서 교과서는 기본 범주에, 문학사 또는 소설사와 교양국어교재는 비교 범주에 속하는데 결과적으로 비교 범주의 초점은 교양 국어교재에 놓이게 된다.

정전은 앞서 살핀 바와 같이 기본적으로 '선택'이라는 개념을 토대로 삼는다.[12] 따라서 분석을 위한 일차적인 자료의 구성은 각 범주별

간행된 고려대학교 교양교재에 편찬위원으로 참여하셨으며 간사 역할을 맡으셨다고 하셨으나 성명을 밝히지 않는다는 조건으로 질문에 응대해 주셨다. 인터뷰 내용 중에는 특정 작품의 선정과 관련된 편찬위원 간 갈등 상황도 언급하셨는데 그 역시 공개를 원치 않으셨다.

11 이 범주들은 필자가 가설로 설정한 이후, 2009~2011년의 3년 동안 대학의 교양문학 강좌 및 국문과 소설 전공 강좌 수강생들을 대상으로 '정전'에 대한 인식을 조사한 결과를 바탕으로 보다 확장적으로 설정하였다. 우리 사회의 고급 독자로서의 대학생들은 '정전'에 대한 인식 형성의 주요 근거로 교과서와 문학사(소설사), 그리고 대학의 문학 강좌를 지목했다. 교과서의 비율이 압도적이었으며, 대학의 문학 강좌, 문학사(소설사)의 순으로 나타났다. 응답 중에는 문학 동아리 활동도 포함되어 있었다.

12 '선택'의 의미에 대해서는 정재찬의 논의가 중요한 단서를 제공한다. 정재찬은 '선택 자체가 이미 이론적 기획의 산물'이라는 점을 지적한 바 있다. 그런데 이 논의가 확장되어 선택의 양상에 대한 접근에까지 이루어지지 못한 점은 아쉬움으로 남는다.
정재찬, 『문학교육학의 사회학을 위하여』, 역락, 2003, 110~111쪽.

로 어떤 '선택'이 이루어졌는지를 중심으로 이루어지게 된다. 이 장에서는 그 선택의 양상을 살펴보고자 한다.

양상의 검토 대상은 일제 강점기에서 1950년대 후반까지의 소설로 한정했다. 그것은 한국에서 본격적인 국어교육이 시작된 시기를 광복 후로 봤을 때 현대소설을 대상으로 각 범주들 간의 비교 대조가 가능한 상한선이 일제 강점기이고, 대학 교양교재의 초판본들이 집중적으로 발간되는 것이 60년대 중후반이기에 그 시기가 하한선이 되는 셈이다. 이러한 한정은 각 범주들 간의 의미있는 상관성을 이끌어내기 위해 필요한 설정이다. 별다른 설명을 가하지 않고 그 양상만을 제시하기로 한다.

1) 중등 국어과 교과서

이 범주에서는 교과서를 두 가지로 나누어 살펴볼 필요가 있다. 국정 교과서의 경우와 검인정 교과서의 경우이다. 국정 교과서는 1차 교육과정기부터 7차 교육과정기까지 단일 종으로 편찬된 중학교와 고등학교 국어 교과서를 말하며, 검인정 교과서는 복수로 편찬된 교과서로 5차 교육과정기부터 분리된 문학교과서와 2007개정 교육과정기부터 편찬된 국어 교과서를 말한다.

먼저 1-7차 교육과정기까지의 국어 교과서에서 선택된 소설의 목록은 다음과 같다.

[표 1] 1-7차 국정교과서 수록 현대 소설

<table>
<tr><th>1차</th><th>4차</th><th>6차</th><th>7차</th></tr>
<tr><td>상록수</td><td rowspan="3">금당벽화
등신불, 메아리
상록수, 소나기
요람기, 조국
학, 학마을 사람들</td><td rowspan="5">동백꽃
메밀꽃 필 무렵
사랑손님과 어머니
삼대
상록수
선학동나그네
소나기
왕치와 소새와
개미와
토지
화랑의 후예
흰 종이수염</td><td rowspan="5">강아지똥 / 광장
그 여자네 집
기억속의 들꽃
난장이가 쏘아올린 작은
공
벙어리삼룡이 / 봄봄
사랑손님과 어머니
삼대 / 상록수/ 소나기
소설 동의보감, 눈길
숨쉬는 영정 / 오발탄
옥상의 민들레꽃 / 요람기
우리들의 일그러진 영웅
운수좋은 날 /
원미동사람들
장마 / 천변풍경
혼불 / 흰 종이수염</td></tr>
<tr><th>2차</th></tr>
<tr><td>상록수
소나기</td></tr>
<tr><th>3차</th><th>5차</th></tr>
<tr><td>금당벽화
등신불
무지개
빈처, 소나기
요람기, 조국</td><td>사랑손님과 어머니
삼대, 상록수
소나기, 요람기
학마을 사람들</td></tr>
</table>

다음으로는 7차 교육과정기까지 편찬된 검인정 〈문학〉 교과서에서 2종 이상 선택된 소설 목록이다.[13]

[표 2] 5차 교과서 수록 빈도수 상위 작품

무정	6
동백꽃 / 수난이대	5
메밀꽃 필 무렵	4
혈의 누/금수회의록/광장/사랑손님과 어머니	3
봄봄 /배따라기/무진기행/역마/목넘이 마을의 개 무녀도/치숙/꺼비딴 리/날개	2

13 [표 2]-[표 3]은 현재까지 확인한 범위에서 발표자가 작성한 것으로 정확한 전수 조사와는 일부의 오차가 있을 수 있음. 단계는 2종 이상의 빈도수를 보인 경우를 대상으로 했으나 7차의 경우는 2종 이상인 경우가 너무 단계가 많아 6차와 같은 8단계로 제한했음.

[표 3] 6차, 7차, 2007 개정 교과서 수록 소설 상위 빈도

6차 교육과정		7차 교육과정		2009 개정 교육과정	
수록 수	작품	수록 수	작품	수록 수	작품
15	광장	15	광장	7	만세전 토지(변용 포함)
11	무정 메밀꽃 필 무렵	13	메밀꽃 필 무렵	6	광장
10	운수좋은 날	11	난·쏘·공	5	무정 소설가 구보씨의~ 난·쏘·공
6	동백꽃 만세전 태평천하	10	금수회의록 동백꽃 삼포가는 길	4	고향(현진건) 삼포가는 길 사평역
5	고향(현진건) 배따라기/ 붉은 산 봄봄 / 무녀도	9	고향(현진건) 날개 태평천하	3	봄봄 / 동백꽃 미스터 방 / 잉여인간 역마 / 외딴방 나마스테(박범신)
4	탁류 / 논이야기 무진기행 수난 이대 역마 / 유예	8	무정 운수좋은 날 비오는 날	2	운수좋은 날 태평천하 메밀꽃 필 무렵 날개 모래톱이야기 복덕방 비오는 날 꺼삐딴 리 관촌수필 흐르는 북 당신들의 천국 / 줄 촐라체 비오는 날에는 가리봉~ 자전거 도둑 황만근은 이렇게~ 남한산성 타인의 방 역사 / 유년의 뜰
3	사랑손님과 어머니 날개 / 삼대 두 파산 / 꺼삐딴 리 목넘이 마을의 개 불꽃 서울, 1964년 겨울	7	무녀도 역마 수난이대 꺼삐딴 리 무진기행 서울, 1964년 겨울		
2	홍염 소설가 구보씨의~ 치숙 화수분 사하촌 / 모래톱~ 오발탄 /별 / 학 병신과 머저리	6	혈의 누 홍염 만세전 소설가 구보씨의~ 치숙/학		

2) 문학사 및 소설사

국어 교과서가 본격적으로 편찬되기 시작하는 초기 단계인 2차와 3차 교육과정기와 맞물리는, 광복 후에서 1970년 초까지 간행된 주요 문학사와 소설사에서 의미있게 다루는 소설 작품을 보면 다음과 같다. 여기 제시하는 목록은 단순히 작품명만 제시된 경우는 제외하고 최소한의 비평적 설명이 더해진 경우와 작품의 일부가 인용된 경우만을 대상으로 작성한 것이다.[14]

(1) 조선소설사(김태준, 학예사, 1939)

이광수: 무정, 흙, 무명

김동인: 약한 자의 슬픔, 배따라기, 외교원과 전도부인, 감자, 태형

염상섭: 표본실의 청개구리, 견우화, 만세전, 금반지, 제야

현진건: 운수좋은 날, 불, 사립정신병원장, B사감과 러브레터, 할머니의 죽음, 빈처, 타락자

나도향: 환희, 여이발사, 벙어리 삼룡이, 뽕, 물레방아

전영택: 흰닭, 화수분, 바람부는 저녁

(2) 국문학사(우리어문학회, 신흥문화사, 1948)

이광수: 무정, 개척자, 무명

(3) 조선신문학사조사 현대편(백철, 백양당, 1949)

박태원: 천변풍경, 골목길

14 최소한의 사적 평가가 이루어진 것이어야 상관성을 판단하는 의미가 있을 것이기 때문이다.

채만식: 탁류

유진오: 가을, 나비, 여직공, 김강사와 T교수, 주붕

김동리: 바위, 무녀도, 황토기

정비석: 제신제, 성황당

김영수: 소복

최인욱: 산신령, 월하취적도

박태원: 음우

이태준: 패강냉, 밤길

최태응: 바보용칠이, 봄

임옥인: 후처기, 전처기

(4) 국문학사(조윤제, 동국문화사, 1949)

이광수: 어린 벗에게

(5) 국문학전사(이병기 · 백철, 신구문화사, 1957)[15]

이광수: 어린 벗에게, 무정

김동인: 약한 자의 슬픔, 배따라기, 감자, 발가락이 닮았다, 붉은 산

전영택: 천치?천재, 화수분, 흰닭

나도향: 뽕, 물레방아, 벙어리 삼룡

염상섭: 표본실의 청개구리, 만세전, 조그만 일, 밥, 삼대

현진건: 빈처, 할머니의 죽음, 지새는 안개, 운수좋은 날, 불, 무영탑

김명순: 칠면조, 꿈 묻는 날 밤

최서해: 탈출기, 박돌의 죽음, 큰물 진 뒤

---

15 이 문학사에서는 1945년 광복 이전까지 다루고 있는데, 여기서는 프로문학은 제외하고 목록화 함.

주요섭: 인력거군, 살인

유진오: 김강사와 T교수, 창랑정기, 시정, 나비, 주붕

이효석: 돈, 산, 들, 분녀, 개살구, 장미 병들다

채만식: 레디메이드 인생, 인테리와 빈대떡, 소망, 예수나 믿었더면, 치숙, 천하태평춘, 탁류

이태준: 달밤, 까마귀, 복덕방, 돌다리

박태원: 구보일기,[16] 천변풍경, 골목길

이상: 날개, 종생기

이무영: 제일장 제일과, 흙을 그리는 마음, 흙의 노예

박영준: 목화씨 뿌릴 때, 모범 경작생

계용묵: 백치아다다, 유앵기, 청춘도

김유정: 소나기, 노다지, 금따는 콩밭, 산골, 동백꽃

백신애: 정조원

최정희: 흉가, 인맥, 지맥

장덕조: 해바라기, 자장가

김동리: 바위, 무녀도, 화랑의 후예, 산화

정비석: 졸곡제, 성황당

오영수: 밤, 해면, 범주

황순원: 별, 그들, 늪

곽하신: 실낙원

최태응: 항구, 바보 용칠이

임옥인: 후처기, 전처기

16 「소설가 구보씨의 일일」을 가리키는 것으로 보임.

(6) 현대한국문학사(박영희, 사상계, 1958.4~1959.4)

이광수: 무정, 윤광호, 어린 벗에게, 혁명가의 아내

김동인: 약한 자의 슬픔, 배따라기, 감자

염상섭: 표본실의 청개구리, 제야, 만세전, 윤전기

현진건: 빈처, 타락자, 불

나도향: 젊은이의 시절, 환희, 물레방아, 벙어리 삼룡이, 지형근

전영택: 천재? 천치?, 바람부는 저녁, 화수분, 흰닭

최서해: 홍염

유진오: 구직자, 여직공

이효석: 노령근해, 행진곡

(7) 한국문화사대계/언어 · 문학사(하)(고대민족문화연구소, 1967)[17]

(8) 한국현대소설사(김우종, 선명문화사, 1968)

이광수: 무정, 헌신자, 어린 희생

김동인: 감자, 명문, 광화사, 광염소나타, 배따라기, 붉은 산

염상섭: 표본실의 청개구리, 만세전, 임종, 두파산

현진건: 빈처, 술권하는 사회, 타락자, 운수좋은 날, 불, 사립정신병원장, 고향

전영택: 화수분, 흰닭

나도향: 환희, 17원50전, 물레방아, 뽕, 벙어리 삼룡이

---

17 이 언어 · 문학사는 광복 이후 간행된 최초의 공동연구물로 주목되는데, '소설발달사'가 신소설까지만 기술되어 있다. 이 시기까지만 해도 일제 강점기와 그 이후 소설사에 대한 연구 현황을 짐작할 수 있는 대목이다. 이런 상황에서 국어 교과서를 편찬하고 수록 작품을 결정하는 과정에서 어떤 요인들이 작용했을지를 판단해 봐야 하는 것이 이 논의의 한 맥락이다.

주요섭: 사랑손님과 어머니
이태준: 영월영감, 복덕방, 불우선생
이효석: 메밀꽃 필 무렵, 돈, 들, 분녀
유진오: 김강사와 T교수
이무영: 흙의 노예, 도전
박영준: 목화씨 뿌릴 때
김유정: 동백꽃, 산골나그네
최정희: 인맥, 천맥, 지맥
이 상: 날개, 봉별기
김동리: 산화, 바위, 무녀도
박태원: 소설가 구보씨의 일일
심 훈: 상록수
계용묵: 백치아다다
채만식: 탁류, 태평천하

(9) 한국현대문학사(조연현, 성문각, 1969)
이광수: 무정, 흙, 재생, 사랑, 유정
염상섭: 표본실의 청개구리, 암야, 제야, 만세전, 취우, 임종, 두 파산
김동인: 감자, 명문, 배따라기, 광화사, 광염소나타, 발가락이 닮았다, 김연실전, 운현궁의 봄, 붉은 산
현진건: 빈처, 술 권하는 사회, 희생화, 타락자, 할머니의 죽음, 운수 좋은 날, 불, B사감과 러브레터
나도향: 물레방아, 뽕, 벙어리 삼룡이
최서해: 기아와 살육
전영택: 천치냐 천재냐, 흰닭, 화수분
주요섭: 사랑방 손님과 어머니

이 상: 날개, 봉별기, 종생기
박태원: 천변풍경
김동리: 화랑의 후에, 황토기, 무녀도
황순원: 별

3) 대학 교양국어 교재

다음으로는 그동안 정전과 관련된 논의에서 하나의 원천 자료로서 전혀 언급이 되지 않았던 대학의 교양국어 교재의 '선택' 양상을 살펴보기로 한다.

대학의 교양국어 교재는 1950년대 중반부터 공간되기 시작했으며 1960년대 말까지 대부부분의 대학에서 초간 또는 속간 등이 편찬되었다. 대학의 교양국어 교재 외에 교양 문학 강좌를 위한 일종의 '문학 선집' 등이 있다.[18]

필자가 수집한 주요 대학 교양 국어교재 및 문학 교재에 선택된 소설을 보면 다음과 같다.[19]

(1) 대학 국문선(서울대교양교재출판위, 1954, 을유문화사)
귀의 성, 무정, 두 파산, 메밀꽃 필 무렵, 날개, 귀환장정

18 대학 교양국어 교재 중에는 편찬자가 대학이 아닌 학회나 문학 단체인 경우도 있다. 여기에는 학회에서 편찬한 경우도 포함했다. 대학 교양교육용 문학 교재의 경우 해당 시기에 발간된 것 중 현재 확인 가능한 것은 다 포함했다.

19 같은 대학에서 편찬된 교재로 편찬년도가 1~3년 사이라도 내용 체계나 수록 작품이 반 이상 교체된 경우는 다른 출처로 상정했다.

(2) 연희대학교 대학국어(1955)[20]

금반지, 윤씨의 죽음, 해당화 피는 언덕

(3) 교양국문선(이화여대출판부, 1955)

임종, 봄·봄, 메밀꽃 필 무렵, 송미망인(이무영)

(4) 대학국어(양재연·김민수, 1955, 영화출판사)

흙, 우정, 양과자 갑

(5) 고려대학교 대학교양국어(1956)[21]

귀의 성, 무정, 배따라기, 검사국대합실, 다정불심, B사감과 러브레타, 모밀꽃 필 무렵, 모색, 황토기, 솔메 마을에 생긴 일,

(6) 연세대학교 대학국어(1957)

두 파산, 빈처, 황제, 물매미, 무서운 웃음

(7) 국어국문학회 표준대학국어(1958)

추월색, 감자, 운수좋은날, 두 파산, 수탉, 바위, 소나기, 달팽이

(8) 고려대학교 대학교양 국어(1958)

귀의 성, 감자, 수탉, 바위, 표본실의 청개구리, B사감과 러브레타

---

20 편찬책임자는 최현배로 제시되어 있다. 문학작품은 다양한 양식의 글쓰기에 따른 예문들(뒷편에 따로 모아 놓음)로 제시되어 있다.

21 거의 유일하게 편찬위원을 밝히고 있다. 편찬위원은 구자균, 조지훈, 박성의, 김민수 등이다.

(9) 국어국문학회 표준대학국어(1959)

배따라기, 전황당인보기, 운수좋은날, 푸른 하늘, 메밀꽃 필 무렵, 퇴색된 훈장

(10) 이화여자대학교 〈교양국어〉(1960)

혈의 누, 감자, 메밀 꽃 필 무렵

(11) 대학국문선(서울대교양과교재출판위, 1962, 을유문화사)

광화사, 메밀꽃 필 무렵, 백치 아다다, 날개, 소나기, 무서운 웃음, 사수

(12) 고려대학교 대학 교양국어(1962)

감자, 수탉, 동백꽃, 표본실의 청개구리, B사감과 러브레타, 금당벽화

(13) 연세대학교 대학국어(1962)

두 파산, 빈처, 황제, 물매미, 무서운 웃음, 춘향의 수난

(14) 연세대학교 대학국어(1963)

두 파산, 배따라기, 운수좋은 날, 메밀꽃 필 무렵, 벽화, 바위, 소나기, 체취

(15) 서울대학교 대학국어(1964)

봄의 노래, 메밀꽃 필 무렵, 꺼삐딴 리

(16) 건국대학교 대학국어(1965)

메밀꽃 필 무렵, 전처기, 감자, 귀의 성

(17) 이화여자대학교 교양 한국어(1966)

감자, 메밀꽃 필 무렵, 날개

(18) 서울대학교 대학국어(1967)

감자, 메밀꽃 필 무렵, 무정, 운수 좋은 날, 동백꽃, 학, 사수

(19) 경희대학교 대학국어(1967)

붉은 산, 일대의 유업, 운수 좋은 날, 사랑 손님과 어머니, 메밀 꽃 필 무렵, 그늘, 제3인간형, 아들들

(20) 대학국문선(박종원, 강한영, 김남조, 1961, 신고전사)

감자, 들, 동백꽃, 학, 밀회, 후처기, 바비도

(21) 최신 대학국어(대학교재연구회 편, 정음사, 1963)

할멈, 배따라기, 운수좋은 날, 백치 아다다, 메밀꽃 필 무렵, 소나기, 날개

3. 교과서 소설과 대학 교양국어 교재의 상관성

1) 범주별 외적 선택 양상의 비교

앞장에서 각 범주별로 소설들의 '선택' 양상을 살펴보았다. 여기서는 각 범주별로 '선택'의 빈도가 높은 작품들을 비교 검토해 보기로 한다. 우선 높은 빈도수를 보이는 작품들 순으로 표로 정리해 보기로 한다.

[표 4] 국정 국어교과서의 선택 양상

<table>
<tr><th>빈도수</th><th>작품</th><th>빈도수</th><th>작품</th></tr>
<tr><td>6</td><td>상록수
소나기</td><td rowspan="3">2</td><td rowspan="3">흰 종이수염
학마을 사람들
조국
등신불
금당벽화</td></tr>
<tr><td>4</td><td>요람기</td></tr>
<tr><td>3</td><td>삼대
사랑손님과 어머니</td></tr>
<tr><td>1</td><td colspan="3">강아지똥 / 광장 / 그 여자네 집 / 기억속의 들꽃 / 난장이가 쏘아올린 작은 공 / 눈길 / 동백꽃 / 메밀꽃 필 무렵 / 메아리 / 무지개 / 벙어리삼룡이 / 봄봄 / 빈처 / 선학동나그네 / 소설 동의보감 / 숨쉬는 영정 / 오발탄 / 옥상의 민들레꽃 / 왕치와 소새와 개미와 / 우리들의 일그러진 영웅 / 운수좋은 날 / 원미동사람들 / 장마 / 천변풍경 / 토지 / 학 / 혼불 / 화랑의 후예</td></tr>
</table>

[표 5] 문학교과서의 선택 양상 (5~7차교육과정기 검인정 교과서)

<table>
<tr><th>빈도수</th><th>작품</th><th>빈도수</th><th>작품</th></tr>
<tr><td>39</td><td>광장</td><td>13</td><td>소설가 구보씨의 일일 / 무진기행 / 금수회의록</td></tr>
<tr><td>30</td><td>무정 / 메밀꽃 필 무렵</td><td>10</td><td>치숙, / 서울, 1964년 겨울 / 봄봄 / 비오는 날</td></tr>
<tr><td>24</td><td>동백꽃</td><td>9</td><td>혈의 누</td></tr>
<tr><td>20</td><td>운수좋은 날</td><td>8</td><td>홍염 / 학</td></tr>
<tr><td>19</td><td>만세전</td><td>7</td><td>배따라기</td></tr>
<tr><td>18</td><td>고향(현진건)</td><td>6</td><td>사랑손님과 어머니</td></tr>
<tr><td>17</td><td>태평천하</td><td>5</td><td>붉은 산 / 목넘이 마을의 개</td></tr>
<tr><td>16</td><td>역마 / 수난 이대 / 날개 / 난장이가 쏘아올린 작은 공</td><td>4</td><td>토지 / 탁류 / 유예 / 사평역 / 논이야기 / 모래톱이야기</td></tr>
<tr><td>14</td><td>삼포가는 길 / 무녀도 / 꺼삐딴 리</td><td>3</td><td>잉여인간 / 외딴방 / 삼대 / 불꽃 / 미스터 방 / 두 파산 / 나마스테</td></tr>
<tr><td>2</td><td colspan="3">관촌수필 / 남한산성 / 당신들의 천국 / 별 /병신과 머저리 /복덕방 /비오는 날에는 가리봉에 가야 한다 / 사하촌 / 역사 / 오발탄 / 유년의 뜰 /자전거 도둑 / 줄 / 출라체 / 타인의 방 / 화수분 / 황만근은 이렇게 말했다 / 흐르는 북</td></tr>
</table>

이들 교과서 선택 양상에 이어 문학사(소설사)에서의 선택 양상을 순위별로 표로 정리해 보았다.

[표 6] 초기 문학사(소설사)의 선택 양상

<table>
<tr><th>선택
빈도</th><th>작품(수록 출처 번호)</th><th>선택
빈도</th><th>작품(수록 출처 번호)</th></tr>
<tr><td>6</td><td>무정(1,2,5,6,8,9)</td><td rowspan="4">2</td><td rowspan="4">B사감과 러브레터(1,9)
골목길(3,5) / 광염소나타(8,9) / 광화사(8,9) / 나비(3,5) / 돈(5,8) / 동백꽃(5,8) / 두 파산(8,9) / 들(5,8) / 명문(8,9) / 목화씨 뿌릴 때(5,8) / 무명(1,2) / 바람부는 저녁(1,6) / 바보용칠이(3,5) / 발가락이 닮았다(5,9) / 백치아다다(5,8) 별(5,9) / 복덕방(5,8) / 봉별기(8,9) / 분녀(5,8) / 사랑손님과 어머니(8,9) / 사립정신병원장(1,8) / 산화(5,8) / 성황당(3,5) / 소설가 구보씨의 일일(5,8) / 술 권하는 사회(8,9) / 여직공(3,6) / 인맥(5,8) / 임종(8,9) / 전처기(3,5) / 종생기(5,9) / 주붕(3,5) / 지맥(5,8) / 화랑의 후예(5,9) / 황토기3,(9) / 후처기(3,5) / 홁(1,9) / 흙의 노예(5,8)</td></tr>
<tr><td>5</td><td>감자(1,5,6,8,9) /만세전(1,5,6,8,9)
배따라기(1,5,6,8,9)
벙어리 삼룡이(1,5,6,8,9)
불(1,5,6,8,9) / 빈처(1,5,6,8,9)
표본실의 청개구리(1,5,6,8,9)
화수분(1,5,6,8,9) /흰닭(1,5,6,8,9)</td></tr>
<tr><td>4</td><td>무녀도(3,5,8,9)
물레방아(1,5,6,8) / 뽕(1,5,8,9)
운수좋은 날(1,5,8,9)
타락자(1,6,8,9,)</td></tr>
<tr><td>3</td><td>김강사와 T교수(3,5,8)
날개(5,8,9) / 바위(3,5,8),
붉은 산(5,8,9)
약한 자의 슬픔(1,5,6)
어린 벗에게(4,5,6)
제야(1,6,9) / 천변풍경(3,5,9)
천치?천재(5,6,9) / 탁류(3,5,8)
환희(1,6,8)/할머니의 죽음(1,5,9)</td></tr>
<tr><td>1</td><td colspan="3">17원50전(8) / 가을(3) / 개살구(5) / 개척자(2) / 견우화(1) / 고향(8) 구직자(6) / 그들(5) / 금따는 콩밭(5) / 금반지(1) / 기아와 살육(9) 김연실전(9) / 까마귀(5) / 꿈 묻는 날 밤(5) / 노다지(5) / 노령근해(6) 늪(5) / 달밤(5) / 도전(8) / 돌다리(5) / 레디메이드 인생(5) / 무영탑(5) 메밀꽃 필 무렵(8) / 모범 경작생(5) / 박돌의 죽음(5) / 밤(5) / 밤길(3) 밥(5) / 범주(5) / 봄(3) / 불우선생(8) / 사랑(9) / 산(5) / 산골(5) 산골나그네(8) / 산신령(3) / 살인(5) / 삼대(5) / 상록수(8) / 소나기(5) 소망(5) / 소복(3) / 시정(5) / 실낙원(5) / 암야(9) / 어린 희생(8) 여이발사(1) / 영월영감(8) / 예수나 믿었더면(5) / 외교원과 전도부인(1) 운현궁의 봄(9) / 월하취적도(3) / 유앵기(5) / 유정(9) / 윤광호(6)</td></tr>
</table>

	윤전기(6) / 음우(3) / 인력거군(5) / 인테리와 빈대떡(5) / 자장가(5) 장미 병들다(5) / 재생(9) / 젊은이의 시절(6) / 정조원(5) / 제신제(3), 제일장 제일과(5) / 조그만 일(5) / 졸곡제(5) / 지새는 안개(5) / 지형근(6) 창랑정기(5) / 천맥(8) / 천하태평춘(5) / 청춘도(5) / 취우(9) / 치숙(5) 칠면조(5) / 큰물 진 뒤(5) / 탈출기(5) / 태평천하(8) / 태형(1) / 패강냉(3) / 항구(5) / 해면(5) / 해바라기(5) / 행진곡(6) / 헌신자(8) / 혁명가의 아내(6) / 홍염(6) / 흉가(5) / 흙을 그리는 마음(5) / 희생화(9),

* 위 표에서 괄호 안의 숫자는 앞서 제시한 문학사 또는 소설사의 일련 번호임.

다음은 대학 교양 국어 및 문학 교재의 선택 빈도수를 정리해 보기로 한다.

[표 6] 대학 교재의 선택 양상

빈도	작품	빈도	작품
13	메밀 꽃 필 무렵	3	B사감과 러브레터 귀의 성 / 동백꽃 / 무서운 웃음 / 무정/ 바위 / 수탉
8	감자		
6	운수 좋은 날 / 날개	2	물매미 / 백치 아다다, 빈처 / 사수 / 표본실의 청개구리 학 / 황제
4	두 파산 배따라기 / 소나기		
1	검사국대합실 / 광화사 / 그늘 / 금당벽화 / 금반지 / 꺼삐딴 리 / 다정불심 / 달팽이 / 들 / 모색 / 밀회 / 바비도 / 벽화 / 봄 · 봄 / 봄의 노래 / 붉은 산 / 사랑손님과 어머니 / 솔메 마을에 생긴 일 / 송미망인(이무영) 아들들 / 양과자 갑 / 우정 / 윤씨의 죽음 / 일대의 유업 / 임종 / 전처기 / 전황당인보기 / 제3인간형 / 체취 / 추월색 / 춘향의 수난 / 퇴색된 훈장 / 푸른 하늘 / 할멈 / 해당화 피는 언덕 / 혈의 누 / 황토기 / 후처기 / 흙		

2) 범주별 상관성의 양상

앞에서 표로 정리해 본 선택의 양상을 중심으로 상관성을 검토해 보기로 한다. 먼저 교과서의 주요 선택 소설들이 문학사(소설사) 및 대학 교양 교재와 어떤 양상으로 비교·대조되는지를 살펴보자.

국정 국어 교과서에서 가장 높은 빈도를 보인 소설은 「상록수」「소나기」이다. 이 두 소설은 7차에 걸친 교과서 속에서 한 차례씩을 제외하고는 모두 실린 작품이다. 그런데 이 두 소설은 문학사나 소설사에서는 매우 낮은 빈도를 보인다. 초기 교육과정기 즉 3차 교육과정기 이전의 교육과정기까지 발간된 9종의 문학사나 소설사에서 최소한의 비평적 정보를 통해 기술 대상이 된 것은 각 1종에서이다. 즉 문학사나 소설사에서는 거의 주목을 받지 못했거나 평가의 대상의 되지 않았던 작품이다.

그런데 이 두 소설이 대학 교재에서 선택된 양상은 다르게 나타난다. 「상록수」는 역시 대학 교재에서도 다루어지지 않았지만 「소나기」는 높은 빈도수를 보인다. 4종의 교재에서 선택되고 있다. 이를 다른 말로 하면 「소나기」는 대학 교재를 통해 발굴되어 평가되기 시작한 셈이다. 작품 발표 연대가 1953년이니 약 5년 뒤쯤 대학교재를 통해 '선택'의 가치를 인정받게 되고 다시 5년 후에 국어 교과서에 수록된 뒤 7차까지 빠짐없이 수록되게 된다. 작품 발표 연대와 교과서 최초 수록 연도 사이의 간극이 가장 적은 경우에 해당한다.

「요람기」의 경우는 1967년 작품으로 1973년 교과서에 처음 수록되어 4차례에 걸쳐 수록되는 이례적인 작품이다. 이 작품이 소설로서의 함량을 지니고 있느냐 하는 문제가 제기되기도 했지만 교과서에서는 소설로 못 박고 있다. 이 작품은 문학사나 소설사에서는 거의 모습을 찾아보기 어려운 작품으로 전형적인 '교과서용 소설'이라 할 수 있다. 「상록수」와 마찬가지로 교과서에 수록되는데 따른 여러 금기 사항에 저촉되지 않는 작품이기 때문이다.[22]

22 「상록수」는 교과서에 실리면서 '뽕나무밭 아이들'이라는 이름으로 실리기도 했

다음으로 높은 빈도를 보이는 「삼대」와 「사랑손님과 어머니」는 문학사와 소설사, 대학 교재에서는 낮은 빈도로 나타난 작품들이다. 이 두 작품은 5차 이후 연속적으로 실리게 되는데 전자는 1970년대 이후의 적극적인 문학사적 평가에 기대고 있으며, 후자의 경우는 문학교육에서 이론을 설명하는데 적절한 사례로 인정받으며 교과서에 등장하기 시작하는 것으로 판단된다.[23]

그 다음 빈도를 보이는 「흰 종이수염」이나 「학마을 사람들」「조국」「등신불」「금당벽화」등은 전쟁과 민족·조국애가 표면적 주제로 설정된 경우이다. 이들 역시 교과서가 지니는 특성 상 교육과정의 목표가 강하게 반영된 것이라 할 수 있다. 주목되는 것은 「금당벽화」와 같은 경우이다. 이 작품은 이전이나 이후 소설사에서 언급되지 않고 있는 작품으로 1962년판 고려대학교 교양국어 교재에 처음 실려 알려지게 된 작품이다. 그 맥락은 작가가 해당 대학에 재직하고 있었다는 점과 무관하지 않은 것으로 판단된다.[24] 그런 특수한 상황에 놓여있던 작품들이 그 상황과는 무관했던 교과서에서도 실리게 된다는 것은 교과서가 대학 교재의 영향을 받고 있었음을 말해주는 중요한 단서가 된다. 즉 교과서에서의 작품 선택과 대학 교재의 연관성을 보여주는 것이라

다. 아이들이 우리말을 배우는 장면에 집중되어 있고 이는 교육적 측면에서 매우 유리한 측면이기에 가능했을 것이다. 「요람기」 역시 농촌생활의 '긍정적 정서'라는 점에서 높은 교육적 평가가 가능하다고 본다. 이와 관련해서 필자는 우리 국어 교과서의 역사를 '금기의 역사'로 보기도 한다. 이데올로기, 성 등의 금기 등이 복합적으로 작용하면서 교과서에 수록될 수 있는 작품은 매우 한정적으로 되었기 때문이다. 이에 대해서는 앞장 00쪽 참조.

23 「사랑손님과 어머니」의 경우를 정전과 구분해서 예전(例典)으로 부를 수 있을 것이다. 특히 이 작품은 '시점'을 설명하는데 좋은 사례로 수록의 근거가 마련되기도 한다.

24 전광용의 「꺼삐딴 리」나 「사수」가 서울대학교 교재에 실린 것과 같은 맥락일 것으로 판단된다.

생각된다.

국정 교과서에 이어 〈문학〉 교과서의 경우를 살펴보기로 하자. 가장 주목되는 작품은 「메밀꽃 필 무렵」이다. 이 작품은 발표 이후 60년대까지 발간된 문학사나 소설사에서 거의 언급이 되지 않았던 작품이다. 1968년에 간행된 김우종의 『한국현대소설사』에서 비로소 의미있는 언급이 이루어지고 있을 뿐이다. 그런데 60년대까지 간행된 대학 교재에서는 가장 높은 빈도를 보이는 작품으로 등장하고 있다. 대부분의 교재에서 등장한다는 것은 대학 교재들이 교육적 측면에서 새로운 제재의 발굴에 적극 나섰음을 의미하고 이 맥락은 국어교과서 편찬과도 일맥상통하는 것이기에 그 연관성을 설정할 수 있다. 결과적으로 이 작품은 「소나기」와 더불어 대학 교양교재가 교과서에 제공한 가장 중요한 작품이라 할 수 있다.

「메밀꽃 필 무렵」을 필두로 『문학』교과서와 대학 교재에 실린 선택 작품들의 양상은 매우 유사하다. 「무정」「운수좋은 날」「두 파산」「동백꽃」등 교과서의 상위 빈도 작품들은 그 연관성이 두드러져 나타난다. 뒤의 두 작품은 역시 문학사나 소설사에서는 그 비중이 낮게 드러나기에 그 연관성을 설명하기에 수월한 작품들이다. 「무정」이나 「운수좋은 날」은 문학사와 소설사에서도 비중있게 다루어지고 있기에 대학 교재와의 지배적 연관성을 말하기는 어렵다. 그러나 앞의 표들에서 살펴 볼 수 있듯이 교과서에서 지배적인 위치를 차지하고 있는 작품들의 상당수를 대학 교재에서 발굴해 제시한 측면이 분명하다는 점에서 두 범주의 연관성은 매우 유의미하다고 할 수 있을 것이다.

3) 상관성의 의미

그동안 정전에 대한 논의는 문학교육 분야에서 집중적으로 이루어져 왔다. 그것은 일차적으로 '교과서'라는 분명하고도 영향력 있는 실체가 존재하기 때문일 것이다. 즉 정전이라는 것은 수많은 문학적 생산물들 가운데 '선택'되는 것인데 그 선택의 결과가 나타나는 가장 확실한 장이 교과서이기 때문이다. 논의의 대상이 분명하게 존재한다는 점에서 문학교육에서의 정전 논의가 중심을 이룰 수밖에 없었던 셈이다.

그간의 문학교육에서 정전에 대한 논의는 정전의 필요성과 의미를 강조하고 긍정하는 쪽보다는 비판적인 태도를 취하는 쪽의 목소리가 상대적으로 높았던 것으로 판단된다. 후자의 핵심 주장은 대체로 교과서에서 정전으로 자리잡고 있는 작품들이 지배 권력 또는 헤게모니 집단의 이데올로기를 유지하거나 강화하는 수단이 되어 왔다는 것으로 요약할 수 있다.[25]

그런데 이러한 연구사들을 검토하면서 대부분의 정전들이 대체로 집단적인 것으로 다루어지고 있거나 추상적인 접근방식을 통해 다루어지고 있는 것은 아닌가하는 의문을 갖게 된다. 즉 교과서에 실린 작품들을 '순수문학' '민족주의 문학' 등의 집단적 범주로 분류하고 그것들을 포괄적으로 다루면서 그 기능과 역할에 대해 비판적인 입장을 취하고 있다. 또한 막연하게 그 작품들이 '반공'과 같은 이데올로기를 주입하는데 기여했을 것이라는 식의 추상적인 판단을 주로 내리고 있다. 물론 한 작품이 독자들에게 어떤 작용을 할 수 있는지에 대해서는 추상적인 판단을 할 수 밖에는 없다. 그렇지만 그러한 판단을 내리기 위해서는 최소한의 근거는 확보해야 하리라 본다.[26]

---

25 이와 같은 맥락을 보여주는 대표적인 업적으로 다음을 들 수 있다.
정재찬, 앞의 책, 2003.
강진호 외, 『국어교과서와 국가 이데올로기』, 글누림, 2007.

26 문학교육 분야에서의 정전에 대한 논의는 다음 책에 집약되어 있다. 이 책에는 12편의 논문이 실려 있으며 문학교육과 정전에 대한 구체적인 논의들을 담고

그 근거 중의 가장 기본이 되는 것은 그 형성과정에 대한 탐색일 것이다. 형성과정에 대한 논의가 없이 작품의 내용적인 측면만 고려하여 추상적이고 비판적인 맥락으로만 접근해 간다면 문학교육의 문제는 여전히 남게 되는 것이다. 초기 교과서 편찬자들에게 '제재 선택'의 문제는 어떤 양상으로 나타나고 있었는지, 그 해결 방안은 무엇이었는지를 판단하거나 파악하지 않고서는 문학교육의 문제를 해결해 나가는 것은 쉽지 않을 것이다. 문학교육의 현장에서 중핵은 교과서이지만 교과서 편찬 과정에서 부딪히는 다양한 제어요소들은 여전하다고 믿기 때문이다.

대학의 교양교재는 당대적인 의미에서 문학교육에 대한 일종의 방향제시로서의 역할을 충실히 했을 것으로 판단된다. 목표에 따른 제재의 선택과 활용 방향, 사적 평가와 효용성 사이의 접합이 이루어지는 양상을 보여주고 있으며, 국어 및 문학적 소양의 함양이라는 지향성을 분명히 하고 있기 때문이다. 해당 제재가 실린 단원의 제목이나 드물기는 하지만 연습문제, 생각할 문제 등의 활동 제시를 통해 그런 양상들의 근거를 찾을 수 있다.

정전 형성의 원천으로서의 대학교양교재에 대한 접근의 결과는 우선 두 가지 측면에서 정리할 수 있다. 첫째는 작품 선정의 기준에 특수한 맥락과 보편적 맥락이 동시에 작용하고 있다는 점이다. 특수한 맥락은 해당 대학교재의 편찬기관의 목표의식이 토대를 이루고 있다는 것을 말한다. 즉 해당 대학의 지향적 성격이나 편찬위원회의 가치관이 분명하게 작용하고 있다는 것이다. '민족정기'나 '순수한 우리말 사용' 등의 목표 개념[27]이 그 예가 된다. 보편적 맥락은 문학에 대한

있다. 그러나 이 글에서 제시한 문제제기와 같은 맥락은 찾아보기 어렵다. 한국문학교육학회 엮음, 『정전』(문학교육총서2), 역락, 2010.

평가의 범주에서 일반적으로 작용하는 관점이나 기준 등을 의미하는데 대체적으로 우리 문학사의 특수성을 반영하여 민족문학사적 의미나 근대문학사적 의미가 강조되는 것으로 보인다. 그렇다고 특수한 맥락과 보편적 맥락이 서로 상충하는 것으로 보이지는 않는다.

둘째는 교육적 효용이나 교양이라는 선정 기준이 명확한 근거가 없이 추상적인 차원에 머물고 있으나, 그렇다고 작품들의 독자에 대한 작용 양상에 대한 부정으로는 보이지 않는다는 것이다. 특히 대학생이라는 독자들에게 필요한 영향 요소들을 분명히 제시하고 있다는 점에서 정전으로서의 속성을 찾아볼 수 있다. 대학인으로서의 자아 성장과 사회생활을 영위하는데 필요한 요소들을 지니고 있을 것을 상정하고 있는데 이는 우리 문학 정전의 대표적인 범주인 교육정전의 형성에 기여하는 바가 클 수밖에 없음을 의미한다. 대학교양교재의 수록 작품이 교과서 정전 형성에 영향을 미치게 되는 과정에는 바로 이러한 요인들이 작용한 것으로 판단된다.[28]

---

27 각 교재에서 '머리말'이나 '일러두기' 등을 통해 제시하고 있는 용어들이다.

28 초기 교과서 편찬자들이 학연에 기대는 양상은 당시로서는 문학이론이나 문학비평의 중요한 매개체가 된 중고등학교 참고서를 통해 확인해 볼 수 있다. 다음은 그 대표적인 책으로, 이 참고서는 대학 교수가 감수를 하고 대학원에 적을 둔 현장 교사들이 집필자로 되어 있다. 해당 내용들 중 상당 부분은 대학의 교양교재류(교양교재 및 국문학개론 류)에서 가져온 것들도 많음이 확인된다. 또한 교과서나 대학 교재에 처음 실린 작품들의 비평적 접근이 처음으로 이루어지는 매체이기도 했다. 그 대표적인 경우가 「소나기」와 「메밀꽃 필 무렵」에 대한 최초의 비평적 접근인 '이해와 감상의 길잡이'는 현재까지 필자가 확인한 바로는 이 책이 처음이다.
세운문화사 편집부, 『일류 고등국어』, 세운문화사, 1975.

문학교육과정의 대안과 제언

1. 문제제기

2007. 2009. 2011.

국어교육계에 점점 짧은 주기로 '쓰나미'처럼 밀어닥치는, 교육과정 개정이라는 과제가 주어지고 있다. 한정된 시간 – 불만족 개정 – 개정의 빌미'가 반복될 조짐이 보이고 연구자들 스스로가 '2~3년 짜리'라는 자조적인 태도도 보이는 양상이다. 이런 상황에서 무수한 문학교육과정 논의에, 정확히는 '국어과 교육과정 내에서의 문학 영역의 교육' 논의에 하나의 안을 보탠다는 일이 어떤 의미를 지닐까라는 회의론이 드는 것도 사실이다. 그럼에도 불구하고 실천적인 작업에 혹 도움이 될 수 있지 않을까 라는 소박한 믿음에 바탕을 두고 몇 가지 제안을 해보고자 한다.

필자에게 주어진 과제는 '문학교육과정의 대안'이지만 '대안'이 주는 중압감을 쉬 벗어던질 수 없다. 특히 이 글을 발표할 당시에 진행 중이던 교육과정 개정 작업에 참여하고 있었던 입장에서 공유가 된 내용들을 피해가야 한다는 점이 논의를 더디고 성글게 이끄는 요인이 되었다는 점을 밝혀둔다.

필자는 기본적으로 교육과정 교육 현장의 다양한 교수-학습 활동의 '제어자'가 아니라 그 활동을 활성화하고 구체화할 수 있는 '조력자'가 되어야 한다는 입장을 지니고 있다. 그래서 교육현장의 구성원들이 교육과정을 해석하고 이해하는데 많은 노력을 기울이지 않고도, 교육의 방향을 설정하고 수업 전략을 구상하는데 수월할 수 있도록 조력하는 역할을 수행할 수 있도록 구안하고 기술되어야 한다고 본다.

특히 문학교육의 경우에는 교사의 입장에서 자신의 교육내용을 체계적으로 구안하고 실제화하여 운영할 수 있는 여지를 충분히 제공할 수 있도록 하려면 보다 실천적이고 확정적인 요소들을 통해 기술되어야 할 것이다.

2. 前史의 검토 - 溫故知新

필자가 논의의 출발점으로 삼고자 했던 것은 기왕의 교육과정 논의들을 생산적으로 수용하고 재생산하는 일이었다. 교육을 바라보는 관점이나 방법에 대한 접근 통로, 교육 내용의 설정 등은 특정 개인이나 소수 집단의 창조적 산물이 아니라 최소한의 사회적 산물이라고 보는 입장에 기반을 둔 출발점이다.

앞선 시기 교육과정을 '극복하거나 변개해야 할 대상'으로 보는 것이 아니라 '계승하거나 보완할 대상'으로 보고자 하는 일이 보다 생산적이라 본 때문이다. 교육과정에 담긴 요소나 항목들에 담긴 이전 시기 사회 구성원들의 지혜를 전승하는 일도 새로운 교육과정 설계의 주요한 몫의 하나로 보자는 입장이다. '문화를 창조적으로 계승하자'는, 변하지 않았던 목표에도 실제적으로 부합하는 일일 것이다. 교육과정이라는 제도적 속성을 지닌 실체 자체가 문화의 한 양상일 것이며 당대 구성원들의 삶에 분명한 영향을 미친 작용태이기 때문이다.

이런 측면에서 다시 살펴 본 기존의 국어과 교육과정 내의 문학 영역 관련 내용에서 '항수(恒數)'와 '변수(變數)'로 볼 수 있는 요소들을 추출해 보려 시도해 보았다. 항수로 설정될 수 있는 요인들에 대해서는 적극적인 수용의 태도를, 변수에 대해서는 변용의 태도를 가져보려 하였다.

그 접근 결과 중 항수로 추출해 본 것을 제시해 보면 다음과 같다.

· 문학은 언어생활의 일부이다.

새삼스럽지 않은 기술이지만 이 명제를 항수로 설정할 필요가 있다고 본 것은 4차 교육과정부터 분명한 모습으로 '독립'된 문학 영역의 위상 변화에도 불구하고[1] 그 근저에는 초기 교육과정에서부터 이어져 온 '문학'에 대한 시각, 즉 언어 생활의 구체적 양상에 해당한다는 생

1 4차 교육과정에서의 이러한 변화는 3차 교육과정에서 문학이 외형적으로 드러나지 않았고 그에 따라 읽기 영역에서 구체적인 교육 내용을 설정하기에 어려움이 있었던데 대한 반응으로 볼 수도 있다. 3차 교육과정에서는 목표 진술에서 문학을 제외하고 말하기, 듣기 읽기, 쓰기 중심으로 표 나게 제시하고 있다. 문학은 읽기와 쓰기의 주요 형식 중 일부로 설정되고 있다. 다음은 중학교 국어 교육과정의 내용이다.

·1학년－읽기에서 주요 형식 21개 중 5(설화, 시, 소설, 수필, 극)
－쓰기에서 주요 형식 15 개 중 3(시, 시조, 산문)
·2학년－읽기에서 주요 형식 20개 중 5(설화, 시, 시조, 소설, 수필, 극)
－쓰기에서 주요 형식 17개 중 3(시, 시조, 극)
·3학년－읽기에서 주요 형식 17개 중 5(설화, 시, 시조, 소설, 수필, 극)
－쓰기에서 주요 형식 16개 중 5(시, 시조, 수필, 소설, 극)

고등학교의 경우 같은 양상을 보이지만 고전과 작문 과정이 독립되었다는 점에서 다른 양상을 보인다.

각이 여전히 깔려 있다고 본 때문이다. '말하기' '쓰기' '듣기' '읽기'와는 별개로 언어와 문학을 설정한 것은 교육과정 내 영역의 독립성에 초점을 두었다기보다는 교육적 편의성을 고려한 측면이 강하다고 보고자 하였다.

구체적으로는 1차 교육과정부터 문학은 '언어 소재의 면' '언어 운용의 면'의 하위 항목으로 중요하게 상정되어 왔으며, '문화의 체험과 생산'으로서의 면은 다른 성격의 항목으로 설정되어 왔다. 그래서 '문학'의 독립을 국어과 교육과정 내에서 새로운 설정이 아닌 강화 내지 강조의 맥락에서 받아 들여야 할 것이다.

참고로 1차 교육과정의 중학교 과정(1955)에서 설정된 내 용 중 문학과 관련된 부분을 보이면 다음과 같다.

1. 기초적인 언어 능력

(ㄱ) 언어 소재(素材)의 면(面)

a. 바른 우리말의 발음. b. 문자. c. 어휘. d. 어법. e. 문학

e. 문학

・문학 작품을 바르게 이해한다.

・문학 작품의 여러 가지 종류에 대하여 안다.

(ㄴ) 언어의 운용(運用)의 면

a. 말하는 힘, b. 듣는 힘. c. 쓰는 힘. d. 읽는 힘. e. 감상하는 힘

e. 감상하는 힘

・문학 작품을 바르게 감상한다.

・바른 감상이 그 작품의 이해를 더욱 깊게 할 수 있도록 한다.

3. 언어 문화의 체험과 창조

(ㄱ) 문학 및 예술

a. 시가류, b. 소설류, c. 일기, 전기, 기록, d. 수필류, e. 논설류, f. 희곡 및 극 영화, g. 현대 문학 (세계 문학), h. 고전 문학

a. 시가류

· 운문의 리듬을 알게 된다.

· 문학 작품을 감명 깊게 낭독할 수 있다.

· 시적 표현을 감상한다.

· 자기가 좋아하는 형식으로 시를 짓는다.

· 우리 나라의 대표적 운문을 감상한다.

b. 소설류

· 이야기나 소설의 줄거리를 잡는다.

· 긴 소설을 짧게 요약(要約)하여 본다.

· 이야기나 소설에 작자의 견해가 어떻게 나타났는가를 생각하며 읽는다.

· 문학 작품을 읽고, 독후감(讀後感)을 서로 이야기한다.

· 간단한 창작을 할 수 있다.

· 창작에 흥미를 가지고 개성적인 글을 쓴다.

· 문학은 이해의 영역에 속한다.

지나치게 단순화한 것일 수 있지만 문학은 기본적으로 이해의 대상이며 학습자들이 보다 '주체적으로 이해'해야 하는 대상으로 설정되어 왔다고 본다. 더 구체화한다면 문학은 '읽기' 영역의 대표적 범주로서 작용해 왔는데 문학이 읽기 텍스트로서의 독립성과 지속성을 지니고 있기 때문으로 보았다. 설명문이나 논설문 등의 텍스트가 지닌 종속성과 단속성이 읽기 제재로서는 한계를 지니고 있다는 점을 특정 텍

스트를 제외한 대부분의 비문학 텍스트의 교과서 내 수명을 통해 확인할 수 있다. 따라서 앞서 설명한 대로 문학의 위상이 보다 강화되거나 강조되는 과정에서 독립적인 영역으로 설정될 여지가 발생한 것으로 보는 것이 타당할 것이다.

참고로 2차 국어과 교육과정(1963)에서 '문학'에 대한 접근 양상을 보이면 다음과 같다.

1. 기초적인 언어능력

: 언어소재 ㅁ. 문학

(1) 문학 작품을 바르게 이해한다.

(2) 문학 작품의 여러 가지 종류에 대하여 안다.

(3) 문학 작품을 감상하고 문학적 표현을 할 수 있다.

: 언어운용 ㅁ. 감상하는 힘

(1) 문학 작품을 바르게 감상하여 생활을 관조한다.

(2) 바른 감상으로 그 작품의 이해를 더욱 깊게 한다.

3. 언어문화의 체험과 창조

: (1) 문화 및 예술 * (2) 언어과학

ㄱ. 시가류 ㄴ. 소설류 ㄷ. 일기, 전기, 기록 ㄹ. 수필류 ㅁ. 논설류 ㅂ. 희곡 및 극영화 ㅅ. 현대 문학(세계 문학) ㅇ. 고전 문학

· 문학 교육은 지식의 측면이 강조된다.

1차 교육과정에서도 이미 '지식의 주입을 경계'하고 있지만 문학과 관련된 교육 내용들은 실체가 있는 '이해'와 실체가 불분명한 '감상'으로 분리되고 있으며 이해의 측면은 대체로 지식의 대상으로 성격화된

다. 즉 아무리 감상의 주체적 측면을 중요하게 고려한다 하여도 교과서나 교사를 통해 감상의 요체가 '지식'화 하여 전달되는 현실적 상황에 대한 현실적 인정이 깔려 있다. 위성텍스트로서의 참고서를 존재하게 만든 두 가지 요소가 '일련의 지식'과 '평가 문제'인 점을 통해서도 방증될 것이다.

특히 앞서 설명한, 문학이 지닌 텍스트로서의 독립성과 지속성은 미성숙한 학습자의 입장에서는 거꾸로 설명적이거나 설득적인 텍스트에 비해 접근하기 어려운 것으로 인식되는 요인이 되기도 한다. 독립성과 지속성의 근간이 함축적이며 은유적인 데서 오는 것이다. 그렇게 때문에 '이해와 감상의 길잡이'와 같은 텍스트가 생산되고 그것이 지식으로 작용해 왔는데, 문학의 주체적 수용이라는 당위적인 명제에도 불구하고 현실은 그렇지 않음을 인정해 왔다는 판단이다. 이러한 현실적 상황을 보완하기 위한 장치가 '태도'라는 가치 개념으로 대표되는 요소라 생각된다. 이는 현재에도 여전히 유효하다는 판단이다.

다음에 제시하는 4차 국어과 교육과정(1981)의 교과목표 중 다음과 같은 기술들은 이전까지의 교육과정들에서 언급해 온 '지식'의 요소를 가장 집약적으로 표현한 부분으로 볼 수 있다.

> 국민학교의 교육 성과를 발전시키고, 국어와 민족 문화에 대한 관심을 깊게 한다.
>
> 1) 말과 글을 통하여 생각과 느낌을 효과적으로 표현하고 이해하며, 합리적인 판단력을 기른다.
> 2) 국어에 관한 체계적인 지식을 가지게 한다.
> 3) 문학에 관한 기초적인 지식을 습득시키고, 문학 작품 감상력과 상상력을 기르며, 삶의 다양한 모습을 이해하게 한다.

· **문학은 학습자의 양면적 활동을 필요로 하는 교육적 대상이다.**

이는 문학이라는 양식의 문제와 관련되는 문제인데, 양식적 속성상 받아들이는 일과 만들어 내는 일이 병행될 수 있으며 그래야 한다는 인식은 초기 교육과정부터[2] 지속적으로 드러나고 있다. 일반적인 글 양식의 경우와 달리 문학 양식의 읽고-쓰기라는 활동인 경우 쓰기를 표나게 강조하고 있다는 점은 생산의 대상으로의 문학적 유용성에 대한 인식의 결과로 보인다. 문학을 경험적이고 관습적인 양식으로 보는 것으로 판단하였다. 그런데 결과물의 수준과 범주에 대해서는 교육과정기별로 상당한 편차를 보이고 있다.

참고로 이와 관련된 대표적인 기술 내용인 3차 고등학교 '국어 I'의 목표 중 문학 관련 부분을 보이면 다음과 같다.

> 나. 국어로 표현된 논리와 정서 등을 깊이 이해하게 하여, 사고력, 판단력 및 창의력을 기르고 풍부한 정서와 아름다운 꿈을 가지게 한다.
>
> 라. 국어 국문학의 기초적인 이론 및 각종 형식의 문장을 학습하게 하여, 국어와 국어로 표현된 문화를 사랑하고, 이에 대한 넓은 이해를 가지게 한다.

이와 같은 항수는 매우 상식적이고 지나치게 일반적인 것일 수 있

---

2 1차 교육과정 국민학교 국어과 목표 중에서 다음과 같은 기술을 통해 확인된다. '창작의 힘'을 '지식'을 통해 준다는 구절이 흥미롭다.
: (…전략…) 일상 생활에 필요한 이해와 지식과 감상하는 힘을 증대하여 올바른 국어 생활에의 향상을 꾀하는데 (…중략…) 감상과 창작의 힘도 지식을 통해서 주려 하였다.

다. 그러나 그렇기 때문에 더욱 중요한 요소로 고려되어야 한다는 판단이다. 중요한 것은 그런 상식적인 기술 속에 담긴 핵심에 대한 재검토일 것이다. 다음 장에서 제시할 교육내용 체계는 이런 발상에서 출발하고 있다.

이런 항수와 더불어 고려하게 된 변수로는 '문학교육은 대표성을 지닌 문학 작품을 통해 이루어져야 한다'에서의 대표성－특히 정전[3]에 대한 인식, 목표 및 성취기준의 위계화, 이론과 지식의 체계화 등의 문제는 대표적인 변수이다. 이 변수들에 대해서는 내용체계를 제시하면서 다루게 될 것이다.

3. 선택과목 구조화와 내용 체계 안

필자는 이전 시기의 교육과정을 세밀하게 재분석해보면서 산출해낸 항수와 변수들을 고려하여 필자에게 주어진 과제 해결 방안을 두 가지로 나누어 설계해 보았다. 하나는 선택과목들의 구조화 방안이고 다른 하나는 내용 체계 안이다.

문학교육과정을 설계하면서 선택 과목의 구조화 방안을 생각하게 된 것은 우리 교육과정의 구조 상 선택과목의 교육내용이 공통 교과의 내용 체계로 전이되게 된다는 점을 고려했기 때문이다. 공통 교과에서서는 활동 영역으로 나타나는 말하기, 듣기, 쓰기, 읽기가 선택 교과에서는 과목명으로 존재한다는 점은 우리 교육과정의 독특한 성격이라고 판단된다. 이는 다른 외국의 교육과정에서는 찾아보기 어려

3 정전의 문제를 항수가 아닌 변수로 보게 된 연유는 우리 사회에서 정전에 대한 사회적 합의가 어려웠던 교육외적 상황 때문이다.

운 점이다.

언어 활동 양상이 활동의 영역으로 존재하는 것과 과목으로 존재하는 것은 교과서를 중심으로 학습이 이루어지는 현상과 밀접한 연관을 지닌다. 실라버스 내지는 커리큘럼만 존재하고 교사들이 그에 맞추어 다양한 자료를 선택해서 수업을 진행하는 교육 양상과, 교육과정에 충실하게 제작된 교과서에 의거해 수업을 진행하는 교육 양상은 매우 큰 편차를 가지게 된다.

특정한 교과서가 없이 이루어지는 수업이 교실 환경과 학습자의 변수에 따라 교육내용을 조절해서 수업을 할 수 있는 장점을 지닌다면, 교과서 중심의 수업은 그러한 점을 기대하기 어렵다. 반면 교과서 중심의 수업이 교사나 학생 모두 과정과 목표를 분명히 인지하면서 수업 활동에 참여할 수 있는 장점을 지닌다면 교과서가 없는 수업은 불확정성에 기반을 두기 때문에 목표 설정과 수업 운영에 어려움을 느낄 수가 있다.

필자는 매우 파격적인 제안을 하는 셈인데, 현재와 같이 활동 영역이 하나의 과목으로 존재하면서 교육내용을 확정적인 틀 속으로 이끌어 내는 방식을 벗어나 새로운 방향성을 찾아보는 계기가 되었으면 하는 기대감의 표명으로 인식되기를 희망한다.

언어 활동 영역이 과목으로 존재하게 되면 필연적으로 지식과 이론이 승하게 되며 활동들이 독립적으로 이루어질 것을 요구하는 것과 마찬가지가 된다. 읽기와 쓰기가 매우 밀접하게 연관되며 읽고 말하기, 써서 말하기, 말하기 위해 쓰기 등의 활동이 실제 언어생활에서 훨씬 활성화된 양상임을 고려하면 애써 각 과목 별로 독립적인 성격을 유지하면서 다른 활동 영역과 분리되는 측면이 강화되기에 활동 영역의 과목화에 대한 반성적 접근을 이제는 시도할 때가 아닌가 판단하고 있다.

그래서 필자는 선택 과목들을 파격적으로 '언어 사고 활동'을 중심으로 통합적으로 설계할 필요가 있다고 본다. 물론 현행 과목 체계들을 전면적으로 재구성하는 것은 어려울 것이기에 2009 개정 교육과정에서 시도한 과목 통합의 맥락을 최소한 존중하면서 언어적 사고활동 중심의 통합 방안을 상정해 보았다.

1) 언어적 사고 중심의 선택 과목 구조화 방안

앞서 설명한 바와 같이 필자는 국어 활동 영역을 과목이라는 틀 속으로 제한한 데서 벗어나려는 노력이 필요하다는 판단 아래 아래와 같은 사고 활동 중심의 과목명을 도입하는 방식으로 다음과 같이 선택 과목의 구조화를 시도해 보았다.[4] '국어 사고와 표현'은 '화법과 작문' 과목을 '국어 탐구와 이해'는 '독서와 문법' 과목을, '국어 문화와 창의'는 '문학' 과목을 염두에 둔 것들이다.

우선 전체적인 틀의 내용이다.

국어 사고와 표현	국어 탐구와 이해	국어 문화와 창의
사실적 사고와 표현 · 사실적인 정보 수집하기 · 사실적인 정보 조직하기 · 사실적인 정보 표현하기 · 사실적 사고 활성화 읽기	현상의 탐구와 이해 · 통시적 탐구 · 공시적 탐구 · 구조적 탐구 · 정신적 탐구	말하기와 글쓰기 문화 · 말하기 문화 · 글쓰기 문화 · 문화의 활용 · 문화의 재생산

4 이 방안은 2010년 후반기에 이루어진 한국교육과정평가원의 '2009 개정 교육과정 선택 과목 재구조화 방안 연구'에 공동 연구원으로 참여하면서 제출한 안이다. 참여 연구진과의 과정적 논의의 영향을 받은 것이기에 참여 연구진의 양해를 얻어야 하지만, 현재 진행 중인 교육과정 연구에서 이 안이 배제된 상태이기에 제안자로서 여기에 소개하고 한다. 이와 관련된 논란이 야기될 경우 그 책임은 전적으로 필자에게 있음을 밝히며 참여 연구진의 양해를 바란다.

분석적 사고와 표현 · 내용 분석하기 · 맥락 분석하기 · 분석 내용 표현하기 · 분석적인 사고 활성화 읽기	규범의 탐구와 이해 · 규범적 말하기 · 규범적 글쓰기 · 규범적인 태도 · 규범적인 국어생활	소통의 문화 · 독자의 문화 · 소통 구조 상의 문화 · 현재의 독서 문화 · 미래의 독서 문화
비판적 사고와 표현 · 문제 발견을 위한 비판적 사고 · 문제 해결을 위한 비판적 사고 · 비판적 표현 활동 · 비판적 사고 활성화 읽기	양식의 탐구와 이해 · 양식의 종류와 속성 탐구 · 양식별 생산 원리 탐구 · 양식별 수용 원리 탐구 · 양식에 따른 읽기 과정 탐구	문학 문화의 흐름 · 한국 문학의 개념과 갈래 · 고전 문학의 흐름 · 근대 문학의 흐름 · 현대 문학의 흐름
형상적 사고와 표현 · 형상적 언어 이해하기 · 문학적 발상과 재현 · 형상적 사고의 활용	전략의 탐구와 이해 · 비교·대조·분류·유형화 전략 탐구 · 인과와 과정 분석 전략 탐구 · 정의와 예시 전략 탐구 · 전략 활용 말하기와 글쓰기 활동	문학 문화의 수용 · 시문학의 수용 · 서사문학의 수용 · 극과 교술 문학의 수용 · 수용으로서의 비평적 글쓰기
규범적 사고와 표현 · 언어의 규범성 · 규범의 재인식 · 규범적 표현의 생활화	자기 능력의 탐구와 이해 · 읽기 능력의 탐구 · 말하기 능력의 탐구 · 글쓰기 능력의 탐구	문학 문화의 생산 · 작품의 재생산 · 문학 작품의 창작 · 매체 변용 텍스트 생산

각 섹션별 항목별 구체적인 내용을 밝히면 다음과 같다.

[1. 국어 사고와 표현]: 언어를 통한 사고, 사고를 바탕으로 한 표현

1) 사실적 사고와 표현

· 사실적인 정보 수집하기: 사실적인 정보 수집, 사실적 듣기와 매체별 자료 읽기

· 사실적인 정보 조직하기: 사실적 정보의 판단, 사실적 정보의 재구성 및 조직

· 사실적인 정보 표현하기

–사실적 말하기(대화, 연설, 면접, 발표 등)

–사실적 글쓰기(정보전달을 위한 글쓰기)

· 사실적인 사고 활성화를 위한 읽기

–사실적인 문자 텍스트 읽기

–사실적인 문자 외 매체 텍스트 읽기

2) 분석적 사고와 표현

· 내용 분석하기: 대상의 관찰과 경험 및 속성 부여, 대상의 구조 및 과정 분석

· 맥락 분석하기: 말하기 맥락 분석, 글쓰기 맥락 분석

· 분석 내용 표현하기

–분석적인 말하기(연설, 발표, 협상)

–분석적인 글쓰기(설득적, 학습, 상호작용 글쓰기)

· 분석적인 사고 활성화를 위한 읽기

–분석적인 문자 텍스트 읽기

–분석적인 문자 외 매체 텍스트 읽기

3) 비판적 사고와 표현

· 문제 발견을 위한 비판적 사고: 판단의 기준 세우기, 판단의 근거 구하기

· 문제 해결을 위한 비판적 사고: 대안을 위한 다면적 접근, 대안의 평가와 보완적 접근

· 비판적 표현

–비판적 말하기(대화, 토론, 협상) 공감하며 듣기, 평가하며 듣기, 말하기

– 비판적 글쓰기: 설득적, 상호작용, 비평적 글쓰기(건의문, 칼럼, 보고서)

· 비판적인 사고 활성화를 위한 읽기

– 비판적인 문자 텍스트 읽기

– 비판적인 문자 외 매체 텍스트 읽기

4) 형상적 사고와 표현

· 형상적 언어(figurative language) 이해하기

– 형상적 언어의 효과

– 형상적 언어를 통한 사고의 양상

· 문학적 발상과 재현: 대상 발견하기와 의미화, 재현의 양식별 양상들

· 형상적 사고의 활용: 문학을 활용한 말하기, 문학을 활용한 글쓰기

5) 규범적 사고와 표현

· 언어의 규범성: 사고의 틀로서의 규범, 소통의 틀로서의 규범

· 규범의 재인식: 규범의 필요성, 규범의 효과(뉴미디어 시대)

· 규범적 표현의 생활화: 어법에 맞는 말하기, 문법에 맞는 글쓰기

[2. 국어 탐구와 이해]: 언어 현상의 탐구(관찰과 분석, 설명과 일반화), 탐구를 바탕으로 한 이해(판단과 적용)

1) 현상의 탐구와 이해

· 통시적 탐구[문헌을 통한 탐구]: 고대 국어의 탐구, 근대 이후 국어의 탐구

· 공시적 탐구[자료를 통한 탐구]

– 국어와 사회(북한어, 방언, 은어 등)

– 국어와 매체(매체 언어의 현재와 미래)

· 구조적 탐구

– 국어의 구조(음운, 의미, 어휘, 형태론)

– 소통의 구조(화용론, 언어지리학, 사전, 교육

· 정신적 탐구: 모국어로서의 국어(정신현상으로서의 국어)

2) 규범의 탐구와 이해

· 규범적 말하기[실제 사례 → 일반화]: 표준 발음, 언어 예절

· 규범적 글쓰기[실제 사례 → 일반화]: 문장론, 맞춤법

· 규범적인 태도[실제 사례 → 일반화]

– 규범의 준수(표준어, 매체 언어의 지향과 지양)

– 국어의 순화(고유어, 외래어 표기법)

· 규범적인 국어생활[실제 사례 → 일반화]

– 배려하는 생활(언어 약자, 다문화, 매체)

– 솔선하는 생활

3) 양식의 탐구와 이해

· 양식의 종류와 속성 탐구[실제 텍스트 탐구]

– 말하기 양식의 종류와 속성

– 글쓰기 양식의 종류와 속성

· 양식별 생산 원리 탐구[실제 생산자 탐구]

– (유명) 화자의 텍스트 생산 원리(화법담)

– (유명) 필자의 텍스트 생산 원리(작법담)

· 양식별 수용 원리 탐구[실제 수용자 탐구]

– 유능한 청자의 경험담

– 유능한 독자의 경험담(명사들의 독서체험)

· 양식에 따른 읽기 과정 탐구[실제 학습자]

– 과제 수행을 위한 읽기 과정 탐구

– 선택적, 집중적, 요약적 읽기

－유사한 범주 내 텍스트

－자기 발전을 위한 읽기 과정 탐구

4) 전략의 탐구와 이해

· 비교 · 대조 및 분류 · 유형화 전략 탐구

－전략의 일반적 원리 탐구

－전략을 구사한 텍스트 듣고 읽기

· 인과와 과정 분석 전략 탐구: 전략의 일반적 원리 탐구, 전략 구사한 텍스트 듣고 읽기

· 정의와 예시 전략 탐구: 전략의 일반적 원리 탐구, 전략을 구사한 텍스트 듣고 읽기

· 전략을 활용한 말하기와 글쓰기 활동

5) 자기 능력의 탐구와 이해

· 읽기 능력의 탐구: 문제의 발견(문식성의 제 층위), 문제의 해결

· 말하기 능력의 탐구: 문제의 발견(말하기 불안, 습관 등), 문제의 해결

· 글쓰기 능력의 탐구: 문제의 발견(과정별 분석), 문제의 해결

[3. 국어 문화와 창의]: 국어 문화의 수용, 수용을 바탕으로 한 생산

1) 말하기와 글쓰기 문화

· 말하기 문화: 돌려 말하기 · 유머 · 재담 등의 문화, 구체적인 사례 통해 수용하기

· 글쓰기 문화: 술이부작 · 상소 · 수사 등의 문화, 구체적인 사례 통해 수용하기

· 문화의 활용

－말하기 문화의 활용(다양한 담화에서 실제 활용)

– 글쓰기 문화의 활용(다양한 텍스트에서 실제 활용)

· 문화의 재생산: 매체 담화에서 재생산, 매체 텍스트에서 재생산

2) 소통의 문화

· 독자의 문화: 독자의 존재 방식의 문화적 양상, 전통적인 읽기 방법의 사례들

· 소통 구조 상의 문화: 서책 · 잡지 등의 발달 양상, 유통 구조의 변화 양상(서점 등)

· 현재의 독서 문화

– 베스트셀러 등의 현상

– 독자의 태도와 읽기 문화

– 매체의 영향과 독서 문화(책 개념의 변화에 대응하는 독서)

· 미래의 독서 문화: 뉴미디어와 독서 양상, 바람직한 독서 생활

3) 문학 문화의 흐름

· 한국 문학의 개념과 갈래: 한국 문학의 개념, 한국 문학의 갈래

· 고전 문학의 흐름

· 근대 문학의 흐름

· 현대 문학의 흐름

4) 문학 문화의 수용

· 시문학의 수용: 시문학의 개념, 시문학의 이해와 감상

· 서사문학의 수용: 서사문학의 개념, 서사문학의 이해와 감상

· 극과 교술 문학의 수용: 극 · 교술 문학의 개념, 극 · 교술 문학의 이해와 감상

· 수용으로서의 비평적 글쓰기

5) 문학 문화의 생산

· 작품의 재생산: 양식 내 재생산, 다른 양식으로 재생산

· 문학 작품의 창작: 기본 갈래별 창작, 변종 갈래별 창작

· 매체 변용 텍스트 생산: 기존 작품의 변용, 자기 작품의 변용

이 구조화 안의 핵심을 문학 교육의 측면에서 지적하자면 문학 텍스트는 대부분의 언어 활동의 중요한 토대이자, 매개 자료로서 작용하다는 점이다. '문학'이라는 과목 안에 갇혀 있는 것보다 문학의 효용성이 강하게 인식될 수 있고, 문학적 경험의 다양한 통로와 양상을 학습자에게 제공하고 학습자가 향유할 수 있다는 점을 고려하였다.

2) 내용 체계 안

다시 앞에서 살핀 항수들을 출발점으로 설정해 본 교육내용 체계는 다음과 같다.

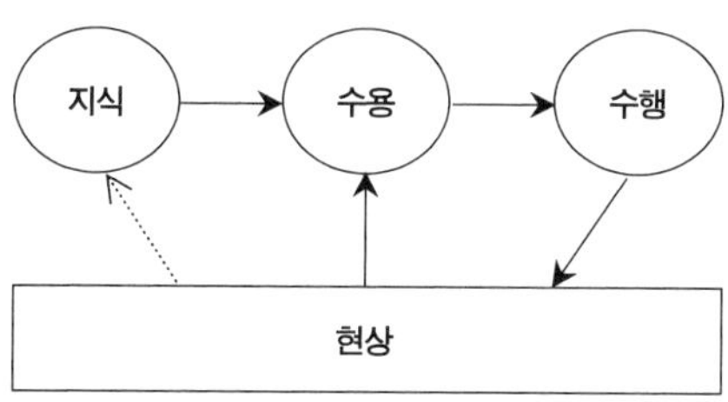

지식 (교과서, 교사)	수용 (학습자)	수행 (교사, 학습자)
(문학) 현상		

이 내용 체계를 구성하는 요소들의 설정 배경은 다음과 같이 설명할 수 있다.

(1) 지식

지식은 크게 세 가지로 나누어 보고자 했다. 개념적 지식과 절차적(방법적) 지식, 맥락적 지식의 세 가지이다.

개념적 지식은 어떤 현상이나 사실과 관련해서 형성되어 온 지식을 의미한다. 문학의 경우 문학의 이론이나 원리 등을 의미한다. 한동안 이 개념적 지식들은 암기나 주입식 교육의 대상이 된다하여 명시적인 제시는 피해왔다. 그러나 이 개념적 지식들은 그 자체가 문제가 아니라 어떻게 가르치느냐가 문제인 것은 아니라고 본다. 이 내용체계는 현상을 통해 조회되거나 탐구되는 방식으로 학습이 이루어지는 것을 전제로 한다.

오히려 문제는 이 개념적 지식들이 생산되고 재조직되어 교육현장에 공급되는 방식에 있다. 현재 대부분의 지식들은 교육과정에서는 몇몇 기본적인 용어 외에는 제공되지 않는다. 교과서 저자들의 판단에 의해 선택적으로 조직되어 제공되거나 참고서류를 통해 전승되고 조합되어 제공되고 있다. 최소한의 사회적 합의를 거친 지식들이 제공될 수 있는 장치가 마련되어 있지 않다.

예를 들어 〈문학〉 교과서(A, B, C)에서 '시점'이라는 용어의 쓰임을 살펴보자(D는 외국 교과서의 경우).

<table>
<tr><th>A</th><th>B</th><th>C</th><th>D</th></tr>
<tr><td>1인칭 주인공 시점</td><td>1인칭 주인공 시점</td><td>1인칭 주인공 시점</td><td rowspan="2">1인칭 시점</td></tr>
<tr><td>1인칭 관찰자 시점</td><td>1인칭 관찰자 시점</td><td>1인칭 관찰자 시점</td></tr>
<tr><td>3인칭 관찰자 시점</td><td>3인칭 작가 관찰자 시점</td><td>작가 관찰자 시점</td><td>3인칭 제한적 시점</td></tr>
<tr><td>3인칭 전지적 시점</td><td>3인칭 전지적 작가 시점</td><td>전지적 작가 시점</td><td>3인칭 관찰자 시점</td></tr>
</table>

그런데 이 용례를 보면 상당한 혼란스러운 양상이다. 이론의 수입과정과 정착과정에 여러 문제가 있었기 때문이다. 기본적인 이론들이 재조직되고 검증되는 시스템이 없기 때문이다. 교육과정에서는 다음과 같이 서술되고 있다.

(3) 문학 작품의 세계가 누구의 눈을 통해 전달되는지를 파악한다.	· 시적 화자나 소설의 서술자 특성 이해하기 · 반어(아이러니)와 풍자의 특성 이해하기 · 화자나 서술자의 특성과 주제의 연관성 이해하기

현장에서는 분명하게 '시점'이라는 일반적 용어로 사용되고 있으나 그것을 피하고 있다는 점이나 '문학 작품에 나오는 인물의 행동을 사회 · 문화적 상황과 관련지어 파악한다.'는 성취기준과 그에 따른 내용 요소는 오류의 가능성이 충분한 서술이다. 그렇다고 교육과정에 기본적인 이론들을 요목화거나 목록화하여 제시할 수도 없다. 그렇지만 성취기준 및 내용요소를 통해 적확하고 정련된 내용으로 제시할 필요는 분명히 있다. D와 같은 경우 일정한 과정을 거쳐 최소한의 사회적 합의를 이끌어낸 결과로 문학적 현상에 걸맞은 개념으로 재구성된 것이다.[5] 또한 왜 그러한 지식이 필요한지, 구체적으로는 어떻게 작용하고 나타나는지 등을 중심으로 조직되어 제공될 수 있도록 하는 장치를 마련해야 할 것이다.[6]

절차적(방법적) 지식은 학습자들이 문학 현상을 수용하는 과정에서

5 졸고, 「소설교육에서의 '시점'이론에 대한 반성적 고찰」, 『문학교육학』 30호.

6 1인칭이나 3인칭 시점이 '1인칭 또는 3인칭이 문장의 주어인 시점'임을 아는 대학생들이 거의 없으며 그저 시점의 종류만 알고 있다는 상황을 통해 이 필요성을 확인할 수 있다.

접근 방법으로 작용할 수 있는 지식을 의미한다. 소설을 '읽는 방법' 등이 그에 해당할 것이다. 예를 들어 플롯이 다음과 같은 원리로 이루어짐을 아는 일은 소설 읽기의 기본일 터이지만 현재의 학습자들은 그러한 절차적 지식을 접하기가 어려운 형편이다.[7]

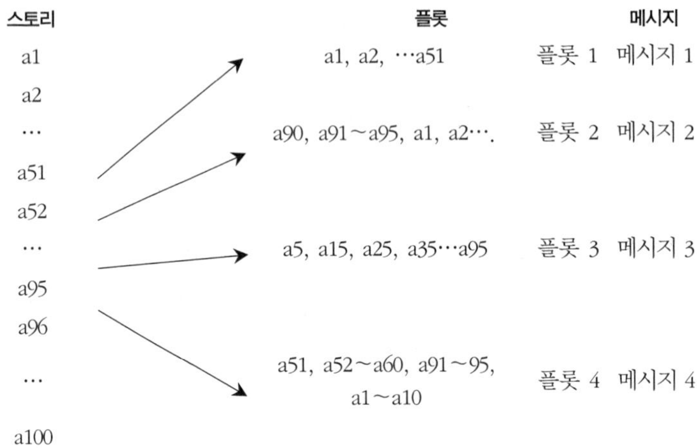

그렇다고 이러한 지식 항목이 그리 많은 것도 아니다. 현재의 교육과정의 '내용요소의 예'의 분량 정도면 기본적인 절차적 지식은 충분히 제공될 수 있다. 문학연구와 문학교육의 상호작용이 활발하게 이루어지면 보다 수월할 것이다.

맥락적 지식은 문학사적 지식이나 작가 관련 정보, 작품의 소통과정

7 이 도식에 의하면 스토리를 구성하는 정보는 선택과 배제를 통해 재조직되면서 플롯이 이루어지기 때문에 소설을 읽는 일의 첫 단계는 배제된 정보를 복원하는 일이 된다.

과 관련된 정보들이 이에 해당한다. 예를 들어 다음과 같은 자료들은 '사랑 손님과 어머니'를 이해하고 감상하고 비평하는데 필요한 맥락적 지식에 해당한다. 여성의 사회적 위상에 대한 의식전환을 촉구하는 기사를 많이 다루던 〈조광〉의 창간호 첫머리에 실리 작품이라는 점, 문맹률 70%라는 사회적 상황에서 컷을 빈번하게 사용하던 당시의 작품 발표지면의 특성 등은 작품의 수용 방향에 상당한 영향을 줄 수 있다.

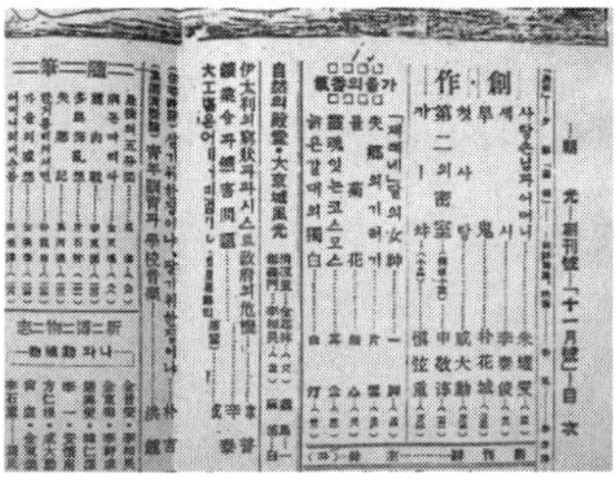

또한 작가의 창작 행위와 관련된 정보들도 충분히 제공될 수 있도록 교육과정이 장치를 마련해야 한다. 발표자는 국어교육에서 '작가의 부활'은 매우 시급한 일이라고 본다.[8] 초기 교과서들이 제작되던 사회적 환경의 영향으로 인해 작가의 존재가 거의 무화되던 관행이 지금껏 이어지고 있다고 볼 수 있다. 생산자에 대한 접근은 작품에 대한

8 이에 대해서는 다음 참조.
졸고, 「작가론과 소설 텍스트 읽기 전략」, 『독서연구』 25호.

접근통로를 보다 확대시켜 줄 것이다.

(2) 수용

수용은 학습자가 문학 현상들과 만나는 과정을 의미한다. 다양하고 풍부하게 존재하는 문학 현상들을 지식의 도움을 받아 '이해' '적용'활동이 이루어지는 과정이다. 따라서 각 활동에 따른 사고와 탐구 능력의 개발이 필요하다. 교육과정에서는 사고와 탐구를 바탕으로 한 활동이 이루어질 수 있도록 성취기준과 내용요소가 마련해야 할 것이다. 그런데 여기서 중요한 것은 문학 텍스트를 바라보는 관점이 매우 유연하게 이루어져야 한다는 점이다. 구체적으로는 두 가지 문제를 짚어 보고자 한다.

· 문학 작품을 정보 전달, 설득, 사회적 상호작용, 정서 표현 등의 복합적 텍스트로 보는 관점의 수립

문학 작품을 정서 표현의 텍스트로 국한하여 보는 것은 문학의 현실적 위상과 입지를 축소하는 관점이다. 2007 개정 교육과정의 용어들을 빌리자면 '말하기, 듣기, 쓰기, 읽기의 실제'를 종합적으로 구현한다.

예를 들어 〈삼대〉는 1930년대 가족 관계나 사회주의 운동의 실체적 면모에 대한 정보를 제공하며, 동정자적인 입장에 서 있는 지식인들에 대한 설득이며, 민족주의 진영의 상호작용의 역할도 한다. 〈사랑손님과 어머니〉는 자기검열에 갇힌 여성들을 설득하는 작품이며, 그 여성들에 대한 정보를 제공하며, 작가와 인텔리 여성들 간의 상호작용의 양상이다. 더 중요한 것은 이 작품들을 읽을 때 서술자가 제공한 정보들에 대한 판단도 이루어져야 한다는 점이다. 서술자가 전달하는 정보가 믿을 만한지, 어떤 성격의 것인지를 판단해야 한다는 점에서 일반적인 정보전달의 글을 읽을 때와 다르지 않다.

· 정전(正典)에서 예전(例典)으로

그동안의 교육과정에서는 '대표적인 작품'등의 표현으로 수록 작품의 일차적인 조건들을 제시해왔다. 그것은 정전 논의로 이어져 왔다. 그러나 교과서에 실려야 할 작품의 조건으로 정전을 설정하는 것은 재고해야 한다는 판단이다. 그동안 정전에 대한 논의는 다양하게 이루어져 왔지만 그 기준과 원천에 대한 탐색이 이루어지지 않은 채, 제도와 이데올로기에 이해 형성된 것으로 이해되거나 현실적인 존재로 받아들여지는 경우가 대부분이다. 그런데 최근 필자가 수행한 정전의 형성과정에 대한 두 가지 측면의 접근 결과, 정전은 문학사적 대표성보다는 일정한 목적과 자의적 선택에 의해 형성되어 중고등학교 교육 현장으로 전이된 것으로 보인다. 특히 국어교육 내 문학 제재의 제어 기준이 되었던 '순수문학'이라는 개념[9]과 '대학교양'이라는 범주와 밀접한 연관성을 지닌 것으로 판단된다.[10]

개인공동시집	34
기타 문예지	15
문장	12
조선지광 현대문학	각3
인문평론 창작과비평	각2

<A>

9 졸고, 「〈문장〉지와 국어교육」, 『한국근대문학』 24, 2009.

10 〈A〉는 1950~60년대에 간행된 대학교양국어교재 11종에 수록된 작품들을 대상으로 한 통계. 소설의 경우 40여 편 중 10여 편이 국정교과서로 전이되었으며 그 선후관계는 당연히 대학교양국어가 앞선다. 이에 대해서는 바로 앞의 글 참조. 〈B〉는 건국기-7차 교과서에 수록된 주요 작품 중 〈문장〉지에 수록된 작품 빈도수.

소설		시	
메밀꽃 필무렵	5	나의 침실로	5
감자, 운수좋은날	4	나룻배와 행인	4
B사감과 러브레터 귀의성, 수탁, 소나기	3	빼안길 들에도~ 봉황수, 사슴, 내마음을 아실이	3
표본실의 청개구리 동백꽃, 바위, 무정 사랑손님과 어머니 배따라기	2	별헤는 밤, 낙화 남으로 창을~ 광야, 광화문, 자화상 파초, 봄은 고양이~	2

<B>

이 표와 관련해서 교육정전은 특정한 기관이나 관련 인물의 강한 영향 아래 형성되기 시작한 것으로 보는 것이 타당하여 따라서 그 대표성을 인정하기는 쉽지 않다.

이에 필자는 정전만이 아닌 예전의 성격이 강한 제재들을 고려할 필요가 있다고 판단한다. 교육과정에서 지속적으로 대표성을 지닌 작품을 요구하지만 그 범주를 설정하기도 쉽지 않고 교육내용과의 연계도 수월하지 않다. 따라서 예전으로서의 성격을 지닌 텍스트를 선정하는 방향을 권할 필요가 있다. 시점을 가르치기에 적절한 텍스트, 갈등 양상과 구조를 익히는데 적절한 텍스트, 6·25전쟁을 이해하는데 가장 적합한 텍스트 등의 선정 등이 그것이다.

(3) 수행

이 요소는 수용활동에 이어 문학 현상에 대한 '분석'과 '종합' '평가' 및 '비평' 활동과 그것을 바탕으로 한 자기화된 생산 활동과 문학의 생활화를 의미한다. 지식을 바탕으로 이해하고 적용하여 받아들인 다음의 단계로 문학 능력을 고양시키는 단계이다. 이는 매우 다양하게 존재하는 문학 현상에 주체적으로 참여하는 태도의 형성과도 연관되며 공적인 문학교육의 마지막 단계인 만큼 삶의 과정에서 문학을 주체적으로 향유하고 활용할 수 있는 토대를 형성하는 중요한 단계이다.

특히 사회 전반에서 다양한 방식으로 문학을 생활화하는 양상을 접하고 그것을 발상으로 삼아 자기화하는 태도 및 능력을 형성해 갈 수 있도록 하는 것이 이 요소의 설정 배경이다. 다음 사례는 과학 분야와 관련된, 매우 영향력이 큰 말하기 사례 및 대중 매체 텍스트에서 문학의 활용의 예이다.

> 우리 지식의 대부분은 반응시스템을 신중하게 단순화시키고 반응조건을 엄격하게 조절하여 얻고 있습니다. 더욱이 우리 지식은 상당히 간접적이며 반응결과와 초기 상태의 상세한 분석에 기초를 둔 것입니다. 이것은 마치 탐정소설의 독자들이 용의자의 범죄를 증명하기 위한 수단으로 사용하는 '정황증거'의 개념과 대등한 것입니다.
>
> 그래서 문제에 직면한 과학자를 『햄릿』의 첫 장면과 마지막 장면만으로 줄인 요약만을 구경하는 사람들에 비유해 왔습니다. 이 연극에서 주요 인물들이 소개되고 장면을 바꾸기 위해 커튼이 내려진 뒤 다시 올려졌을 때 우리는 무대 위에 상당한 수의 주검과 몇 명의 살아남은 자들을 보게 됩니다. 연극을 처음 보는 사람들이 그 사이에 무슨 일이 있어났는지를 확실하게 아는 것은 쉽지 않습니다. (…중략…)
>
> 올해 노벨 화학상 수상자들은 그들의 훌륭한 업적을 통해 화학반응에서 일어나는 사건들에 관한 우리들의 지식을 넓히는데 기여하였습니다(2009년 노벨화학상 시상연설).

이러한 사례들 외에 치유로서의 문학, 사회적 소통수단으로서의 문학, 문학적 발상을 활용한 표현 활동 등이 그에 해당할 것이다.

(4) 현상

그동안 국어교육에서는 담화의 실제 등의 명칭으로 텍스트의 양상에 대해 적시해왔다 이 논의에서 현상이라고 부르고자 하는 이유는 그간의 용어들이 결과(산출물)로서의 문자 텍스트에 한정된다는 느낌을 강하게 보여주었기 때문이다. 하나의 텍스트가 생산되고 유통되고 활용되기까지의 전 과정에서 존재하는 다양한 양상과 층위의 현상을 포괄하여 수용과 수행의 대상으로 삼아야 한다는 판단에서 이 용어를 사용하고자 하였다. 다만 지나치게 단편적으로 문학적인 면모를 보여준다거나 단순히 부분적 변형태에 불과한 재생산물들은 제외하는 것이 좋을 것이나 문학의 외연을 확장하는데 필요한 접근은 지속적으로 이루어져야 할 것이다.

(5) 부가적 요소들

최근 한국어교육에서도 문학의 제재화에 대한 관심이 커져가고 있지만 구체적인 접근은 잘 이루어지지 않고 있다. 국어교육(문학 영역)과 한국어교육(문학 제재 활용)의 연관성도 문학교육과정에서 고려할 하나의 요소로 설정하는 것이 바람직하다는 판단이다. 이는 사회적으로 언어적 약자로서 존재하지만 분명한 국어 사용자이며, 그래서 사회 전반적인 국어능력의 향상을 위해서도 꼭 고려해야 할 부분이라 판단된다.

그중에서도 문학을 활용한 한국어 교육 방안에 대한 관심은 교육적 효용성을 위해서 꼭 필요한 일이며 이에 대한 문학교육 연구자들의 참여가 매우 절실하게 요청되고 있다.[11]

11 이에 대해서는 졸고, 「한국어교육의 효율성 제고를 위한 읽기텍스트 선정 전략 연구」, 『국어교육학』 39, 2010. 12 참조.

문학교육과 객관식 평가의 문제

1. 문제제기

문학을 가르치는 입장에서 가장 곤혹스럽게 여기는 문제는 바로 '평가'가 아닐까 싶다. 현직 교사들을 대상으로 하는 교육대학원 수업 과정에서 평가와 관련된 과제를 가장 부담스럽게 여기고 있는 상황에서 이 점을 자주 확인하게 된다. 문학작품을 가르칠 때 감성과 논리를 내세우고 경험으로 뒷받침하면 의미 있는 수업을 이끌어내기에 그다지 어려움이 없지만, 평가의 단계에 이르면 많은 어려움에 부딪히게 된다고 한다. 무엇을, 어떤 방식으로 묻고 그에 대한 답변을 어떻게 처리해야 올바른 평가가 이루어질 수 있는지에 대해 단언하거나 제안하기란 쉽지 않다는 것이다.

문학 영역의 평가는 현실적으로 큰 비중을 차지하고 있다. 교수 학습의 과정에는 반드시 평가가 수반되어야 한다는 지극히 상식적인 맥락만 고려해도 쉽게 인정할 수 있는 대목이다.[1] 우선 필수 과목인 '국

1 7차 교육과정에서는 '교육과정의 편성 · 운영 지침'에서 그 내용을 〈1. 기본지침,

어' 과목 내에서의 문학 수업의 비중이나, 선택 과목으로서 현행 교과 과정 체계 내에서 '문학' 과목이 차지하는 비중을 고려할 때, 국어과 교육과정 및 현장교육에서 평가의 중핵이 무엇일지 판단하기는 어렵지 않다. 또한 학교 교육에 가장 큰 영향력을 행사하는 대학 입학 수학 능력 시험에서 차지하는 문학의 비중을 가늠해보아도 그러하다.

그러한 비중에 걸맞게 문학교육에서의 평가에 대해 다양하고 심도 있는 논의들이 진행되어 왔다.[2] 그럼에도 불구하고 여전히 이 문제가 현장교육은 물론이고 종국적인 단계에서 여전히 쉬 해결되기 어려운 과제로 남아 있는 이유는 무엇이며 과제를 풀어 나가기 위한 방향은 무엇일지를 논의해 보고자 한다. 이러한 논의는 근원적으로는 문학교육에서 과연 평가가 가능한 것인가, 그리고 만일 평가가 가능하다면 문학현상을 구성하는 요소들의 고유한 속성을 어떤 방식으로 고려해야 할 것인가 등등의 문제에까지 거슬러 올라가게 될 것이나, 여기서는 본질적인 측면보다는 현상의 측면에 중점을 두어 논의해 보고자 한다.

이 논의를 구상하게 된 구체적인 맥락은 두 가지로 설명할 수 있다.

---

2. 지역 및 학교에서의 편성 · 운영 3. 교육과정의 평가와 질 관리〉로 구성하여 표나게 평가의 문제를 제시하고 있다.
교육부, 『제7차 교육과정 별책 5 - 국어과 교육과정』, 대한교과서, 1998, 12~25쪽.

2 평가와 관련된 주요 논의로는 다음을 들 수 있다.
노명완, 「국어과 교육에서의 평가」, 『국어교육 개선 방안 연구』, 서울대 국어교육과, 1990.
박영목 외, 『교육의 본질 추구를 위한 국어교육 평가 체제 연구(2)』, 한국교육개발원, 1991.
김중신, 「문학 교육 과정과 평가의 원리」, 『문학 교육 과정의 연구와 실천 방향』, 한국국어교육연구회, 1996.
박인기, 「문학 교육 과정의 평가」, 『문학 영역 교육 과정 내용의 체계화 연구』, 서울대 국어교육연구소, 1996.
김종철 외, 『문학 영역 평가의 이론과 실제』, 서울대 국어교육연구소, 1998.
김대행 외, 『문학교육원론』, 서울대출판부, 2000.

하나는 현장 교사들과의 수업 경험에서 비롯된 것으로, 문학연구와 문학교육의 상관성을 바탕에 둔 맥락이다. 구체적으로는 과제 수행자들이 제기한 의문 즉, 연구의 관점에서 작품을 접하고 그 결과에 대해 평가하는 일과, 이해와 감상 또는 수용이라는 개념으로 설명해 온 접근방식과 그 결과에 대해 평가하는 일이 어떻게 다르며, 그 관계를 어떻게 설정해야 할 것인가에 대한 답을 모색하는 과정에서 이루어진 것이다. 다른 하나는 2004학년도 대학수학능력시험과 관련된 맥락이다. 중등교육의 과정적 평가로서 마지막 단계에 속한다고 할 수 있는 수학능력시험은 우리 교육현실에서 차지하는 비중을 고려할 때 평가 문항 하나하나가 지니는 의미는 막중하다 할 수 있다. 그런 상황에서 빚어진 현대시 문항에 대한 복수정답인정이라는 사태는 문학교육에서의 평가의 문제를 본질적으로 되돌아보게 하는 계기가 되었고 그에 따라 이 논의가 비롯되었다.

문학교육에서의 평가의 문제를 한 편의 글을 통해 탐색해 보는 일은 그 성격상 기대하기 어려운 일이다. 따라서 본 논의에서는 범위를 매우 한정하여 '객관식 평가'의 측면만을 다루고자 한다. 앞서 설명한 바와 같이 이 논의를 구상하게 된 맥락에서 보면 학교 현장에서 이루어지는 중심적인 평가 유형이자 대학 입시의 기본 틀인 오지택일형 평가 문항이 가장 실천적인 문제들을 안고 있기 때문이다.

2. 문학교육과 사고력

1) 교육제도와 문학교육

6차와 7차 교육과정을 통해 제시된 국어과 교육과정 중 문학 영역의 평가에 관한 내용을 살펴보면 그 방향성은 크게 다르지 않다. 우선 그 주요 항목들을 살펴 보면 다음과 같다.

〈6차 교육과정〉

문학에 대한 일반적 사실의 단순 암기보다는 구체적인 작품의 해석과 감상 능력에 중점을 두어 평가한다.

문학 작품의 이해 및 감상 평가에서는 서술형, 논술형 등 주로 주관식 평가 방법을 활용하도록 한다.

전체 평가 계획 속에서 문학 작품 이해의 과정에 대한 평가도 중요한 요소로 고려되어야 한다.

문학 수업 속에서의 활동 평가는 합리적인 일정한 기준에 의해 누가적으로 기록, 종합되어야 하며, 점수보다는 등급에 의한 평가가 바람직하다.

'문학' 과목의 평가는 인지적 영역과 정의적 영역의 평가가 조화를 이루는 방향을 유지하도록 한다.[3]

〈7차 교육과정〉

작품의 수용과 창작활동, 문학에 대한 지식과 문학 활동의 원리, 문학 및 문학 문화에 대한 가치와 태도 측면의 평가가 조화를 이루도록 한다.

양적 평가보다는 질적 평가를 도모하며, 평가 결과를 합리적인 기준에 따라 누가적으로 기록, 종합하도록 한다.

문학 작품의 수용 활동은 구두 발표나 비평문 쓰기 등을 활용하여 수용의 창의성과 적절성을 평가한다.

문학 작품의 창작 활동은 창작의 창의성과 진실성을 평가하되, 작품

3 교육부, 『고등학교 국어과 교육과정 해설』, 대한교과서, 1995, 390~396쪽.

의 구성 요소를 분석적으로 평가하는데 치우치지 말고 총체적 평가가 이루어지도록 한다. 특히 전문 작가 수준을 요구하는 평가가 이루어지지 않도록 한다.

문학의 본질과 문학 활동의 원리에 관한 지식은 단순 암기보다 구체적인 작품의 수용과 창작활동에 적용할 수 있는지의 여부에 중점을 두어 평가한다.

문학에 대한 태도는 개인적인 가치화와 태도, 문학 문화에 대한 가치화와 태도에 중점을 두어 지도한다.

지필 평가 · 관찰 평가 · 수행 평가, 교사 평가 · 상호 평가, 과정 평가, 과정평가 · 결과 평가 등을 골고루 활용하여 통합적으로 평가한다.

문학 과목 평가의 결과는 학습자의 성취 수준을 판단하고, 교수 학습 · 방법과 내용을 개선하는데 적절히 활용한다.[4]

이 두 교육과정에서 제시한 내용 항목들은 외적 서술내용으로 볼 때는 상당히 다른 것으로 판단되지만, 그 차이는 교육과정의 내용 체계가 다른데서 오는 것이지 큰 틀은 다르지 않다. 즉 구체적인 문학 능력을 대상으로 하되, 일회가 아닌 여러 번에 걸쳐, 쌍방향을 통한, 주관식 위주의 평가를 권장하고 있다. 그러면서 구체적인 기법에 대해서는 교사의 몫으로 남겨 놓고 있다. 추상적인 목표는 존재하되 구체적인 형상은 배제하고 있는 맥락으로 보아도 크게 잘못된 일은 아닐 것이다.

그러나 이러한 교육과정의 내용은 현실적인 영향력을 갖고 있지 못한 것으로 판단된다. 그 바람직함과는 별도로 대학 입시를 현실적인 목표 지점으로 삼고 나아갈 수밖에 없는 상황에서 평가자들의 선택은

4 교육부, 『제7차 교육과정 별책 5 - 국어과 교육과정』, 대한교과서, 1998, 155쪽.

매우 제한적일 수밖에 없기 때문이다. 표현을 달리하자면 교육과정에서 제시된 항목들은 다양한 '가능태'들이지 '지배적'인 것일 수 없다는 것이다. 오히려 현재적인 상황에서는 일회에 걸친, 일방향을 통한, 객관식 평가가 지배적인 영향력을 행사하고 있다. 이는 당위적인 제도가 현실적인 제도의 힘에 굴복하고 있는 형국이라 볼 수 있다.

당위적인 제도인 교육과정이 구체적인 형상이 결여되어 있는 가능태들을 위주로 짜여진 구조[5]라면 시험이라는 현실적인 제도는 보다 구체적인 형상을 띠고 있다. 학생부에 반영되는 각종 시험과 수학능력 시험은 서로 밀접한 연관성을 지니면서 하나의 규범들을 만들어내고 있다. 이는 결과를 중시하는 시험들이 지녀야 하는 요소들을 만족시켜 가는 과정에서 형성된 것이지만 '현실성'이라는 성격 때문에 교육과정의 어느 항목보다도 큰 영향력을 지니고 있다. 즉 시험들이 추구하고 있는 방향성에 따라 학교 현장 교육의 틀도 변화한다는 것을 의미한다.

이런 특성에 대해 상당수의 논자들이 '입시 위주의 잘못된 교육' '교육을 망치는 입시제도' 등의 비판을 하고 있다. 이러한 비판은 정당하기는 하지만 현실적인 대안은 제시되지 않고 있다는 점에서 효율성이

---

5 이렇게 판단할 수 있는 근거는 교육과정이 현실적으로는 어떻게 작용하고 있는가에 대한 탐색의 결과이다. 간단한 맥락에서 살펴보더라도 교육과정은 교과서 심의 과정에서는 매우 엄격한 기준요소로 작용하고 있지만, 현장 교육에서는 직접적인 연관성을 갖지 못하고 있다는 양가성을 발견할 수 있다. 특히 현장 교사들이 교육과정을 수업에 직접 끌어들이지 못한다는 점은 상당히 문제적인데, 이는 교육과정이 학생, 교사, 연구자, 정책 입안자 들을 어떤 식으로 참여시켜야 하는지에 대한 깊이 있는 모색이 이루어지지 않은 상태에서 구안되기 때문으로 판단된다. 구체적인 형상의 결여란 이러한 맥락을 염두에 두고 쓴 것이다. 7차 교육과정을 대상으로 '문학 영역 내용 목표의 재구성적 상세화'를 논의한 다음 글도 이와 같은 문제의식에서 비롯된 것으로 판단된다.
김종철 · 김중신 · 정재찬, 『문학 영역 평가의 이론과 실제』, 서울대 국어교육연구소, 1998.

떨어진다. 필자는 오히려 이러한 과정들을 거쳐 한국의 교육제도가 최적의 시스템을 찾아갈 수 있지 않을까 생각한다. 교육도 문화와 마찬가지로 오랜 기간을 거쳐 서서히 바람직한 모습을 찾아 나갈 때 비로소 우리 사회의 전통으로 확립되면서 생명력을 얻을 수 있을 것으로 판단된다. 현재와 같은 사회 여건에서 입시 제도와 교육제도가 누구나 만족할 수 있는 수준에서 마련될 수 있을 것으로 보기 어렵다. 한 개인에게 있어 대학 입학이 지니는 의미가 심대하다는 여건을 무시한 발상들은 오히려 과도기를 지속시키는 결과를 가져올 것이다. 그보다는 현실적인 제도의 필요성을 인정하고 그것이 안고 있는 문제들을 단계적으로 개선해 나가려는 노력이 보다 생산적일 것으로 판단된다.[6]

2) 사고력 평가와 문학교육

그렇다면 현재 주류를 이루며 시행되고 있는 객관식 평가는 어떤 구체성을 지니고 있는지를 살펴보자. 이를 위해서는 현행 수능시험의 평가 요소를 살펴보는 것이 지름길일 것이다.

현재 수학능력 시험의 언어 영역의 평가 대상은 내용 영역과 행동 영역으로 나뉘어 설정되어 있는데, 이 글과 관련되는 것은 행동 영역이다. 올해까지 시행된 수능시험의 행동영역은 다섯 요소로 구분되어 있으며, 시행 초기에 설정된 각 요소별 구체적인 내용과 2004학년도 출제계획상의 요소별 지향점을 보면 다음과 같다.

---

6 필자는 좀더 나아가 현행 입시제도가 지니고 있는 힘을 이용한 교육방법론을 강구할 필요가 있다는 생각을 지니고 있다. 현실적인 제도가 만들어 낸 여러 틀을 생산적으로 활용하여 교수-학습이 이루어진다면 효과적인 교육이 가능할 것이라고 생각한다. 이 점도 이 논의의 한 출발점을 이루고 있다.

〈행동 영역별 내용〉

가. 어휘력

어휘의 이해와 사용

어휘 용법의 이해와 사용

어법의 이해와 사용

나. 사실적 사고 능력

내용의 사실적 이해와 표현의 능력

구조의 사실적 이해와 표현의 능력

다. 추리·상상적 사고능력

내용의 추리·상상적 사고 능력

과정의 추리·상상적 사고 능력

구조의 추리·상상적 사고 능력

라. 비판적 사고 능력

내적 준거에 따른 비판

외적 준거에 따른 비판

마. 논리적 사고 능력

언어논리

추론 유형[7]

〈출제상의 지향점〉

① 어휘력: 어휘를 단독으로 제시하여 묻는 문제보다는 문장 속에서 문맥적 의미는 물론 그 절대적 의미도 묻는 문제를 출제함을 원칙으로 하며, 언어 지식 즉 문법과 관련시킬 수 있는 문제를 출제한다.

---

7 김대행, 『국어교과학의 지평』, 서울대학교 출판부, 1995, 193~199쪽.

② 사실적 사고 능력: 단순한 속독보다는 포괄적이고 종합적인 이해에 중점을 두며, 낯설거나 어려운 지문을 정확하게 이해하는 과정을 측정하는 문제를 출제한다.

③ 추리 · 상상적 사고 능력: 추론이나 상상적 이해를 지향하여 치밀한 분석 능력을 측정하도록 출제하며, 다른 영역에 비해 문항수의 비중을 높인다.

④ 비판적 사고 능력: 문학 작품의 감상이나 글에 대한 독자의 태도, 비판적 이해를 측정하며, 문항수의 비중은 가급적 높인다.

⑤ 논리적 사고 능력: 형식이나 공식의 형태보다는 자연 언어 속에서 논리적 이해 능력을 측정하도록 한다.[8]

이 구성은 상당히 단순하면서도 명쾌한 논리를 지니고 있다. 대학수학능력시험이기 때문에 평가의 중핵을 '능력'에 두고, 이 능력의 구체적인 국면을 다시 '이해'로 설정한 다음, 이해의 과정을 다섯 범주로 나누어 평가하겠다는 발상이다. 교육과정에 비해 매우 단순한 구조를 보이고 있지만 현장 교육의 입장에서는 접근성이 훨씬 뛰어나다는 점에서 흡입력을 지니고 있을 것으로 판단된다. 그러다 보니 학교에서 시행되는 대부분의 시험들이 이 형태를 취하게 된 것으로 보인다.

물론 학교현장에서야 당연히 대학입시라는 제도의 힘에 이끌리게 되기에 그 형태를 수용할 수밖에 없을 것이라는 수동적인 견해도 있다. 그러나 이를 좀더 적극적으로 해석할 필요가 있을 터인데, 수능시험이 취하고 있는 구도가 수업의 방향을 설정하는데 교육과정보다 수월하다는 입장을 인정할 수 있어야 할 것이다. 교육과정이 좀더 구체적으로 방향성과 방법론을 제시하고 현장에서 실천적인 영향력을

8 2004학년도 대학수학능력시험 워크숍 자료, 평가원, 미출판 자료.

가질 수 있도록 구안되어야 할 필요가 여기에 있다.

교육과정에 비해 제도로서의 객관식 평가가 지니는 본질적인 우위는 목표를 구성하는 요소들의 명료함에서 찾아야 할 것이다. 교육과정을 살펴보면 무겁고 폭넓은 개념들이 곳곳에 자리 잡고 있어 연구자들도 그 개념이나 맥락을 파악하기 어려운 대목들이 너무 많다. 그러다 보니 그것을 충실하게 반영해야 할 교과서들도 당연히 학습목표나 활동이 추상적이고 난해하여 현장 교사들이 수업하는데 어려움이 많다고들 한다. 이에 비해 객관식 평가의 규범으로 작용하고 있는 수학능력시험은 '사고력'이라는 축을 중심으로 체계를 형성하고 있다. 이 같은 체계성은 수학능력시험이라는 근본 취지를 반영하고 평가가 지녀야 할 여러 전제요소들인 타당성이나 객관성, 신뢰성 등을 확보하기 위한 장치를 마련하는 과정에서 도출된 것으로, 교수-학습의 측면에서 교육과정이 지니지 못한 접근성과 수월성을 보장해 준다는 점에서 큰 강점으로 작용하고 있다.

따라서 수학능력시험이 때로는 교육과정의 대체재(代體制)로 작용하는 현상도 발생할 수 있다는 점을 부인하기 어렵다. 물론 이러한 현상이 바람직한 것은 아니지만 앞으로 교육과정이나 국어교육을 논하면서 신중하게 고려해야 할 요소임에는 틀림없을 것이다. 교육과정에서는 가급적 배제되는 평가방식이 현장에서는 가장 많이 활용되고 있다는 것을 일시적인 현상으로 돌리는 것은 이상주의라는 비판을 피해가기 어려운 태도라 판단된다.

그렇다면 이 글에서 문제 삼고자 하는 문학교육과 수학능력 시험의 근간인 '사고력'은 어떤 관계에서 접합되고 있는가라는 문제를 살펴보아야 할 것이다. 초기에 수학능력시험에 등장하는 모든 텍스트는 각 텍스트들이 지니고 있는 고유한 속성보다는 하나의 현재적인 언어구조물로서의 속성에 바탕을 둔 접근 대상이었다. 고전시가가 독립적인 지문으로 설정되지 않은 것도 그 시가들이 현재적이지 않은 언어로 이루어졌기 때문이었다.

그러나 수학능력시험이 언어능력을 측정하기 위해 다양한 텍스트들을 현재적인 언어구조물로 보고 그에 걸맞은 접근 방식을 취하는 방향성을 유지하는데 가장 큰 장벽으로 작용한 것은 문학 작품들이었던 것으로 판단된다. 국어교육의 가장 대표적인 제재이자 독특한 언어구조물로 인식되어 온 문학작품을 두고 일반적인 언어사용 양상의 한 예로 간주하고 사실적 · 비판적 · 논리적 사고 능력을 묻는 일에 일반적이 정서가 쉽게 따라 주지 않았기 때문이다. 특히 문학교육의 핵심을 '문학성'에 두는 입장에서는 더더욱 수긍하기 어려운 측면이 많았다.[9]

문학작품을 지문으로 삼고 있는 문항들이 대부분 추리 · 상상적 사고력을 묻는 문항으로 분류되고 인식되는 것도 이러한 맥락에서이다.[10] 문학교육의 주체로서 문학의 수용자이기도 한 학생들이 취해야 할 바람직한 태도들인 창의성, 주체성, 개방성 등을 최소한도나마 포용하기에는 다른 영역보다는 추리 · 상상적 사고 영역이 가장 근접하기 때문이다. 그러나 문학교육이 지니고 있는 특수성의 측면을 아우르기에는 객관식이라는 방식 자체가 지니고 있는 근본적인 한계가 있어 수학능력시험의 문학영역에 대한 지속적인 문제제기들이 이루어져

---

9 이 글이 기반을 두고 있는 문학교육과 관련된 다양한 맥락에 내해서는 다음을 참조할 것.
김대행 외, 『문학교육원론』, 서울대 출판부, 2000.

10 수학능력시험 언어영역의 60문항을 행동영역으로 분류할 때 추리상상적 사고에 속하는 유형이 가장 많은 이유도 이 때문이다. 참고로 2003학년도 문항은 다음과 같은 비율로 구성되어 있다.
어휘력 6(10%), 사실적 사고 9(15%), 추리상상적 사고 21(35%), 비판적 사고 15(25%), 논리적 사고 9(15%).

왔다. 그리고 그 문제제기들은 점차 문학 문항들의 방향성을 변화시켜 왔고, 최근에는 '이해와 감상' 또는 '수용과 창작'이라는 맥락으로 귀결되는 양상을 보이고 있다.

사고력 측정을 근간으로 하는 객관식 시험이 '감상, 수용, 창작'등의 활동들까지 포괄하는 평가를 수행할 수 있는 문항을 제작하는 일은 고도의 기술적인 접근과 장치를 필요로 한다. 일차적으로 문제 유형은 그러한 필요성에서 개발되고 정착되는 것이며, 평가의 방향성이 달라지면 당연히 유형도 달라진다. 그런데 사교육 시장이 발전하면서 유형 개발의 필요성은 평가의 본래 측면이 아닌 외적인 측면에서 제기되고 전체 구성에도 영향을 미치게 된다. 교육적인 효과나 방향제시를 위한 유형의 개발보다는 참고서나 모의고사를 피해가기 위한 불가피한 측면에서 만들어내는 경우가 자주 발생하게 된다. 특히 문학 영역에서는 그러한 경향이 더욱 크게 된다.

사고력은 언어능력을 측정하는데 적절한 기준 요소가 될 수 있지만 문학 작품을 지문으로 설정하고 그와 관련된 문항을 출제하여 사고력을 측정하는 일에 대해서는 여러 이견이 있어 왔다. 그럼에도 불구하고 시험이 가지는 현실적인 영향력을 고려하여 보다 생산적이고 교육적인 문항을 제작하는 일은 지속되어야 할 것이다. 객관식 문제를 통해 문학능력을 측정하는 일이 바람직스럽지 않다고 하여 문학을 제외한다면 국어교육의 전체 국면은 어떻게 될 것인가를 신중하게 검토해 본다면 그 해답은 어렵지 않게 찾을 수 있을 것이다. 그런 맥락에서 다음 장에서는 2004학년도 대학수학능력시험 언어영역의 문학 17번 문제를 중심으로, 복수정답인정이라는 결정이 있기까지 어떤 이의들이 제기되었고 그러한 이의제기들은 문학교육의 평가와 관련된 어떤 맥락에서 수용할 수 있겠는지를, 이의제기 내용들에 대한 점검을 통해 살펴보기로 한다.

3. 객관식 평가와 관련된 문제제기와 그 검토

우선 문제가 되었던 언어 영역(현대시 제재) 17번 문제를 살펴보자.

(가) 고향

백석

나는 북관(北關)에 혼자 앓어 누어서
어느 아츰 ㉠의원(醫員)을 뵈이었다
의원은 여래(如來) 같은 상을 하고 관공(關公)의 수염을 드리워서
먼 옛적 어느 나라 신선 같은데
새끼손톱 길게 돋은 손을 내어
묵묵하니 한참 맥을 집드니
문득 물어 고향이 어데냐 한다
평안도 정주라는 곳이라 한즉
그러면 아무개씨 고향이란다
그러면 아무개씰 아느냐 한즉
의원은 빙긋이 웃음을 띠고
막역지간(莫逆之間)이라며 수염을 쓴다
나는 아버지로 섬기는 이라 한즉
의원은 또다시 넌즈시 웃고
말없이 팔을 잡어 맥을 보는데
손길은 따스하고 부드러워
고향도 아버지도 아버지의 친구도 다 있었다

17. (가)의 ㉠과 유사한 기능을 하는 것을 〈보기〉에서 고르면?

그리스 신화에 나오는 영웅 테세우스는 미궁으로 들어가 비밀의 방에 이르고자 한다. 비밀의 방에는 인간을 잡아먹는 괴물 미노타우로스가 있다. 미궁을 통과하는 길은 복잡하게 얽혀 있어 한번 들어가면 길을 잃기 십상이다. 미궁으로 들어가는 문은 누구에게나 보이는 것이 아니다. 들어가고자 하는 사람에게만 존재하고 열리는 문이다. 테세우스는 미궁의 문을 찾아 실 끝을 미궁의 문설주에 묶어 놓은 뒤 자신의 예지와 본능으로 미로를 더듬어 비밀의 방에 이른다. 테세우스는 괴물을 죽인 후 실을 따라 무사히 밖으로 나온다. 이 '미궁의 신화'는 문학 예술 작품에서 다양하게 변형되어 사용되기도 한다.

① 테세우스 ② 미노타우로스 ③ 미궁의 문 ④ 비밀의 방 ⑤ 실

이 문항은 언어 영역에서 읽기 - 문학 - 현대시로 이어지는 체계 중에서 세 지문과 다섯 문항으로 구성된 세트에 속한다. 이 문항의 정답은 원래 3번으로 설정되었으나, 정답에 대한 이의가 제기되고 그와 관련된 몇 단계를 거쳐 3번과 5번을 모두 답으로 인정하는 복수정답 결정이 내려진, 수학능력시험 사상 첫 사례에 속한다. 복수정답을 인정하는 과정에서 수능시험 또는 언어영역, 그 중에서도 문학 영역에 대한 문제제기들이 있었는데 그것들은 크게 세 가지 정도로 나누어 볼 수 있을 것이다. 그 각각에 대해 검토해 보기로 한다.

1) 평가의 타당성과 적절성

문제에 대한 시비가 일면서 우선적으로 제기된 것은 바로 문제의

성립 여부 즉 평가문항으로서의 적절성과 타당성의 문제였다. 그 내용을 단순하게 요약, 정리하면 "내적으로 연관성이 없는 시와 신화를 무리하게 연결짓는 문제를 억지로 만들어 내다보니 타당성과 적절성을 결여한 문제가 되었고 당연히 정답의 설정에도 문제가 있었다."로 판단된다.

문제의 성립 여부나 타당성에 대한 시비는 종종 있어 왔으나 문학 영역에 대해서는 거의 없었던 것으로 알려져 있다. 물론 정답 시비 제기의 경우에는 문학 영역이 가장 많은 빈도를 기록했다고 한다. 그런 면에서 본다면 17번 문제에 대한 타당성 시비는 한번쯤 음미해 볼 필요가 있다고 생각된다. 그렇다면 먼저 출제의도를 확인해 보자. 명시적으로 제시된 것은 없지만 출제자는 대체로 다음 두 근거를 염두에 두었을 가능성이 크다고 판단된다.

첫째, 교육과정에서 제시한 시 교수-학습의 방법론.

앞에서도 언급했지만 수학능력시험은 교육과정이라는 큰 틀 안에서 구상되고 수행되어야 한다는 정책적인 요구사항을 반영하게 되어 있다. 해마다 문학 영역의 문제들을 검토해 보면 지문을 단위로 한 세트 별로 한 문제 정도는 교과서 및 교육과정과 직접적인 연관성을 갖는 문제들이 출제되고 있음을 확인할 수 있다. 이번 17번 문제도 그러한 맥락을 고려한 것으로 보이는데, 다음 내용이 그와 관련된다.

② 작품의 각 구성 요소들과 전체 작품 구조와의 관계를 이해한다.

이 항목의 목표는 요소와 전체를 동시에 고려하는 연관적 사고가 문학 교육에서 중요함을 시사한다. 시의 경우를 예로 들어 보기로 한다. 시의 경우, 율격, 이미지, 은유, 신화(myth, story) 등이 작품을 이루는 요소이다. (중략)

시의 경우라도 작품 안에 또다른 구조가 받치고 있는 경우에 의미의 충실성이 확보된다. 이러한 구조를 신화(myht)라 한다. 여기서 말하는 신화는 미토스(mythos)로 이해할 수 있는 서사적 골격 또는 신화적 요소를 말한다. 윤동주의 '간(肝)'이라는 시는 프로메테우스 신화를 한 요소로 포함하고 있다. 서정주의 '신부(新婦)'는 우리 설화를 한 요소로 포함하고 있다.[11]

둘째, 제도상의 연계성 고려

이 문제 유형은 평가원이 시행하고 있는 2003학년도 2차 모의평가에서 제시된 적이 있는 문제 유형과 매우 유사하다. 평가원에서는 2002학년도부터 수험생들에게 수험준비에 필요한 정보 제공 및 자기 점검을 위한 기회 제공이라는 측면에서 본고사와 거의 유사한 과정을 밟아 모의고사를 출제, 시행하고 있다. 그 실시 결과 본고사와 난이도 유지, 유형 공유 등의 측면에서 긍정적인 평가를 받고 있는 것으로 알려져 있다. 따라서 본고사에서는 해당 학년도에 실시된 모의고사와 상당 부분 맥을 같이하는 문제들을 출제하는 것이 수험생들과의 약속 이행이라 판단되기에 많은 참조를 하게 된다. 이 문제 역시 그와 같은 맥락에서 접근할 필요가 있다고 보는데, 모의고사의 해당 문제를 보면 다음과 같다.

43. 〈보기〉의 ㉠~㉤ 중, 서사 전개상 기능이 위 글의 '칠복이'와 가장 가까운 것은?

① ㉠ ② ㉡ ③ ㉢ ④ ㉣ ⑤ ㉤

11 교육부, 『고등학교 국어과 교육과정 해설』, 대한교과서, 1995, 358~359쪽.

〈보 기〉

옛날 어느 마을에 한 ㉠ 아이가 태어났다. 이 아이는 힘이 장사였다. 하지만 그가 장성하자 마을 사람들은 걱정이 생겼다. 예로부터 평민 중에 큰 장사가 나면 나라에 반역을 한다는 말이 있었기 때문이었다. ㉡ 마을 사람들은 화를 당할 것이 두려워 ㉢ 청년을 관가에 밀고하였다. ㉣ 군사들이 몰려왔고, 청년은 순순히 끌려가 죽음을 당했다. 그날 밤 청년 집 우물에서 한 마리 ㉤ 백마가 하늘로 올라가며 슬픈 소리로 울었다. 이후 마을의 모든 우물이 말라 버렸다. 이에 마을 사람들이 그 원혼을 달래는 재를 지내주자 비로소 물이 다시 고였다. 그 연못을 말샘[馬泉]이라 불렀다.

그렇다면 이 두 근거는 17번 문제의 타당성과 적절성을 확보하는데 필요한 설득력 있는 기제로 작용하고 있는지 살펴보기로 한다.

우선 첫 번째 경우를 보면 17번 문제는 외적으로는 교육과정과 직접적으로 연관되어 있다는 판단을 하게 한다. 그리고 그 판단은 같은 세트를 구성하는 다른 문제들의 유형을 고려할 때 설득력을 얻을 수 있다. 현대시 세트를 구성한 다섯 문제를 보면, 제1문제는 지문으로 엮은 시들(백석의 고향, 김춘수의 내가 만난 이중섭, 서정주의 외할머니의 툇마루)의 공통점을 묻는 문제로 그동안의 관례에 속하며, 제2문제는 제시한 두 작품을 한데 묶어 상호텍스트적인 감상을 다루고 있으며, 제3문제가 앞에 제시한 17번 문항으로 첫 작품에 대한 단독 문제이며, 제4문제는 두 번째 작품을 미술작품과 연계시켜 이해하는 능력을 묻고 있고, 제5문제는 세 번째 작품의 시어 및 시구의 해석을 다루고 있다. 지문과 문제의 연결 및 배열은 예전의 원칙들과 크게 다르지 않으나 제3, 4문제가 둘 다 다른 텍스트를 가져와 결합시키고 있다는 점에서 중량감이 현저히 증가했다. 〈보기〉로 주어진 텍스트들이 만만치 않은 정보들을 담고 있기 때문이다.

최근에 들어 언어영역에서 〈보기〉를 활용하는 문제의 수가 증가하고, 〈보기〉의 정보들도 수험생들에게는 부담으로 작용할 만큼 수준이 높아지고 있는 추세인데, 이는 적정 난이도와 변별도를 유지하고 문제의 유형화를 벗어나기 위한 의도에서 비롯된 현상일 판단된다. 〈보기〉의 정보량의 양과 수준을 조절함으로써 문제의 함량을 정할 수 있기 때문이다. 특히 문학 지문에서 다양하게 활용되어 왔다.

이 문제의 경우에도 제시한 시가 수험생들에게 그리 어렵지 않게 읽힐 수 있는 작품이고 작가 역시 수험생들이 익히 알고 준비해 왔을 것으로 판단되는 만큼, 복합적이고 심도 있는 접근을 유도하기 위한 장치로 〈보기〉를 활용하고 있다. 문제는 〈보기〉를 통해 제시한 텍스트의 성격이다. 여러 사람들이 우선적으로 지적하는 바는 '서정 양식과 서사 양식의 부자연스러운 결합'이라는 점이었다. 일반적으로 학생들은 신화는 서사양식에 속하므로 시와는 거리가 있다고 생각하기 때문에 혼란을 야기할 수 있기에 그러하다는 판단이다. 만일 이 견해들대로 수험생들이 서정양식과 서사양식 자체를 연결짓는 것 자체를 혼란스럽게 받아들인다면 문제적이다. 그러나 앞에 적시한 교육과정의 내용을 들여다보면 그리 판단하기는 어려울 것으로 보인다. 교육과정에서는 문학 작품의 이해와 감상 과정에서 작품의 요소와 전체를 연계시키는 연관적 사고의 필요성을 분명하게 제시하고 있으며, 그 한 예로 시에 있어서의 '신화'적 요소를 들고 있기 때문이다.

물론 교육과정에서 제시한 맥락은 시의 구조 속에 녹아들어 있는 '신화'적인 요소를 의미하고 있기에 다른 차원의 것이라는 반론은 가능하다. 그러나 교육과정의 내용은 일대일 대응이 아닌 확산과 수렴을 통해 재구성되어야 하는 것이라고 보기에 그러한 반론은 그리 타당하지 않은 것으로 생각된다. 또한 시원적으로는 신화와 서정양식이 분리되지 않는 것이며 인간의 보편적 욕망들의 표현이라는 공분모를 지니고 있다는 점에서도 두 텍스트의 연관짓기는 유효하다는 판단이다.

다음으로 제도적인 연계성을 고려하면 이 문제는 모의고사와의 상당한 연관을 지니고 있다고 판단된다. 두 문제는 우선 형태상으로도 매우 유사하다. 작품이 주어져 있고 그와 관련된 텍스트로 〈보기〉를 통해 설화 양식(신화와 민담)을 제시하면서, 두 텍스트를 구성하는 요소들 중 유사한 기능을 하는 것을 찾으라는 문제이다. 따라서 수험생들은 이미 이 유형에 적응한 것으로 보아야 한다는 판단이 가능하다. 또한 시험 시행 후 이 문제에 대한 이의제기가 없었던 것으로 보아 문제의 의도도 성립되는 것으로 볼 수 있다. 이런 측면에서 모의고사 문제와 연계된 17번 문제는 성립여부를 판단할 수 있는 한 근거를 확보하고 있다고 볼 수 있다.

물론 이런 반론도 가능하다. 모의고사의 경우 지문이 소설이고 〈보기〉가 민담이니 그 연관성은 충분하지만, 17번 문제의 경우 서정과 서사의 결합이기에 그 연관성이 여전히 문제될 수 있다는 견해가 제기될 수 있다. 그러나 그러한 견해는 단순한 양식의 측면에서만 연관성의 여부를 찾고 있기 때문에 피상적인 접근이라 할 수 있다. 백석을 비롯한 1930대 주요 시인들의 작품에서는 '이야기성'이 중요한 특성으로 나타나기 때문이다.[12]

이 두 근거를 살펴 볼 때 17번 문제는 그 성립 근거를 제시하는 데는 별다른 어려움은 없어 보인다. 그럼에도 불구하고 그와 관련된

12 이에 대해서는 다음을 참조했음.
이명찬, 『1930년대 한국시의 근대성』, 소명출판, 2000.

이견들이 있었던 데는 그동안 관계자들이 대체로 동의할 수 있는 수준에서 평가에 대한 최소한의 논의와 합의가 이루어지지 않았던 때문이라 판단된다.

학교 교육과 관련된 모든 평가는 분명하게 그 파생 근거를 지니고 있어야 한다고 본다. 이 때 그 근거로 교육과정이 중핵에 놓여 있어야 할 것이다. 그러나 교육과정의 어떤 부분을 어떤 맥락에서 이끌어 들일 것인지에 대해서는 신중한 고려와 판단이 개입되어야 하는 문제이다. 교육과정을 근거로 삼는다고 할 때 그 자구나 문맥을 그대로 가져오는 차원이어야 할 것인지, 아니면 확대 재생산이 가능한 차원인지, 확대가 가능하다면 어느 정도 까지 범위가 허용될 것인지 등에 대한 논의가 이루어져야 한다고 판단된다.

그동안 수능시험에서조차 문제의 타당성과 적절성을 판단할 수 있는 기준이나 범주가 명시적으로 마련되지 않고 출제자들의 경험이나 판단에 기대어 출제가 이루어져왔다고 본다. 최소한의 근거라도 찾는다면 출제업무지침 상의 '교육과정을 크게 벗어나지 않는 범위 내'라는 구절 정도가 될 것이다. 이러한 관행은 평가의 기본 정신을 위배하는 것이기도 하다. 신뢰성과 예측가능성이 평가의 또 다른 축이라는 점을 인정한다면 더더욱 그러하다. 특히 모든 수험자들이 인정할 수 있는 평가문항과 결과를 필요로 하는 객관식 평가에서는 이러한 근거 마련이 무엇보다도 시급하다고 판단된다.

2) 작품 해석의 속성과 평가

오지택일형의 객관식 문제를 통해 문학작품의 해석과 관련된 능력을 평가하는 일은 근본적으로 논란의 여지를 안고 있다. 주관식 평가는 해석의 다양성을 최대한의 미덕으로 삼아야 하지만 객관식 평가에 있어 해석의 다양성은 최대의 장애물이 되기 때문이다. 17번 문제에 대한 논란의 핵심도 역시 해석의 문제와 맞닿아 있다.

해석 상의 가장 큰 쟁점은 두 부분이다. 하나는 시의 '고향'과 신화의 '비밀의 방'이 과연 같은 속성을 지닌 것인가 하는 것이고, 다른 하나는 시의 '나'와 신화의 '테세우스'의 궁극적인 목적이 무엇이냐 하는 것이다. 이의를 제기하는 입장에서는 신화의 '비밀의 방'은 어둡고 무서운 곳이라는 이미지를 지니고 있기에 '고향'의 이미지와 어울리지 않기에 비교 대상이 될 수 없으며, 따라서 '테세우스'가 괴물을 죽이고 나와 아테네(〈보기〉에는 나타나지는 않았으나 두루 알려진 신화에는 나오는 내용)로 향하는 과정이 '나'가 '고향'을 그리워하는 것과 유사하다는 것이다. 그렇게 본다면 '나'를 '고향'으로 인도하는 '의원'과 유사한 기능을 하는 것은 '비밀의 방'에서 나와 지향하는 곳으로 갈 수 있게 하는 '실'이라는 것이 핵심 주장이다.

이 해석의 차이는 일차적으로는 문제에 대한 이해가 다른 데서 오는 것으로 보인다. 즉 문제에서 요구하는 '유사한 기능'이 어떤 맥락에서의 유사함을 지칭하는 것인지, 비교와 판단의 근거를 어떤 범주 내에서 할 것인지에 대해 서로 다르게 판단하고 있다고 생각된다. 이 점은 객관식 문항을 통해 문학능력에 대한 평가를 시도할 때 필연적으로 제기될 수 있는 문제이다. 기본적으로 문학 작품은 열린 구조를 지니고 있는 것으로 보고 접근하는 것이 문학교육에서의 일반적인 감각인데, 그 열린 가능성을 객관식 문항을 통해 해결하는 일이 쉽지 않기 때문이다. 그래서 〈보기〉라는 장치를 두어 그 열림의 정도를 제한하고자 하는 것이다.[13] 이 문제에서는 〈보기〉와의 연관을 통해 의원

13 수능 시험에서 〈보기〉는 다양한 역할 지닌 장치인데 그 중요한 기능으로 추가적인 정보 제공, 접근 방향의 제시, 범위나 맥락의 제한 등을 들 수 있다.

이라는 시적 요소에 대한 한 해석의 방향을 유도하고 있는 것으로 보인다.

〈시〉

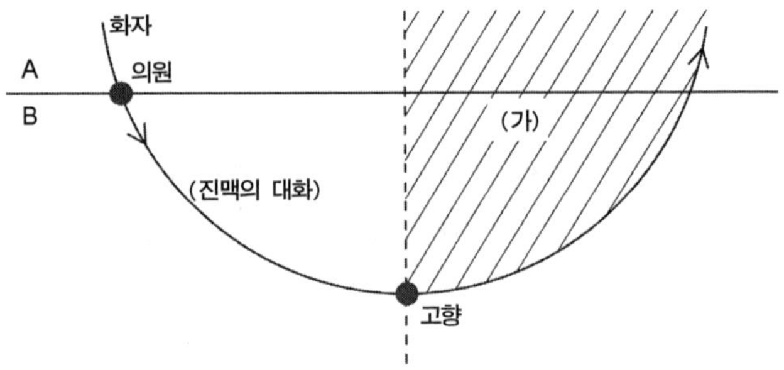

〈신화〉

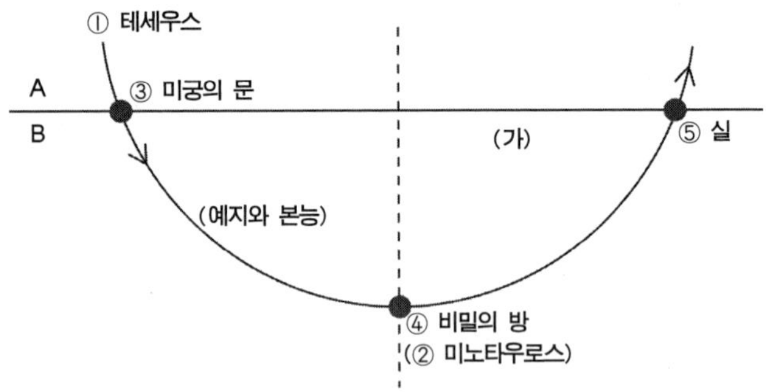

이 그림은 두 텍스트(시와 신화)를 구조화한 것이다. 17번 문제가 신화적인 요소 즉 이야기성을 토대로 하여 두 텍스트를 연결하고 있기 때문에 이야기의 기본 요소인 시간과 공간을 두 축으로 삼아, 각 요소들의 기능을 염두에 둔 형태론적 측면에서 구조화한 것이다.[14] 그리고 그렇게 구조화했을 때 각 대응 요소를 찾도록 하는 것이 문제의

14 이 도식은 다음을 참조하여 작성한 것임.
프로프, 최애리 역, 『민담의 역사적 기원』, 문학과지성사, 1990.

일차적인 의도이다. 이 도식이 성립될 수 있다면 '의원'의 기능과 유사한 것은 '미궁의 문'이 될 것이다.

이 도식에서 쟁점이 될 수 있다면 바로 위 그림에서 (가)로 표시된 빗금 친 부분이다. 이 부분은 이야기의 요건으로 보면 존재해야 하나 시 구조상으로는 '실현되지 않은 부분'이라 할 수 있다.[15] 즉 독자들이 감상을 통해 채워 넣어야 할 부분이다. 작가는 화자가 고향에 이른 순간에 시상을 정지시켜 독자들로 하여금 화자가 되어 이후의 여정을 수행하도록 한 것이라 보는 것이 적절할 것이다.

백석의 '고향'이 문학교육의 측면에서 의미가 크다(출제의 대상으로 삼을 가치가 있다)고 평가할 수 있는 이유는 여기에서 찾을 수 있을 것이다. 독자들은 시상으로 주어진 부분까지를 바탕으로 다양한 감상 활동을 할 수 있다. 그림의 뒷부분 (가)부분에 대해서는 자신의 가치관이나 경험, 또는 지식 등을 활용하여 여러 가지 해석을 내놓을 수 있을 것이다. 즉 이 시는 다양한 논의가 가능한 열린 구조를 지닌 작품이기에 학교 수업 시간에 감상 제재로 좋은 시가 되는 것이다. 물론 일차적으로는 시에서 주어진 요소들을 중심으로 정확한 시적 상황을 판단해야 한다. 그래야 의미 있는 문학교육이 되는 것이지, 시에 대해 그저 한번 보고 난 느낌을 자의적으로 말하는 것이 창의적인 교육이 아니다. 전제로 주어진 시적 상황들을 논리적으로 판단한 연후에 거기에 다양한 상상력과 추리력 등을 더해 주체적인 감상을 해 내도록 하는 것이 시교육의 한 방향이라고 생각한다.

그렇지만 객관식 시험에서는 그 감상 부분을 다루기는 현실적으로

---

15 이와 같은 관점에 대해서는 다음을 참조했음.
최미숙, 「시 텍스트 해석 원리에 관한 연구」, 서울대 석사논문, 1993.
김창원, 『시텍스트의 해석 원리』, 서울대 출판부, 1995.
김정우, 「상호텍스트적 시교육에 관한 연구」, 서울대 석사논문, 1998.

매우 어렵다. 그것은 주관식으로나 가능한 것이기 때문이다. 그래서 이 시와 같은 경우에는 구조를 통해 형상화된 부분만을 접근 대상으로 삼게 되는 것이다. 따라서 〈보기〉로 주어진 신화의 경우에도 도식의 앞부분('비밀의 방'에 이르기까지의 과정)에 대해서만 문제 삼는 논리적인 대응력이 필요하다. 이 대응력이 이 문제를 통해 측정하고자 하는 한 주요 요소이다.

이렇게 볼 때 객관식 문항을 통해 문학 작품의 해석과 관련된 능력을 측정하는 평가는 일단 해석의 열린 가능성이나 창의적인 감상의 보장이라는 두 범주를 다치지 아우르되, 이견의 가능성을 차단해야 한다는 어려운 과제를 해결해야 가능해진다. 이 과제 해결을 위해 수능시험에서는 그동안 다양한 장치들이 마련되어 왔고, 별다른 문제없이 진행되어 왔다. 그러나 문학작품에 대한 관점이나 해석들이 점차 정교해지고 심화되는 단계로 나아가면서 그 어려움은 더욱 커지고 있다. 장치 정도로 해결될 수 있는 수준을 넘어서는 문제들이 제기되었을 때 대응할 수 있는 치밀한 평가 논리가 필요하다고 본다. 그리고 문학연구와 문학교육이 밀접한 연관성을 지니는 상호보완적인 관계를 형성하지 못할 때 문학작품을 대상으로 한 객관식 평가는 그 존립여부가 문제될 것으로 판단된다.

3) 사고와 지식 범주의 제한 여부

객관식 문항을 통한 평가에서 자주 문제시되는 또 하나의 문제는 바로 배경지식의 활용여부의 문제이다. 즉 사고와 지식의 범주를 제한하지 않고 문제를 풀도록 하느냐, 아니면 주어진 조건 하에서만 사고를 하고 지식을 활용하여 문제를 풀도록 하느냐에 대한 논란이다.

그간 수능 언어영역이 10여년을 지속될 수 있었던 것은 몇 가지 전제가 있어 가능하였는데, 그 중 한 전제가 "주어진 조건과 자료(지문 보기 등)내에서만 해결하라"는 것이다. 교육과정이 독서 리스트를 준다거나 하는 식으로 독서의 범위와 대상을 정해주지 않은 상태에서 무작정 많은 독서량을 요구하는 것은 현실적인 여건 상 부적절하므로 지문이나 보기를 관련 정보를 주고 그것을 바탕으로 풀게끔 한다는 취지가 반영된 전제이다. 그러나 그와 관련된 배경 지식이 많으면 유리하게 작용하도록 하는 것은 모든 평가의 기본이다. 다만 그렇지 않은 학생들도 논리력과 사고력을 동원하면 충분히 풀 수 있게 만든다는 전제일 따름이다. 특정 책을 읽었느냐의 여부에 따라 문제풀이가 가능할 수 있고 그렇지 않을 수도 있다면 문제지만 관련 지식이 많은 학생이 어떤 측면으로든 유리하게 작용할 수 있다면 그것은 바람직한 것이라 판단된다,

그럼에도 불구하고 이와 관련된 논란들이 많이 있어왔는데, 17번 문제에 대해서도 이와 같은 맥락에서 중요한 문제제기가 있었다. 한 연구자는 "〈보기〉 지문이 '원 신화에서 많은 부분을 조작하여 재구성한 것'으로 '그리스 신화의 에피소드를 알고 있는 학생들은 자연스럽게 신화의 원전을 떠올리게' 됨으로써 '그것에 근거해서 추론하다 보면 오답을 낼 확률이 그렇지 않은 학생보다 클 것이기에' 교육적으로 바람직하지 않은 '함정이 매복된 문제'"라는 의견을 제시한 바 있다. 이 의견이 설득력이 있게 받아들여질 여지가 있다면 이 문제는 앞에서 설명한 맥락에서 심각한 결함을 안고 있다고 할 수 있다. 그래서 이 부분에 대해 면밀한 검토를 해 본 결과 문제제기가 사실 관계를 서술하는 과정에서 약간의 착오가 있었던 것으로 보인다. 즉 신화는 원전이 없고 다양한 변이 텍스트가 존재하며 〈보기〉는 그 중 하나라

는 점을 잠시 잊었던 것으로 보인다.

다시 17번 문제를 분석해 보면 이 문제는 그리스 신화에 대해 많이 아는 수험생들이 유리했을 것으로 판단된다. 테세우스 신화를 다룬 텍스트들이 많은데 뒷부분 즉 미궁에서 나온 이후를 중시하는 텍스트들(아리아드네와의 사랑 문제에 초점을 맞추는 텍스트들)과 앞부분을 중시하는 텍스트들(괴물을 죽이고 더 이상 제물들을 바치지 않아도 되게 만드는 영웅성에 초점을 맞추는 텍스트들) 사이에 존재하는 변이의 양상을 잘 알고 있는 수험생들은 〈보기〉의 내용으로 혼란을 겪기 보다는 선명함을 얻을 수 있었을 것이다. 그래서 여러 논자들이 이의를 제기한 것처럼 '시에서의 고향은 긍정적인데, 신화에서의 비밀의 방은 부정적이므로 같은 목표가 될 수 없다"라는 주장은 생각하지 않았을 것이다. 왜냐하면 앞부분을 중시하는 텍스트들에서는 '테세우스가 비밀의 방이나 괴물을 전혀 두려워하지 않고 자신의 영웅성을 드날릴 수 있는 기회로 생각하며 거리낌 없이 찾아 간다'는 것을 형상화해 놓았기 때문이다. 따라서 '실'은 〈고향〉의 '의원'의 기능을 할 수 없는 것이다.

이렇게 본다면 객관식 평가에서 배경지식을 활용하면 안된다거나 문제의 범위를 벗어 난 사고를 하는 것은 적절하지 않다는 속설이나 주장은 타당하지 않다고 판단된다. 그러한 주장이 인정된다면 그 문항은 이미 문제로서의 의미를 상실하기 때문이다. 주어진 조건 내에서 문제를 해결하라는 것은 확인되지 않은 정보나 다양한 접근과 해석이 가능한 정보를 동원하여 문제를 풀 때 생길 수 있는 논란을 방지하고 평가의 타당성을 유지하자는 취지일 뿐이다. 다만 문제를 작성하는 과정에서 사실관계라든가 관련 정보가 잘못되어 전도된 결과가 나타날 개연성이 있는 평가를 지양하려는 노력은 지속되어야 한다.

그리고 차제에 객관식 시험들이 포괄해야 지식이나 사고의 범주를 제시하는 방식에 대해서도 진지한 논의가 이루어졌으면 하는 기대를 해본다.

심화과목으로서의 문학교육의 미래

1. 문제 제기

어떤 철이 돌아오면 그 철에 맞는 화두가 등장하는 것처럼, 교육과정 개정기가 되어서인지 '문학'이 다시 화두가 되고 있다. 국어과 교육과정이라는 집을 짓는데 '문학'에게 독립된 방을 '주어야 한다'와 '줄 수 없다'라는 논쟁이 한 지붕 밑에서 긴장감까지 조성하며 이루어지고 있는 것이다. '주어야 한다'와 '줄 수 없다'라는 막다른 표현으로 밖에 설명할 수 없는 상황이 안타깝기만 하다. '가문의 영광'을 위해 같이 가야할 구성원들이 집을 어떻게 지을 것인가를 놓고, 새 집을 짓는 일을 주도하는 쪽과 그 나머지 쪽으로 나뉘어 다투는 양상이 노출됨으로써 '가문의 위기'가 닥칠지도 모른다는 우려를 낳고 있다.

이번 기획 주제들은 겉으로는 매우 평온해 보이나 그 내면은 그리 평안하지 않을 듯싶다. 현재 교육과정 개정의 개발 책임자인 평가원에서 마련한 쟁점 개선안이 그대로 실행된다면 '문학교육'이라는 개념 자체가 무의미한 것으로까지 변전될 개연성이 크기에, 이 주제들은 문학교육학회에서 대응해야 할 절실한 문제가 된다. 그나마 이 네 번째 주제는 비교적 온건한 논쟁의 범주에 속하는 것이기에, 장밋빛 미래를 그려볼 수 있다는 점에서, 부담을 한결 덜할 수 있을 것 같지만 전체적인 구도와의 관련 속에서 보면 그리 넉넉하지만은 않다. 아주 왜곡된 시각으로 보면 심화 과목[1]으로서의 '문학'의 '흔들리지 않을 위상'은 공통교육과정에서의 실지(失地)를 보상하기 위한 배려의 측면도 엿보이기 때문이다.

필자는 기본적으로 심화 과목에 대한 논의는 공통교육과정의 내용 체계와 위계적으로 대응되는 맥락에서 출발해야 한다는 생각을 갖고 있다. 혹시라도 공통교육과정에서 수용하지 못한 주장이나 영역을 심화과목을 통해 해결한다는 발상이 바탕에 깔려 있다면 교육과정안의 생명력은 현저히 약화될 것이기 때문이다.

그럼에도 불구하고 현재까지 파악 가능한 개정안에 대한 연구자들의 반응, 그중에서도 국어학이나 국문학 연구자들의 반응은 부정적인 측면에 가깝다. 교육과정 개정 작업에 참여해야 하는 '전공자'들을 어떻게 설정해야 할 것인가는 문제의 악순환이 될 것이기에 언급은 하지 않기로 한다. 하지만 그동안 국어교육의 중요한 학문적 기반을 형성해 왔던 국어학과 국문학계의 의견에 대한 충분한 수렴 없이 진행된다면 '정파적(政派的) 교육과정'[2]이라는 평을 면하기 어려울 것이다.

---

1 개선안에 따르면 7차 교육과정의 '일반선택'과 '심화선택'을 통합하여 '선택과목'으로 제시하고 있지만 기본적인 맥락은 7차의 '심화선택'의 위상을 이어받는 것이기에 주제 개념을 심화과목으로 설정했을 것으로 판단하여 그대로 따르기로 한다.

2 교육과정안 마련 같은 일에 모든 관련 연구자들이 참여할 수는 없기에 선택적 참여는 불가피하다. 그렇지만 그 '선택'의 과정과 내용에 대해서는 최소한의 사회적 합의가 필요하리라 본다. 평가원이 정책 조언자(policy adviser)가 아닌 정책 입안자(policy maker)로서의 역할을 하게 될 때는 '정파적'이라는 비판에서 자유롭지 못하게 된다. 물론 평가원은 보고서를 통해 각종 연구·개발 협력진과

교육과정안은 충분한 공감대와 설득력을 얻을 수 있어야 추진력을 가질 수 있고, 그래야 교육의 지표로 작용할 수 있을 것이다.

2. 논의를 위한 전제적 검토

논의의 흐름을 위해 앞의 논문들과 중복되는 측면도 있겠지만, 평가원에서 마련한 개정안 중 '문학'과 관련된 내용을 이 주제와 관련된 맥락에서만 검토해 보기로 한다.

우선 개정안에 담겨 있는 국어교육의 목표와 대한 문제이다. 현재까지 진행된 바에 따르면 '국어교육의 목표'는 쟁점으로 남겨져 있다. 그렇다면 목표가 정립되지 않은 상태에서 구체적인 내용을 논의한다는 절차를 보여주는 셈인데, 이는 타당한 과정이라 보기 어렵다. 물론 구체적인 내용이 수립되면 그것을 바탕으로 목표를 정립해 갈 수도 있지만, 그 같은 논의구조는 대체적인 틀과 범주에 동의하는 상황에서 가능한 것이라는 점에서 현재의 상황과는 어울리지 않는다. 따라서 목표를 쟁점으로 남겨 둔 상태에서 성안되고 있는 교육과정안은 논란의 여지를 계속 안고 갈 가능성이 크다는 점에서 개정안 주관자들의 인식 전환이 필요하다. 보고서에 제시된 개선 1안과 2안, 수정안의 변별성을 고려해보면 목표에 대한 인식이 불안정함을 볼 수 있다는 점은 그것을 반증해 줄 것이다.

다음으로 선행 교육과정과의 관련성에 대한 문제이다. 연구 보고서

다양한 참여 채널을 가동해 필요·충분한 과정을 거쳤음을 표 나게 강조하고 있지만, 참여자들의 입장은 그 역할에 대해 매우 엇갈린 반응을 보이고 있다. 지난 문학교육학회 학술발표회(40회)에서 그러한 반응들을 확인할 수 있었다.

는 이번 교육과정 개정은 '수시개정체제'의 도입이라는 '교육과정 개정사의 중요한 변화'를 시도한 것이라는 점에서 의미를 부여하고 있다. 그리고 그 내용은 7차 교육과정의 기조를 유지하면서 내포적·외연적 문제점을 해결한다고 되어 잇다. 그런데, 7차 교육과정 개정 당시 '정보화 사회와 지식 사회로 표현되는 새로운 문명 시대에 세계속의 중심 국가로 살아남기 위한 신교육체제의 수립이라는 국가 사회의 요구와 관련하여 개정'한다는 방침을 밝힌 바 있다. 그 기조가 유지된다면 '정보화 사회와 지식 사회에 대응'할 수 있는 교육과정의 수립에 초점이 놓여야 할 터인데, 과연 그 구체적인 대응 양상이 무엇인지를 이끌어내기는 쉽지 않아 보인다. 보고서의 주된 내용은 결국 내용체계를 어떻게 할 것인가에 국한되어 있다. '정보화 사회' '지식사회'에 대한 논의를 할 수 있는 인사들이 참여하지 않는 연구·개발 협력진 구성 단계에서부터 그 가능성은 차단되고 있다. 결과만을 놓고 본다면 현재 진행 중인 교육과정 개정안은'내용체계'라는 한 문제에 초점이 맞춰지고, 그에 대한 논쟁으로 정작 중요한 문제들을 놓치고 있는 셈이다. 정보화 사회와 지식 사회에 대응하기 위해 국어교육은 어떻게 이루어져야 하는가에 대한 논의가 실천적으로 이루어지지 않는다면, 이 새로운 교육과정의 '수혜자'가 되어야 할 학생들이 피해자로 남게 될 가능성을 부정하기 어려울 것이다.

또 하나의 문제는 의견수렴 과정과 관련된 것이다. 보고서에서는 현재의 교육과정에 대한 여론 수렴 결과가 중요한 논거로 자리 잡고 있다. 특히 교사나 학생, 학부모의 의견이 교육과정 입안에 중요하게 작용해야 한다는 대전제하에 상당한 기간과 노력을 통해 의견을 수렴하고 그 내용을 분석하여 과정 수립의 중요한 원천으로 삼고 있다. 그렇다면 그 내용 분석이 매우 정치하고 논리적으로 이루어져야 할 것이다. 그런데 그 분석과정에서 특징적인 접근 방식을 발견할 수 있어 문제시 된다. 그 부분은 내용 체계와 관련된 항목에서 집중적으로 드러나는데 그 내용을 검토해 보기로 하자.

(가) **초등학교 교사들**: 〈듣기 · 말하기〉, 〈읽기〉, 〈쓰기〉, 〈국어 지식〉, 〈문학〉으로 하자는 의견이 40.1%로 가장 높았고, 〈듣기 · 말하기〉, 〈읽기〉, 〈쓰기〉로 하자는 비율이 28.2%, 기존의 6영역으로 하자는 비율이 21.1%, 〈듣기〉, 〈말하기〉, 〈읽기〉, 〈쓰기〉의 4영역으로 하자는 비율이 7.0%로 나타났다. 이러한 경향은 경력별, 성별, 지역별, 경험별 결과에서도 일관되게 나타나는 현상인데, 다만 5~10년 미만의 교사와 읍 · 면 지역 교사의 경우, 3영역과 5영역에 같은 비율로(각각 30.8%, 35.7%) 반응하고 있어 흥미롭다.

초등학교 교사들은 대부분 기존의 영역에서 활동상 연계된다고 볼 수밖에 없는 듣기와 말하기를 통합하는 영역 구분을 선호하고 있으며, 6영역 체제를 유지, 보완하는 형태에 61.2%의 교사가 동의하고 있어 영역 구분 면에서 비교적 보수적인 생각을 가지고 있음을 알 수 있다. 한편 국어교육 학계의 요구를 수렴한 3영역 안에도 30% 가량의 교사들이 반응하고 있어 주목할 만하다.[3]

(나) **고등학교 교사들**: '〈듣기 · 말하기〉, 〈읽기〉, 〈쓰기〉' 8.8%, '〈듣기〉, 〈말하기〉, 〈읽기〉, 〈쓰기〉' 8.1%, '〈듣기 · 말하기〉, 〈읽기〉, 〈쓰기〉, 〈국어지식〉, 〈문학〉' 54.4%, '〈듣기〉, 〈말하기〉, 〈읽기〉, 〈쓰기〉, 〈국어지식〉, 〈문학〉' 25.7%, 기타 2.9%로 반응하여 현행 6

---

3 평가원, 2005년도 주5일수업제 대비 교육과정 개정연구 위탁과제 중간보고서: 국어과 교육과정 개정(시안) 연구 개발, 14쪽. 이하 보고서의 인용은 해당 부분의 뒷면에 쪽수만 밝힘.

영역 체제에서 〈듣기〉와 〈말하기〉 영역을 통합한 5영역 체제를 가장 선호하는 것으로 나타났다.

이러한 경향은 경력별, 성별, 지역별, 교육과정 참여 여부에 따라 의미 있는 차이 없이 일관되게 나타났다. 고등학교의 경우 '문법'이나 '문학'과 같은 심화 선택과목이 존재한다는 점, 그리고 언어 활동 중심의 3영역 또는 4영역 체제에서 '국어지식'이나 '문학' 영역의 위상 등에 대한 명확한 관계 설정 등에 대한 정보가 부재한 상황에서 반응하였기 때문에 나타난 결과로 판단된다. 이 부분에 대해서는 좀 더 심층적인 분석이 뒤따라야 할 것으로 판단된다. (27쪽)

(다) **교수. 전문가들**: '〈듣기 · 말하기〉, 〈읽기〉, 〈쓰기〉' 15.2%, '〈듣기〉, 〈말하기〉, 〈읽기〉, 〈쓰기〉' 6.1%, '〈듣기 · 말하기〉, 〈읽기〉, 〈쓰기〉, 〈국어지식〉, 〈문학〉' 54.4%, '〈듣기〉, 〈말하기〉, 〈읽기〉, 〈쓰기〉, 〈국어지식〉, 〈문학〉' 15.2%, 기타 9.1%로 반응하여 현행 6영역 체제에서 〈듣기〉와 〈말하기〉 영역을 통합한 5영역 체제를 가장 선호하는 것으로 나타났다.

이러한 경향은 지역별, 교육과정 참여 여부에 따라 의미 있는 차이 없이 일관되게 나타났다. 다만 경력이 5년미만인 경우 '〈듣기 · 말하기〉, 〈읽기〉, 〈쓰기〉'와 '〈듣기 · 말하기〉, 〈읽기〉, 〈쓰기〉, 〈국어지식〉, 〈문학〉' 에 똑같이 33.3%로 반응하였고, 5~10년 미만은 〈듣기〉, 〈말하기〉, 〈읽기〉, 〈쓰기〉를 더 선호하는 것으로 반응하였다. (34쪽)

(라) **학생들**: 국어 시간에 하고 싶은 활동에 대해 '인터넷, TV, 영화에 나온 내용 읽기(보기)'가 61.5%, '인터넷에 댓글 달기'기 32.6%, '시, 소설, 수필, 희곡 읽기'가 28.8%, '토의·토론하기'가 26.2%라는

응답 결과가 나왔다. (41쪽)

(마) **학부모들**: 국어 교육에서 강조되어야 할 내용에 대하여 '토의 · 토론하기'에 59.0%(1위), '정확한 문장 구성하기'에 49.5%(2위), '발표하기'에 47.6%(3위), '표준어 · 표준발음 알기'에 37.7%, '논술문 쓰기'에 28.5%, '설득하는 말하기'에 26.4%, '실용적인 글 읽기'에 25.1%, '낱말의 쓰임 알기'에 22.9%, <u>'시, 소설, 수필, 희곡 읽기'에 20.8%</u>, '면접에 응답하기'에 15.7% 응답하여 상대적으로 높은 반응을 보였다.(1위에서 10위까지) 이어서 '보고서 쓰기' 10.0%에 '인터넷, TV, 영화에 나온 내용 읽기'에 9.5%, <u>'시, 소설, 수필 쓰기'에 8.6%</u>, '비판적인 말하기'에 8.3%, '비판적으로 읽기'에 8.4%, '독서기록장 쓰기'에 8.4%, '학급 신문 만들기'에 3.1%, '인터넷에 댓글 달기' 2.8%, '희곡, 시나리오 쓰기'에 1.5% 등의 순서로 보였다.

이들 높은 반응을 보인 답지들은 대체로 사회생활에서의 실제적인 필요를 강조한 것으로 대체로 말하기와 쓰기에 관련된 것의 비율이 매우 높다는 점에서 특징적이다. 반응률 순위로 볼 때 상위 10위권의 반응을 보인 답지들 가운데 읽기와 관련된 답지는 '실용적인 글 읽기'(7위) 하나 밖에 없으며 <u>그나마 문학 작품에 대한 관심이 상대적으로 매우 낮음(9위, 20.8%)이 드러나고 있다</u>. 학부모의 교육과정에 대한 관심이 실용적인 측면에 중점을 두는 경향은 다른 나라에서도 보고 되는 현상이기는 하나, 의사소통 능력의 발달에서 읽기 - 쓰기, 말하기 - 듣기의 관련성을 고려할 때 심층적인 분석을 기다리는 대목이라고 하겠다.(43쪽)

(바) **영국의 자국어교육**: <u>우리나라의 파행적인 영역 구분</u>과는 달리 내용 영역이 말하기와 듣기, 읽기, 쓰기와 같은 기능 중심으로 구분되

어 있으면서 국어 지식과 문학을 세부 학습 요목으로 다루고 있어 우리나라 국어과 교육과정의 내용 영역 구분에 시사하는 바가 큼.(52쪽)

이 조사 결과를 분석하는 태도를 보면 어떤 목적의식이 표 나게 드러나는 것은 아닌가 하는 의구심이 들 정도로 특정 문제에 대한 '선택적 관심'을 보이고 있다. 60% 정도의 반응 비율 보다는 그 반 정도인 30% 정도의 반응에 대해 '다만' 이라는 표현을 덧붙여, 그 의미를 부각시키고자 하는 태도가 드러나고 있다. 그것도 대상을 '5~10년 미만의 교사·교수들'처럼 특정화할 때 도출될 수 있는 반응 비율을 들고 있다. 특히 초등학교 교사들과 고등학교 교사들의 경우, 6영역 체제에 매우 높은 비율로 선호도를 보이는 데에 대해서는 '보수적'이라거나 '정보의 부재'라는 표현을 사용하고 있는데, 이는 논리적인 객관적인 분석 태도라 보기 어렵다.

학생들과 학부모의 경우에는 그들이 매우 현실적인 문제(공부의 재미/자녀의 진학)에 매달리게 된다는 점을 슬며시 외면하고 낮은 비율임에도 중요한 고려사항으로 제시하고 있다.

평가원 보고서에서 이러한 접근방식을 통해 요약하고 있는 것은 바로 (바)에서 제시한 것과 같은 '파행적인 영역 구분론'이다. "대부분의 교사나 교수들은 60% 정도가 6영역이나 5영역 체제에 찬성하는 '보수성'을 보이지만 5~10년 정도의 경력자(아마도 '진보적'이거나 '젊은' 이라는 개념으로 설명하고 싶었을 것이다)들만 본다면 거의 같은 비율이거나 오히려 4영역 체제에 더 선호하는 경향을 보인다." 는 분석 결과가 궁극적으로는 6영역 체제가 파행이라고 규정할 수 있는 '여론의 힘'으로 작용하고 있는 것으로 보인다. 언제 우리 교육과정 개발 주체들이 그렇게 젊은 교사·교수들의 의견에 귀를 기울였던가?

이전의 '교육과정 영역 구분이 파행적'이라는 진단은 보다 근본적인 질문을 던지게 한다. 그 진단을 받아들이면 지금까지 교육과정을 설계해 온 것이 '시스템'이 아니고 '개인들'이라는 추론을 가능하게 한다. 시스템을 통해 마련해 온 국가의 교육과정이 그렇게 파행적으로 될 수는 없을 것이기 때문이다. 개인으로서의 개발 주체들의 목소리가 담길 여지가 있었기 때문에 '파행적'으로 설계된 것이 아니겠는가? 그런데 이번 교육과정 마련도 이전의 과정들과 크게 다르지 않게 진행되는 것으로 보아, 이후의 교육과정 설계자들 역시 현재 논의 중이고 곧 확정될 것으로 예상되는 영역 구도에 대해 '파행적'이라 진단할 개연성도 역시 크지 않겠는가? 누가 주도적으로 초안을 마련하느냐? 즉 평가원이 어떤 관점을 가진 연구자들과 먼저 교감하느냐에 따라 이전의 교육과정의 틀이 '파행'으로 규정될 수도 있고, 금과옥조로 수용될 수 있다면 이는 중대한 문제가 아닐 수 없다. 만일 파행적이었다는 판단에 모두가 동의한다면 수정 · 보완이 아니라 전면적인 개정이 필요한 부분이 아닌가?

3. 심화 과목 설정의 선결 조건

'선택중심교육과정'의 한 (심화)과목으로서의 [문학]에 대한 논의는 필수적으로 '국민공통기본교육과정'의 [국어]와 밀접하게 연관된다. 심화 선택이라는 개념은 기본 과목을 전제로 하기 때문이다. 그래서 6영역 체제에 대한 논의를 보다 진전시킬 필요가 있다. 앞 장에 이어 몇 가지 질문을 던지고 그에 답하는 방식으로 이 문제에 대해 접근해 보기로 한다.[4]

첫째, 6영역 체제를 파행구조라 한다면 파행시킨 주체는 누구인가?

'국어 교육과 관련된 여러 집단의 의견 수렴이 국어 교육의 정체성과 독자성을 훼손해서는 절대로 안 된다는 데 대한 합의가 필요할 것'이라는 표현에 기댄다면 6영역 체제는 집단의 의견이 국어교육의 정체성과 독자성을 훼손한 데서 온 결과'라는 것인데, 그 집단은 어떤 범주를 지칭하며 그 범주는 파행구조를 주장하고 밀어붙여 결정시킬 만큼 힘을 가지고 있는가? 그런 힘을 가졌고 용인된다면 사회적으로 승인된 것이 아닌가?

둘째, 그동안 국어교육의 지탱해 온 저변의 힘은 어디에 있었는가? 광복 이후 60년에서 25년을 제외한 기간 동안 국어교육의 바탕을 마련해 온 학문적 기반은 무위(無爲)인가?

셋째, 우리 사회에서 국어교육이 민족교육으로서의 중대한 임무를 수행해 온 역사성을 부정하려는 태도는 이후 어떤 평가를 받을 수 있다고 보는가? '기능'과 '언어사용'이라는 개념이 그 중대한 역할을 주도적으로 수행할 수 있다고 보는가? 세계화, 문명화 시대라는 현대사회의 걸맞은 국어교육에 대한 설계 의지는 있는 것인가? 민족정신의 함양이며 공동체의 구성원으로서의 태도 형성 등은 이 시대의 요구가 아니며 국어교육과 무관한 것인가?

넷째, 학교 현장에서 국어교육의 수월성과 정체성을 실제적으로 구현해 온 영역이 무엇이라고 생각하는가? 교육의 숙명이라고까지 일컬어지는 '교육과정과 현장과의 괴리'에서 그나마 교실 수업을 유지해 온 원동력이 '문학'영역에 있었음을 부인하겠는가?

필자는 6영역의 문제를 '파행(跛行)'구조로 보지 않고 '동행(同行)'

4 이러한 질문이 가능한 맥락에 대해서는 다음 참조.
김대행 외, 『문학교육원론』, 서울대출판부, 2000.

구조 내지는 정립(鼎立) 구조로 본다. 불가피한 상황에서 합의에 의해 이루어진 것이지 어느 한 쪽이 몽니를 부려 억지로 만들어 놓았다고는 보지 않는다. '바람직한 국어교육을 실현'하자는 이상에는 동의하나 구체적이 실천 방법에서는 이견을 보이는 지분(持分) 소유자들이 팽팽히 맞서는 상황에서 선택할 수 있는 방안은 무엇인가를 생각해 보자. 그 상황은 25년간 지속되었다고 하는데 그 정도면 단순한 이견의 문제가 아니라 본질적인 문제일 수 있다. 서로의 영역에 대해 말로는 '그 중요성을 충분히 인정한다.' 하면서도 내면에서는 인정하기 어려운 속성들을 지니고 있는, 先·後나 輕·重을 가리기 어려울 뿐만 아니라 동의하기 어려운 영역들이 정립하고 있는 상태인지라 그 영역들을 다 포괄하는 선에서 영역 체계를 마련한 것일진대, 그것이 파행일 수 없지 않은가?

개정안에서 보이듯 4영역 체제는 일견 합리적인 사고의 결과로 생각되기도 한다. 더군다나 주요 국가들의 자국어 교육과정을 보아도 다 그렇다고 하니 근거도 넉넉해 보인다. 하지만 그 바탕을 이루는 인식은 아직도 '파행구조'를 종식시키기에는 부족해 보인다. '말하기 - 듣기 - 읽기 - 쓰기'와 '문학 - 국어지식' 등으로 이루어진 체계가 그 영역별 위상이나 성격상 합리적인 나열 대상이 될 수 없기에 파행적이라 하지만, 6개 영역이 필요하다는 현실은 25년간 인정되어 온 것이다. 그렇다면 파행적이지 않은 체계로 가기 위해 제안할 '말하기 - 듣기 - 읽기 - 쓰기'는 '문학 - 국어지식'이 저변에 깔리는 '토대 요소'로 전화된 상태에서 가능한 것이지 '텍스트의 일부' 개념이나 초급 단계의 '학습 요소' 정도로 규정하는 상태에서는 문제 해결의 의지가 없는 안을 볼 수밖에 없다.

지난 25년간 지속된 문제의 본질이 언어생활과 문화에 대한 인식의 공유가 이루어지지 않은데서 오는 것이라는 점을 고려하지 않은 채,

기존 체계 내에 속해 있을 때의 성격('말하기 - 듣기 - 읽기 - 쓰기'의 성격)을 변화시키지 않은 채, 현재의 방향으로 나간다면 현실 축을 무시한 말 그대로 '파행구조'가 될 것이다.

물론 개정안에는 다음과 같은 '체제'를 통해 이 문제를 해결한 것으로 제시하고 있다.

[표 1][5]

내 용 요 소 (학습요소/지식)		
텍 스 트 - 실용 - 문학 - 복합		
언어 · 매체 - 발성과 발음 - 담화 표지 - 매체 특성	인지(전략/기능) - 내용 생성 - 내용 조직 - 표현 및 전달	사회 · 문화(맥락 · 상황) - 상황 이해 - 상호 교섭 - 문화 분석

이 체제를 보면 문학은 텍스트의 한 유형으로, 국어지식은 언어 · 매체의 요소 일부로 수용되어 있다. 그런데 구체적인 내용으로 가서 본다면 이 경우(말하기 사례)에는 텍스트로 문학이 제시될 가능성은 매우 낮아 보인다. 말하기 영역보다도 듣기 영역에서는 더욱 그러할 것이고 쓰기 영역 또한 아주 낮은 비율의 '문학 텍스트'가 제시될 것으로 보인다. 읽기 영역에서는 상대적으로 높겠으나 '말하기 - 듣기 - 읽기 - 쓰기'를 입론하고 있는 관련 연구자들의 인식과 성향을 고려할 때 33% 정도의 '이상적인 비율'을 제시할 것으로 판단된다. 전체적으로는 아무리 높게 잡아도 20%를 넘기 어려울 것이다.

이러한 추론이 잘못되지 않았다면 파행구조를 정상화시킬 방안으로는 보이지 않는다. 현실의 축을 고려하지 않고, 정치적인 용어를 빌리자면 '흡수하는 방식'을 취하고 있기 때문이다. 토대가 되어야 하는

5 평가원 보고서에서 제시된 표로, 아래 필기체는 '말하기'의 예임.

요소를 흡수의 대상으로 삼는 일은 문제 해결 의지의 부재로 보일 따름이다. 개발 주체라는 이름으로 행사되는, '권력'이랄 수 있는 형상의 일단이 내비치어 오히려 당혹스럽다.

한 가지 문제만 반박해 보기 위해 평가원 측에서 주요한 사례로 제시하고 있는 영국의 경우를 예로 들어 보자. 영국에서는 우리와 같은 교과서 개념이 존재하지 않고 출판사에서 제작한 교과서형 참고 도서들이 교과서를 대신한다. 교사는 그러한 자료를 사용할 수도 있고 그렇지 않을 수도 있다. 그런데 이 도서들의 구성 텍스트의 70% 정도가 문학적 텍스트이고 나머지 30%는 일상적인 텍스트이다. 그 텍스트를 바탕으로 한 학습 영역은 평가원에서 표나게 제시했듯 '말하기 · 듣기 - 읽기 - 쓰기'이다. 이 같은 설정 방식은 그 저변을 이루는 언어문화에 대한 인식이 우리와는 사뭇 다른 맥락에 놓여 있기에 가능한 것이다. 즉 학습 영역만 가져다 놓고 논할 일은 아니라는 사실이다. 사회 구성원 대부분이 문학 텍스트에 대한 또는 문학 · 문화적 전통에 대한 공통된 인식을 지니고 있기에 가능한 설계이다. 70%는 비율의 문제가 아니라 인식의 문제인 셈이다. 문학적 텍스트를 70% 정도 설정해도 문학의 사회 · 문화사적 의미와 비중에 대한 공감대가 형성된 상황에서는 문제시 될 수 없는 것이다.[6]

그런데 새로운 교육과정의 의거해 만들어지는 교과서에서 문학적 텍스트를 70% 설정한다고 할 때 어떤 문제가 나타날까? 당연히 교과서로서 햇빛을 보지 못할 것이다. 현재의 상황에서 볼 때 검정 기준이 될 교육과정 자체가 용인하기 어려울 것이기 때문이다. 기껏해야 20%

6 이와 관련된 영국의 교육과정에 대해서는 다음 참조.
김대행, 「영국의 문학교육」, 『국어교육연구』 4, 1997.
임지룡, 「'영어: 영국의 국가 교육과정'에 대하여」, 『국어교육』 108호, 2002.

이내에서 텍스트로 설정될 수밖에 없다면 문학의 위상은 현저히 낮아질 수밖에 없다. 문학의 위상이 낮아지는 것에 대한 문학(교육) 전공자들의 반응을 놓고 '밥그릇 싸움'이라는 용어를 사용하기를 주저하지 않는다면 이는 지극히 천박한 논리일 것이다.

국어교육이 인문정신을 구현하지 않는다면 그것은 반쪽의 교육이다. 청소년들의 가치관이나 정신적 태도에 대해 우려하는 목소리들은 너나없이 내놓으면서도 정작 인문교육과 관련된 질문에는 묵묵부답이다. 학생들의 정서와 태도를 교육적으로 이끌어 가는데 문학적인 텍스트만한 것이 있는가? 실용적인 텍스트를 통해 학생들이 얻을 수 있는 것과 문학적인 텍스트에서 얻을 수 있는 것이 대체 가능한 걸까? 가장 전통적이고 실용적이며 대체 텍스트를 찾기 어려운, 문화적·인문적 텍스트인 문학작품의 중요성에 대한 인식 없이 설계된 국어교과서를 통해 인문정신의 구현이 가능할 것인가? 이런 질문에 대한 답 때문에 문학(교육) 전공자들이 형해화(예를 들어 말하기의 텍스트로 쓰일 경우를 상정해 보라)된 문학만이 남게 될 교육과정에 대해 반응을 하게 되는 것이라 생각한다.[7]

논점을 달리해서 학교 현장의 문제로 들어가 보자. 이상적 설계에도 불구하고 학생들은 국어 수업 시간에 대해 전폭적인 지지와 흥미를 보이지는 않는다. 문학적 텍스트나 매체 텍스트에 관심을 활용하여 이루어지는 수업 정도가 학생들의 참여를 높일 수 있다는 것이 현

7 국어교육과 인문정신의 관련성에 대해서는 다양한 접근이 가능하고 논란도 있어 왔다. 이 부분의 논의를 위해서는 다음을 참조했음.
우한용, 『문화교육과 문화론』, 서울대출판부, 1997.
정병헌, 『한국 고전문학의 교육적 성철』, 숙명여자대학교 출판부, 2003.
김중신, 『한국문학교육론의 방법적 성찰』, 한국문화사, 2003.
김상욱, 『문학교육의 길찾기』, 나라말, 2003.
이지호, 『글쓰기와 글쓰기 교육』, 서울대 출판부, 2001.

장 교사들의 의견이고 보면 교육의 수월성을 위한 장치로 무엇이 마련되어야 할지는 충분히 파악할 수 있을 것이다. 그렇지 않은 체제에서 학생들의 참여를 어떻게 이끌어낼 것인가? 더군다나 수준별 학습을 시행하려면 학생들의 관심과 참여는 더더욱 필요한 것이 아닌가?

이러한 문제를 포괄적으로 해결 할 수 있는 공통교육과정이 마련되지 않은 상태에서는 심화 과목의 설정은 무의미할 수 있다고 생각한다. 말 그대로 심화 과목은 기본 내용을 좀더 깊이 있게 학습하자는 데에 그 의미가 있을 것이기 때문이다. 개발 주체가 누누이 강조하고 있는 것이 논리적이고 합리적인 구도일 터인데, 이는 심화과목의 설정에도 그대로 적용되어야 할 것이기 때문이다. 앞에서 설명한 바와 같이 용어상으로는 선택과목으로 되어 있지만 실제로는 심화선택과목의 성격을 지니고 있는 것이어야 한다면, 공통교육과정에서 이루어지는 학습의 연장선상에서 심도 있는 수준을 제공할 수 있는 과목의 설정이 되어야 논리적이고 합리적일 것이다.

4. 심화과목으로서의 문학의 설정 방향

현재 논의되고 있는 선택과목 구조 안을 보면 다음과 같다.

[표 2]

7차 과목 구조(시수)		개선 1안	개선 2안	개선 3안	개선 4안
일반선택	선택과목	선택과목			
국어생활 (4)	화법(4) 독서(8) 작문(8) 문법(4)	국어생활 문학 독서 작문	사회와 국어생활 문학읽기와 토론 독서토론 독서논술	글쓰기와 글읽기 삶과 의사소통 문학 읽기 미디어 읽기	화법의 원리와 실제 독서생활 창의적 글쓰기 국어지식

	문학(8)	화법 말과 글 언어와 매체	구어와 문어표현 비판적 글읽기 국어와 보여주기		삶과 문학 매체와 언어생활

이러한 구도와 함께 총론적인 논의 방향은 '최소 필수 과목의 선정', '교과당 6과목 이내 개설', '과목당 6단위 이내 배정' 등으로 설정되어 있고, 고려사항으로는 '사회 변화와 학습자 학습 환경의 변화', '국어 과목의 선택 경쟁력 제고' 등이 있다.[8]

심화과목을 논하면서 우선적으로 떠오르는 생각은 과연 이 과목들이 '선택'될 수 있는 것인가 하는 점이다. 학생들이 자신의 질로, 적성, 소질을 계발하는데 도움이 되는 과목을 선택할 수 있도록 운영해야 하는데 현실적인 여건은 그렇지 않다. 학교(교사)가 선택하고 학생들은 거기에 따를 뿐이기 때문에 '심화 선택' 과목에서 선택의 의미는 사실상 배제된다고 해도 과언이 아닐 것이다. 그렇다면 본래의 취지대로 학생들이 선택할 수 있는 여지가 있는 설정 가능성을 고려해야 하지 않을까 생각한다.

다음으로 '심화'의 개념이다. 표면상으로는 드러내지 않았지만 11, 12학년에 배치되는 과목은 당연히 공통과정과 연관지어 깊어지거나 확장되는 학습 내용을 다루어야 한다고 본다. 그렇다면 공통교육과정의 어떤 맥락을 어떻게 하는 것이 '심화'일까 하는 문제가 생긴다.

이 두 가지 문제를 고려하여 심화 과목으로서의 문학의 설정에 대

8 이러한 안에 대해 또 하나 제기할 수 있는 문제점은 학제적 접근에 대한 고려가 없다는 점이다. 정보화 사회, 지식 사회에 대응할 수 있는 국어교육의 설계라는 방향성에도 불구하고 이런 고려가 없음은 숲이 아닌 나무만을 보고 있는 결과라고 할 수 있을 것이다. 학제적 접근과 관련하여 시사점을 얻은 논저로는 다음이 있음.
정재찬, 『문학교육의 사회학을 위하여』, 역락, 2003.

한 필자의 생각을 개진해 보기로 한다. 심화과목이 공통교과과정과 연계되어야 한다는 면에서 현재 논의되고 있는 유력한 안과 가능성 있는 안으로 나누어 살펴보자.

유력한 안인 말하기 - 듣기 - 읽기 - 쓰기의 영역 체계를 따른다면 세 가지 방법이 가능할 것이다. ([표 1] 참조) 하나는 영역 자체를 심화하는 방안이다. 영역 자체를 그대로 현재의 과목 형태로 가져가는 방식인데 7차의 심화선택 과목의 편성 원리와 같을 것이다. 즉 말하기 - 화법, 읽기 - 독서, 쓰기 - 작문, 문학 - 문학, 국어지식 - 문법의 대응구조와 같다. 대신 산술적으로 앞의 네 과목만이 가능할 것이다. 그렇지만 이 경우는 개정안이라는 성격을 무색케 할 구조가 될 것이다.

다른 하나는 네 영역을 상호 조합하는 방안이다. 이 경우 산술적으로는 듣기와 쓰기, 듣기와 말하기, 듣기와 쓰기, 말하기와 읽기, 말하기와 쓰기, 읽기와 쓰기 등 여섯 가지의 경우가 가능하다. 현재 논의 중인 2안과 유사한 과목들이 도출될 수 있을 것이다. 그런데 이 안에 따른 과목들은 무질서하고 자의적인 설정이란 느낌을 떨치기 어렵다. 또한 교사들의 선택이라는 상황과 결부시켜 본다면 다른 과목들과의 경쟁력이 약화될 가능성이 크다.

세 번째는 내용 요소들 간의 조합이다. 유력한 안은 텍스트를 세 유형으로 나누고 언어 · 매체, 인지, 사회 · 문화를 유목화하고 있는데 이들을 결합하는 것이다. 즉 실용(문학/복합)텍스트 - 언어 · 매체, 실용 텍스트 - 인지, 실용 텍스트 - 사회 · 문화 등 총 9가지 조합이 가능하다. 그런데 이 경우는 이론상으로는 가능할지 몰라도 구체적인 과목의 형태로 구상화하기에는 현실적으로 어려움이 많을 것으로 보인다.

그렇다면 가능성 있는 안들의 경우는 어떠할까? 개선 2안으로는 4

영역 체계에 보기와 보여주기 영역을 분리 신설하는 것인데 이 경우는 구체적인 과목의 형태로 전환되기에는 어려움이 많다. 정서상, 효율성의 측면에서 의미를 찾기 어렵다고 본다. 그리고 그 가능성의 여부는 미지수이지만 6영역 체제로 환원되게 된다면 개선 1안이 매우 유력한 안이 될 수 있을 것이다. 그렇지만 이 안들은 현재의 구조가 안고 있듯이 특정 과목에의 편중, 과목 간·내용 요소들의 중첩이라는 문제를 여전히 안게 될 것이다.

필자로서는 현재 논의 중인 어느 안에 대한 동의여부나 수정 제안은 별다른 의미가 없다고 생각한다. 오히려 매우 부족하기는 하지만 하나의 안을 내놓아 논의과정에서 참조가 되기를 바라는 쪽이 효율적이라 생각한다. 그 생각의 대강은 다음과 같다.

교육과정 논의의 추세를 보자면 가장 큰 쟁점이 되고 있는 내용 영역 체계는 4영역 체계로 흐를 가능성이 가장 큰 것으로 보인다. 상당한 노력과 예산을 들여 시행했을 설문조사의 결과도 전혀 영향을 주지 못하는 상황에서 '학계의 일부'에서 제기하는 목소리가 반영되기는 어려울 것이다. 아쉽지만 현실을 인정한다면 4영역 체계에 따른 심화과목 설정 안을 제시하는 것이 바람직할 것이다.

4영역 체계에 의한 공통교육과정에 이은 심화과정으로는 '문학'과 '언어'의 두 범주를 설정하는 것이 어떨까 한다. 이 경우 선택의 문제는 검인정(檢認定)이 아닌 인정(認定) 교과서제도를 활용하여 해결하는 것이 바람직할 것이다.

문학의 경우 문학비평을 최고의 목표로 설정하되 비평의 개념을 감상에서 본격적인 비평에 이르기까지 다양화하고, 학생들의 활동은 비평하기(읽기 - 말하기), 토론하기(읽기 - 말하기) 비평문 쓰기(읽기 - 쓰기), 재생산하기(매체 변용 및 활용하기), 창작하기 등으로 설정하여 공통교과와의 연계성을 확보하도록 한다.[9] 텍스트로는 일상의 문학적 텍스트 - 본격적인 문학 텍스트 - 매체 텍스트 등을, 생산자는 학생에서 일반인, 작가에 이르는 쪽으로 확산하는 일도 가능할 것이다.[10]

경우에 따라서는 각 범주와 단계별로 2~3개의 과목으로 분화도 가능하다. '문학 비평' '문학 창작', 문학의 다양한 존재방식과 실생활적 수용을 다루는 '문학과 생활' 등이 그 예가 될 것이다. 이는 심화 과목으로서의 성격을 극대화하자는 취지이다. 그리고 학교현장에서의 현실적인 문제인 학생들의 선택 가능성, 교육의 수월성도 고려한 안이다.

언어의 경우 일상적인 언어생활에서 고급스러운 언어생활에 이르기까지 실용성을 고려한 언어활동의 제 국면을 다루는 내용 체계를 설정한다. 가정 - 학교 - 사회생활에 이르기까지 필요한 언어 능력을 길러주는 목표를 위한 설정이 될 것이다. 언어에 대한 기본 지식부터 커뮤니케이션, 매체 언어에 이르기까지 단계화 된 내용 설정이 가능할 것이다.

이러한 구도는 교과서와 밀접하게 연관될 때 의미가 있을 것이다. 기존의 검인정 교과서와 같이 교육과정 상으로 항목을 제시하여 거기에 기반(羈絆)되도록 할 것이 아니라 다양성을 충분히 살린 교과서들

---

9 문학교육에서 비평 개념의 본격적인 도입은 매우 중요하다. 10여 년 동안 문학교육을 받은 학생들이 기본적인 비평능력조차도 갖추지 못한 독자로 남는 것은 반성적 고찰의 대상이 되기에 충분하다. 문학교육에서의 '비평'에 대한 논의로는 다음 참조.
임경순, 『국어교육학과 서사교육론』, 한국문화사, 2003.
김성진, 『문학교육론의 쟁점과 전망』, 삼지원, 2004.
졸저, 『문학연구와 문학교육』, 한성대출판부, 2004.

10 매체 또는 미디어를 내용 요소로 들여와야 한다는 주장과 그에 대한 반론도 중요 쟁점 중의 하나이다. 필자는 매체(미디어)를 체계로 설정하는 것보다는 텍스트의 요소로 들여오는 것이 바람직하다고 본다. 예를 들어 4영역 체제에서 텍스트를 일상 - 문학 - 복합으로 나누고 있는데, 일상 - 문학 - 매체로 하여 수용하는 것이 적절하리라 본다.

을 인정하고, 학교 현장에서는 복수의 교과서를 선정하고 학생들은 그 중 하나를 선택하게 함으로써 실질적인 '선택'과 심화가 이루어지도록 하는 방안이다. 이수 단위 역시 2년 동안 2~3권의 차별적인 교과서를 통해 충분한 학습이 이루어지도록 하는 것이 필요하다.

현재의 선택 과목 구도로 볼 때 국어교과 내에서는 실질적으로는 두 과목 정도의 선택이 이루어지고 학습하도록 되어 있다. 예를 들어 문학 - 독서, 문학 - 작문, 독서 - 작문, 독서 - 문법 등의 선택을 한다면 나머지 선택되지 않은 과목의 활동은 공통교육과정으로 끝나게 된다. 편식의 가능성이 매우 크다. 문학 - 독서 - 작문 등의 교과서들 간에 겹치는 범주들을 피해가려고 하기 때문에 어느 한 과목만 배우게 될 경우 나머지 활동 요소들에 대한 교육은 배제해야 된다는 말이 성립한다.

현재 논의 중인 안들도 마찬가지이다. 예를 들어 2안(1안은 앞의 경우와 같음)에서 독서와 토론-비판적 글 읽기를 선택했다면 나머지 독서논술이나 사회와 국어생활에서 배워야 할 내용 요소들은 원천적으로 봉쇄될 것이기 때문이다.

그렇다면 오히려 중복된 요소가 있을지라도 집중된 두 과목의 성격을 다양하게 구현해 낸 교과서들을 통해 필요한 요소들을 두루 학습하는 것이 더 낫다고 판단된다. 물론 그렇게 될 경우 선택과목이라는 설정 자체가 무의미해지고 필수의 성격(형식적으로는 두 과목이므로)이 될 것이라는 반론이 가능하겠지만, 지금의 제도도 학생들의 입장에서는 실질적으로는 선택이 아닌 필수이며 내용 요소도 제한적이기 때문에 오히려 본래의 취지에 가깝다고 할 수 있을 것이다. '제한적 필수'보다 '포괄적 선택'이 교육적으로도 더 의미가 있다고 판단했기 때문이다.

5. 단상

이 글을 준비하면서 여러 자료들을 검토하다 보니 교육과정의 체계를 세우는 과정에서 개별적으로 제시된 안들을 절충하고 조합하는 일은 근본적으로 어려운 일일지 모른다는 생각을 다시 확인하게 되었다. 따라서 '개인'이 아닌 '시스템'을 통해 최대한 설득력을 지닌 안을 내놓고 관련자들의 동의와 합의를 구하는 미덕이 필요한 때라고 본다. 그런데도 25년 묵은 과제는 여전히 현재 진행형으로 존속하고 있음은 반성적 성찰의 대상으로 삼아야 할 것이다. 오늘 이 자리에서는 '왜 또 문학인가'라는 문제가 화두로 자리 잡고 있다. 그런데 막상 말을 하려니 할 말이 별로 없다. 너무 뻔하거나 자의적이거나 먹혀들 것 같지 않은 이야기를 빼놓는다면 그렇다. 그런데도 말을 해야 하고 마무리해야 하는 일이 고역으로 다가 온다. 교육과정 논의에 참석했던 어느 분이 자조적으로 던지는 말이 떠오른다. "이건 완전히 문학 일병 구하기야! 그동안 다들 뭐하고 있었지? 장군도 아니고 일병으로 남아 있고, 구해야 할 상황에 빠진 것도 그러하고."

필자는 언젠가 어느 문학학회에서 문학교육을 위한 '문학 연구물의 대중화'를 제안했다가 토론자로부터 '문학의 품위를 떨어뜨린다.'는 비난을 받은 적이 있다. 고전의 매체 변용 방식이나 의미 등과 같은 문학교육을 염두에 둔 연구가 필요하며, 의미 있는 연구물들이 교과서나 학교 현장에서 활용될 수 있도록 대중적인 글쓰기로 변용할 필요가 있으며, 중·고등학생들을 잠재적인 독자들, 이상적인 독자들로 이끌어내기 위한 연구자들의 관심과 노력이 필요하다는 등의 제안에 대한 반응이었다. 아직도 이해하기 어려운 반응이었다. 이러한 반응은 문학 관련 전공자들의 그동안의 태도와, 그 반성적 성격에서 별반 다르지 않다. 이러한 개정안의 발의와 논의과정에 주도적으로 참여할 수 없는 맥락을 제도의 문제점에서만 찾게 된다면 이런 일은 계속 반복될 수 있을 것이다. 국어교육과정에 대한 적극적인 논의와 토론을 평소에 진행해 왔더라면 대처 능력을 충분했을 것이라 본다.

마지막으로 이번 교육과정 개정안에 대한 필자의 생각을 몇 가지 항목으로 정리해 보기로 한다.

국어교육의 목표에 대한 공동의 합의하에 개정안이 마련되어야 한다. 목표의 설정 과정에서는 국어교육의 역사성과 현실성이 바탕이 되어야 한다. 또한 국어교육의 정체성은 민족문화교육으로서의 성격에서부터 출발해야 한다.

교육과정안은 '집단' 간의 '선택'의 문제가 아니라 '통합'의 문제여야 한다. 어느 하나의 교육관이 온전히 정당하고 타당하다고 할 수 없는 것이 교육의 본질일터인데 여전히 여러 국어교육관 중에서 선택해야 한다는 발상에 기초한 교육과정은 악순환의 연속을 자초하는 일이다.

교육과정은 실천성이 전제되어야 한다. 학생들이 초등학교부터 10년 동안 반복해서 배우게 될 '말하기 - 듣기 - 읽기 - 쓰기'가 위계성과 체계성을 확보할 수 있을 것이라고 보기 어렵다. 교육의 구조는 인간 경험의 역사, 삶의 역사, 지식의 역사가 기반을 마련해주지 않고서는 '일상'의 힘만으로는 지탱하기 어려운 구조이다. 따라서 역사 · 삶으로서의 언어와 문학이 근간을 이루지 않는 교육체계 자체가 파행적인 것이다. 또한 학교현장에서 교사나 학생이 감당해야 할 몫도 고려해야 한다. 흥미와 관심이 이상보다 중요하기도 한 것이 교육이다.

교육의 또 다른 존재의미는 공동체적 기능과 역할에 있다. 정서적 공감이나 통합, 공유된 경험 없이 구성원으로서의 자질과 능력을 갖추기 어렵고, 사회의 유지발전도 어렵다. 더구나 시대적 요구에도 미달되는 형상이 될 따름이다. 의사소통능력은 필요충분조건이 될 수 없다.

문학의 역사는 삶의 역사이고 인간 의식의 발전사이다. 문학의 교육은 그 자체로 위계성과 체계성을 지니고 있다. 공통교육과정과 심화과정의 연계성이나 내용성을 확보하는데 중핵으로 작용할 수 있는 여지가 잠재력이 가장 큰 영역인 문학이 국어교육의 중핵으로서 자리잡을 때 국어교육의 구도는 탄력성과 수월성을 얻을 수 있다

소설교육의 맥락

초판 1쇄 인쇄 2018년 4월 25일
초판 1쇄 발행 2018년 4월 30일

지은이 김동환
펴낸이 박성복
펴낸곳 도서출판 월인
주소 01047 서울특별시 강북구 노해로25길 61
등록 1998년 5월 4일 제6-0364호
전화 (02) 912-5000
팩스 (02) 900-5036
홈페이지 www.worin.net
전자우편 worinnet@hanmail.net

ISBN 978-89-8477-633-3 93810

값은 뒤표지에 있습니다.